最后的希望之岛

[美]琳内·奥尔森 / 著
邵杜罔 / 译

流亡英伦的“二战”英雄

LAST HOPE ISLAND

Britain, Occupied Europe, and the Brotherhood that Helped Turn the Tide of War

重庆出版集团 重庆出版社

Last Hope Island: Britain, Occupied Europe,
and the Brotherhood that Helped Turn the Tide of War

This translation published by arrangement of Random House,
a division of Penguin Random House LLC

版贸核渝字（2020）第003号

图书在版编目（CIP）数据

最后的希望之岛：流亡英伦的“二战”英雄 / (美)琳内·奥尔森著；邵杜罔译. —重庆：重庆出版社，2020.4

书名原文：Last Hope Island：Britain，Occupied Europe，and the Brotherhood that Helped Turn the Tide of War

ISBN 978-7-229-14668-9

Ⅰ.①最… Ⅱ.①琳… ②邵… Ⅲ.①反法西斯战争–史料–世界 Ⅳ.①K152

中国版本图书馆CIP数据核字（2019）第288481号

最后的希望之岛：流亡英伦的“二战”英雄
ZUIHOU DE XIWANG ZHI DAO: LIUWANG YINGLUN DE“ERZHAN”YINGXIONG
［美］琳内·奥尔森 著　邵杜罔 译

图书策划：李柯成　刘天祺
责任编辑：吴向阳　陈　婷
责任校对：何建云
封面设计：宋　涛

重庆出版集团
重庆出版社　出版

重庆市南岸区南滨路162号1幢　邮政编码：400061　http://www.cqph.com
重庆市鹏程印务有限公司印刷
重庆出版集团图书发行有限公司发行
全国新华书店经销

开本：720mm×1020mm　1/16　印张：26.5　字数：400千
2020年4月第1版　2020年4月第1次印刷
ISBN：978-7-229-14668-9
定价：78.00元

如有印装质量问题，请向本集团图书发行有限公司调换：023-61520678

献给斯坦和卡莉

一如既往

Lynne Olson

自 序

人们经常问我，多久才能写一本书？每本书的时间长短显然是不同的，平均大约为二至三年。但《最后的希望之岛》不是这样的。我在十多年前第一次有了这个想法，并花了大约一年的时间在英国、欧洲大陆和其他地方进行调研。然而就在那个时候，我决定要停一会儿再写。这本书聚焦于第二次世界大战期间的英国和大多数被占领的欧洲国家，它比我之前写过的所有的书要复杂得多。坦率地说，在我写作生涯中的那个时刻，它对我来说有些负担过重了。

所以我就把它放到了一边，去写其他书了——包括《盟友：在最黑暗的日子里与英国站在一起的美国人》和《那些愤怒的日子》。然而，《最后的希望之岛》一直在召唤我。这是一个非常吸引人的故事——一个从来没有被完整讲过的故事，以及我从未遇到过的一大群最具个性的人物。另一个吸引人的地方是它对了解今天英国和欧洲其他国家之间动荡关系的演变会有所帮助。所以，在写完《那些愤怒的日子》之后，我重新探索了这个主题。我进行了大量新的研究，增加了我多年来收集的材料。我也吸收了我在写其他书的过程中所积累起来的研究成果。对于一个作家来说，就像我在写英国和“二战”的历史那样，聚焦在一个特定主题和时间段上的好处之一就是能够充分利用多年来积累起来的知识。

前 言

在英国悠久并为人熟知的历史中，英国人总是尽力保持远离欧洲及欧洲内部的缠斗。在 19 世纪中叶，本杰明 · 迪斯雷利首相曾宣称，由于他的国家已经成为全球帝国并掌控了海洋，英国已经“超越了欧洲大陆”。在迪斯雷利发表上述言论近一个世纪后，英国人仍然把欧洲人和所有的外国人看成麻烦的制造者。正如哥伦比亚广播公司的记者爱德华 · R. 默罗（Edward R. Murrow）所说的那样，英国人“保持着一种异乎寻常的安逸的傲慢 ——一种自以为他们比别人更为优越的感觉”。

当阿道夫 · 希特勒在 20 世纪 30 年代上台并开始征服欧洲时，英国人只是静静地站在一边。为了和平——他们自己的和平 ，他们对一个接一个国家被德国占领几乎无动于衷。当捷克斯洛伐克被占领时，他们还积极与德国合作。首相内维尔 · 张伯伦（Neville Chamberlain）在 1938 年 9 月提到那个国家时，表达了其众多同胞的感受。他抱怨说：“因为那些我们根本不了解的人在一个遥远国家中的争吵，我们就必须在这里挖掘壕沟，试戴防毒面具。这是多么可怕，多么愚蠢，又多么令人难以置信！”

然而在 1940 年 5 月和 6 月那一段混乱的日子里，伦敦人突然发现伦敦成了事实上的欧洲首都。每隔一天，乔治六世国王（King George Ⅵ）和接替了张伯伦成为首相的温斯顿·丘吉尔，就要到伦敦的一个火车站去迎接一位国王、一位女王、一位总统或一位总理。他们国家的自由在纳粹对欧洲的闪击战中被残暴地夺走了。不到一个月的时间，英国首都就成了六个被希特勒占领的欧洲国家的政府和武装力量的“天堂”。这六个国家是：捷克斯洛伐克、波兰、挪威、荷兰、比利时和卢森堡，连“自封”为自由法国代表的夏尔·戴高乐（Charles de Gaulle）将军也逃到了英国。

大多数流亡领导人最初对离开自己的国家是抵制的，他们对英国的感受和英国对他们的感受是一样的。他们对英国之前拒绝与希特勒抗争，拒绝援助他国感到极为不满！但有其他选择吗？新一任首相在这关键时刻，激发了英国的斗志，而她是唯一一个仍然在抵抗德国的国家。各国政府只有结成联盟才能团结起来，继续战斗。

丘吉尔对内阁成员和英国政府大部分成员的反对置之不理，对欧洲人表示了热烈的欢迎。毫无疑问，他的热情好客出自真心，但其中也包含了很大一部分对国家自身利益的考量。在占领法国和欧洲大部分国家之后，希特勒已经将目光投向了英国，英国的未来命悬一线。他们马上就会充分领受到德国强权的暴虐，不得不依赖他们看不起的那些外国佬——最紧密的盟友，帮助他们在即将到来的绝望挣扎中生存下去。

当我和丈夫斯坦利·克劳德（Stanley Cloud）为撰写第一本书——《默罗的男孩们》收集第二次世界大战初期的资料时，我们看了一部关于英国大战的老电影，其中有一个场面展示了由波兰飞行员组成的中队的飞行。在此之前，我们一直以为只有英国飞行员才会在那场史诗般的战斗中飞行，我们想发现更多的史实。由此，我们发现几十名波兰人不仅参加了战斗，而且为赢得胜利发挥了至关重要的作用。我们觉得他们的故事不为大多数美国人所知，所以值得一写。然而，当挖掘得更深时，我们意识到波兰人对盟军胜利的贡献远不止飞行员的壮举。波兰人以及他们战时的经历成了我们共同撰写的第二本书《事关荣誉》的主题。

在接下来的十年中，我又写了三本关于第二次世界大战的书，全部涉及英国在“二战”初期为生存而苦斗的方方面面。我的注意力集中在温斯顿·丘吉尔非凡的领导能力和普通英国人在战斗中表现出来的勇气之上。同时，我也考察了英国与两个主要的战时盟友——美国和苏联的关系。

在探索这些课题时，我有了另外一个发现：波兰并不是唯一帮助盟军的被占领的欧洲国家。事实上，逃亡到伦敦的绝大多数被占领国家的流亡政府都提供了帮助。在1940年至1941年那段黑暗的岁月里，这些国家的支持不仅让英国免遭失败，并在战争后期为盟军的整体胜利做出了巨大的贡献。

那为什么他们的贡献会被历史学家们所忽略，“二战”的胜利通常会被描绘成纯粹是美国、英国和苏联的胜利？真相是丘吉尔必须承担起被历史遗漏的大部分责任。在战争初期，他创造了一个弱小的英国与历史上最大的军事巨兽（德国）抗争的英雄形象。他在整个“二战”期间及其之后不断地重复这一说法，他在欧战胜利日通过广播电台向英国人民这样说道：“在法国大败之后，我们依靠这个岛屿和我们团结一致的帝国，孤军奋战，直到苏维埃的军事力量和稍后来的具有压倒性实力和资源的美国加入了战争。”丘吉尔的说法忽略了以伦敦为基地的被占领国家仍在战斗这一事实。没有他们的帮助，英国人可能会在不列颠之战和大西洋之战中失败，并且可能永远无法破解德国人复杂的恩尼格玛密码，而所有这些都是英国赖以生存的重要因素。

这个丰富并极具人性的故事中的主人公是一群“大人物”，从君王到科学家到间谍到破坏者。有些人，例如戴高乐，是众所周知的。然而，其他大多数人并不为人所知。挪威的英雄国王哈康七世（Haakon Ⅶ）和勇敢的荷兰女王威廉明娜（Wilhelmina），就是这本书里的两名显赫人物。一名无畏的英国贵族萨福克伯爵从法国救出了两名核物理学家，从而使曼哈顿计划的实现成为可能。扮演过重要角色的还有一名波兰密码学家马里安·雷耶夫斯基（Marian Rejewsk），他远在艾伦·图灵（Alan Turing）和布莱切利公园（Bletchley Park）参与之前就破解了恩尼格玛密码。而那位年轻俊秀且意志坚强的比利时人安德烈·德·容（Andrée de Jongh），帮助了数百名被击落的英美航空人员通过地下网络逃出德国人的占领区，回到了自由世界。

这本书在详细介绍这些人和其他欧洲人在战时的故事时，也描述了被占领国家从英国获得的回报。对被占领的欧洲来说，英国对希特勒的抵抗就像是一座希望的灯塔，一个能够抵御绝望的护身符。只要战争还在持续，欧洲人就会每天举行一个弥足珍贵的夜间仪式：他们会从各种隐藏场所，地板底下、厨房橱柜中的食物罐头后面或是烟囱里面，取出暗藏的被德国人禁止的收音机。不管各处情形如何不同，持有这些收音机的人们都会按时将收音机调到 BBC 的频率，收听大本钟的报时声和那句神奇的开场白“这是伦敦在呼叫”。在战时和战后，欧洲人把秘密收听 BBC 新闻节目的那一刻描述为他们连接自由的生命线。一名在战争中逃到伦敦的法国人回忆说：“无法解释我们对于英国广播公司的依赖。当战争开始的时候，那就是所有的一切。”

在战争初期，有一名年轻的荷兰法律系学生，曾希望能画出在海牙附近的一个海滩上空飞过的两架喷火式战机的形状。他带着崇敬的心情遥望着飞机，机身上的皇家空军标志在阳光下十分清晰。他后来写道：“德国人的占领在我们身上造成的伤害是如此之大，以至于英格兰和自由一样，仅仅是一种概念。要把它看作是一种真实的东西，生活在一大片土地上的自由的人民正抵挡着纳粹的吞噬，就需要像上帝的标记那样有一个具体的显现：英格兰还在那里！”不到一年之后，他逃到了英国，并成为一名皇家空军飞行员。

另一名出逃者，一名比利时记者，成功地逃出了纳粹集中营，到达伦敦时“高兴得就像喝醉了酒”。他向一位英国朋友喊道：“你知道我好几个月来就一直梦想着这个时刻吗？”一名年轻的波兰抵抗运动成员对这种情绪回应道：“在这里真是太好了！为什么？因为数以百万计身在欧洲大陆的人都在这个时刻向往着伦敦！”他声称“到了伦敦就像是进了天堂”。与皇家空军飞行员比翼齐飞的波兰飞行员在战争期间把英国称为“最后的希望之岛”。

然而，相对于英国人和欧洲人之间所有的相互支持而言，他们之间的关系往往像是充满了矛盾和误解的疾风暴雨。即便是在紧迫形势下的绝望时刻，即便是在德国军事机器的碾压之下苦苦挣扎求生的时候，他们也会因文化冲突和语言差异而扭打在一起。对于许多流亡的欧洲人来说，英国人看上去很傲慢并缺乏同情心，对岛外的世界知之甚少，不了解德国人占领欧洲大陆后所带来的残酷现实。与此同时，英国人对蜂拥而至的外国人无休止的抱怨、抗争和要求也失去了耐心。

尽管如此，随着战争规模的扩大，大多数人能够为了他们共同的目标——打败希特勒而放弃分歧，紧密合作。当大战结束时，一位皇家空军元帅在评论由他指挥的欧洲飞行员时，说出了大家共同的看法，“我们已经在一起结下了兄弟情谊”。

在欧洲人之间也形成了相似的兄弟情谊。一位荷兰情报人员曾就他在伦敦见到的波兰人、法国人、挪威人、比利时人和捷克人评论道：“尽管我们来自不同的地方，未来也不确定，但我们都肩并肩地站在一起。在我以前曾热切认同的荷兰人圈子之外，出现了一种更为广阔的兄弟情谊，它张开双臂欢迎了我。”

随着战争的进行，欧洲各国流亡政府的成员也在官方和个人的层面上编织起了紧密的纽带。失败和占领的创伤使他们相信，如果欧洲希望在未来具有任何影响、实力和安全的话，他们的国家就必须在战后结合在一起。他们在伦敦的合作播下了大战后欧洲统一运动的种子——这一卓绝的努力让西欧赢得了半个多世纪的和平与繁荣。

而两个东欧盟国——波兰和捷克斯洛伐克，就没有那么幸运了。当苏联和美国在 1941 年进入战争时，英国和被占领的欧洲之间的团结让位给了现实政治的迫切需要。约瑟夫 · 斯大林决定在战后对波兰和捷克斯洛伐克进行控制，而富兰克林 · 罗斯福和负罪感缠身的温斯顿 · 丘吉尔最终同意了他的要求。对于这些国家来说，直到 40 多年后，东欧出现“巨变”和苏联“解体”，“战争”才算真正结束。

在此期间，英国在战后又恢复了传统的对欧洲的超脱，拒绝参与欧洲一体化的运动。尽管它终于在 1973 年加入了欧洲经济共同体（欧洲联盟的前身），但却不是心甘情愿的。以后在成为欧盟成员时，它也同样是摇摇摆摆的。这个争议问题在 2016 年 6 月达到了沸点，大多数英国人在一次全民投票中支持脱离欧盟。

英国与欧洲即将离开所带来的冲击和痛苦，与当年战争关键时刻的决心和希望形成了鲜明的对照。当时的英国与欧洲团结在一起，打败了人类历史上最强大的“军事机器”。法国记者伊芙·居里（Eve Curie）是诺贝尔奖获得者玛丽·斯克沃多夫斯卡（Marie Sklodowska）和皮埃尔·居里（Pierre Curie）的女儿，她也曾是一名流亡者。对她来说，战时英国的壮举体现在了丘吉尔和在伦敦加入他的行列的欧洲人身上——“正是那些疯狂的、不拿枪的英雄战胜了阿道夫·希特勒。”

目录

第二部分

巨人之间的游戏规则

第一部分

开战

第 1 章

陛下，打仗了

希特勒入侵挪威

在 1940 年 4 月的一个寒冷的夜晚，挪威政府的重要成员被邀请至奥斯陆的德国使馆看一部新电影。德国大使库尔特·布罗伊尔（Curt Bräuer）发出的请柬要求客人们穿着“正式服装”，意味着这将是一个盛大的正式场合。然而，对于戴着白色领带和满胸勋章，坐在客厅椅子上的观众们来说，这个晚上全然没有节日的气氛。

影片一开始，银幕上就充满了恐怖的画面：死马、机枪扫射下的平民、大火燃烧的城市……这部名为《火焰洗礼》的电影是记载 1939 年 9 月德国征服波兰的一部纪录片，它特别记录了轰炸华沙时所造成的破坏的细节。布罗伊尔在影片放映之后告诉大家，德国的意图是“捍卫自己不受英国侵略”，如果挪威敢于抵抗德国的话，他们可以预期到有什么后果。被那些可怕的镜头震惊的布罗伊尔的客人们，对于为什么这位德国外交官会认为有必要向他们展示这部影片而大惑不解。这与和平、中立的挪威有什么关系吗?

过了四个晚上，在午夜之后，同一批官员被紧急的电话唤醒，他们被告知：有几艘不明国籍的舰船进入了通往奥斯陆的峡湾。海雾弥漫的峡湾使得人们无法识别出那些幽灵般的装甲舰船的标识。不过就在几分钟之后，这些舰船国籍的谜团就得到了解释。挪威政府的办公室开始被德国向挪威和丹麦各主要港口发起突然袭击的报告给淹没了。

指挥进攻奥斯陆部队的埃尔温·恩格勃雷希特（Erwin Engelbecht）将军坐镇在德国重型巡洋舰“布吕歇尔号”上，他与他的下属一起审视了给他的命令。在短短的几个小时之后，装备有精细地图和挪威首都照片的一千多人的德国军队就将从停靠到奥斯陆港口的“布吕歇尔号”下船。他们的任务是潜入还在沉睡中的城市，突袭政府大楼、国家广播电台和皇宫。在中午之前，逮捕哈康国王、奥拉夫王储和其他王室成员，挪威政府将被德国控制。“布吕歇尔号”上的一支乐队将在市中心演奏“德国国歌”以庆祝德国的胜利，而德国军方将接手挪威全国的管制和两项最重要的资产——挪威的商船队和它的黄金储备。当一艘挪威巡逻艇发现德国舰队并发出警告时，舰队的机枪立即开火，把小艇给打沉了。隔着峡湾有两座小型的炮台，由于得到巡逻艇的警告也向舰队开了火。但大雾使得炮台无法准确地瞄准，德国舰队毫发未损通过了峡湾。凌晨4点，德国舰队驶近了奥斯卡堡炮台，这是19世纪中期建造的一座岛屿炮台，也是奥斯陆的最后一道防线。“布吕歇尔号”的舰长像遇到前面的巡逻艇一样，并没有因为见到炮台而感到丝毫的不安。在他的图表和地图上，奥斯卡堡被标为博物馆，炮台上的两尊陈旧的大炮也早已过时。

然而地图和图表都错了。炮台的功能健全，被挪威炮手们称为“摩西”和“亚伦”的两尊老炮还能开炮。雾散开了一点点，随着舰船黑暗的轮廓进入视线，岸上的探照灯突然照亮了“布吕歇尔号”。摩西和亚伦在近距离内直接开炮，炮弹打到了12000吨吨位的巡洋舰上。一发炮弹打中了“布吕歇尔号”的舰桥，摧毁了舰炮和航行控制系统；另一发炮弹打中了装满航空燃料的储藏舱。岸上的军队也开始射击。几秒钟之内，“布吕歇尔号”上就燃起了大火，火焰飞向空中，赶走了雾气，照亮了峡湾积雪覆盖的海岸。

随着一声巨响，舰上的鱼雷舱爆炸了。不到一个小时，才服役七个月的“布吕歇尔号”就侧翻下沉了。近1000名士兵也跟着它一起下沉了，其中包括原定要去捉拿皇室和政府官员的精锐部队的大部分。恩格勃雷希特将军是数百名幸存者之一，他们逃离了覆盖在峡湾海面正在燃烧的汽油，拼命游到了岸边。

1940年4月9日那一整天，希特勒大胆并精心策划的对丹麦和挪威的入侵几乎完全按照计划在进行着。到了下午，元首对挪威1500英里海岸线上的目标进行了确认，几乎所有主要目标都已经被拿下了，除了挪威的政治、经济和通讯中心，也是这次战役最终成功的关键——奥斯陆，不在其中。

4月9日早上1点30分，德国人最想抓捕的那个挪威人被他的侍从唤醒了。侍从急迫地说道，“陛下，打仗了！”国王哈康七世对这个消息并不感到惊奇。他预期并畏惧这个消息的到来已经有好几年了。还在1932年，他就曾经告诉英国海军上将约翰·凯利（John Kelly）爵士，“如果希特勒在德国上台并能保持权力，那十年之内我们就会在欧洲开战了”。

希特勒上台了，但挪威的政治领导人却忽视了国王要求加强这个国家极为薄弱的防御力量的再三敦促。像其他斯堪的纳维亚地区的国家一样，挪威抛弃好战的维京传统已经有很长时期了。和平，而不是战争，已深深扎根于人民的心中。挪威人对军事英雄们毫不钦佩，这样的英雄在他们国家历史上也为数极少。挪威议会每年选出的诺贝尔和平奖的获奖者们则更受人敬重。挪威现役军官人数很少，在1940年4月，其中一名军官曾这样说过：“在战前的挪威，要成为一名军人是非常困难的。”

在19世纪30年代末，这个海洋国家的海军只有70艘舰船，其中最大的两艘是世界上最古老的铁甲舰，挪威海军参谋长把它们亲昵地称为“我的旧浴缸”。挪威军队装备的是老式步枪和大炮，没有冲锋枪或高射炮。骑兵部队本应装备有坦克，但政府拨给的钱是如此之少，结果只购买了一辆坦克，“所以挪威士兵至少在一生中可以看到一辆坦克样品”。战场的机动训练被搁置了多年——作为减少经费的一种方式，它们已被废除了，许多旅团长官从来没有见过他们的士兵。

然而，挪威国防的脆弱却没有得到其政府领导人的关注。一个多世纪以来，这个国家一直处于和平状态，成功地在第一次世界大战期间保持了中立，并打算在未来仍然保持中立。挪威的领导人认为，经费应该用于社会改革，而不是建设军队。曾获得1928年诺贝尔文学奖的挪威小说家西格丽德·温塞特（Sigrid Undset）指出，在大多数挪威人看来，“战争是发生在世界其他地区的事情，我们中有多少人曾仔细想过这样的事可能在挪威发生？”

曾对希特勒做过深入的研究，看了《我的奋斗》一书的67岁的国王对形势并不那么乐观。如果战争爆发，他那和平的北方王国虽然在军事上难以防守，但却具有重大的战略意义。面向西面的英国，它提供了出入北大西洋的通道；面向南面，它可以进入波罗的海和德国海岸。它同时控制着将瑞典铁矿石运往它的主要客户——德国的西北海运路线。然后还有挪威的远洋商船队，那是希特勒或任何其他交战国都想沾手的“礼物”。

然而，每次哈康提出这些看法，政府的领导人们都不予理会。大多数挪威官员将君主制藐视为一个过时无用的遗物，并认为它对政府事务不应有任何影响，许多人甚至认为根本就不应该有君主制。尽管热爱挪威，哈康有时感到自己并不受欢迎，至少在政界的圈子里是这样的“感觉”。他甚至偶尔还会感到自己像过去那样——是一个外国人。

在成为挪威国王哈康七世之前，他是丹麦王储的第二个儿子，几乎从未踏上过这个国家的领土。在33岁登基成为挪威国王之前，他才开始学习说挪威语。他在丹麦被称为卡尔王子，一直是一个温和、平易近人的年轻皇室成员。在成长的过程中他一直自信永远也不会成为国王，并为此深感荣幸。据说他的母亲曾试图迫使他与年轻的荷兰女王威廉明娜结婚，但是被他拒绝了，他不想与华丽并循规蹈矩的宫廷生活有任何关系。他追求并赢得了他的表妹摩德的芳心。摩德是英王爱德华七世的女儿，酷爱运动，也像他一样热切向往着平静的生活。在他结婚的时候，卡尔的手臂上有一个锚的文身，他是丹麦海军的一名军官，并计划把海军作为他一生的职业。

但是1905年挪威宣布从瑞典独立出来的声明，彻底改变了水手王子的生活。那两个国家之间，近一个世纪的联盟从来都不是平等的：瑞典的国王统治着这两个国家，瑞典从一开始就是占主宰地位的伙伴，而挪威则变得越来越不服管教。为了减少瑞典用武力反对和平抗议的可能，挪威领导人表示欢迎由一名瑞典皇室的年轻成员来担任挪威的新君主。卡尔王子的外祖父是瑞典和挪威的国王，所以他就成了最佳的选择。

然而，这个想法让王子感到震惊。他不仅想要留在丹麦海军，而且他对挪威及其人民几乎一无所知。他还清楚地意识到，挪威在 19 世纪废除了贵族爵位，许多挪威公民都倾向于共和国，而不是君主制。但在他的岳父爱德华七世等人的重压之下，他终于同意了，但条件是必须让挪威在这个问题上进行全民投票来决定。当 88% 的选民投票选择君主制后，卡尔被以古挪威皇室哈康的名字加冕了（他的妻子是一个彻头彻尾的英国人，她拒绝改称夫姓。直到 1938 年去世的那一天，她一直被称为摩德王后。她继续像以前一直做的那样，把丈夫称作查理斯，那是英语版的“卡尔”。她在恋爱初期时曾在日记中写道，“我实际上有计划让他完全变成一个英国人”）。

由哈康当国王，挪威自诩为世界上最具平等精神的王国。摩德父亲的助手弗雷德里克·庞森比（Frederick Ponsonby）爵士曾经说过，挪威是“如此的社会主义，国王和王后似乎是不合时宜的”。西奥多·罗斯福（Theodore Roosevelt）在 1911 年访问奥斯陆之后，曾在给一个熟人的信中写道，将一个皇室家庭插入欧洲最民主的社会，就像“即兴在佛蒙特州设立一个国王”一样。

哈康经常把自己描述为“一位终生非常民主的国王”，对挪威老百姓来说他是“国王先生”，而不是“陛下”。王室的生活轻简，摩德王后经常会自己外出购物。哈康经常到挪威各地巡视或出国访问，他的友善和幽默感给那些见过他的人留下了深刻的印象。有一次在温莎堡举行的英国皇室的一个聚会上，他注意到他的一个年轻的远亲表弟弗雷德里克·坎布里奇（Frederick Cambridge）勋爵一个人尴尬地站在角落旁。他穿过大厅走了过去，握着弗雷德里克的手用力地晃动着说道：“你不认识我，让我来自我介绍一下。我就是那个老挪威人。”

尽管哈康与英国亲戚的关系非常紧密，他也非常热爱英国，但首相内维尔·张伯伦的政府拒绝对抗阿道夫·希特勒在 30 年代不断发起的入侵他国的行动，这让他感到非常失望。当第二次世界大战于 1939 年 9 月爆发之后，挪威与其他中立的欧洲国家一样明确表示，它不想与英国结成军事同盟。英国和法国一起将捷克斯洛伐克的大部分拱手交给了希特勒。而后，因德国对波兰的入侵，英、法两国向德国宣战，但却没做任何事情去援助波兰人。哈康在给他的侄子英国国王乔治六世的信中写道："现在所有的小国都明白，未来我们必须自己照顾自己。"

直到1940年春天，大战只是名义上的冲突。张伯伦和他的政府中的大多数官员对战争既没有兴趣，也没有意愿。他们对希特勒进行了经济封锁，似乎认为这就足以使他屈膝就范了。

然而温斯顿·丘吉尔——张伯伦政府的海军部长和英国内阁中唯一的主战成员，却强烈反对张伯伦的"虚幻战争"战略。从开战的第一天起，他就主张英国应对德国采取攻势，但不是在德国的土地上打仗。他认为对抗应该在挪威的水域上展开。他反复敦促英国政府应设法阻止沿挪威海岸线向德国运送瑞典铁矿石，因为那对德国的军备工业至关重要。当挪威和瑞典两国抗议这个想法时，丘吉尔为他们不愿成为交战的战场而感到愤怒。他对英国的战时内阁（波兰和捷克斯洛伐克可能很难认同"战时内阁"的称呼）说道："我们正在为重新建立法治并保护小国的自由而战。当我们为争取他们的权利和自由而战时，小国不应来捆绑我们的手脚……我们的指导原则应该是人性，而不是合法性。"

犹豫了几个月之后，张伯伦终于屈服于丘吉尔的压力。1940年4月8日凌晨，英国的舰船开始沿着挪威海岸施放水雷。几个星期前，希特勒曾表示将阻止英国在挪威的任何行动，他已经下令让他的将军们执行精心准备的计划，在英国行动之后便发起突然袭击并占领挪威和丹麦。

德国对斯堪的纳维亚地区的两个国家的陆、海、空袭击，在绝大多数方面取得了辉煌的胜利。在袭击开始之前，希特勒曾经下令必须不惜一切代价防止挪威和丹麦的国王出逃。在哥本哈根，德国人轻而易举就抓住了哈康69岁的哥哥——丹麦国王克里斯蒂安十世（Christian X），他按照德国人的命令投降了。但恶劣的天气和"布吕歇尔号"的沉没打乱了原定瞬间完成的对奥斯陆的突袭。当德国军队终于在当天下午进入王宫、政府大楼和挪威银行时，他们发现的只有受到惊吓的低层政府雇员和在炉子和壁炉里燃烧的成堆文件。

银行金库空空如也，没有国家金条的丝毫踪迹，国王和政府领导人也已经消失了。

4 月 9 日早上醒来时，挪威人发现在前一天还秩序井然的世界已陷入混乱。虽然德国人还没有进入这个城市，但德国空军的轰炸机在天空中交叉掠过，可以听到远处的炸弹爆炸声。浓烟从燃烧的政府文件中向上盘旋升起，形成了浓浓的黑色烟柱。有着青翠的公园、丘陵和森林的美丽的奥斯陆，现在对一个它从不知道的敌人开放了。

几个小时之前，当“布吕歇尔号”还在黑暗中向奥斯陆驶来时，德国大使库尔特·布罗伊尔就对挪威外交部部长哈夫丹·库特提出了希特勒让挪威投降的要求，他强调“所有抵抗将完全是毫无意义的”。尽管对突如其来的袭击感到震惊，库特还是幽默地提醒布罗伊尔，希特勒曾在关于捷克斯洛伐克的慕尼黑决议签订之后发表的言论，“一个谦和地向侵略者屈服并不进行抵抗的国家是不值得存在的”，他因此拒绝了德国人的要求。

在那天凌晨登上将国王和其他政府官员带走的火车专列之前，库特告诉一名电台记者，挪威已与德国开战，国王和政府已经出逃，并且还错误地宣称挪威已进入了全民总动员。成千上万的年轻人响应了他在全国广播的宣告，提着手提箱前往最近的军事中心报到，然后被告知那是一个错误。一名英国外交官回忆说：“预备役人员和志愿者含着眼泪离开了招募站，他们被告知没有武器来武装他们。” 在挪威首都，茫然的人群聚集在报栏前面，交换着恐惧和谣言。

然而，一些奥斯陆市民得到了他们所需要的信息：德国人来了，他们必须在入侵者到达之前逃离首都。西格丽德·温塞特匆匆装满了几个手提箱，就离开了。这位 57 岁的小说家，自 1930 年以来就一直公开地强烈批评希特勒。在元首控制政府之后不久，她的书就在德国被禁售了。

一位年轻的名叫维利·勃兰特（Willy Brandt）的德国政治流亡者也处于危险之中。27 岁的勃兰特在纳粹上台之前就已经在街头与他们进行抗争了。他因此被剥夺了德国公民的身份，七年前在挪威寻求了政治庇护。在奥斯陆大学学习后，他成了一名记者，与挪威执政的工党高层有着密切的合作。他还大量参与了德国政治流亡者组织的工作，试图在他们的家乡激起反对希特勒的运动。那天早晨，他被急迫的电话唤醒：他必须尽快离开城市。正如他后来所写的：几分钟之后，他就"再次飞行了"，匆匆赶到奥斯陆郊区的一座安全的房子后，就有几位挪威知名政客带着他开车驶向安全地带。成为德国战后最著名的总理的勃兰特，最终逃出挪威，去了中立的瑞典。他在整个大战期间一直待在瑞典，作为一名记者和鼓动家，宣传"为挪威的自由而战"。

与此同时，国王哈康和部分政府领导人逃到了奥斯陆以北 80 英里的哈马尔。当他们的火车在那天早上离开首都时，长长一排卡车就在一座位于奥斯陆海港附近的黑色花岗岩建筑——挪威银行的外面等候，等待着将数百箱装有挪威经济命脉的箱子和桶装载上车：那是共计 5500 万美元（今天为 9.15 亿美元）的 50 吨金条。银行的理事远比政府官员更有眼光，早在几个月前就计划好，一旦发生袭击就将黄金储备撤到奥斯陆以北 114 英里利勒哈默尔镇的一个秘密的防空洞里去。

挪威议会立即在哈马尔当地的电影院举行例行会议，而数百名公务员、商人、记者和外国外交人员也涌入了小镇，占据了所有的旅馆房间，挤满了泥泞的街道。政府的部长们买下了哈马尔全部的纸张和铅笔，用以处理内阁业务，政府文员也开始对从奥斯陆带来的文件包装箱进行拆包。由纽约名流转变为社会改革家，成为佛罗伦萨"黛西"的哈里曼是富兰克林·罗斯福总统任命的美国驻挪威大使。她后来回忆说："我想大家当时都在潜意识里预计会在那里舒服地安顿下来，我们未曾想象过国王和政府会像野生动物那样被追杀。"

当深夜临近时，那个脆弱的安全感被打破了。议长卡尔·汉布罗（Carl Hambro）中断了一场辩论，宣布德国部队正在向哈马尔方向前进，火车正等候在车站，将把国王和政府官员们带走。官员们抓起他们的帽子和大衣跑向门口。十分钟后，火车离开车站前往艾尔沃姆，那是一个靠近瑞典边境的高山小镇。

对于大多数疲惫的政府领导人来说，这场疯狂的战争的第一天终于在艾尔沃姆结束了。只有国王、他的家人和几个重要的部长继续前进到了浅雪覆盖的小村庄耐伯格森德，那里被认为是能够躲避德国轰炸的更安全的地方。从那里，奥拉夫王储将他的妻子玛莎公主和他们的三个孩子送往了瑞典，因为那是公主的祖国。

第二天，哈康同意在艾尔沃姆与库尔特·布罗伊尔会面。德国大使采用了吹捧和威胁相结合的手法向国王承诺：如果接受德国的要求，他将保留他国王的荣耀和特权，挪威将不会遭受进一步的破坏；如果国王拒绝，所有的抵抗都将被无情地粉碎。布罗伊尔告诉国王，这个要求不仅包括投降，还包括任命挪威的纳粹党的 52 岁领导人维德孔·吉斯林（Vidkun Quisling）为挪威的新首相。

哈康对让吉斯林来主持挪威政府的想法感到既惊讶又愤慨！吉斯林的纳粹党在所有选举中从来没有赢得超过百分之二的选票，它在挪威被看作是一个笑柄。以西格丽德·温塞特的话来说，他和他的人是一群“歇斯底里的半人半兽”。带着一腔怒气，哈康国王对布罗伊尔说：“不能任命一个挪威人民不信任的政府领导人，而过去的好几次选举表明，挪威人民不信任吉斯林。”

当天晚上回到耐伯格森德之后，哈康向他的儿子和部长们讲述了布罗伊尔的要求。在超过 24 小时的时间里，这群没有刮过脸且衣着凌乱的人在身体上和精神上早已疲惫不堪。他们中有好几个因德国人的追捕受到了极大的惊吓，也为挪威当时的状况而感到极为沮丧，他们认为应该毫不拖延地放弃抵抗并进行和平谈判。他们认为：挪威完全没有与德国打仗的准备，如果试图抵抗，那将是整个国家的自杀。他们还指出，英国方面曾经声明他们的军队将尽快来援助挪威。但在发生了捷克斯洛伐克和波兰那样的事件之后，任何有一点脑子的人怎么可能继续信任英国的承诺呢？政府必须马上投降。

高大、挺直站立的哈康很清楚，他的部长们过去从未重视过他的忠告和建议。这一次，鉴于他所接纳的国家的未来正处于危险之中，他决心追随他的良知，说出他的看法。他用不很肯定的口气说道：“政府可以自由地作出决定，但我将明确表态：我不能接受德国的要求。这将与我 35 年前来到挪威担任国王以来一直确认的责任相冲突。”并表示如果政府另有选择，他将会退位，放弃自己的挪威王位和他家人的皇室地位。

供应部部长、未来的联合国秘书长特里格韦·赖伊（Trygue Lie）回忆道：“这一瞬间铭刻在了我的记忆之中。说出这些话之后，国王专注地看着奥拉夫王储，有很长一段时间他无法继续说话。而后，他弯腰倒在桌上，哭了起来，奥拉夫王储眼中也饱含泪水。”哈康最终抬起头来，努力控制着自己的情绪，他说道：“政府现在就必须作出决定。”

他的鲜明立场终止了所有投降的谈论。受到他为了原则而牺牲王位的决心和意愿的影响，部长们——包括那些最具失败感的人在内，最终投票拒绝了最后通牒。当哈夫丹·库特（Halvdan Koht）打电话给布罗伊尔通知他这一消息时，哈康和他的首相签署了一项公告，并通过挪威广播电台向全国广播。公告拒绝了德国的要求，并呼吁全体挪威人民尽全力抵御入侵者。当第二天早晨哈康的顽固态度传到希特勒那里时，德国元首习以为常的震怒就爆发了。“这个可笑的小国和它的小国王” 怎么敢藐视他？希特勒宣布：谈判的时间结束了。挪威的哈康七世必须被追拿到案，处以死刑。

第二天，4 月 11 日，哈康正在耐伯格森德的一家旅馆里和他的部长们商谈。突然，汽车喇叭声打破了乡村的宁静，这是事先约好的一个迫在眉睫的危险信号。国王和他的儿子以及部长们从旅馆出来，跑向了附近的树林，趴在地上。六架德国轰炸机从头顶上俯冲掠过，并用机枪扫射了村庄。飞机反复飞过村庄，扫射并投掷燃烧弹。当攻击终于结束时，挪威的政要们从潮湿、寒冷的地上，带着血腥的划痕，慢慢站立起来。整个耐伯格森德在熊熊燃烧，但这次袭击只造成了两名村民的伤亡。当其中一架轰炸机过了几天被击落后，人们发现飞行员的日记是这样写的：“国王、政府都被消灭了……”

哈康一行再次向北行进，进入了挪威中部荒野——多山、布满冰川的地区。他们的车辆漆上了白色的伪装，沿着崇山峻岭中颠簸不平的狭窄道路缓缓地向前爬行。汽车在路上不断抛锚，或陷入雪坑。在接下来的两个星期里，哈康坐着由他儿子驾驶的汽车好几次与政府部长们的车队走散了，双方都不知道另一方在哪里，他们是否还活着。德国人不停地追踪他们，轰炸、扫射了每一处可能的藏身之地。一见到飞机或听到上空有飞机的声音，国王和他的随从们就立刻跑到最近的树丛后面或岩石底下隐藏起来。

在这个漫长的早春季节，他们一有机会就停下来休息一会儿，继续政府的工作。他们试图了解挪威其他地区正在发生的事情，并不时地与正尽力跟随他们的英国、法国和美国外交官们进行磋商。然而不可避免地，正在接近的德军或德军飞机的报告不断迫使他们再次移动。

正如一位挪威领导人后来所指出的那样，挪威人多少带有他们北欧海盗的文化传统，他们“不是具有强烈仇恨心理的人”。但是，他们中的大多数人很快就对德国人产生了强烈的仇恨。用西格丽德·温塞特的话来说，那是“一群掠夺者，他们来到没有建设过的地方生活，在没有播种过的土地上收获，对他们从来没有服务过的人民实行统治”。哈康国王对德国要求的拒绝激起了全国的抵抗。德国人占领了挪威的主要港口，但无法征服挪威的内陆。一旦挪威人从起初的震惊和混乱中恢复过来，他们就会开始反击。入侵几天后，数以万计的年轻人就走向乡村，试图在那里找到他们可以加入的军队。

起初，军队也是一片混乱：士气低沉的总司令倾向于与德国谈判或投降。在哈康国王的支持下，内阁让奥托·鲁格（Otto Ruge）将军替代了他。鲁格身材高大，轮廓分明，是军队的前总参谋长。他从快速增长的通过步行、滑雪板、自行车、汽车、卡车和公共汽车涌出城市的公民志愿队伍中拼凑起了一支40000多人的军队。虽然许多人是优秀射手并带着自己的步枪或手枪，但他们没有大炮、坦克、反坦克武器或空中支援来与装备精良、训练有素的德国军队作战。

鲁格的策略是将德国人拖延在挪威南部，以争取时间组织有秩序地撤退，并在挪威中部的抵抗前线稳定下来。他后来回忆说：“在盟军的援助到来之前，我们所掌握的微弱的、凑合起来的武装力量，不可能进行任何有决定性作用的战斗。我们的小部队没有喘息的机会，没有后备队，总是在第一线战斗，面对的是重型火炮、坦克和轰炸机……我们的部队坚持战斗了三个星期，直到盟军到来。”

尽管来自挪威的绝望中的呼救声越来越大，英国花了近一个星期的时间才拼凑起了一支军队前去援助。正如鲁格指出的那样，英国人必须意识到他们在挪威海域布雷的行动必将引发德国的反应，然而张伯伦的政府和挪威人一样对德国入侵感到震惊。英国国防委员会包括了战时内阁成员和所有的军队首领，时任国防委员会的秘书长黑斯廷斯·“帕格”·伊斯梅（Hastings “Pug” Ismay）将军后来承认说：“我从来没有想到过会有这样大规模的对斯堪的纳维亚的入侵。据我所知，我们根本没有任何计划来应付这样的事件。”

更糟糕的是，英国的军事指挥官们几乎不了解挪威及其地形。一名军官说道：“我们没有地图，不得不从地理书中撕下挪威的地图，并派人去挪威旅行社购买贝第科旅行指南。从挪威大使馆和众多旅行社那里我们收集了一大堆旅游广告文件。”他补充说道：“那些广告中的照片提供了我们即将进入的战区的唯一线索。”一位挪威历史学家后来指出，英国人没有一点点“关于挪威的基本知识”。

当英国军队终于在挪威中部登陆时，挪威军官们对英国军队缺乏装备和缺少训练的状况感到震惊。尽管挪威的大部分地区仍然覆盖着积雪和冰层，但几乎没有一个英国士兵装备了雪靴或滑雪板。他们也几乎没有他们需要的一切——运输、炮兵、防空武器、通讯设备、战斗机群的保护、医疗设备，甚至食物。

在德国陆军和空军的轮番攻击下，绿色的英军显然不堪重负。一名年轻的中尉在一场英军大败的战斗之后大声抱怨道：“我们正在被宰杀！这是一场屠杀！”《芝加哥日报》新闻记者莱兰·斯托（Leland Stowe）当时正报道英国的军事行动，他后来评论道：“那真是可怕的血腥！那是军事历史上最昂贵、最无法解释的愚蠢行动之一。”回应这种情绪，悲哀的英国陆军总参谋长埃德蒙·艾恩赛德（Edmund Ironside）将军在他的日记中写道：“总是太迟了。老是改变计划，而且没有人在指挥。每天上床时都为我们的无能而感到耻辱。”

在英国军队登陆挪威之后不久，张伯伦政府就取消了对挪威中部重要港口特隆赫姆的攻击计划。4月下旬，没有通知挪威政府或军队，英国就撤出了才抵达挪威中部九天的所有部队。当英国指挥官违抗命令，在4月28日带着一脸的羞愧通知鲁格，英国军队将要撤出时，挪威将军激动地喊了起来：“所以挪威将落得与捷克斯洛伐克和波兰同样的下场！但这是为什么？ 为什么？你们的军队并没有被打败！”抑制着愤怒，他离开了房间。恢复平静之后，他又回到了房间里，平静地对他的英国同行说道：“请告诉我能做什么来帮助你执行给你的命令。”在接下来的48小时里，鲁格的部队掩护了英国军队撤退到了海岸。

在鲁格得知英军撤离的消息后的第二天，英国政府派出了巡洋舰“格拉斯哥号”来到挪威美丽的沿海城市莫尔德，接国王哈康和他的部长们离开他们眼下的“避难所”，前往北方北极圈以北200英里的小城特罗姆瑟。当外交部部长哈夫丹·库特和政府其他成员得知英国军队撤离时都惊呼起来：“你们是要我们去死！” 然而，库特和其他人别无选择，只能离开。莫尔德在德国人轰炸了一整天之后已经成了一个地狱。高爆炸弹和燃烧弹带着呼啸声和轰鸣声从空中掉下来，房屋、商店、教堂和工厂成了一片废墟。

那天傍晚，载着王室成员和政府官员的汽车穿过城镇，躲避着燃烧的残垣破壁和撒满各处的碎玻璃。有一位官员后来回忆说：“就像是在驾车穿过地狱。”港口的大部分建筑也在燃烧。当国王的队伍到达巡洋舰停泊的码头时，舰上的消防水龙正对着烈焰喷射水柱。

当哈康和他的同行者们登上“格拉斯哥号”时，几十名英国海军和挪威士兵紧张地工作着，将挪威的黄金储备——数百箱金条装上巡洋舰。从挪威国家银行抢运出来的黄金，穿越了半个挪威，经历过像国王一样的危险逃亡后，被储存在莫尔德一家纺织厂的地下室里。那天晚上，随着工厂被烧毁，挪威的老百姓和士兵冒着烟雾、火焰和快掉落的横梁，抢救出了黄金，把它们装到卡车上，向港口飞驶。当大约一半黄金被装上“格拉斯哥”号时，舰船停靠的船埠也起火了。“格拉斯哥号”舰长下令停止黄金的装载，全速倒车。拖走了一半的船埠，“格拉斯哥号”逃离了峡湾，弯弯扭扭地驶向了公海。其余的黄金被装载到小型渔船上，最后也被运送到特罗姆瑟。所有的黄金储备都从那里被送往美国和加拿大进行保管。

至少在那个时刻，哈康已远离了德国人的威胁，而英国军队也正在离开挪威中部，撤回英国，鲁格的部队于5月3日向德国人投降了。在英国，内维尔·张伯伦撤兵的公告使他的同胞们感到震惊。意识到世界上最大的海洋强权被德国羞辱，整个英国陷入了愤怒和恐惧之中。

意识到他们正在面临着一场政治灾难，张伯伦和他的部长们开始寻找替罪羊。在战时内阁的一次会议上，曾经是挪威行动的主要策划者的海军部长温斯顿·丘吉尔辩护道：“不应将责任归咎于我们，而应该归咎于那些中立国家，我们应该抓住每一个机会来重申这一点。”遵循他自己的观点，丘吉尔在下议院宣称：“挪威严格遵守中立是造成它目前正在经受的苦难和我们对他的援助受到限制的一个原因。”然而，许多国会议员拒绝接受丘吉尔的观点。因为不满张伯伦政府在战争期间的迟缓行动，英国下议院在5月7日和8日举行了为期两天的激烈辩论。首相在最终的信任投票中，以数票之差当选。

与此同时，挪威人的抵抗仍在继续。虽然挪威南部和中部的战争已经结束，但由英国、法国、波兰和挪威的部队组成的北部盟军，在争夺至关重要的港口——纳尔维克的战斗中占了上风。然而在5月10日，海啸般的巨变使人们忘掉了挪威的战争。那天早上，数百万德国军队伴随着大量的坦克和飞机，以闪电般的攻击从北海到摩泽尔河侵入了荷兰、比利时和卢森堡。在波兰和斯堪的纳维亚地区尝试之后，希特勒的闪电战正在割裂欧洲的心脏。

当天下午，内维尔·张伯伦迫于他不再得到他所在党的大多数人的信任，并被告知自由党和工党议员都不会在他的领导下加入联合政府时，他向国王乔治六世建议由温斯顿·丘吉尔出任下一任首相。丘吉尔在几年之后承认，“考虑到我在挪威灾难中所发挥的突出作用……我能幸存下来真是一个奇迹”。

然而，作为张伯伦战前绥靖政策最强烈的反对者，人们普遍认为他是有能力、有动力，并有决心领导战时英国的唯一一位主要政治人物。

5 月 13 日，丘吉尔在下议院的演讲中表明了他的勇气。他说道："你问我们的目标是什么？我可以用一个词来回答：胜利！不惜一切代价赢得胜利！不顾任何恐惧赢得胜利！不管前进的道路有多长，有多难，也要赢得胜利！"那个单一的词语及其实现的可能性，在那黑暗的战争初期看上去似乎非常遥远，那将是他在整个战争期间的试金石。

第2章

一位勇敢而高贵的妇人

荷兰沦陷了，但女王逃脱了

在1940年5月10日黎明时分，荷兰女王威廉明娜轻轻摇醒了她的女儿。她对朱莉安娜（Juliana）公主说道：“他们来了！”

这一次，凌晨的入侵者是从空中抵达的。几千名德国伞兵从天而降，越过教堂和风车的尖顶以及橙色瓷砖的屋顶，落到了荷兰宁静的绿色海滩和开满红黄两色郁金香的原野上。荷兰人被飞机发动机的轰鸣声惊醒，许多人穿着睡衣和睡裤从家里跑出来，向天空张望。当送牛奶的人正挨家挨户递送时，当家庭主妇们正走向菜市场时，德国空降兵正降落在郊区的花园和城市的街道上。对于一些孩子来说，这似乎是一个迷人的“新游戏”。

威廉明娜女王却不那样想。像哈康国王一样，她多年来一直在警告政府注意来自希特勒和德国的日益增长的危险。但像挪威一样，政府官员也并不把他们君王的意见当回事。德国入侵时，还是莱顿大学法律系学生的埃里克·哈泽尔霍夫·罗尔泽马（Erik Hazelhoff Roelfzema）回忆说，女王“长期以来一直预料纳粹德国会入侵。在这一点上，她在荷兰几乎是唯一一人”。即使在其他国家都沦陷之后，“整个荷兰仍拒绝相信我们会是下一个国家。当战争吞噬我们时，我们根本不知道该干些什么”。除了1830年当比利时崛起并从荷兰获得独立时曾发生过一场短暂的战争之外，自他们和英国人一起在“滑铁卢战役”中与拿破仑作战以来，荷兰人在和平中一直生活了125年。

像挪威人一样，他们在大战中一直设法保持中立，直到5月10日那天，他们还执着地希望并相信他们能在这场战争中仍然保持中立。

然而即使无法想象的事情发生了，德国确实发动了攻击，荷兰人也还自信能沿用他们在几个世纪以前成功抵抗了西班牙和法国的防御手段来围困侵略者。当入侵发生时，东北和南部的数千英亩的土地将被海水淹没，而荷兰军队将撤回并捍卫堡垒——荷兰。这包含了荷兰的主要城市：阿姆斯特丹、鹿特丹、乌得勒支、莱顿和海牙。

然而，那个计划没有考虑到这样一个现实，即空降部队现在可以跨越被海水淹没的地区，直接降落到堡垒的中心——而这正是德国军队现在正在做的事情。5月10日那天，当由坦克和机械化步兵打头阵的德国军队越过两国边界时，德国伞兵就已夺取了鹿特丹港和横跨马斯河的位于穆尔代克和多德雷赫特的重要桥梁。第二批空降部队预定在荷兰的中心——海牙降落，并抓住女王、她的部长们和最高层的军事指挥官们。

海牙以其茂盛的公园和宽阔的林荫道而闻名于世，它是一个安静优雅的文化城市，距离荷兰海岸和北海只有几公里。希特勒的主要策略是迅速占领，他特别要求德国军队在袭击发起的最初的几个小时之内抓住女王威廉明娜。他命令进攻荷兰的空降部队指挥官必须以最大的尊重和荣誉来对待女王。他甚至要求在她被俘之后要送上一束鲜花。他宣称绝对不能伤害威廉明娜，“因为她在荷兰人民中和在全世界是如此受人欢迎”。

在努力争取挪威国王支持纳粹事业的事情上，元首未能如愿以偿，现在他又决定向荷兰女王施展魅力了，原因是女王的母亲、丈夫和女婿都是德国人。他的意图注定是失败的，因为他对这位59岁的女王根本不了解。尽管与德国有着千丝万缕的联系，女王认为第三帝国的制度是“不道德的制度”，并将希特勒及其追随者斥责为“一群匪徒”。

1939年11月的《时代》杂志指出：“近年来，希特勒给威廉明娜带来了极大的麻烦。”没有任何一个国家的统治者在这样的时候会直言不讳地谈论元首，而威廉明娜早已明确地告诉了希特勒和其他所有人，“任何威胁我们国家和人民利益的人都是我个人的敌人。”在德国攻势开始，不到四个小时，她通过荷兰广播电台宣布：“我对这一明目张胆违背诚意，公然诋毁文明国家之间体面的暴力行动提出最强烈的抗议！”

还是一个小女孩时，威廉明娜公主就已经把她的英国管家所定下的人生目标——“做一个大胆而高贵的女人”牢记在心了。她小时候的梦想就是能像她那些著名的祖先：曾在十六世纪领导了荷兰反对西班牙的独立战争的沉默者威廉，在一个世纪之后捍卫了荷兰和英国抵抗法国入侵的奥兰治的威廉一样，去完成“伟大的事业”。

但令她非常失望的是，她没能看到实现梦想的可能。作为她年迈的父亲威廉三世最年轻且唯一幸存的孩子，她是在被称之为令人绝望的“笼子”中长大的。她后来说过，荷兰皇室的带压迫性的正规礼仪和严格气氛排斥了“任何一种主动性，不让人有机会表现出生机勃勃的勇气”。父亲去世之后，害羞、严肃的小公主在十岁时成了女王，她和几个与自己年龄相仿的朋友玩伴一起长大。没有人被允许与她深交。当她冬天溜冰时，指定的池塘或河道会被清场，她被迫单独一人溜冰。人们曾听到她偷偷地和她的一个布娃娃说：“如果你顽皮的话，我会让你成为一个女王，然后就不会有任何其他孩子和你玩耍了。”她与一位德国王公，1934 年去世的梅克伦堡-什未林公爵海因里希（Heinrich）的婚姻并不幸福。多少年之后，她确定她那不幸婚姻的唯一后代——朱莉安娜将得到她能够给女儿的尽可能同普通人一样的教养。

从她开始统治的那一天起（她在 18 岁时承担起了女王的职责），坚强的威廉明娜就决心突破“笼子”，在这个世界上留下她的印记。19 岁时，她提供了她在海牙的一处宫殿作为仲裁国家之间分歧的场所，从而避免以战争来解决争端。这一行为最终导致了海牙国际法庭的建立。1900 年在布尔战争期间，20 岁的女王命令荷兰军舰无视英国对南非的封锁，救出了布尔人的总统保罗·克鲁格。18 年后，当第一次世界大战结束时，她向德国的恺撒·威廉二世提供了庇护，并在后来拒绝了同盟国将恺撒作为战犯引渡的要求。

同盟国因她的无礼而感到恼怒！荷兰仍然是欧洲最强大的国家之一，

而不是一个现实世界中的二等国家。这样的看法并没有错。虽然荷兰的黄金年代，曾在世界贸易中占据主导地位，产生了如伦勃朗·哈尔曼松·范·莱因（Rembrandt Harmenszoon van Rijn）和约翰内斯·维米尔（Johannes Vermeer）那样伟大的画家，并控制了一个拥有浩瀚疆土的帝国，但这一切在两个多世纪前就已经结束了。然而，女王和她的人民坚信他们的国家在国际事务中仍然具有重要的作用。虽然荷兰在海外的资产确实大大减少了，但她仍然控制着巨大的殖民地“宝库”——荷兰东印度群岛，那是从缅甸延伸到澳大利亚的一系列群岛。岛上丰富的财富包括橡胶、石油、咖啡、烟草、锡和金。尽管荷兰土地和人口的规模都很小，但它仍然是全球领先的银行和贸易中心之一，也是诸如飞利浦、荷兰皇家壳牌公司和联合利华这样的蓝筹集团总部的所在地。

就她个人而言，威廉明娜决心坚持自 16 世纪以来统治荷兰的奥兰治家族的伟大传统。但是，她的部长们反复向她说明她已不再拥有奥兰治威廉和其他著名前辈曾拥有过的权力了。自 19 世纪中叶以来，荷兰就像英国和挪威一样，一直是一个君主立宪制国家，这意味着威廉明娜只有乔治六世和哈康所拥有的同样的权利：鼓励、警告、被咨询和知晓国情，这让她很失望。但是，正如在挪威发生的那样，在执政期间主持国家事务的联合政府领导人没有向她咨询，当她给予他们不请自来的意见时，他们通常很少会注意甚至完全忽视她的意见。

威廉明娜比哈康更加“专横”和直率，对发泄自己因被忽视而感到的愤怒毫无顾忌。英国历史学家约翰·惠勒-贝内特（John Wheeler Bennett）曾指出：“在某些方面，她像维多利亚女王一样，在不高兴的时候，会让索尔兹伯里（Salisbury）勋爵那样的贵族战栗，或让俾斯麦王子那样的贵族浑身出汗。”（在第二次世界大战后期，温斯顿·丘吉尔曾说：“在这个世界上我不怕任何人，只怕威廉明娜女王。”）在 30 年代中后期，随着战争威胁的不断增加，女王得到了许多“发声”的机会。她为她的部长们和她的人民无视纳粹德国而大发脾气。她后来指出：“当 1938 年春希特勒入侵奥地利时，对我来说一切都很清楚，德国的政策将导致欧洲的巨大灾难。”但是荷兰人“在一个叫作中立的枕头上睡着了……我有必要在战前不久指出，希特勒曾写过一本书，查看其中内容可能会对我们了解希特勒的意图有一些帮助”。

大多数荷兰人都强烈地反对纳粹，荷兰弱小的法西斯政党——国家社会主义运动在1937年的大选中只在议会的两院中各赢得了四个席位。与此同时，许多荷兰人在和平与繁荣中感到满足，认为希特勒的崛起纯粹是德国人的事，对荷兰的潜在影响或危险性很小。德国也是荷兰最重要的贸易伙伴，为了自己的商业利益荷兰不能刺激它强大的邻国，因为与德国的贸易对荷兰的经济是至关重要的。一位年轻的荷兰人曾写道：“在我们的小片土地上……仍像往常一样在过日子，好像战争是不适合荷兰市场的外国产品。”

直到德国在1938年10月占领了苏台德地区之后，荷兰政府才不情愿地开始准备战争。他们加强了国防防务力度，试图使荷兰的武装力量现代化，但这一切都来得太晚了。荷兰的工厂无法生产他们所需的全部飞机、武器和装备，英国和其他国家也没有任何多余的武器可提供。结果，荷兰军队调动了30万人，装备却是19世纪的卡宾枪和同样古老的大炮。在空军的118架飞机中，仅有少数几架是最近几年生产的。只有主要任务是保护荷兰东印度群岛的海军，在战争开始时还有一些最新的舰船和装备。

在女皇的敦促下，荷兰政府在1939年8月，在英国和法国向德国宣战之前的几天，动员了全国的武装力量。与此同时，自十几岁时起就热切倡导世界和平的威廉明娜，与欧洲其他五个中立国家——比利时、挪威、瑞典、芬兰和丹麦的领导人一起，提出了由他们出面“斡旋”，找到一个非暴力解决波兰危机的办法。倡议的发起人——比利时国王利奥波德三世宣布，他和其他领导人希望建立“一种伟大的新的力量——通过小国联合展现的道德和精神力量来改变世界的看法……让世界的良知苏醒过来！”

中立国家拼命试图阻止他们所看到的即将到来的灾难发生，只是英国和法国感到不快。当宣布开战时，中立国家，尤其是荷兰和比利时，拒绝参加正式的军事会谈，这更加大了对盟军的刺激。不过在幕后，英、荷两军特别是两国海军，仍在悄悄地交流情报，并制定了德国袭击荷兰时的应变计划。

当德国发起闪电战时，女王、她的女儿和女婿，以及她的两个小外孙女（年幼的才9个月）都住在离海牙不远的乡村官邸里。她的卫士告诉她德国伞兵正降落在只有几英里远的地方。事实上，其中一名卫士刚刚击落了一架德国飞机，那架飞机坠毁在附近的一个公园里了。

威廉明娜的卫士们将皇室成员送进汽车里，在大批车辆和庞大人群造成的交通堵塞中开辟通道，护送皇室成员到达相对安全的努儿登堡宫，那是女王在海牙城中的主要居所。

在接下来的三天里，当战事遍及全国各地时，女王和她的家人躲进了努儿登堡宫花园里的一个小小的防空洞。威廉明娜对与外界隔绝非常不满，一再要求外出，去亲眼看看外面到底发生了什么事情。她的宫廷卫士拒绝了她的要求，向她解释说他们接到命令不能让她出宫。当她无法与她的部长们联系时，她更加愤怒了，因为没有迹象表明部长们想与她联系。她又一次发现自己被困在讨厌的“笼子”里了。

在入侵开始几小时后，荷兰政府就要求英国提供军队和空中支援。“大惑不解，好像根本就不知道遭什么东西打击了”的荷兰外交部部长和殖民地部部长乘坐海军飞机前往伦敦，亲自提出要求。代表英国总参谋长的“帕格”·伊斯梅将军告诉他们，他们的要求是不可能实现的。英国的小型远征军正在比利时战斗，没有多余的飞机或士兵能被送到荷兰去。伊斯梅后来回忆道：“即使有部队可以使用，我们也无法及时把他们送到那里。我记得当时是这样说的，‘唉，我们没有魔术地毯’。”那天晚些时候，在内维尔·张伯伦辞职后成为首相的温斯顿·丘吉尔这样描述那些荷兰官员——“面容憔悴并疲劳，眼睛中充满了恐惧”，他给他们的也是同样的坏消息。

到了5月13日，德国空军已经摧毁了大部分荷兰空军。尽管装备不良，荷兰军队依然顽强地抗击了德军，但最终德国人还是控制了荷兰的大部分地区。入侵之初，荷兰士兵曾经成功地消灭了降落在海牙外围三个机场的德国空降兵，没让女王和政府要员立即陷入德国人手中。然而，海牙的守卫者们无法长期抵挡德国人的进攻浪潮，这个城市大部分已经被包围，在许多街道上都开始了近距离格斗。

那天早上五点钟，威廉明娜急切地向她的同胞君主乔治六世求助。在白金汉宫值班的侍卫叫醒了英国国王，告诉他荷兰女王打电话来了。被惊醒的国王从来没有见过威廉明娜，以为那是一个玩笑。但是正如他后来在日记中所写的那样，他接了电话，发现这真的是她。“她恳求我派飞机去保卫荷兰。我把这个消息传给了所有的相关人士后，就回到床上去了”。当乔治仍在睡觉时，威廉明娜准备出逃了。在她向英国国王提出求救之后不久，荷兰军队总司令温克尔曼将军就告诉她：德国军队正在前往努儿登堡宫的途中去捕捉她，她必须立即离开。

在前一天晚上，女王让 31 岁的女儿朱莉安娜及其家人乘坐英国的一艘驱逐舰去了英国。这是荷兰和英国海军之间战前商谈的成果，当时就制定了荷兰遭到入侵时撤离皇室和政府的计划。威廉明娜不愿意离开自己的国家，决定前往荷兰西南部的泽兰省，那里的荷兰人在法国军队的帮助下仍在继续抵抗敌人。在将官方文件匆匆装进箱子之后，她就乘坐一辆装甲车赶往鹿特丹附近的荷兰角港。有几千人（其中许多是犹太人）聚集在那儿的码头上，躲避着德国人的炸弹，同时拼命寻找逃出去的通道。

刚登上英国“赫斯福德”号驱逐舰，穿着救生衣，戴着头盔，“冷静并安详”的女王就要求舰长驶向泽兰。舰长告诉她，他接到的指令是不准停靠任何海岸，必须直接去英国。威廉明娜沮丧极了。她希望到战场上去和她的军队在一起，正如她那些杰出的先驱多年前曾做过的那样，也正如利奥波德的父亲、比利时的国王阿尔贝特一世曾在第一次世界大战时所做过的那样。如果发生了最糟糕的情况，她已作好了准备，用奥兰治威廉的话来说，“成为在最后一条战壕里倒下去的最后一个人”。她无法接受她被剥夺了完成“伟大事业”的机会。她将按照海军部的指示去英国。但她决定一旦登陆，她将要求立即返回荷兰，并带上为她正在受难的国家所需要的更多的援助。

几小时之后，当威廉明娜从英国哈里奇港打电话给乔治六世时，他对她要求的答复是礼貌的“不行”。国王解释说，自从她离开荷兰的那天早上以来，荷兰的军事情况已大大恶化，她能回去将是不可思议的。他补充说，一列火车正等着把她带往伦敦。那是一天中的第二次打击，强悍、硬朗的女王接近泪崩。她怎么能在历史最糟糕的时刻，抛弃自己的国家和人民？她知道荷兰人民不会理解她离开时的状况，这会给每个仍在荷兰的人造成一个“震撼人心的印象”。然而，除了遵循英国国王的指示乘火车去伦敦，她还有什么其他选择？她很清楚，她正在追随奥兰治威廉的脚步，他在两个多世纪前就曾在英国首都居住。但他是带着胜利去伦敦当英格兰的新国王的，而她则是前去避难。

当威廉明娜乘坐守卫严密的火车于当天下午到达因烟熏变黑的伦敦利物浦街车站时，乔治六世和一队身穿卡其军装的英军仪仗队在车站迎接她。脸色阴沉的女王从车上走下来，她的肩上扛着防毒面具，带子勒住了在驱逐舰上给她的钢盔。在她的两颊亲吻之后，乔治国王陪着她到了白金汉宫。他后来在日记中写道：“她自然很不高兴，因为她没有带任何衣服。”

威廉明娜仍然希望她能回去，但是第二天德军对鹿特丹的狂轰滥炸终止了她的计划。5 月 14 日下午，翼尖并着翼尖的一大批亨克尔 He111 轰炸机向鹿特丹市中心投下几百枚燃烧弹，烧毁了该地区的大部分建筑，造成近千名居民的死亡。德国官员宣称，如果不投降的话，荷兰的其他城市也将遭受同样的命运。温克尔曼将军在当天下午签署了投降书。

然而现实再一次证明，并不是所有的事情都会按照德国人精心制定的计划去进行。荷兰的大部分黄金已经消失了，它们正在去英国和美国的途中，还有超过 10 亿美元的国际证券，以及价值数千万美元的钻石都不见了。而最重要的是叛逆的荷兰女王和她的政府的消失。像哈康七世的出逃一样，这是德国人的又一次失误，而希特勒很快就会为此而感到后悔的。

第 3 章

一场完整而彻底的摧毁

比利时和法国崩溃了

与挪威国王和荷兰女王不同的是，比利时国王利奥波德三世（Leopold Ⅲ）在德国入侵时没有到安全的地方隐蔽起来。相反，作为比利时军队的总司令，38 岁的国王在德国军队越过边界以后就立即承担起了比利时的防务指挥任务。

根据比利时宪法，利奥波德比其他西欧国家的君王拥有更多的权力和政府责任：除了担任总司令之外，他还是内阁总理。当希特勒向他及其部长们发出警告说，抵抗德国的占领可能就意味着比利时的毁灭时，利奥波德的回答是："当问题是牺牲或受辱时，1940 年的比利时人将像他们父辈在 1914 年时一样，不会有丝毫犹豫。"

像挪威和荷兰一样，比利时在 1940 年德国袭击之前一直是中立的，就像第一次世界大战前的情况一样。事实上，当比利时人在 1831 年从荷兰人那里赢得独立时，欧洲大国就承诺让他们永久中立，而比利时的领土将是不可侵犯的。这个承诺并没有得到守护。实际上，从条约签署之日起，几大强权就曾多次破坏比利时的中立，以促进或保护他们自己的利益。

当挪威和荷兰能够在第一次世界大战期间保持中立时，比利时却是德国入侵的第一个国家。在 1914 年 8 月的入侵中，德国军队只是沿用了几个世纪的传统作战方法，将比利时领土作为通往当时的主要目标——法国的便利途径。当比利时人进行了毫不动摇并令人惊讶的顽强抵抗时，德国人想对法国快速取胜的希望破灭了。入侵者施行了残酷的报复行动，开展了成批的屠杀和破坏行动。卢浮的中世纪古城像其他一些比利时城镇一样，被大肆掠夺，包括它的世界闻名的大学图书馆在内的许多建筑物，都被烧成灰烬。当战争结束时，比利时的大部分地区都被毁坏了，大部分的道路、工厂和铁路系统都被摧毁了。

当第一次世界大战开始时，利奥波德只有12岁，他不仅深受战争对比利时所造成的后果的影响，而且更深受他父亲阿尔贝特一世广受欢迎的战时行动的深刻影响。阿尔贝特一世是那次大战中最令人钦佩的军事和政治人物之一。他多次拒绝了协约国让他逃亡去英国或法国的邀请。相反，在1914年10月他率领人数大大少于敌人的军队赢得了关键的伊瑟河战役，从而停止了德国人在比利时的进攻，并让国王和他的军队在北海海岸控制了一小段比利时领土直至战争结束。那场胜利使得协约国能够控制附近几个主要的法国港口。

由于他的勇气和决心，阿尔贝特一世不仅支援了协约国，还帮助恢复了被他的前任，叔叔利奥波德二世所损毁的比利时君主制的名誉和声望。在19世纪晚期，利奥波德二世为了私人利益据有了刚果，成为刚果国王，并对它大肆掠夺。由于他对刚果工人实行可怕的暴行，造成数百万人的死亡，这引起了国际社会的公愤。当阿尔贝特在1904年继任王位时，他对比利时的刚果政策进行了改革，试图改善贪婪的前任所造成的伤害。利奥波德三世将他父亲的改革派的作风视为榜样。

年轻的利奥波德三世是一个温和、说话轻言细语的人。他崇拜阿尔贝特，视他为英雄。从小时候起，他就模仿着像他父亲那样生活。当第一次世界大战开始的时候，王子和他的两个兄弟姐妹一起被送到了英国，他入学伊顿公学。但他说服了在整个战争期间仍留在比利时的阿尔贝特，让他在学校放假的时候接受训练，然后去充当士兵。于是利奥波德在战争时期过着一种令人诧异的生活——一年中的大部分时间是英国最贵族化的男校的学生，而在伊顿放假的时候则成了比利时军队一名行动受到限制的普通士兵。

1934年，58岁身体仍然健壮的阿尔贝特在一次登山事故中遇难，32岁的利奥波德继承了王位。金发、英俊、带着孩子气的新国王和他漂亮的瑞典妻子阿斯特丽德，连同他们三个孩子，给比利时的君主制带来了青春和魅力。然而一年多以后，29 岁的王后在瑞士的汽车事故中遇难。当时驾车的正是她的丈夫，汽车在一条蜿蜒的山路上失去了控制。最亲密的两个人的接连死亡使敏感而矜持的利奥波德感到惆怅，他也因为在妻子遇难事故中产生的负罪感而备受困扰。为了缓解内心的悲伤和内疚，他以一种新的姿态全心投入了他的国王职责。

在领导国家时，他模仿着他父亲的做法，尤其是在外交事务方面。第一次世界大战之后，阿尔贝特追求两项主要的外交政策目标：保持比利时中立的同时加强防御，使其能够对抗德国或其他可能的侵略者。在利奥波德治理期间，比利时国家预算的近四分之一被用于国防，远远超过了除德国以外的任何其他欧洲国家。当第二次世界大战爆发时，24–40 岁的比利时男子中，一半以上的人——总共有 65 万人被武装起来了。当比利时军队在 1940 年 5 月进行总动员时，军队的人数已经扩大到了 90 万。相比之下，在法国的英国远征军则只有 23.7 万人。

然而与此同时，利奥波德像他父亲一样，坚持认为比利时必须严守中立。这让法国和英国感到十分沮丧，他们在 1939 年至 1940 年初曾一再要求比利时加入一个军事联盟，从而使他们的军队能在任何战斗爆发之前进入比利时领土。利奥波德和他的政府怀疑西方盟国之所以渴望军事伙伴关系是他们希望将战争尽可能推离到远离自己的土地上去。事实上，法军总司令莫里斯·甘末林（Maurice Gamelin）将军在一份秘密的备忘录中就写道：在战争开始之前将盟军部署到比利时的战略目标就是“不让冲突进入我们北方的工业省份……并阻止敌方对巴黎的威胁”。

尽管与遭到德国入侵的其他大多数国家相比，比利时的军事准备更为充分，但它依然发现自己被敌方最初的凶猛攻击淹没了。到了 5 月 10 日晚上，德军无休止的轰炸已经消灭了大部分的比利时空军，滑翔机部队也已经夺取了比利时防御系统的核心阵地——位于比利时与荷兰边境的强大的埃本伊梅尔堡垒。

不过，在第一波震惊之后，比利时的 22 个师重新集结起来，进行了一场美国历史学家泰福德·泰勒(Telford Taylor)称之为“坚定而有针对性的防御”。他们向西撤退，同时让德国人付出前进的代价。CBS 记者威廉·L. 夏勒(William L. Shirer)当时写道，比利时人“像狮子一样，争夺着每一栋房子”。泰福德·泰勒后来曾评论说：“如果其他地方能重复比利时人那样的抵抗，那么德国征服的征程可能就被阻止了。”

与此同时，法国和英国的部队在得到比利时人的同意之后，已经越过比利时和法国的边界，在比利时中央地区强化的工事后面筑起了一道防线。比利时军队在战略撤退时也退到了同一防线上，这样他们就和英国军队并肩作战，抵御法国人和英国人认为德国将要发起的重大进攻。

然而在 5 月 13 日，由超过 150 万人和 1800 辆坦克组成的德国主力部队，却穿过了比利时南部树木茂密的阿登森林。德国人包抄了由一连串要塞组成的、法国人自吹为不可攻破的马其诺防线，突入法国战线防御最为薄弱的地段，驱赶了守卫在那里的装备不良的预备役人员，穿过默兹河进入了法国。

仅仅过了短短 3 天，德国人的进攻就把盟军一分为二，包围了比利时中部的法国、英国和比利时军队，把他们与法国的大部队分割开来。由于法国无法堵住防线上的缺口，德国的装甲纵队在法国的乡村里横行无阻，法国政府和法国军队笼罩在一片恐慌之中。这时，法国总理保罗·雷诺给温斯顿·丘吉尔打了电话。

对于英国的新任首相来说，1940 年 5 月充满了一个接一个噩梦般的电话，每一次都带来了最新的军事灾难的消息。但没有一个像他在 5 月 15 日凌晨从雷诺那里得到的消息那样令人震惊。“我们已经被打败了！”雷诺一听到英国人的声音，就大声嚷了起来。当丘吉尔还没有从睡眠中完全醒过来因而没有回应时，雷诺又用英语重复了一遍那个可怕的消息：“我们受到打击！我们已经被打败了！”丘吉尔终于开始说话了，但他不能相信这个消息。虽然德国人的进攻肯定带有出人意料的因素，但他们很快就得停下来补充或重组部队，这就会给法国军队带来反击的机会。雷诺好像没有听见丘吉尔所说的话。他带着沙哑的声音再次说道："我们被打败了，我们在战场上被打败了。"

丘吉尔愣住了。这不是他经常批评的那些弱小的中立国家：他们在德国的闪电战面前像"纸牌屋"一样倒下去是可以理解的。但这是法国——英国的最主要的盟友，它的军事力量应该是欧洲大陆上最强大的！然而，当法国遭到入侵时，它的200万人的军队已被证明并没有作好准备。像那些较小的国家一样，它被德国人新的、惊人的闪电战所压倒了。有谁能够对付将防线切成一个个片段的坦克，好像那儿根本就没有防线？又有谁能够对付那些横扫了军队和平民，轰炸了桥梁、道路和火车站并造成冲天云团的飞机？

作为离得最近的欧洲邻国，法国与英国有很多共同之处。它们具有相似的自由主义价值观，是欧洲主要国家中最民主的国家。在第一次世界大战中，它们结成了军事联盟与德国和奥匈帝国交手。然而，这种伙伴关系掩盖了两国之间深刻的裂痕和对抗。丘吉尔和雷诺在5月15日那场充满伤感的对话中所表现出来的相互沟通的困难，象征着这两个曾经的强大帝国和传统敌人之间存在了几个世纪的误解——怀疑和对抗。

第二次世界大战期间居住在法国的苏格兰作家珍妮特·泰西斯·杜·克罗斯（Janet Teissier du Cros）注意到，两个国家都对对方心存怀疑，各自都怀有一种优越感。她写道："自信没有人能有像自己那样的想法……成了他们位居第二的自然特性，思维的时候几乎不会意识到它的存在。这可能是他们彼此间如此厌恶对方的原因之一。"

英国和法国在第一次世界大战中的共同胜利远没能使它们更加紧密，而是让它们进一步分离了。双方都为那场胜利作出了巨大贡献，但谁也不承认对方所做出的努力、牺牲和所取得的成就。英国驻法国远征军司令道格拉斯·海格（Douglas Haig）爵士在1918年11月停战之后在他的日记中写道："历史将会显示真正的事实，是英国军队赢得了这场战争。我无意与法国司令费迪南·福煦（Ferdinand Foch）或任何外国人一起在伦敦的街道上凯旋大游行。"

虽然分开了两国的英吉利海峡只有20英里宽，但它们之间在心理和文化上的距离却像海洋一样广阔。双方都因自己的地理位置而留下了不可磨灭的标记：英国是一个岛国，八个多世纪以来未曾遭受入侵，而边界脆弱的法国则经历了反复的入侵、战败和被占领。在1919年的巴黎和平会议上，法国总理乔治·克列孟梭（Georges Clemenceau）向英国首相大卫·劳合·乔治（David Lloyd George）和美国总统伍德罗·威尔逊（Woodrow Wilson）解释说，他的国家要求对德国严格限制的理由是，“美国远离欧洲大陆，受到海洋保护。拿破仑无法进攻英国。你们两个都受到了庇护。但我们没有”。

正如历史学家玛格丽特·麦克米兰（Margaret MacMillan）在第一次世界大战后所指出的那样：“法国希望报复和赔偿，但最重要的是确保国家安全。”在1814年至1940年期间，德国五次入侵了法国的全部或部分地区。在第一次世界大战期间，除了把法国的许多地方变成战场和坟场，德国人还在他们占领的土地上大肆掠夺。例如在法国北部，法国纺织工业的大部分机械和设备都被运去了德国。

在1918年停战之后的几年中，英国的决策者们对法国关于安全问题的关切没有给予任何同情或理解，反而有越来越多的人认为，《凡尔赛条约》对德国来说已经是过度惩罚，新的德意志共和国应该得到安抚甚至强化。法国人强烈反对这种容忍，认为德国军国主义的复苏依然是极有可能的。他们力图迫使英国人签订新的英法军事联盟，但却无济于事。对英国人来说，法国人过于偏执，并带有报复性。

当希特勒获取了政权并开始重新装备德国时，首相斯坦利·鲍德温（Stanley Baldwin）和内维尔·张伯伦的政府说服了他们自己，元首只是试图纠正《凡尔赛条约》的不公正，他应当得到抚慰。到了20世纪30年代中期，法国放弃了让英国持坚定态度的希望，进而接受了英国的绥靖政策。对于这两位前盟友来说，再来一场战争的想法是难以接受的。他们的年轻人脱离战争才只有20年，他们国民的欢呼声仍然回响在耳边。四年之后，超过70万英国人死于战争。法国的战场损失是这个数字的两倍——140万人，是所有大国中战斗人员人均死亡比例最高的国家。经受着一次大战所带来的心理伤害和经济损失，法国人怀疑他们是否能在另一场冲突中幸存下来。

当希特勒在 1936 年 3 月占领了非军事化的莱茵地区时，首先是英国，其次是法国都装作没看见。当德国部队在 1937 年 3 月开进奥地利时他们还是视而不见。但是，当希特勒在 1938 年夏天威胁捷克斯洛伐克时，法国显示出了站起来抗争的迹象。与捷克人签订了军事协定的法国人开始动员部队。他们告诉英国人，他们将抵制对东欧盟友的肢解。然而，当内维尔·张伯伦拒绝和他们一起与德国人抗争的时候，法国人就屈从了。跟随张伯伦在慕尼黑会议上的榜样，他们命令捷克斯洛伐克屈从于德国人对苏台德地区的要求。苏台德地区是一个包含了捷克斯洛伐克大部分防御工事和主要工业中心的重要区域。

希特勒在慕尼黑向英国人和法国人许诺，他对捷克斯洛伐克没有进一步的计划。然而六个月后，他占领了捷克斯洛伐克全国的其余部分。直到那一刻，张伯伦的绥靖政策显然已成了一堆废物，他才向议会宣布了近代英国历史上最戏剧性的外交政策逆转。他宣称，如果接下来列在德国名单上的波兰遭到入侵，英国将去援助。多年来，英国鄙视法国对再度出现德国威胁所表现出来的害怕，如今，英国与法国建立了新的军事联盟。

“棋盘”现在转了个向。在整个 20 世纪 30 年代迟迟不响应英国人作为外交领导的法国人毫无疑问是军事事务方面的主要合伙人。英国军队的兵力不到法国的 1/5，它现在开始领受到了其领导人不愿在无战争时期重新武装的后果。在那段时期里，相对较小规模的军费增加用于了战机生产，以保护英国免受可能的德国空袭。1939 年初，英国是欧洲主要大国中唯一没有征兵政策的国家。英军只有 18 万现役军人和 13 万预备役军人。即使这样为数不多的部队也还缺乏足够的设备、武器和训练。

当大战爆发时，法国和英国都没有派兵去援助波兰。相反，英国远征军向法国派出了四个师，这比法国人预期的要少得多。德国人向法国发起闪电战的时候，英国远征军有十个师在法国。指挥英国两个师的艾伦·布鲁克（Alan Brooke）将军在他的日记里写道：他的军队不适合作战，张伯伦政府之所以将他们送到法国去，也许只是为了公共关系而作出的某种姿态，以表明尽管力量微薄，但正在采取一些行动。法国驻伦敦大使也同样认为："英国人对法国军队极有信心，从而把他们的军事支持视为一种团结的象征而非生死攸关的必要。"

事实证明，布鲁克和大使说的都是实话。英国人确实指望着用法国军队的80个师及其强大的炮兵和坦克部队来抗衡德国的武装力量。英国人不明白的是，尽管数量众多，法国军队和他们一样，对于即将到来的冲突仍然没有作好准备。法国的军事领袖们在计划进行新的欧洲战争时，设想的是一个比第一次世界大战流血更少的场景。敌人将从比利时的平原开始进攻，那将是一场长时间的攻势。考虑到这一点，法国的高层指挥把最好的部队以及英国的十个师都派往了比利时中部。法国人认为，如果德国部队设法越过了那里的盟军，那么他们在攻击马其诺防线时就已经元气大伤。没有人预料德国人会在默兹实施突破。

事实上，英国对法国军事实力的错误判断，只是两国之间互不了解的又一个例证。在纸上，它们更新了军事联盟，但事实上，它们并没有建立起真正的伙伴关系。身为索邦教授的法国历史学家，曾参加了1940年那场战斗的马克·布洛赫（Marc Bloch）指出："真正的军事联盟必须在任何时候都保持有效的合作。仅把它写下来是不够的，它必须从每日多次的接触中吸取生命的气息，这些日常接触将使双方整合为一体。"

在英国和法国的军事领导人的交往中，很少有人使用对方的语言。这往往会导致相互间的误解，实际上这是相互间的不信任、怀疑，甚至个人厌恶的反映。法国将领对他们的英国同行表现出居高临下的姿态，将英国人视为"军事艺术的学习者"。英国指挥官对于在德国攻击时派遣部队进入比利时的决定感到不满，但意识到他们国家的军事存在十分渺小，就没有向法国人抱怨。

当德国人终于入侵低地国家和法国时，盟军已经带有功能障碍的军事关系就变得有"毒"了。正如温斯顿·丘吉尔在保罗·雷诺打来电话后的第二天，

5 月 16 日，他去巴黎时所发现的那样。

与大多数英国人不同，丘吉尔从小就爱上了法国。他是圣女贞德、拿破仑及其他法国历史人物的崇拜者，曾访问过法国 100 多次。他会讲法语，尽管说的时候语调非常特别。在第一次世界大战期间，作为苏格兰皇家燧发枪团的指挥官，他曾经在法国的前线壕沟里待了好几个月，对并肩作战的法国部队的勇气和决心印象深刻。他在 1944 年写道："自 1907 年以来，我在美好的时光和不幸的时刻一直都是法国真正的朋友。"

然而，丘吉尔的支持并不像他看上去的那样极为明确。像大多数英国政治家一样，他在 20 世纪 20–30 年代初也主张与德国调和，反对对法国作出新的承诺，建议让英国只管自己的事情。他在 1933 年表示了希望"法国人能看顾自身的安全"，英国可以自由地脱身于任何新的欧洲冲突。丘吉尔曾支持过英国一项大力裁军的政策，该项政策的目标就是使英国的军力能够维护其中立性即可。直到希特勒在 20 世纪 30 年代中后期开始准备发动战争时，丘吉尔才开始坚决反对德国，并要和法国结成紧密的军事联盟。

他为军事联盟所做的大部分呼吁都是建立在对法国军队优势的信任之上的。他称法国军队为"欧洲最好的军队"。他的信任在 5 月 16 日下午他抵达位于凯奥赛的法国外交部，看到那些与他会面的官员"每个人脸上都写着绝对的沮丧"时动摇了。外面的花园里烟雾弥漫，政府工作人员正将成堆的官方文件扔进火焰之中。

法国的军方领导人为丘吉尔小结了前四天里所发生的灾难：德国人在默兹实施了突破，坦克和步兵的突击正以"闻所未闻"的速度向法国北部的亚眠和阿拉斯挺进。当丘吉尔询问后备军反击的计划时，甘末林将军耸了耸肩，摇着他的头。他回答说："没有这样的计划。"丘吉尔无言以对。没有后备军，没有反击，这怎么可能呢？ 丘吉尔后来写道，甘末林的简洁回应是"我一生中最大的惊诧之一"。

英国首相的震惊和困扰，也没能改变德国猛攻的速度和规模。这与法国、英国的官员和战场上的军队所作出的迷茫反应没有什么不同。多年以后，艾伦·布鲁克将军会不屑一顾地写道："虽然有很多法国人准备为自己的国家而战死，但他们的领导人完全没有作好准备去组织他们抵抗闪电战。"布鲁克没有提到他和他的英国指挥官同胞们在这方面与法国的军队负有同样的责任，这是布鲁克在法国的下属伯纳德·劳·蒙哥马利（Bernard Law Montgomery）将军反复提出的观点。在战斗中指挥英军一个师的蒙哥马利在他的战场日记中对英国远征部队指挥官约翰·戈特（John Gort）将军表达了极大愤慨。蒙哥马利后来写道："对1940年战争爆发后我们在战场上的失利，我们只能责怪自己。"

接受过静态防御战训练的盟军根本不知道如何来应对闪电战的攻击。用一位美军观察员的话来说，"这个非人的怪兽已经夷平了一半的欧洲"。法国和英国军队的协调与沟通几乎立即陷于瘫痪。在几天之内，绝大多数电话线和补给线都被切断了，盟军指挥系统基本上停止了运作。盟军指挥官们必须亲自去到现场，才能联络得上。

虽然法国和英国的部队在没有接到情报或命令的情况下仍在战斗，但他们的坦克和飞机的燃料和弹药都耗尽了。一位皇家空军飞行员称这种情况是"一场完全彻底的混乱"。一名英国陆军军官在他的日记中写道："这就像是一场荒谬的噩梦。"丘吉尔回到伦敦后告诉他的一位秘书："在所有的战争历史上，我从未见过这么糟糕的管理。"

随着盟军的损失迅速加大，法国和英国军队开始撤退。保罗·雷诺和法国的最高指挥官恳求丘吉尔，除了已经在法国的十个英国战斗机中队之外，再向那里派遣十个皇家空军战斗机中队，以对付那些正在摧毁盟军部队的德国空军轰炸机。丘吉尔最终同意了这一要求，但这引起了皇家空军战斗机指挥官的激烈反对。他们坚持认为，向国外派遣更多的战斗机中队将对英国自身的安全构成严重的威胁。

丘吉尔就任首相才六天，就面对着一个令人揪心的选择：是向法国提供尽可能多的物资援助，以增强其士气和抵抗能力？还是不提供援助，将那些物资用于英国自己的防务？以法国人的眼光来看，英国人将所有资源投入法国并没有任何损失，因为如果法国垮台了，英国很快也会垮台。易怒的丘吉尔并不接受这样的看法。一旦派出十个战斗机中队之后，不管雷诺会发出多少次求救的呼吁，法国再也不会得到更多的援助了。而且，法国人所不知道的是，丘吉尔在 5 月 16 日访法结束后回来的当天，就下令制定撤离英国远征军的计划。

戈特将军也在考虑撤离。他越来越怀疑法国人反抗的意志和反击的意愿，害怕自己被包围因而遭到歼灭。到了 5 月的最后一个星期，英国军队开始向敦刻尔克海滩撤退。在德国军队的追击和俯冲轰炸机的狂轰滥炸之下，他们在通向港口的多尘的道路上逃离。丘吉尔再次呼吁法国人站起来继续战斗，但直到撤离行动开始之后，他才告诉法国人自己的部队正在撤离战场。

被蒙在鼓里的还有比利时军队，他们承受着德国空军和坦克主力的攻击，掩护了在比利时的英国和法国的部队。丘吉尔没有通知比利时人英国将撤退，这不是由于疏忽。他指望着比利时人能将德国部队滞留在海湾地段，从而让英国军队能登上被派往敦刻尔克帮助撤退的小型和大型船只。

事实上，比利时军队在德国俯冲轰炸机、坦克和大炮的不停攻击持续了两个多星期之后，耗尽了食物和弹药，已经陷入了瓦解状态。当英国人开始向西部的敦刻尔克撤退时，比利时人同意守护他们的侧翼，但是一再警告英国和法国的指挥官，他们的后备军已几乎耗尽，除非盟国来援助他们，否则他们很快就会投降。在伦敦，丘吉尔从他的密友，仪表堂堂的英国战争英雄，海军上将罗杰·凯斯（Roger Keyes）爵士那里得到了这个信息。罗杰·凯斯爵士曾是首相与利奥波德国王之间的联络人，但丘吉尔毫不为比利时人的求救请求所动。他告诉战时内阁：“可能会完全丧失比利时军队，但是牺牲我们自己的军队对他们不会有任何帮助。”

当比利时军方的英国远征军联络官乔治·戴维（George Davy）上校问戈特将军及其副手亨利·波内尔（Henry Pownall）将军，是否允许比利时军队参加敦刻尔克的撤退行动时，波内尔嘲笑了那个念头。他说：“我们并不关心比利时人将会有什么样的遭遇。”波内尔似乎忘记了比利时人正在进行的顽强抵抗，他在5月15日的日记中写道：“比利时人的士气从上到下都很糟糕。他们根本就不是在战斗。”他后来还称其“已腐烂到了核心”，是“较次的品种”。

到了5月26日，比利时总司令向英国和法国最后一次提出了援助的请求。像以前发出的请求一样，他没有得到任何答复。相反，丘吉尔指示罗杰·凯斯向利奥波德强调比利时的部队留在战场的重要性。丘吉尔告诉他的下属，很显然比利时人不久将不得不投降，但那只是“在协助英国远征军到达海岸之后”。他直言不讳地说：“我们要求他们为我们牺牲自己。”

然而，当筋疲力尽的比利时人相信他们已经做了足够多的牺牲，还被盟友遗弃并遭受孤立，缺乏继续战斗所需要的一切时，比利时人觉得他们只能力所能及地拖延德国人的占领速度。5月27日，比利时政府在正式公报中通知法国和英国，它即将向德国投降：“比利时军队已完全耗尽了其抵抗的能力。它的部队明天将无法再次展开战斗。”利奥波德派遣特使到了德国人那边，并于5月28日早上宣布了停火。

比利时人的投降纯粹是放下武器的军事行为，但利奥波德决定留在比利时却让局势复杂化了。在与政府部长们进行了一个多星期去或留的讨论之后，利奥波德作出了命运的抉择。首相于贝尔·皮埃洛（Hubert Pierlot）和他的同事们告诉国王他们计划逃到法国去，并敦促他和他们一起走。他们认为，作为国家元首他有责任继续在流亡时领导比利时的抵抗，在任何情况下他都不应成为德国人的俘虏。

但利奥波德对他的职责有着完全不同的看法。他是在以他父亲为榜样来履行他的职责。阿尔贝特在第一次大战期间担任军队总司令，他曾多次宣布即使德国人占领了比利时的所有领土，他也不会离开比利时。利奥波德告诉他的部长们，“国王阿尔贝特不会同意去国外避难”，而留下他的部队听任命运的摆布。像他父亲一样，利奥波德认为他作为总司令的责任大于作为国家元首的责任。

皮埃洛和其他人根据比利时宪法争辩说，利奥波德有义务遵循政府的愿望。他们又说，如果他留下来，不管他是否与德国人合作，德国人将会对他进行政治利用。利奥波德国王拒绝了他们的所有劝解。他说，他不想成为“一个闲置的难民君主，在侵略者的枷锁下屈服，割断与比利时人民的联系”。他补充说，如果抛弃了军队，“就成了一名逃兵。不管发生什么事情，我都必须和我的部队同命运”。在投降的时候，利奥波德承诺当他的国家还在德国人手中时，他决不会和敌人打交道。他宣称：“在被占领期间，比利时绝不能在军事、政治或经济领域里做任何可能损害盟军的事情。”他要求被关到战俘营中去，和他的被俘的士兵们待在一起，但希特勒把他囚禁在布鲁塞尔郊外雷肯的宫殿里。

利奥波德在处理投降的事务方面做得非常正确，但法国人和英国人对此却极为愤怒，联手对比利时人和他们的国王掀起了一场“语言暴虐”运动。依莱娜·内米洛夫斯基（Irène Némirovsky）在她的遗作小说《法兰西组曲》中指出：“失败会让人性中最糟糕的东西暴露出来。”正如一位历史学家所说的那样：“当战争正在进行而事情变得很糟糕的时候，人们不再会奢望能对一个没有任何用处的盟友慷慨好义，甚至公平相待。如果把他留在那里的唯一用处是当替罪羊，那么他就必须当替罪羊。”

为了逃避承担对法国战场失败的责任，法国和英国的领导人把所有的过失都推到比利时人的身上。对于在5月17日替代甘末林担任法军总司令的马克西姆·魏刚（Maxime Weygand）将军来说，比利时的投降实际上是一件“好事”，因为“我们现在可以为在比利时被打败而推卸责任了”。

为了掩饰自己的无能，盟军指挥官们甚至直截了当散布谎言。魏刚和戈特都明确地声称，他们没有得到比利时即将投降的警告。戈特还指责比利时军队的懦弱，指责他们撤离战斗从而危及了正撤往敦刻尔克的英国军队的安危。实际上，正如英国军事历史学家布莱恩·邦德（Brian Bond）所写：“几乎没有空中掩护的比利时军队在德国人进攻时首当其冲……从而让英国远征军比较容易地撤回到了法国边界。事实上，没有勇敢的比利时军队的长期抵抗，英国远征军是不可能从敦刻尔克撤离的。”

法国总理保罗·雷诺在对利奥波德和比利时人的诋毁中走得更远。在

20 世纪 30 年代后期，雷诺是少数反对对希特勒实行绥靖政策的法国政治人物之一。才组建政府短短两个月的雷诺正在接近感情崩溃的边缘。在德国入侵的初期，他与丘吉尔保持一致，认为法国应该继续坚持战斗。但随着军事状况的恶化，他开始感染上了他的许多部长们所有的失败主义情绪，其中包括 84 岁的副总理，失败的马其诺防线战略的设计者菲利普·贝当（Philippe Pétain）元帅。因为雷诺曾发誓自己永远不会接受投降，他知道他很快就要将权力移交给贝当，而这样做将会激怒英国人。在比利时投降以后，他看到了一个将责任从自己和他的政府那里转移到不幸的利奥波德身上的黄金机会。

雷诺在听到比利时投降的消息时向他的部长喊道，“在历史上还从未有过这样的背叛！这是丑陋的，绝对是丑陋的！”在 5 月 28 日向法国人民的广播中，他指责比利时按照国王的命令在战争中途突然无条件地投降，没有警告法国和英国的战斗人员，从而向德国军团开放了通往敦刻尔克的道路。在他广播之前，雷诺对刚刚抵达法国，对不支持攻击他们国王的比利时政府官员进行了威胁。如果他们不支持他，他就不能保证在德国入侵后逃到法国的 200 多万比利时人的安全。

比利时的部长们显然很担心利奥波德会考虑与德国人合作建立一个新的政府，因而屈从了雷诺的要挟。在这样做的时候，他们对利奥波德施加了更为严厉但同样无端的指责。他们指责利奥波德“通敌”，指责他叛国。他们的指责并没能防止法国人对他们同胞的暴力行为，反而增加了法国人对比利时难民的愤怒。比利时难民被嘲讽，被辱骂，被殴打，从餐馆和酒店中被赶出来。一些逃到法国的比利时飞行员被戴上手铐，投入监狱。而在法国接受军事训练的几千名年轻的比利时人则被囚禁在他们的营房里。

由于不了解英国和法国军队在面对德国闪电战时所表现出来的笨拙和无能的真相，英国的公众舆论很快就接受了对利奥波德和比利时的指责。在伦敦，《每日镜报》在头版刊登了一张卡通画，将比利时国王描绘为一条头带纳粹标志王冠的蛇。《伦敦标准晚报》称他为“卖国的国王”。一位英国报纸专栏作家写道，在接下来的 200 年里，在英国或其他任何地方不会有一个孩子会起名叫利奥波德。《纽约客》驻伦敦的记者莫利·潘特–唐斯（Mollie Panter–Downes）告诉美国读者，“有那么一天，希特勒不得不把他‘最受憎恶的人’的头衔让给比利时的利奥波德三世”，他显然“宁愿当一个活着的纳粹，也不愿做一个死去的比利时人”。

在一片谩骂声中，只有为数极少的人站出来为利奥波德辩护。驻比利时的美国大使馆武官向华盛顿的上级报告说："国王的投降是他唯一能做的事情。那些指责他的人或者是没有看到战斗的场面，或者是没有见识过德国的空军。我两样都看到了。”

两位与比利时国王和军方联络的英国联络官，海军上将凯斯和海军上校戴维也极力为利奥波德及比利时军队的行动辩护。两人在5月28日回到英国后，发现戈特和他的手下将失败的责任推给比利时人时，感到极度的震惊！对凯斯和戴维来说令人特别感伤的事实是，戈特对比利时国王的不实指责——撤离战斗而没有事前警告他的盟友他将要这样做，正是戈特自己干过的事情。

然而这两名军官都被英国高层禁止就他们在比利时的公务发表任何公开的声明。对被禁言感到十分愤怒的戴维写了一篇关于当时实际发生的事实的备忘录，并向凯斯和战争办公室提供了复制件，以备在战后书写英国官方的战争历史时使用。他在备忘录中宣称："那些身居高位的军人（戈特和波内尔）发现利奥波德是一只有利可图、无法抗辩的替罪羊。”他们对利奥波德的“蛮横并充满谎言的攻击”促使他采取行动。他补充说："真相不能够永远被压制。”凯斯在致丘吉尔的一封信中，也为利奥波德进行了充满激情的辩护，敦促他制止英国官员“亵渎勇敢的国王”。起初，首相似乎听从了朋友们的忠告，他在5月底的议会会议上告诉大家比利时军队“作战非常勇敢”，英国人不应该对利奥波德的投降作出“仓促的判断”。

然而他的忍耐是短暂的。丘吉尔仍然对欧洲中立国家在大战爆发前不加入英国和法国的军事联盟怀有一种孩童般的愤怒。他对利奥波德选择留在比利时感到非常不快。丘吉尔拒绝承认中立国家可能有不结盟的合适理由，他多次发表讲话，指责他们的懦弱造成了德国的军事成功。他私下里告诉凯斯，利奥波德的投降“结束了盟国加在我们头上的所有不幸，与此同时我们忠实地履行了我们对他们的义务和承诺”——不可能有比这更不真实的评论了。

丘吉尔对利奥波德的强烈偏见由于保罗·雷诺不断增加的压力而加剧。雷诺要丘吉尔加入法国的行列，将比利时国王鞭挞为替罪羊。雷诺指责英国人对法国人所表达的对利奥波德和比利时人的愤慨过于冷淡，而丘吉尔由于迫切地想要让法国继续战斗，终于屈从了法国总理的要求。6 月 4 日，丘吉尔在宣布敦刻尔克撤退成功的演讲中，运用了他所有的令人生畏的修辞技巧，激烈地谴责了利奥波德。“没有事先咨询……突然间，他率领他的军队投降了，暴露了我们的整个侧翼和撤退的通道”。首相的激愤溢于言表，而围在他身边的议员们则喊着：“耻辱！背叛！”丘吉尔继续说道：“如果不是这个统治者和他的政府与盟国隔绝，如果不是他们在已被证明是致命的中立态度中寻求庇护，法国和英国的军队可能一开始就可以拯救比利时，甚至可以拯救波兰。”

丘吉尔的结论是，比利时的中立，是使波兰和其他欧洲国家招致失败的原因，而不是因为德国的军事实力。这在罗杰·凯斯听来是绝对荒谬的，但在丘吉尔的议会听众中却没有多少人对此质疑。凯斯本人也是议员，听着首相的诽谤，他感到极其愤怒和难以置信！丘吉尔不仅不赞赏比利时人保护了英国远征军免遭德国的屠杀，还帮腔雷诺，指责他们危及了英国的撤退，并导致几千法国军队的被围和投降。

然而回想起来，丘吉尔的高谈阔论虽然毫无道理，但却是可以理解的。只当了四个星期首相的丘吉尔认为他在那一时刻的政治地位是非常脆弱的。许多主宰着议会的保守党议员，还没有和他就接任内维尔·张伯伦一职协调一致。事实上，不少人公开对他表示了敌意。丘吉尔的私人秘书之一约翰·科维尔（John Colville）曾指出：“从未有过一位首相在议会如此不被信任，并在随时可能遭到质疑的情况下就职。”

由于他的国家现在正面临着历史上最大的挑战，丘吉尔不仅渴望强化自己的地位，而且还希望为他的高级将领的无能和在至今为止的战争中，英国军队所表现出来的致命缺陷盖上一层神秘的面纱。要做到这一点，还有什么能比把责任归咎于一个弱小的盟友，一个无法保卫自己国家的国王和总司令更好的办法呢?

然而，罗杰·凯斯拒绝接受这样的论调。他在 6 月初向《每日镜报》提起诽谤诉讼，指控《镜报》在一篇文章中指责他鼓动了利奥波德的背叛。凯斯决心要为自己，也为比利时国王和他的军队争取清白的名声，他强烈要求进行公开审判。在 1941 年 3 月，案件即将举行听证之前，《每日镜报》终于承认在关于利奥波德和凯斯的声明中出现了错误，并同意向他们两人公开道歉，声称“公众利益将因此而受到伤害”。丘吉尔及其政府对凯斯施加压力，让他接受调解而不是法庭审判，凯斯同意了。在调解过程中，他的律师在公开法庭上陈述了去年 5 月在比利时真正发生的情况。在同一听证会上，报纸的律师也承认《每日镜报》曾对国王 “极不公正”。

为利奥波德辩护的故事登上了英国报纸的头版头条。王室法律顾问也出面澄清了利奥波德国王的名声。有人指出，伦敦知道投降计划。也有人指出，利奥波德国王警告过英国他将投降。但英国广播公司在战争办公室的压力之下，压制了为国王平反的新闻。所以，直至今天仍很少有人知道事情的真相。在自 1940 年以来的 70 多年中，许多人，如果不是写过关于法国和比利时战争的历史学家，都接受了英国人和法国人对利奥波德和他的国家的指控。

然而，即使在 1940 年 5 月的混乱之中，仍然有一个著名的英国人对国际事务有着更好的解读，他拒绝参与“抹黑”。据说，乔治六世国王对反对比利时君主的风潮非常不满。利奥波德是他的一位远房表弟，还在第一次大战期间，他就认识了在伊顿公学就学的少年利奥波德，并很喜欢他。当英国官员提出将利奥波德从英国骑士的最高等级和代表最高荣誉之一的嘉德骑士阵列中除去时，乔治敏锐地觉察到了他的远亲君主所面临的极大困境，他拒绝了这一提议。

乔治六世的传记作家，历史学家约翰·惠勒–贝内特指出，被德国占领国家的元首所面临的选择具有“令人难以接受的复杂性，几乎没有时间进行冷静的思考。离开家园，跟随政府流亡，他们会被留下来的人们斥责为背弃；但如果留在他们的国家，他们就有风险被挟持为人质以迫使他们的人民顺从”。

在比利时投降的前一天，利奥波德写了一封信给乔治六世。信的抬头写着“我亲爱的贝尔蒂”——那是乔治六世阿尔贝特的爱称，只有英国国王的家人和其他少数几个非常亲近的人才能使用。在信中，利奥波德解释了他留在比利时的理由，宣称他的首要职责是与他的军队和比利时人民一起领受德国占领的磨难，并尽可能地保护他的子民。他告诉乔治：“采取任何别样的行动，就等于是背弃。”

乔治国王并不同意利奥波德的选择。当富兰克林·罗斯福最亲近的助理哈里·霍普金斯（Harry Hopkins）在1941年初访问伦敦时，乔治告诉他，他认为利奥波德将他的两项职责——国王和军队总司令“混淆起来了”。霍普金斯在给富兰克林·罗斯福的一份备忘录中指出，乔治“对比利时国王表示了极大的同情，对利奥波德作为军队总司令也没有任何批评。但乔治认为作为国王，他应该离开那个国家，并在其他地方建立政府”。然而，在质疑利奥波德的决定是否明智的同时，乔治从来都坚信他的表弟是遵照他的良心和坚定的责任感才决定留下来的。具有讽刺意味的是，乔治本人也发出过与利奥波德相同的誓言：他曾说过，如果德国入侵，他在任何情况下都不会离开他的国家。幸运的是对他和英国来说，他从来没有被要求做出那样的选择。

第 4 章

我们必须生死与共

欧洲人逃往英国

在利奥波德决定仍留在比利时之后的几天，挪威国王哈康七世发现自己也陷入了同样的两难选择。在 1940 年 5 月的大部分时间里，尽管世界的注意力转向了法国的崩溃和英国从敦刻尔克的撤退，但挪威北部的战斗仍在继续。《纽约客》的莫利·潘特–唐斯注意到，在一个月前曾对温斯顿·丘吉尔掌控政权起到了重要作用的“挪威的冲突”，到这时 “已经显得非常遥远了”。

虽然德国在 4 月里迅速征服了挪威的南部和中部地区，但在北部战斗的盟军却于 5 月 27 日占领了重要港口纳尔维克，并将德国人赶回到了瑞典边界。当盟军在庆祝胜利的时候，他们不知道英国政府已经下令再次撤退，以应对即将来临的德国对英国本土的入侵。在挪威的所有英军都要在 6 月初回国。英国人再一次做了他们指责利奥波德所做的事情：在不咨询他们盟友的情况下决定撤回自己的军队。英国驻挪威军队司令克劳德·奥金莱克（Claude Auchinleck）在给一位同事的信中写道：“当我们即将撤出时，却假装我们即将投入战斗，这真让人感到自己成了一个恬不知耻的东西！”

这个消息让哈康国王像遭了雷击一样。他和在特罗姆瑟一起避难的挪威政府的部长们，都曾发誓要继续战斗。当被告知英军将撤退时，国王很不情愿地同意按英国政府的要求去伦敦。但他立刻就有了另外的想法。6 月 5 日晚，他致信英国驻挪威特使塞西尔·多梅尔（Cecil Dormer）爵士，宣布他不能抛弃他的士兵或人民，“进一步反思之后，他觉得有责任留在挪威”。

第二天早上 5 点钟，多梅尔开车前往特罗姆瑟哈康国王和奥拉夫王储驻留的农舍。英国外交官知道这不是求见皇室的适宜时刻，但他肩负的使命让他如此迫切。没有任何的外交辞令，他直接告诉国王挪威的命运已无法改变，如果他执意要留下来，他将会成为德国的抵押品。“他将无法以任何方式帮助他的人民，甚至与他们有任何联系，德国人将会以他的名义发布命令。简而言之，这正中了德国人的圈套。”如果哈康去了英国，他和他的政府将可以和其他盟国联合起来，重新开始战斗。

多梅尔没有提到英国之所以决心将哈康快速秘密地转移到安全地带还有另一个原因。23 年前，当俄国沙皇尼古拉二世（Tsar Nicholas Ⅱ）被推翻后，哈康曾提出要派出一艘军舰去救他的表哥尼古拉二世，以及沙皇的妻子和孩子。哈康的姐夫英王乔治五世也是尼古拉的表弟，曾经告诉挪威国王不用麻烦他，英国会派一艘船去接俄罗斯皇室的。然而，英国没有派出舰船去俄国。据说，哈康对他的姐夫抛弃尼古拉和他的家人使他们在 1918 年遭布尔什维克杀害一直耿耿于怀。乔治五世的儿子，现任的英国国王确定不能再重复父亲的错误。他敦促英国政府，必须尽一切力量不让他的舅舅落入德国人的手中。

多梅尔告诉哈康，英国最后一艘重巡洋舰“德文郡号”将于第二天晚上 8 点准时离开特罗姆瑟港，他希望哈康及其政府成员能够上舰离开。国王回答说，他必须咨询他的内阁再作出最后的决定。

在那天和接下来的一天里，哈康对于下一步该做什么，感到异常痛苦。在“德文郡号”出发前的几个小时里，他与政府的主要官员们在特罗姆瑟的临时总部，一座奶酪工厂里一起开会。经过激烈的辩论，他们决定离开。当会议结束时，他的声音颤抖起来，几乎说不出话来。他仍然不能肯定他们作出了正确的决定。他们在英国能做些什么？他们是否会永远与挪威切断联系？房间里的其他人，大多眼含泪水，站起来反复说道：“上帝保佑挪威！”他们的话音落下后，他看着他的儿子，几乎无法说出“上帝保佑挪威”那句话。当部长们离开房间时，国王以近乎耳语的声调说道：“我很害怕挪威人民的判决！”

那天晚上，当挪威政府官员和英国外交官员登上“德文郡号”时，多梅尔站在码头上，焦急地扫视着通往港口的道路。终于，当还差几分钟到八点时，一辆汽车开了过来，哈康和奥拉夫在他们的侍从的陪同下跨出了汽车，多梅尔这才松了一口气。国王在码头上停了一会儿，回头看着耸立在城后被积雪覆盖的山峰，然后又转过头来看着大海，似乎要将这壮丽的景色印入他的脑海之中。又向四周看了一遍之后，他低垂着头，慢慢地爬上了舰船的舷梯。一位在舰船甲板上看着哈康的挪威官员后来回忆道，哈康看上去“非常沮丧，这毫无疑问是他一生中最痛苦的时刻之一”。

晚上8点整，“德文郡号”起锚出发了。几分钟后，它就消失在浓雾之中，向英国驶去。

当哈康穿着他的冬天制服和高帮靴子，于6月9日到达伦敦时，他发现了一个欢腾的城市，伦敦市民表现得好像他们的国家刚刚获得了一次重大的军事胜利一样。在过去两周里，超过22万的英国军队被从敦刻尔克的海滩抢运了回来，这远远超过了所有人的预期。

对许多英国人来说，为拯救一支被认为注定会灭亡的军队付出的努力所获得的意想不到的成功完全掩盖了正在法国发生的军事灾难。无论是在当时还是现在，由驶过英吉利海峡的成百上千艘游船和其他援助小艇组成的大规模救援行动的成功，一直被视为英国历史上最为壮观的篇章之一。《纽约时报》在当时曾声明说：“只要还有人说英语，敦刻尔克一词就会被尊敬地念出来。在那个港口，掩盖了民主之魂的怒气和瑕疵消失了。在那里，受到打击但未被征服的英国仍以耀眼的辉煌面对敌人。”

随着遮盖横跨整个海峡的失败的幕布被拉上，英国人和他们的新首相现在将专注于为自己的生存而斗争了。温斯顿·丘吉尔于6月4日带着挑战的口气向议会宣布：“我们将在海滩上战斗，我们将在地面上战斗，我们将在田野和街上战斗，我们将在山岭上战斗……我们永远不会投降。”

这是丘吉尔最出色的战时演讲之一，但对法国人来说毫无意义。对他们来讲，敦刻尔克的撤退根本不是一场胜利，而是一场悲剧和背叛行为。直到成千上万英国远征军部队已经离开之后，英国人才让法国人知道他们正在撤离。当被告知 5 月 31 日英军大规模撤离的消息之后，一名法国海军上将愤怒地对着告诉他这个消息的英国将军说道："所以，你承认法国军队将单独掩护英军登船，而英军将不会帮助法国军队掩护自己的撤退？你们的决定是英国的耻辱！"到了那一刻，英国人才同意让法国军队一起撤退。最终有十多万名法国士兵撤离了敦刻尔克，但对于英国人来说，那显然是后来才想到的。

正如法国海军上将所指出的那样，英国远征军的撤离得到了坚守敦刻尔克周边的法国军队和英军几个团的大力支援。在撤离期间，距敦刻尔克东南方向约 50 英里的里尔市及其周围地区，一个法国师与七个德国师展开了逐屋争夺的战斗，并把德国人困守在海湾地段整整四天。德国人对法国军队勇气的印象是如此深刻，以至于允许他们在投降仪式上持有武器。成千上万名法国士兵在敦刻尔克周围的战斗中死去或受伤，约有 30000 至 40000 人被俘。在法国的整个战斗中，有 90000 多名法国人丧生（是 11000 名英国人的丧生数量的数倍），20 多万人受伤。

从敦刻尔克撤离之后，在英国和其他地方出现了一种论调，法国"缺乏勇气的崩溃"和法国军队的"完全没有节气"的表现应对英国远征军的撤离负主要责任。很多法国士兵确实放下了武器，但其他人仍然在战斗，尽管他们的文职领导人和年老的军事指挥官的失败主义情绪越来越大。正如加拿大军事历史学家约翰·凯恩斯（John Cairns）所指出的那样，尽管有着"政治、经济、社会和最终的关键性军事错误，法国的战争投入依然是巨大的"。英国历史学家朱利安·杰克逊（Julian Jackson）曾写道，法国军队在战斗中"像在正确领导和充分装备下的 1914 年的战争时那样英勇。1940 年的失败最根本的是军事策划的失败"。

在私底下，温斯顿·丘吉尔承认法国人在这场战斗中是首当其冲的。他在 6 月 14 日告诉英国战时内阁，"英国的极少几个师在法国参加了战斗。实际上确实是很少。法国的损失远远超出了我们在各方面的损失。"他对"帕格”·伊斯梅将军宣称：“我们对法国战场的贡献是非常微小的。到目前为止，法国人承担了90%的伤亡，并忍受了99%的痛苦。”然而在公开场合，他对法国损失的严重程度或法国军队的勇气没说多少话，这种忽略导致了法国驻伦敦大使的严厉批评。

毫无疑问，丘吉尔和法国领导人在敦刻尔克撤退之前和之后的两次会议是完全失败的。在他极力劝阻保罗·雷诺和沮丧的法国政府不向德国人投降的过程中，丘吉尔宣称英国永远不会放弃。无论发生什么事情，都会“一直战斗，不管在哪里，永远战斗！绝没有怜悯，直至最后胜利！”他请求法国人继续战斗，如果不是在巴黎的话，“就去各个省份，直到海岸线。然后，如果需要的话”，他们可在北非的殖民地继续战斗。

丘吉尔的口才和他的论证并没有给法国人留下深刻的印象。尽管雷诺还愿意与丘吉尔对话，但韦根将军和贝当元帅都愤怒地指责英国人只为自己着想。他们指出，虽然丘吉尔在敦刻尔克撤退之前拒绝向法国派遣更多的皇家空军战斗机中队，但他却派出每一架可以起飞的英国战斗机来掩护英国远征军的撤退。

此外，他们还指出，直到那时英国仍然只投入很少军队，在没有取胜决心的情况下，怎么可能会赢得与德国战争的胜利呢？在韦根和贝当看来，欧洲战争的胜负将由法国战场而不是英国战场来决定。他们声称，英国人的任何持续抵抗将是徒劳无益的。韦根认为，英国人的脖子在一个月内就会像“鸡脖子一样被扭断”。

当所有这些政治争吵还在进行中时，仍有一些法国部队在法国北部的索姆省和阿尼斯河的最后一道防线上继续战斗，并造成了德军的大量伤亡。历史学家罗伯特·图姆斯（Robert Tombs）和伊莎贝尔·图姆斯（Isabelle Tombs）指出：“那是1940年的一场伟大战役，它在很大程度上被法国人遗忘了，而在英国从来就没有被报道过。”他们注意到，德国的一个装甲师在两天内失去了三分之二的坦克。然而，法国人虽然有决心，但他们无法抵挡德军的绝对优势，德国人不久就突破了法国岌岌可危的防线。

到了6月的第一个星期，在社会和政治层面上已深深分裂的法国仍处于极度惊恐之下，政府也在摇摆不定。没做任何防御或撤离安排，雷诺和他的部长们于6月9日逃离了巴黎，先逃到图尔，然后再逃到波尔多避难。数以百万计的巴黎人也步行或利用每一种可以想象得到的交通工具离开了城市。这是自黑暗时代以来欧洲最大的人群移动，“像一个被击倒的蚁丘”，总计有超过600万的法国公民涌向了法国南方。美国外交官乔治·凯南（George Kennan）亲眼看见了这次大规模的流亡运动，到处是一片混乱，一个充满了分裂的社会呈现出“恐慌中的人性的丑陋、失败感和道德沦丧”。

6月14日，德国军队迈着正步进入了巴黎，就像他们在维也纳、布拉格、华沙、奥斯陆、哥本哈根、海牙和布鲁塞尔干过的事一样。两天后，雷诺辞去了总理的职务，贝当接任法国总理。6月17日，这位年迈的“一战”维尔德之战的英雄命令法国军队放下武器，并向德国人要求停战——这正是法国官员三个星期前谴责比利时国王利奥波德所干的事。

贝当在向他的同胞们的广播中将法国的失败归咎于“武器太少，盟友太少”，法国自己在精神上的溃败，包括缺乏纪律约束和不幸的“享乐精神”。除去贝当认为缺少盟国的言论，英国人和世界其他大多数国家一样，很容易就接受了他谴责的法国严重的内部缺陷：社会、心理、经济和政治的各个方面，是法国令人震惊的崩溃的主要原因。

然而，在这样做的同时，英国领导人很方便地就把自己国家在这场失败中所起的作用忽略不计了。正如罗伯特·图姆斯和伊莎贝尔·图姆斯在他们关于英法两国关系的权威历史著作中所写的那样，英国对两国“二战”期间联盟的贡献是“微小得可耻”。在形成那种不稳定的伙伴关系之前，英国政府曾执行了20年之久的“有意疏远”法国的政策。这对法国的外交、军事战略以及法国的自信和安全感产生了极为深刻的负面影响。

最后，两个盟友都互相指责另一个该为法国的失败负责。时至今日，这样的互相指责依然没有停止。罗伯特·图姆斯和伊莎贝尔·图姆斯指出：“事实上他们都把对方拖下了水，但双方都还记着对方的那笔账。”

哥伦比亚广播公司记者埃里克·塞瓦雷德（Eric Sevareid）于1940年6月底乘船离开法国去英国时，他感受到了同船的英国记者的情绪有了明显的变化。他回忆说："他们似乎很开心，他们是英国人，他们的目标很清楚。他们现在团结在一起了。"

虽然他们国家的前景似乎非常暗淡，但其他许多英国人也和他们一样感到一种解脱和兴奋。作为一个生活在岛上的人，他们从来没有为与欧洲或其他国家结成的联盟感到舒坦过。现在他们又成了"孤身一人"，他们为此而感到"自豪"。

即使是那些与法国有密切关系的人也感受到了这一点，其中包括丘吉尔与法国政府的联络官爱德华·斯皮尔斯（Edward Spears）将军和英国在法国的最高指挥官之一艾伦·布鲁克将军。斯皮尔斯和布鲁克都是在法国出生和长大的，都能说流利的法语，并都一直将法国作为第二个家。但布鲁克在6月中旬告诉一名英国同事，他已决定，"除非万不得已，他不想在这个国家再多待一个小时"。斯皮尔斯也指出："我一生积累起来的对法国的感受、情感和热爱正在慢慢流失。现在只剩下英格兰了。"

同样的，当乔治六世国王问战争部长安东尼·伊登（Anthony Eden），英国的现状很糟糕，为什么他的情绪这么好时，伊登回答说："现在我们孤身一人了，先生。我们没有一个盟友了。"国王本人也向母亲玛丽王后表示，"我个人也感到更高兴，因为我们没有必要礼貌对待放纵的盟友了。"

然而，不管欧洲人是否曾经想过要盟友，英国人都迫切地需要他们。丘吉尔慷慨激昂的言辞激励了他的同胞们起来参加战斗，但激励本身并不能阻止德国的入侵。外交部常务副部长亚历山大·贾德干（Alexander Cadogan）爵士在他的日记中写道："当然一切都像现在一样阴沉。据我所见，我们经过多年的悠闲准备，结果是完全没有准备好。"

尽管敦刻尔克的救援是一个奇迹，但英国的状况也濒临崩溃。在参与比利时和法国的防御期间，英国皇家空军失去了许多最有经验的飞行员，更不用说数百架飞机和两万多人的地面部队了。现在这个国家的男人只够组建20

个师，这还不到德国现有部队的1/10。而且这个数量微小的军队几乎没有什么可以用来打仗的武器，绝大部分的坦克、装甲车、武器和其他装备都留在法国了。全英国只有几十万支步枪和500门大炮——大部分大炮都是从博物馆弄来的“古董”。

6月26日，丘吉尔视察了英格兰东南部沿海岸线匆匆修建起来的防线。如果德国人入侵的话，预计他们将会在那里登陆。负责多佛周边防务的将军告诉首相，他只有三门反坦克炮来支撑五英里的海岸防线，而每门炮只有六发炮弹。丘吉尔后来在他的回忆录中写道：“从来没有一个大国会在敌人面前暴露得如此衣不蔽体。”

在1940年的春夏之际，英国的新首相对保持中立态度的美国及其总统富兰克林·罗斯福多次发出急切的呼吁。虽然罗斯福总统同情英国的困境，尽全力帮助英国生存下来，但罗斯福对国会中的孤立主义者保持着警惕，对英国生存的机会和能力也有所怀疑。事实上，华盛顿有许多人已经放弃了英国。这个小岛怎么能抵挡得住已经摧毁了前进道路上每一个国家的入侵者呢？荷兰历史学家詹姆斯·H. 赫伊津哈（James H. Huizinga）注意到：“人们必须既有远见又相信神灵，才能坚信这场战争仍会获胜。”《纽约客》的莫利·潘特-唐斯是这样看的：“即便在今天，一位公正的观察者也很难判定英国人是世界上最勇敢的人，还是世界上最愚蠢的人。”

1940年夏天，一些英国人为他们没有盟友而欢欣鼓舞，而丘吉尔的态度完全相反。仅仅几个星期之前，丘吉尔曾因被占领的国家的失败而责难他们，但现在他向那些政府和他们的武装部队敞开了英国的大门，以他惯有的活力和激情，欢迎所有愿意继续战斗的人。在这样做的时候，他罔顾了内阁和白厅官员的强烈反对，他们中有许多人对外国人持有很大的偏见。外交部曾经抱怨说，丘吉尔正在争取“全世界的每一个古怪的人”。然而，随着法国在6月中旬的崩溃，首相命令政府尽可能多地拯救曾在那儿作战的外国军队和飞行员，不管他们的政治倾向或国籍是什么。

到那时为止，被英国拯救的最多的人是波兰人。1939年9月波兰被德国人占领后，其成千上万幸存的士兵、飞行员和水手遵照波兰政府的指令逃离了波兰，并以他们可能的方式继续战斗。负责协调这一行动的是一位备受尊敬的战争英雄、新任波兰总理兼军队总司令瓦迪斯瓦夫·西科尔斯基（Władysław Sikorski）将军。

在20世纪30年代统治波兰的专制军政府垮台之后，西科尔斯基于1939年9月29日被任命为波兰政府首脑。许多军政府的成员在逃离家园后被拘押在罗马尼亚。西科尔斯基一上任，就立即依托他在法国的基地，建立起了一个庞大的地下网络，使用伪造的护照和签证，将逃出的波兰军队从罗马尼亚和其他国家召回继续战斗。一名波兰飞行员曾说："我们所知道的就是必须不惜任何代价赶到（在法国的）唯一仅剩的战线去。"

波兰约有8.5万人组成的军队参加了在法国的战斗，其中约有10%是空军飞行员。7.65万人的波兰地面部队是一个混合体，其中包括大学教授、煤矿工人、诗人、牧师和大学生。1940年6月13日，一个波兰装甲旅在法国工业城镇蒙巴尔附近击退了德军的进攻并发动了反击，造成了德国部队的重大伤亡。在东面更远的贝尔福附近，波兰第二步兵师面对比自己强三倍的炮击，将德国人阻挡在海湾地段整整六天。韦根将军曾说过，如果他能多有几个波兰师，他可能就阻止了德国人的进攻浪潮。

当法国宣布与德国停战时，波兰飞行员和士兵所感受到的是几乎与自己国家战败一样的悲伤。但是，没有时间让他们去为近两个世纪以来为波兰提供了政治流亡的法国伤感。6月18日，西科尔斯基飞往伦敦与丘吉尔举行了紧急会议。他问丘吉尔，英国是否愿意帮助拯救波兰军队，从而让他们继续战斗。丘吉尔的回应是迅速并明确的："告诉你们在法国的军队，我们是他们同生共死的战友。我们将生死与共。"那天晚些时候，他命令英国海军"尽力帮助撤离波兰军队和人员"。西科尔斯基同时也命令在法国的所有波兰军队立即前往南方的港口。他告诉他们，英国和波兰的船只已经在接应他们的路上了。

当时，总共有大约20000名波兰士兵和8000名波兰飞行员去了英国。另有数以百计的水手，连同三艘驱逐舰、两艘潜艇和其他一些小型船只在战争爆发时就去了英国。事实上，波兰海军早已投入了与德国人的战斗，在挪威的战斗中与皇家海军并肩作战。

约有 5000 名捷克武装人员加入了波兰人的行列，其中约有 1000 人是飞行员。在 1939 年 3 月德国占领捷克斯洛伐克之后的几周内，成千上万的士兵和飞行员设法离开了自己的国家，其中大部分人去了波兰。虽然有些人仍然与波兰人一起战斗，但其他人都转移到了法国。当1939年9月正式宣布开战时，法国人将他们分配到了驻扎在北非的法国外籍军团。之后，他们被整合进法国武装力量，参加了在法国的战斗。他们在所有的战斗中，包括在英军撤退期间、在对敦刻尔克周边地区的防御战中都表现出色。

在法国投降之后，捷克人像波兰人一样，接到命令去南方乘坐英国船只撤离。当一名捷克军官正准备离开驻军的营地时，指挥他的法国长官禁止他离开，并宣布："战争已经结束了。"捷克人回答说："上校，战争是结束了。但对我们而言，这场战争才刚刚开始。"法国人明显被感动了，签了通行证，让他走了。

就其他被占领国家而言，每个国家的武装力量只有两三千人。然而，这些国家所拥有的其他资源很快将成为英国生存斗争的关键因素。例如，哈康国王只带来了 1400 名士兵，1000 名水手和 3 名飞行员（这个数字在未来几个月会迅速增长）。但他和挪威还有一个德国和英国都非常羡慕的资产，那就是世界上第四大并且最现代化的商船队。快速高效的 1300 多艘挪威海上商船，其中的大部分是在过去十年中建造的，总吨位超过了 440 万吨，由约 30000 名船员操控着。

当德国在 1940 年 4 月入侵挪威时，大多数挪威船只都在海上，德国人和挪威人展开了一场疯狂的竞争来控制他们。德国人控制的挪威广播电台命令那些船舶前往挪威或其他被德国占领的港口，而挪威政府则通过英国广播公司指示他们去英国、法国或盟国的领土或殖民地。几乎每个挪威船长都服从了来自伦敦的指示。4 月下旬，挪威政府从拥有这些船舶的公司手中征用了总计超过1200艘船只，并将其租借给了英国，因为英国商船队几乎都被德国潜艇击沉了。英国的生存取决于这些船只和它们运往岛国的石油、食品和其他货物。

由于掌握了挪威的船只和船员，英国才得以维持关键的大西洋生命线，并最终赢得大西洋之战。在1941年初，一名英国官员曾宣称，挪威商船队对英国来说，比“100万军队更有价值”。挪威海军与波兰、荷兰的海军一起，帮助操控保护英国海运船队的驱逐舰队。

荷兰政府贡献了自己约有六百艘船只的庞大的商船队，以及来自荷属东印度群岛的一些丰富的矿产资源。与此同时，拥有大量黄金储备的比利时人，也贡献了来自刚果的非常有价值的原材料，包括橡胶、铁和铀（在战争过程中，比利时流亡政府向美国运送了1375吨铀，这个数量推动了曼哈顿计划的实现——作者注）。

然而在战时初期，比利时人给英国人带来了两个大问题：他们的国王留在了德国占领区；而他们政府的两位高层领导人虽然在比利时投降时逃到了法国，但现在拒绝来英国。

当法国崩溃时，比利时首相于贝尔·皮埃洛和外交部部长保罗－亨利·斯帕克（Paul-Henri Spaak）也陷入了崩溃。在不到一个月前还指责利奥波德失败主义的皮埃洛在法国宣布停战后宣称：“法国已经停战了。我们也将和它一起放弃战斗。”英国官员多次向皮埃洛和斯帕克提议帮助他们离开法国，但这两个精神崩溃的比利时人反复拒绝了英国人的提议。他们与法国人的结盟是如此彻底，当法国崩溃时他们就完全失去了精神支柱。对于这两个人来说，英国完全是一个外国。他们从未访问过英国，也从未说过英语。

英国人被吓坏了。在法国投降后立即去了伦敦的皮埃洛和斯帕克的几位内阁同事也被吓坏了。比利时驻英国大使向皮埃洛和斯帕克转达了英国外交大臣哈利法克斯（Halifax）勋爵的警告：“如果现在放弃，你们将会失去一切。但如果你们继续奋斗，你们的未来就有保障。”

两位比利时领导人没有理睬哈利法克斯的警告，并很快就陷入了窘境。

他们命令在法国的比利时士兵和飞行员不要去英国。当许多人违背这项命令去了英国之后，他们就以叛逃罪被缺席审判。在错误地指责他们的国王通敌之后，皮埃洛和斯帕克又向利奥波德发送信息，要求他这样去做——把他们两个带回比利时，以便组建一个政府与德国进行和平谈判。他们向柏林送出了同样的信息。

纳粹没有回应他们的呼吁，拒绝与纳粹官员接触的国王也拒绝了他们的要求。大多数比利时人都与他们的国王站在一起。比利时红十字会的一名官员告诉皮埃洛和斯帕克，“你们一定不能有幻想，整个比利时都站在国王后面。人们鄙视你们……他们认为你们的行为极其丑恶。”在战争期间成为比利时抵抗领导人的比利时政治家保罗·斯特列耶（Paul Struye）后来回忆说：“几乎整个国家都跟随着国王。这种自发、一致和热忱的表现是我们历史上非常特殊的一页。”

在被纳粹和贝当的法国以及他们自己国王和国家所鄙视后，皮埃洛和斯帕克终于意识到除了英国他们无处可去。1940 年 10 月 24 日，两名羞愧的比利时官员手中拿着帽子，离开法国去了英国。他们很快就被正式承认为比利时流亡政府的领导人。

尽管对皮埃洛和斯帕克的行为极为蔑视，务实的英国人还是愿意不计前嫌，以换取能立即利用比利时的黄金储备和刚果资源的机会。到了 1940 年秋天，从美国购买的重型武器已经耗尽了英国大部分的美元和黄金储备，这使得比利时的黄金对防御更为重要。为了确保武器会不断地运来英国，比利时人将纽约联邦储备银行持有的大部分黄金储备都借给了英国财政部。

皮埃洛和斯帕克被迫宣布他们将全心全意地支持英国为战争做出的努力，并保持对利奥波德国王的忠诚。事实上，两人都清醒地意识到他们以前对利奥波德的指责不符合事实，但是他们从未收回指责或为指责道歉。从那时起，他们只是表现得好像他们从来没有指责过他们的国王一样。正如斯帕克的传记作家所指出的，两个人“都陷得太深了，以至于无法公开地承认他们的错误”。

在 1940 年春夏之际，在伦敦避难的七个国家中，有六个国家向英国人提供了极具价值的人员、金钱、船只、自然资源和情报信息，而第七个国家——法国的代表，却只是孤身一人。

49 岁的夏尔·戴高乐不是一位国王、一位总统，甚至不是一位政府高官。他是法国军队最年轻的准将，他在 6 月 17 日戏剧性地飞离法国的八天前，才刚被任命为国防部副部长。一位旁观者曾说过，这位羞涩、不笑、孤傲且官职不高的人，“没有任何社会恶习和长处”。许多人发现他很难相处。他的家人开玩笑说，他的冰川般的态度是他幼年时曾掉入冰库的结果。

温斯顿·丘吉尔的医生莫伦（Moran）勋爵后来把高大、笨拙的戴高乐形容为“难以置信的怪物，就像一只傲慢的长颈鹿，探出他的鼻孔嗅闻着他目光之下的死亡”。保罗·雷诺是戴高乐的朋友和盟友，在他担任总理职务时办成的最后几件事之一，就是给了戴高乐在国防部的任命。他说戴高乐有着“一头顽固的猪的特性”。

然而，尽管他有那么多个人缺陷，但他是唯一一位愿意放弃自己的家园，跨过英吉利海峡，为继续抗击希特勒而战的法国官员。丘吉尔于 6 月 11 日在奥尔良附近的一个城堡举行的与法国领导人最后一次疾风暴雨式的会议上，首次见到戴高乐。这个没有表情的准将给丘吉尔留下了非常深刻的印象。与他恐慌的上司相比，戴高乐坚持认为不应该选择向德国人投降。

像丘吉尔一样，戴高乐终生是一个反叛者。也像英国首相一样，他从小就定下了一个人生目标。他在 15 岁时的日记中把自己描绘成为一名军队的首领，带领着拯救法国的十字军——这是他一生保持拿破仑式的使命感的原因。一份关于他早期军事生涯的报告曾指出，他“极具才华，非常有天赋，品质高尚。但不幸的是他过度自信，对别人的严厉评判以及他以流亡国王自居的态度，极大地损害了他的形象”。

在 1930 年，这位自傲的军官就对法国高级指挥官的军事战略发起了挑战，警告不要依赖像马其诺防线那样的防御工事，而是建立一支与空军紧密合作并得到其支援的快速机械化部队。他那个有先见之明的计划，与德国人在波兰、挪威、法国和低地国家中所实施的闪电战的蓝图极为相似。

军队领导人没有理睬他关于抛弃强调防御的策略，并改革法国过时的军事机器的建议，戴高乐在 1934 年出版的一本书中公开了他的不同观点。但除了在军队中增加了对他的敌意之外，这对法国的军队建设毫无影响。

德国对法国的入侵引发了戴高乐的又一次抨击。这一次他公开抨击了总参谋部指挥战争的错误，并把矛头指向了数十名军职和文职的高层领导人。戴高乐的传记作家让·拉库蒂尔（Jean Lacouture）写道：把戴高乐的抨击说成是“一个没有纪律的行为”就太轻了，那简直就是一场“叛乱”。戴高乐的上司们准备对他采取行动，但他得到了保罗·雷诺的支持，雷诺同意他的观点。雷诺在 6 月 6 日任命戴高乐为国防部副部长时告诉他：“你出现在我身边是我们有决心去继续战斗的一个迹象。”

然而，雷诺的决心像肥皂泡一样消失了。十天之后，他让位于帮助策划了法国失败的防御策略的贝当，而贝当又是一个激烈批评戴高乐的人。在雷诺辞职的当晚，戴高乐在法国政府位于波尔多的临时总部里拦下了丘吉尔驻法国政府的代表爱德华·斯皮尔斯将军。戴高乐告诉斯皮尔斯，贝当和韦根计划在第二天逮捕他。他请求英国人帮助他逃到伦敦去，他可以在那里“鼓动法国继续抵抗的民意”。

在得到丘吉尔的批准之后，斯皮尔斯将逃跑的计划付诸实施。6 月 17 日上午，戴高乐和他的助手陪同斯皮尔斯到了波尔多城外的一个小机场，看上去好像是为他送行一样。两个法国人看着斯皮尔斯登上了一架四座的皇家空军飞机。然后，当飞行员发动引擎，开始在跑道上慢慢滑行时，斯皮尔斯突然把戴高乐和他的助手拉上了飞机。“砰”的一声拉上机门后，英国将军注意到法国飞行员和站在附近的地勤人员“惊讶的面孔”。

几个小时以后，斯皮尔斯和戴高乐抵达了唐宁街十号。这是一个可爱的晚春时节，丘吉尔坐在花园里享受着阳光。他微笑着站起来迎接他的客人，戴高乐身高 6.7 英尺，比丘吉尔高了将近 1 英尺。

然而，尽管首相的欢迎非常热烈，却无法掩饰这样一个现实，就像“帕格”·伊斯梅将军所指出的，戴高乐正“处于一个可怕的困境”之中。与其他被占领的欧洲国家的政府不同，他和他那还在婴儿期的抵抗运动并未被英国或世界上其他国家的政府承认为法国的正式国家机构。因为雷诺已经合法地移交了权力，而目前位于维希温泉镇的贝当政权毫无疑问是法国的合法政府。从“技术”层面讲，这使得戴高乐成了一名“叛乱分子”。事实上，在他逃跑几周后，维希的军事法庭就以叛国罪判处他死刑。

不足为奇的是，许多英国的重要官员都不愿意和这位新来的人交往。尽管他们很难接受维希政府的作为，但那不仅是合法的政府，而且还掌握着巨大的资源：一支大型的海军舰队和大片的法国殖民地。这一切一定不能让德国得手。在英国政府的一些官员看来，应该抚慰维希政府，甚至可能的话，诱使贝当和他的人回到盟军方面来。

白厅对戴高乐个人的态度在很大程度上是居高临下并且不太友好。亚历山大·贾德干曾经将这位法国将军称为“失败者”和“戴高乐那个家伙”。在与戴高乐第一次会晤之后，贾德干告诉他的同事说：“除了他有一个像菠萝那样的头和像女人那样的屁股之外，我讲不出他还有什么。”

然而丘吉尔却以完全不同的眼光看待戴高乐。他非常钦佩法国人拒绝接受失败，在不可估量的困难面前继续战斗的铁一般的决心——这是与首相本人所共有的品质。同时他也在戴高乐身上看到了他想在法国看到的东西。当安东尼·伊登告诉丘吉尔，法国投降的耻辱是如此之大，它可能永远无法恢复时，丘吉尔强烈地表示反对。他说法国将毫无疑问地再次奋起。但在眼下，他和英国将不得不把戴高乐定义为一个孤独的不败法国的标志。

在法国投降后的几天里，英国当局曾希望至少有一两名法国政治人物，如雷诺、前内政部长乔治·曼德尔（Georges Mandel）、众议长爱德华·赫里欧（Édouard Herriot）或少数几个反对投降的人中的任何一位来伦敦，加入戴高乐的行列，但是没有一个人过来。丘吉尔最终停止了官方拖延确立戴高乐地位的做法。6 月 27 日晚上，他把戴高乐将军召到了唐宁街，并告诉他：“你就一个人！那好吧，我就承认你一个人！”第二天，英国政府正式承认：“戴高乐将军是所有自由法国人的领导人，无论他们身在何处，他们都可以为支持盟军事业而奋斗。”这一声明尽管有所限制，但从此为戴高乐与英国政府的关系提供了法律依据。法国历史学家弗朗索瓦·凯尔索迪（François Kersaudy）指出：那是温斯顿·丘吉尔异想天开的创造，出自“对一个孤独的人的信任和一个被称为自由法国的抽象概念”。

尽管后来戴高乐与丘吉尔的战时关系变得常有争议，但他从来没有忘记他在 1940 年获得英国首相支持时所欠下的“巨债”。他在战后曾说过，“开始的时候我什么都没有，在一场灾难性的海难中被冲上了英国的海岸。没有他的帮助，我能做些什么？而他立刻就帮助了我。”

随着丘吉尔的承认，戴高乐开始了他“极其荒谬的”事业来收回法国。在开始的时候，他的伦敦总部只是泰晤士河畔破旧的写字楼——圣史蒂芬之家里的几间小房间。从这个配有一张桌子，四把椅子，一部电话和一张大法国地图的临时办公室里，戴高乐和他的助手开始了他们长期且艰苦的为建设一支军队而做的努力。

戴高乐并没有对最初响应他召唤的那几个法国人掩饰这个理想化的运动将会如何的艰辛：“我既没有资金，也没有军队。我不知道我的家人在哪里。我们必须从头开始。”

第 5 章

称为重水的东西

不为人知的改变了战争进程的救援任务开始了

1940 年 6 月 22 日早上，一大群衣着不整、神情疲惫的旅客聚集在伦敦帕丁顿车站的一个站台上，他们的四周围着一堆行李箱、木箱和 26 个金属罐。人们匆匆走过他们的身旁，对他们没有过多注意，这些旅客刚刚从法国抵达伦敦。而伦敦人在那天有着更多的事情要担忧，其中包括即将来临的法国向德国投降。

从那群人的外表上看不出他们有任何的重要性。然而在他们中间却有法国一些最杰出的科学家、工程师、弹道学和化学战研究以及制造炸药的专家。站台上与他们一样不起眼的，还有两名来自巴黎著名的法兰西公学院的核物理学家，而法兰西公学院在当时是核裂变实验的领先中心。这群专家以及他们身旁罐子里的宝贵物质，最终将在战争最关键性的进展中发挥重大的作用。

一位高大、没有刮脸、身穿法兰绒裤子和沾满旅行污迹风衣的英国人正在向那一大群人说话。这个被家人和朋友称为杰克的人，就是 20 世萨福克伯爵查尔斯·亨利·乔治·霍华德（Charles Henry George Howard），一位英国最古老且最强盛的家族的继承人。萨福克伯爵几天前就把科学家们召集了起来，把他们从法国匆匆送上了一艘苏格兰的煤炭货轮。丘吉尔政府的一名低级官员哈罗德·麦克米伦（Harold Macmillan）在他们抵达伦敦几小时后就见到了萨福克伯爵，他对伯爵肃然起敬。他后来把这位 34 岁的同辈描述为“海军英雄弗朗西斯·德雷克（Frances Drake）爵士和侠义英雄‘猩红繁笺花’的混合物”。

尽管萨福克伯爵在法国的冒险行动中表现出相当的大胆并极富才智，但取得成功并不仅仅是靠他一个人。他在安排救援行动时的合作伙伴是法国军备部部长拉乌尔·多特里（Raoul Dautry）。与法国政府中的大多数同事不同，59 岁的多特里是法国铁路系统的前负责人，他也是一个有勇气和远见卓识，并决心竭尽全力帮助英国击败纳粹德国的人。

多特里早在几个月前就参加了这个“披风与短剑”的惊险剧。法国和英国对纳粹德国宣战之后不久，诺贝尔奖得主玛丽·居里和皮埃尔·居里的女婿弗雷德里克·约里奥–居里（Frédéric Joliot-Curie）就造访了他好几次。约里奥–居里和他的妻子伊伦在 1935 年因人造放射性方面的研究成果获得了诺贝尔化学奖。在约里奥–居里的指导下，法国国防部的核物理学家们已经证明铀有可能产生爆炸性的连锁反应，他们甚至设计了一座“纸上可行”的反应堆。

约里奥–居里告诉多特里，他的团队的研究可能会导致一种非常强大的新型炸弹的出现。他说为了利用核能，必须找到一种物质来减缓由铀原子分裂引起的快速连锁反应，这将使铀原子分裂的反应变得能自我维持。这样的缓冲剂是一种称为“重水”的非常罕见的物质，那种液体看起来像普通的水，但含有氘——那是氢的同位素或变种。约里奥–居里告诉多特里，世界上只有一家名为诺尔斯克水电的挪威公司生产了少量的重水，那是一家位于奥斯陆以西约 70 英里的狭窄山谷里的水电化工厂。

1939 年 12 月下旬，在与约里奥–居里会面之后不久，多特里收到了法国军事情报局官员送来的惊人消息。诺尔斯克水电公司生产的重水只是它的副产品，少量的重水被销往世界各地的实验室以进行各种科学实验。诺尔斯克水电公司刚刚告知法国军事情报局，德国化工业的巨头——法本公司已经下单要买下重水的全部库存。当诺尔斯克水电公司询问大量购买的原因时，法本公司拒绝回答。

多特里感到恐惧，因为德国也正在探索制造原子弹的可能性——实际上是真实的。事实上，德国政府创建了专门的军事部门来发展战时原子能的运用。德国物理学家保罗·哈特克（Paul Harteck）曾说过：“首先利用核裂变的国家比其他国家具有无可比拟的优势。”在德国政府的赞助下，哈特克等物理学家组成了他们的“铀俱乐部”，在帝国的六个实验室里进行核连锁反应的实验。像约里奥－居里和他的团队一样，德国人决定将重水作为控制和维持核反应的最佳手段。

德国人对重水有兴趣的消息刺激了多特里采取行动，他认为决不能让纳粹掌握核武器。他在挪威组织了一次秘密行动，让他的特工把所有可以找到的重水都运回法国。多特里选择了雅克·阿利作为领导这一行动的负责人。他是一名戴眼镜的年轻法国人，他在和平时期是巴黎银行的一名职员。巴黎银行是法国的顶尖级银行之一，还是诺尔斯克水电公司的大股东。

1940 年 2 月 28 日，作为军备部预备役军官的阿利离开巴黎去了奥斯陆，这是他生命中的一次冒险。他以假名和假护照旅行，随身携带了 150 万挪威克朗（相当于现在的 500 多万美元）的信用卡。

在大雪覆盖的挪威首都，阿利告诉诺尔斯克水电公司的主管艾克斯·鲁贝尔（Axel Aubert），法国和德国科学家之间正在进行建造原子弹的竞赛，以及重水在这场竞赛中至关重要的作用。当法国人提出以信用卡换取诺尔斯克水电公司的所有重水库存时，鲁贝尔摇了摇头，他说他的公司不会“为重水收一分钱”。诺尔斯克水电公司将把所有的库存及将要生产的所有重水都借给了法国。鲁贝尔说：“我知道，如果德国的实验成功，而法国在战争中不幸失败，我将会因为今天所做的事情被枪毙。然而，我将为冒这个风险而感到自豪。”

手中拿到了重水，阿利和他的团队又面临着一个新的挑战：如何不受德国人的干扰将重水带出挪威。尽管法国团队是秘密行动，但纳粹已知道了所有的一切。德国军事情报机构阿勃维尔已通知其在奥斯陆的特工人员，跟踪一个名叫阿利的可疑的法国人，他在旅行时用的是一个假名。

1940年3月初的一个晚上，诺尔斯克水电工厂的工人将重水倒入26个金属罐中，然后开车通过冰层覆盖的道路将这些重水罐运送到了奥斯陆。第二天早上，阿利和他的一个法国同事到达了奥斯陆的佛内布机场。这时有两架客机在机场跑道上并肩滑行，一架将飞往苏格兰，另一架将飞往阿姆斯特丹。两架飞机预定在几乎同一时间起飞。

在出发大厅里，法国人在阿勃维尔特工人员的监视下，确认了去阿姆斯特丹航班的机票订座。当两架飞机的乘客开始登机时，一辆出租车开到了机场大门口。警卫挥挥手让它通过后，出租车就直接开到了停机坪上，停在航站楼看不到的两架飞机之间。当阿利和他的同事走向阿姆斯特丹航班的登机口时，重水罐被匆匆地从出租车搬上了去苏格兰的飞机；他们混杂在登机乘客的队伍里，走着走着突然改变了方向，匆匆赶到苏格兰航班的登机口，在登机口门关上之前登上了飞机。两架飞机起飞后飞向北海上空。

飞机起飞几分钟后，两架德国空军战机拦截了前往阿姆斯特丹的飞机，并迫使它在德国北部的港口城市汉堡降落。飞机刚着陆，阿勃维尔的特工人员立即强行打开货舱并卸载了几个大木箱。然而在木箱里面，他们发现的是破碎的挪威花岗岩，而不是命令他们加以拦截的重水。在那个时候，装载着重水的罐子已安全抵达了爱丁堡。到了3月16日，它们又被转运到了巴黎，存放在法兰西学院的地下室里。三周后，德国入侵了挪威。

然而，拉乌尔·多特里几乎没有时间去回味他的成功。5月16日，他接到韦根将军的一个紧急电话，通知他德国人在默兹河突破了法国人的防线。与他的上级不同，多特里并不关注失败和投降双重“幽灵”的逼迫。他与丘吉尔、戴高乐有着一样的信念，认为他的国家必须站稳脚跟，继续战斗。他认为，如果法军在法国的土地上被德军打败，法国军队应该撤到北非的法国殖民地去，与英国人一起继续战斗。

他当时最关心的是确保法兰西公学院的物理学家以及他们所保存的重水的安全。在他的敦促下，约里奥-居里团队的两名主要成员——俄罗斯出生的肩膀高耸的路易·科瓦尔斯基（Lew Kowarski）和汉斯·冯·哈班（Hans von Halban），一名受过良好教育，在德国长大的奥地利人，带着珍贵的重水转移到了巴黎以南约 250 英里的工业城镇克莱蒙－费朗，他们在那里建立了一个临时实验室。6 月初，随着德国人逼近巴黎，约里奥－居里和他的妻子加入了他们的临时实验室。到了那时，多特里意识到情况的紧急，必须让科学家和重水在德国人追踪到他们之前从法国转移出去。正当他在筹划如何去实施这个计划时，萨福克伯爵走进了他的办公室。

1940 年初，也是一名科学家的萨福克被派往巴黎，担任了多特里的军备部和英国供应部之间处理科学和工业研究方面事务的联络官。在里兹饭店安顿好了之后，他就开始着手了解法国科学与工程方面的最新进展，包括约里奥－居里的核裂变实验。

6 月初，当法国即将崩溃时，萨福克自行决定尽他的能力从法国救出任何具有科学和工业价值的东西。多特里完全支持萨福克的行动，并给他写了一封信，授权他那样去做。拿着多特里的批准信，萨福克在巴黎四处奔走收集科学家、工程师和最先进的机床的信息，以及在德国闪电战开始之前转移出比利时和荷兰的价值数千万美元的工业钻石。当某些保险库内存满钻石的银行的工作人员拒绝交出钻石时，英国伯爵就掏出了两把手柄镶有象牙的手枪和多特里的信。银行工作人员马上就乖乖从命了。

萨福克伯爵与巴黎银行工作人员的对抗是他的典型做派。纵观他的一生，他喜欢人们称他为杰克·霍华德，他拒绝遵从礼仪社会的规则。他反对随大流并渴望冒险的反叛精神似乎牢牢地嵌入了他家族的 DNA 之中。一位观察家说过，“整整 20 代的萨福克爵士们都只干他们所喜欢的事，而他们所喜欢的永远都是危险的”。第一代萨福克伯爵托马斯·霍华德因他在 1588 年打败西班牙舰队时发挥的关键作用被女王伊丽莎白一世授予萨福克伯爵的封号。女王称他为“好托马斯”，以将他与他的父亲，诺福克第四任公爵托马斯·霍华德区分开来。诺福克公爵托马斯·霍华德曾策划了推翻伊丽莎白女王，由苏格兰女王玛丽取而代之的宫廷政变。他在 1572 年被处死。300 年后，维多利亚女王尖刻地把这家人称为“那些疯狂的霍华德们”。

杰克的母亲黛西，萨福克伯爵的夫人，像维多利亚女王对待他的祖先一样，也不赞成她儿子的冒险倾向。然而，黛西也不是一个循规蹈矩的人。作为芝加哥百万富商利维·莱特（Levi Leiter）的小女儿，她是一群美国富豪女人中的一个。她被小说家伊迪丝·华顿（Edith Wharton）标榜为“冒险家”，在维多利亚时代跨越大西洋嫁给了英国贵族。黛西的姐姐玛丽的婚姻最为成功，她嫁给了杰出而温文儒雅的寇松（Curzon）勋爵。寇松后来被任命为英国驻印度总督，并在之后被任命为外交大臣。

在印度看望她姐姐期间，黛西遇见并爱上了萨福克第十九世伯爵亨利·佩杰特·霍华德（Henry Paget Howard），一个潇洒的运动员，同时担任寇松的助理。这对夫妇在 1904 年结婚。像她的丈夫一样，黛西沉迷于兴奋和冒险之中——开快车、驾驶高速飞机、猎犬狩猎或去野生动物园狩猎。这段婚姻使他们有了三个小孩。1917 年，亨利·霍华德在第一次世界大战中与土耳其人在巴格达附近作战时战死。

当杰克·霍华德 11 岁继承父亲的头衔时，他并没有兴趣去追求他认为的英国贵族式自我放纵、寻欢作乐的生活方式。他讨厌狩猎和射击，并对生活在萨福克人祖传的家园——一个有 40 间房间的伊丽莎白式公馆和位于威尔特郡被称为查尔顿公园的 10000 英亩的庄园中的念头感到无聊。一位朋友说：“杰克对自己过去的一切，对他所属于的社会的所有一切都是叛逆的。”

当他的母亲将杰克送到奥斯本皇家海军学院时，16 岁的萨福克伯爵只在那里待了一年。他喜欢到海上去，但必须按照他的意愿，而不是皇家海军的规定。在去雷德利学院学习之后不久，他就在一艘去澳大利亚的帆船上成了一名普通的甲板水手。他后来曾说：“除非你花时间经受磨炼，并像其他的人一样通过考验，我看不出一个人能在生活中找到任何真正有意义的位置。”在以后的六年里，他在澳大利亚干过许多工作，从牛仔到锯木厂的工人。当他即将结束在那里的生活时，他已是昆士兰州一个大型养羊场的合伙老板。当他回到英国接管他的资产时，他长着一脸胡子，带着一只宠物鹦鹉，手臂上文着一条蛇和骷髅交叉骨的文身。当他的母亲看到他时，禁不住泪流满面。

然而，他不安于现状的性格让他再次收获了更大的成果——他进了爱丁堡大学学习化学。萨福克伯爵终于在28岁时找到了真正吸引他的领域。他以一等学位从大学毕业后，获得了牛津纳菲尔德实验室化学研究员的工作。

当1939年第二次世界大战爆发时，他试图加入军队，但由于在儿童时期患有风湿热而被拒绝。在1940年初，他流利的法语和学科专长使他获得了担任多特里的军备部和英国供应部之间联络官的工作。萨福克在英国供应部的上司赫伯特·高夫（Herbert Gough）后来回忆说，他被伯爵“巨大的热情，极富感染力的个性和海盗精神完全征服了”。他的那些个人特征在法国失败的混乱中，为英国和盟军事业带来了巨大的收获。

到了1940年6月中旬，他所掌握的钻石、机床和科学家们都被带到了安全地带。萨福克南行到了波尔多，希望能征用一艘船将他们全部运送到英国去。当他到达时，他发现的是一个处于混乱之中的城市。溃散的法国士兵和难民几乎在一夜之间将城市的人口从30万人扩大到了90万人。食物、水和住宿都非常稀缺，巴黎的百万富翁与商店的雇员和工厂的工人一起混驻在城市的公共广场上。一名美国记者报道说：“每个人心中的唯一想法就是逃出去。”

被迫睡在自己车里的萨福克在波尔多的码头上周旋了三天，试图找到一位愿意穿越海峡旅程的船长。直到第四天的早晨，在英国商业机构员工的提示下，他才幸运地找到了一艘名为“布鲁姆公园”的苏格兰旧货船。船长同意将他们运送到英国去，但要求尽快启程，因为在通往波尔多的道路上，袭击难民的德国飞机已经开始在港口轰炸船只了。事实上那天下午，一艘停在“布鲁姆公园”号旁边的货轮就被一枚炸弹炸中而严重受损。

与此同时，根据多特里的命令，约里奥-居里和他的同事以及重水罐也抵达了波尔多，准备和萨福克一起去英国。法兰西公学院的队伍推搡着挤过了集结在码头上的拥挤的人群，惊愕地看着这个满脸胡子，看上去像一个“蓬头垢面的海盗”的人，站在“布鲁姆公园号”的跳板边上迎接他们。手臂上文着文身的萨福克赤着胳膊将他们迎上了船，手中挥舞着一根马鞭，大声招呼着船员将重水罐搬上船。

6月19日天亮之前，“布鲁姆公园号”起锚出航开往英国。上了船的几十名科学家中包括路易·科瓦尔斯基和汉斯·冯·哈班，但约里奥–居里不在其中。尽管萨福克再三邀请，他最后还是决定不离开法国。因为他不能抛弃患了结核病的妻子和留在亲戚那里的两个孩子。然而，在船舶开航之前，他告诉科瓦尔斯基和哈班要与英国人紧密合作，继续进行核裂变的实验。

在平静的航程中，萨福克伯爵向科学家们提供香槟来安抚他们紧张的神经。“布鲁姆公园”号在6月21日到达了法尔茅斯的康沃尔港。萨福克以他通常的方式，安排了一辆专列，在武装警卫的保护下，将科学家、钻石、机床和重水运送到伦敦。

6月22日凌晨，未来的首相，而当时只是供应部部长秘书的哈罗德·麦克米伦在他的公寓里被电话唤醒了，他被告知立即到他的办公室去。他在那里见到了“一个外表有点受伤，没有刮脸的年轻人。但那个人明显具有一种高雅并威严的气质”。这是他与萨福克伯爵的第一次会面，萨福克向他介绍了他在法国救出来的那些宝物。用麦克米伦的话来说，其中包括“称为‘重水’的那些东西”。麦克米伦在几年后回忆道：“我当时不知道什么是重水，而且因为过于困惑也没敢问。”他记得最清楚的是萨福克本人，“一个真正的伊丽莎白时代的人”。麦克米伦在他的回忆录中写道：“我一生中有幸遇见过许多豪爽的官员和勇敢的人，但我从来没有在一个人的身上看到勇气、博识的气质和魅力能够那样美妙的结合。”

第二天，萨福克陪同哈班和科瓦尔斯基去了伦敦的西部大酒店与英国的主要科学家们会面。在20世纪30年代中后期，英国的一些物理学家，包括逃离纳粹德国和奥地利的几名难民科学家也在进行实验，以确定核裂变的可能性。但战争爆发以后，更紧迫的事情转移了他们的注意力，包括建立一个雷达系统以探测正在飞来的敌机。尽管如此，在1940年初，英国六位顶尖科学家说服英国政府认识到发展原子弹是一个尽管可能遥远，但却明显具有可能性的事情，由此诞生了“MAUD”（铀爆炸军事应用）委员会。与德国政府对应的机构一样，MAUD开始在全国各地的实验室里监管与铀有关的所有研究。在与哈班和科瓦尔斯基讨论之后，英国科学家们意识到约里奥-居里的团队在这方面的工作不知比他们要领先了多少。他们立即邀请法兰西公学院的核物理学家们加入他们的团队。

同时，萨福克和供应部的同事们也在辩论如何保存重水，有一名官员说："这可能会被证明是对我们的战争努力所做出的最重要的科学贡献。"在重水伦敦郊区沃姆伍德·斯克拉比斯"监狱"的牢房里短暂存放之后，供应部的官员终于找到了存放它们的理想地点。经乔治六世国王的批准，它们被存放到温莎堡深处一个严密守卫的存放英国女王皇冠的地方。

科瓦尔斯基和哈班加入了剑桥大学著名的卡文迪什实验室的工作。由于担心剑桥大学位于预计中的德国入侵的必经线路上，实验室的大部分已被撤离。在1940年余下的日子里，随着英德两国空军在英国领空的空战愈演愈烈，两名物理学家使用他们带来的重水继续进行核裂变实验。到1941年初时，他们的研究成果使英国领导人相信，有了足够的铀和重水就可以建造一个核反应堆或一颗炸弹以影响战争的进程。英国首屈一指的物理学家，因为发现中子而获得了1935年诺贝尔物理学奖的詹姆斯·查德威克（James Chadwick）回忆说："我至今仍然记得1941年的春天。我当时意识到制造原子弹不仅是可能的，而且是无法回避的。"

然而，饱受战争蹂躏的英国人没有巨大的经济能力和工业资源来完成这么大的项目。为此，他们不得不转向中立的美国，在那儿也有许多实验室在进行核裂变的研究，但只有哥伦比亚大学实验室的物理学家恩里科·费米（Enrico Fermi）和哈罗德·尤里（Harold Urey）才被公认是与法兰西公学院团队旗鼓相当的对手。然而，尽管费米、尤里和他们的同事们都认识到反应堆可以用来生产炸弹，但是他们的研究还没有达到像科瓦尔斯基和哈班那样先进的程度。

在1941年中期，MAUD（铀爆炸军事应用）委员会向美国政府送出了一份报告，要求尽快发明原子弹。几个月后，哈罗德·尤里访问了英国，与科瓦尔斯基、哈班以及英国的物理学家和工程师们进行了讨论。那份报告和那些商讨促成了曼哈顿计划——并最终于1945年在日本广岛和长崎投下了两颗原子弹。

科学史作家斯宾塞·韦特（Spencer Weart）指出："如果英国人没有在1940年和1941年认真进行核裂变的实验，如果他们没有推动美国人采取行动，要在战争结束前造出原子弹是不可能的。" 他补充说道："如果哈班和科瓦尔斯基没有在1940年6月来到英国，英国肯定不会有核反应堆的计划。"

因为救助法国科学家和重水的行动在当时是最高的军事机密，萨福克伯爵在这一行动中所起到的至关重要的作用没有得到公开的承认。在1940年6月27日举行的议院"闭门"会议上，供应部长赫伯特·莫里森（Helbert Morrison）告诉议员们，他们正在法国执行一项任务以挽救宝贵的材料，"其中的一些有着几乎无法估量的科学重要性"。他补充说道，一位他没有提供名字的供应部官员负责进行了这次抢救行动。

在几个月之后，萨福克将为政府执行另一个重要并更危险的任务。这一次，英国公众将会充分了解他所做的一切。

第 6 章

他们比我们所有的人都勇敢

波兰飞行员在英国战场上的胜利是应该载入史册的

到了 1940 年 6 月底，德国已经占领了绝大多数西欧国家，并已准备好将像温斯顿·丘吉尔所说的那样，将其“全部的愤怒和威力”倾泻到他的小小的岛国身上。丘吉尔于 6 月 18 日在议会上说：“韦根将军说法国的战斗已经结束了。我预期英国的战斗即将开始。”

到 7 月初，德国人从被占领的法国西北部以及挪威、丹麦、比利时和荷兰的基地转移了 2500 多架战斗机和轰炸机。德国空军司令赫尔曼·戈林（Hermann Gring）向希特勒保证，他那令人生畏的空军将在秋季开始时消灭英国皇家空军。他说，一旦完成了这项任务，德国就可以直接轰炸并制服英国，或者发动元首正在考虑的代号为“海狮”的行动，跨越海峡入侵英国。

为了准备对抗这个过于自信、看上去“无敌”的敌人，英国皇家空军的战斗机司令部正在努力重建其在法国的战斗中受到重创的部队。由于缺乏战斗经验和严格按教程的飞行训练，使得被派去打仗的英国飞行员不知道他们进入后会是什么样的状况。而他们的上司对战场的实际情况也是不清楚的。在三个星期的时间里，300 名英国战斗机飞行员或是战死或是失踪，这大约是战斗机司令部整体实力的 1/3。另有 100 多人被俘。仅在敦刻尔克行动期间，皇家空军就损失了 80 多名飞行员和 100 架飞机。共有近 1000 架飞机，大约是皇家空军前线实力的一半已经被摧毁了。

7 月中旬，德国空军开始攻击英吉利海峡中的英国舰队和英格兰南部海岸的目标。皇家空军相当好地防范了这些有限的攻击，但要对付德国人的全面空袭还有相当的难度，能够送上天空的也只有总共大约 700 架飓风式或更快的喷火式战斗机。更糟糕的是，每架飞机只配有不到两名的飞行员。英国人需要更多的飞机和飞行员来保持他们的制空权。新的飓风和喷火式战斗机正以最快的速度被制造出来，战斗机司令部负责人休·道丁（Hugh Dowding）也在竭尽全力弥补飞行员的短缺。

除了其他事项以外，休·道丁正设法从皇家空军轰炸机机队和海岸警卫队的机队中招募飞行员，或者让飞行学员直接准备上战场。美国记者弗吉尼亚·考列斯（Virginia Cowles）写道，那些青少年长着“金发和粉红色的脸颊，看上去好像应该待在学校里”。他们中的许多人飞“飓风”或“喷火”的时间不到十个小时。只有 10%的人经受过严格的机炮射击练习。几乎没有人知道该如何瞄准他们的机炮。当进攻时，他们经常在 500 码以外就开火了，而飞到离敌机足够近该射击的时候却转向飞走了。他们在战斗中很快就学到了很多的经验，但是很多人在有机会使用那些经验之前就战死了。

即便是倾其所有，道丁仍然人手短缺，不得不转而招募其他国家的飞行员来填补他严重缺员的队伍。结果，参加不列颠之战的皇家空军飞行员中有 20% 不是英国人。他们中大约一半的人，总计有 250 人来自包括加拿大、澳大利亚和新西兰的英联邦国家。然而，皇家空军还需要更多的飞行员。皇家空军虽然不愿意，连道丁本人对他所谓的“外国飞行员渗透进入英国战斗机中队”之举是否明智也非常怀疑。事后表明，他对“外国人”的定义是非常有弹性的。尽管他显然只愿意使用英国本土或英联邦国家的飞行员，但他在 7 月初就派出了几十名西欧国家的飞行员，其中包括 30 名比利时人和 11 名法国人，去补充缺乏飞行员的皇家空军战斗机中队。

但那是他最初准备做的极限了。与其他皇家空军和航空部的高级官员一样，道丁不想与波兰人和捷克人有任何关系，而波兰人和捷克人在英国的欧洲飞行员中占了绝大多数。事实上，他仍坚持说如果让东欧人加入，他就解散英国的战斗机中队。尽管情况如此紧急，但在他看来，英国不需要那几个没有指望的国家的帮助。对大多数英国人来说，那些国家只是在“地图上有个名字”。

内维尔·张伯伦在1938年9月说出了真话。当时他曾经指出，包括他自己在内，对大多数英国人来说捷克斯洛伐克是“一个遥远的国家”，那里住着“我们一点都不了解的人们”。同样地，对于大多数英国人而言，波兰是“另外的欧洲”——遥远、未知，有点野蛮。为波兰飞行员教授英语的皇家空军军官杰弗里·马什（Geoffrey Marsh）曾说过，英国人普遍认为波兰“比英国落后了大约100年”，而“那里的居民还生活在极其无知的状态之中”。皇家空军的指挥官们把波兰人和捷克人视为在“文明阶梯上低了一到两级”。

当德国在1939年9月击败波兰时，英国只是把德国人的胜利作为波兰抵抗不力的偏见的一个证明。正如在美国和欧洲其他大部分地区一样，英国接受了德国人的说法，即波兰人在抵抗第三帝国时表现出了军事上的无能并缺乏意志力。这两项指控都是不真实的。实际上，波兰人的抵抗让德国人遭受了相当大的损失，德军死亡16000人，受伤约30000人。

皇家空军的高层官员对波兰飞行员的飞行技能非常怀疑，他们认为波兰飞行员在与德国空军作战时失去了勇气。飞行中尉约翰·肯特曾说道：“我所知道的波兰空军只与德国空军对抗了大约三天，我没有理由相信他们能在英国表现得更为出色。”他是皇家空军的最热门的试飞员之一。后来尽管他很不愿意，还是被任命为皇家空军波兰中队的副指挥官。

波兰人由于战败而不被信任，捷克人因为在德国入侵时根本就没有起来捍卫自己的国家而更被另眼看待。英国官员似乎忘了捷克人之所以没有奋起抗争的原因在很大程度上是由于英国和法国在1938年的慕尼黑会议上出卖了捷克。在慕尼黑会议之前，捷克总统爱德华·贝内什（Edvard Beneš）曾宣布，如果德国军队进入苏台德地区，他的国家将奋起抵抗。总计100多万训练有素、装备精良的捷克陆军和空军全部被动员起来了；捷克强大的防御工事也得到了进一步的加强，所有的主要道路和桥梁都被封锁并布上了地雷。一位捷克政府官员回忆说："整个国家镇静地面对入侵，冷静而有决心，为预期的血腥战斗做好了准备。"

但当贝内什被告知法国和英国不会支持捷克时，他崩溃了。让捷克军方领导人感到可怕的是丧失士气的总统命令捷克的军队放下武器。一位恼怒的将军大声嚷道，"我们只是把我们的名字加到我们懦弱的盟友中去！别人背叛了我们，但现在是我们背叛了我们自己。"贝内什并不理会将军的抗议，将陆军和空军解散了，并在布拉格的瓦茨拉夫广场上向哭泣的人群宣布了这个消息。

在苏台德地区被交出去之后，数以千计的捷克士兵和飞行员离开了他们的国家。当德国在 1939 年 3 月占领捷克斯洛伐克的其他地区之后，更多的人跑了出来。其中的一些人加入波兰的空军和陆军，参加了波兰与德国的战斗。然而对英国人来说，这几乎没有任何意义。

皇家空军最终改变了关于不使用东欧飞行员的想法，但那只是因为已经没有选择的余地了。8 月 13 日，德国空军发动了对英国的全面空袭，轰炸英国南部的机场、雷达装置和飞机工厂。戈林宣称，"我们在对英国的空战中已经到达了决定性的节点，我们的首要目标必须是彻底摧毁敌方的战机。"日复一日，几百架德国轰炸机在战斗机的保护之下飞过海峡，目标是将英国的抵抗化为瓦砾。

为了帮助抵抗这场猛烈的进攻，几十名波兰和捷克的飞行员被接纳加入现有的皇家空军中队。此外，皇家空军同意组建两个完全由波兰人组成的战斗机中队和两个完全由捷克人组成的战斗机中队。然而，这些新组建的战斗机中队由英国人指挥，并接受英国人的管制；飞行员穿着深蓝色的皇家空军制服，夹克袖子上带着"波兰"或"捷克斯洛伐克"的标志。一份皇家空军的报告中说道，如果波兰和捷克"在英国的空军单位能有效率，那他们必须永远服从英国人的指挥"。报告补充说，东欧人，尤其是波兰人，需要克制他们"生来就有的个人主义和自大倾向"，表现出纪律性，并从英国同行的"榜样中学习"。

这种居高临下的态度只会使得波兰人和捷克人对已有的英国和法国一直没有援助他们国家的不满更加高涨。他们对当时英国军事行动的质量也印象不佳。一名波兰飞行员回忆说：“我的脑海中仍不时浮现出绝望但英勇的波兰的混乱和漫不经心的法国的混乱。因此我担心看到第三种混乱——英国混乱的第一个症状出现。”

大多数在英国的波兰飞行员都是经过战斗考验的人。他们在保卫自己国家时所面临的问题与他们的飞行技巧几乎没有任何关系。许多人在少年时就在波兰的飞行俱乐部中飞行，大多数人是波兰空军学院的毕业生，那是世界上最艰苦并最苛刻的空军训练学院之一。几乎所有的波兰飞行员都有与德国空军作战的经验，而这是大多数英国飞行员所不具备的，包括那些指挥他们的人在内。这种情况在一个全由波兰人组成的皇家空军 303 中队中尤为真实。

303 中队也被称为柯斯丘什科中队，是以美国独立战争中年轻的波兰裔英雄塔德乌什·柯斯丘什科（Tadeusz Kościuszko）命名的，这个中队里有一些波兰最有经验的飞行员。中队被配置到了距离伦敦市中心只有 14 英里的诺索尔特，那是一个重要的皇家空军基地，隶属于十分重要的第 11 战斗机大队。第 11 战斗机大队的 21 个战斗机中队将在不列颠之战中扮演重要的角色，负责保护伦敦以及英格兰东南部地区。因此，这个集团中的战斗机中队对于英国的防御是极其重要的，而在皇家空军中有很多人非常怀疑 303 战斗机中队中的波兰人能否应对德国人的攻击。

尽管德国空军在英吉利海峡和英国海岸上空的活动显著增加，皇家空军仍然坚持只有在成员们学会了英国的战术和基本的英语之后，战斗机中队才能开始对敌作战。诺索尔特航站的上尉指挥官斯坦利·文森特宣布说：“直到我们明白告诉他们要做的是什么，我才会让他们上天。”当波兰人或捷克人到达英国时，没有一个人知道基本的英语飞行术语。他们在语言学校学会了皇家空军术语——“天使”是指高度，“煎饼”是指着陆，“匪徒”是指敌机，而“tally ho”是指发动攻击。他们还学会了用英语数到 12，从而使他们可以理解借助钟面系统来确定方位。例如，“土匪在 12 点钟方向”等。

在进行飓风战斗机训练的初期，303 中队的波兰人对现代飞机众多控制的复杂性感到陌生和困难。他们经过初级飞机的训练，对驾驶舱内设置的无线电感到不习惯，因此经常会违反无线电通话操作程序或作出错误的响应。在波兰的飞机上，加速就得把油门操纵杆往回拉，而在英国的飞机上就得把它向前推。一名 303 中队的飞行员说："我们不得不改变我们所有的反应动作。"由于大多数波兰飞行员从未飞过可伸缩起落架的飞机，他们还发生过几次起飞超出跑道的情况，所以有好几次降落的时候轮子仍然收缩在机舱里。

有一次，波兰人被命令驾驶超大的三轮摩托车，每辆车上都装有一架收音机，一个指南针和一个速度指示器，在一个足球场上编队"飞行"。当他们骑行时，他们必须听从座位上方的顶部"飞行控制室"发出的"指挥"。这样的羞辱激怒了波兰人——他们是技术精湛的老飞行员，却被迫驾驶三轮摩托车在球场里绕行。

在不列颠之战进入高峰将近一个月后，英国人和 303 中队的波兰人之间发生了紧张并激烈的精神冲突。德国占领波兰已经差不多有一年时间了，在那段时间里，波兰飞行员们经历了沮丧、失望和绝望。他们的无所作为使他们感到因没能拯救波兰有罪。他们还为逃离他们的国家，特别是留下他们的家人遭受德国和苏联的双重占领而感到痛苦。根据 1939 年的里宾特洛甫–莫洛托夫（Ribbentrop–Molotov）互不侵犯协定的秘密条约，苏联在那年的 9 月中旬出兵占领了波兰的东部。渴望投入战斗的 303 中队的波兰人发现，用他们其中一个人的话来说："英国人不会松开牵着我们的皮带。"更令人倍受折磨的是他们知道，至少有 40 名波兰飞行员已经在英国人的飞行中队中飞行了。

303 中队的飞行员们尤其反对被迫从英国军官那里接受命令，他们认为英国军官过于傲慢自大。他们没有心情去听英国人评论他们的语言能力或战斗策略，而最不受欢迎的是他们的中队指挥员罗纳德·凯利特（Ronald Kellett）。凯利特原来是一名富有的伦敦股票经纪人，他从来没有在实战中飞过一分钟。

情绪高涨的波兰人以各种各样的方式表现出了他们的叛逆。他们不断受到责骂，不按规定着装（敞怀的夹克制服，不戴皮带，穿着非制服的衬衫和鞋子），晚上偷偷进入妇女辅助空军（WAAF）的住房，或者将妇女辅助空军的成员偷偷地带到他们的宿舍。一名英国空勤人员回忆说：“他们完全不受管制，自己有自己的法规。”

然而，随着训练的继续，波兰飞行员的英国指挥官们逐渐开始表现出更多的理解和尊重了。尽管曾经有过“肚皮着陆”和其他训练早期的问题，凯利特和肯特很快就明白在他们指挥下的飞行员确实是非常优秀的。肯特对他们的飞行能力和不寻常的快速反应印象深刻，凯利特甚至还替他们讲话，对其他皇家空军官员的任何贬低性言论迅速发起反击——那是他自己在训练开始时曾发表过的言论。当诺索尔特基地的官员向中队提供了一辆破旧的卡车而不是通常的汽车将他们从军官宿舍送到机场时，凯利特宣称根本不应该使用这样一辆破旧的卡车来运送飞行员。他将自己的劳斯莱斯开来了基地，那是一辆宽敞的1924年开放式旅游车，可以一次装载12名飞行员。

与此同时，英格兰南部战役的强度正在逐步增加。每天，第11战斗机大队就有300多架飓风和喷火式战斗机起飞冲向敌人庞大的轰炸机和战斗机群。天空晴朗，空气炎热，皇家空军飞行员们从黎明战斗到黄昏。英国在一年的那个时候，每天大约有15个小时天是亮的。他们的生活突然变成了一连串疯狂的行动——激烈的战斗，随之而来的就是疯狂的加油，在已被德军轰炸得坑坑洼洼的基地上重装弹药。每天几次轮番起飞的压力给飞行员造成了巨大的身体和心理伤害：一些飞行员在一次飞行后会疲惫不堪，一旦飞机降落，他们马上就在驾驶舱里睡着了。他们的神经经受着磨炼，士气开始下落，发生了越来越多的错误，包括错误着陆的事故。

在此期间，皇家空军和德国空军，都遭受了人员和飞机的严重损失。飞机是可以补充的——对皇家空军来说，他们将不断得到英国生产的飞机。但人员的补充就是另一回事了。8月8日至18日期间，154名皇家空军飞行员在空战中丧生、重伤或失踪，人数超过了可被补充人员数的两倍。到8月的第三个星期，战斗机司令部缺员超过了200名。

一名有幸在不列颠之战中活下来的飞行员后来回忆说："大多数进入第11战斗机大队的人都没能活下来，他们不可能活下来，他们根本就没有机会活下来。"战后多年，另外一名前皇家空军飞行员正翻阅一本列有他的中队的飞行员名单的书。他说道："有些人我不记得了。他们来了，在我认识他们之前就被击落了。"

在温斯顿·丘吉尔所说的那个"激烈战斗并不停焦虑"的时期，德国人是无情的。随着8月份即将结束，他们对皇家空军的机场和雷达站发动的攻击愈加频繁，以至于第11战斗机大队的航空管制员必须被迫选择应该让他们精疲力竭的战斗机中队优先对付哪些攻击。官方的不列颠之战战后皇家空军评估报告说："德国人几乎在每次战斗中都占了上风，他们的飞机数量大大超过了英国战斗机的数量。"在大多数情况下，皇家空军一次进入战斗的单位是一个中队，有时发生战斗接触的敌方战斗机和轰炸机数量会在十倍以上。然而尽管战局是如此危急，303中队的波兰人仍然被置于所有行动之外。

8月30日，德国人发起了他们最为集中的攻击，切断了英国七个雷达站的电力供应，瘫痪了它们的空测能力。英国南部大多数主要空军基地遭到了前所未有的轰炸。那天晚上，罗纳德·凯利特打电话给战斗机司令部总部，要求让303中队投入战斗。由于在前一周损失了近100名飞行员，皇家空军高层指挥官终于放弃了以前的偏见，下令303中队在第二天进入战斗。

事实上，8月31日的战斗比前一天更为激烈。在那个空战白热化的一天里，德国空军出动了1400架次的飞机，攻击了伦敦四周的机场和雷达站。下午6时左右，303中队终于得到命令起飞。差不多就在一年前的这一天，德国空军摧毁了波兰并羞辱了波兰的空军。现在，经过了12个月的痛苦、愤怒和沮丧，波兰人到了开始复仇的时候了。

起飞后不久，波兰人就带着复仇的怒火冲向没有准备的敌人。在不到15分钟的时间里，六名波兰飞行员在伦敦南部的天空中击落了德国梅塞施米特（Messerschmitt）战斗机。虽然303中队将继续在不列颠之战中创造出辉煌的纪录，但没有人会怀疑它在第一天战斗中所做出的贡献是更为迫切需要的。因为在 8 月 31 日那天，战斗机司令部遭受了整个战役中最大的损失：39 架战斗机被击落，14 名飞行员丧生。当然，德国人遭受了相同数目的损失，303 中队的飞行员造成了这些死亡中的 15%，而他们自己没有任何损失。

前一天还一直不愿意让 303 中队参加战斗的皇家空军高级指挥官赶着来祝贺中队了。英国皇家空军司令西里尔·内维尔（Cyril Newall）先生打来电报说："我很为 303 中队极为壮观的战斗感到高兴。敌人承认波兰飞行员绝对是顶级的。"那只是一个开始。在 9 月 5 日，303 中队摧毁了 8 架敌机，是当天 RAF 皇家空军击落敌机总数的 20%。

两天之后，熟悉的德国轰炸机和战斗机的进攻浪潮不再飞向以往的目标——英格兰南部的沿海防卫工事和皇家空军基地，而是沿着泰晤士河的曲线直奔伦敦。希特勒已经下令对英国首都进行轰炸，以对皇家空军在柏林进行的几次小规模的轰炸袭击进行报复。他和戈林相信德国空军已经让皇家空军失去了战斗力，因此现在可以自由地集中攻击伦敦和其他的英国城市了。这是一个惊人的计算错误，同时也几乎是惊人的事实。在过去两周中，皇家空军损失了 227 架战机，机场和地区指挥部遭受了重大的破坏，几乎被完全摧毁了。战斗机司令部首先需要的是重新进行组合的时间，而希特勒提供了这一时间。德国空军没有对皇家空军的设施和通信系统坚持进行重大的打击，而是开始了八周的大规模轰炸伦敦。这是持续了八个月的恐怖时期中最为惨烈的被称为伦敦大轰炸的一章。

在疯狂的伦敦大轰炸的第一天，303 中队的波兰人在不到 15 分钟的时间内就击落 14 架德国飞机。他们还成功地在德国轰炸机群到达伦敦之前先打散了他们的队形。由于队形中近 1/4 的飞机被摧毁，幸存的德国轰炸机被迫转身飞回了法国。

在短短一个星期的战斗中，全波兰人的中队已经击落了近 40 架敌机。这是迄今为止整个皇家空军中的最佳纪录，而他们已成为这方面的非官方英雄。政府官员、皇家空军的高层指挥官、普通市民、丘吉尔和国王都在不同的时间褒奖了 303 中队飞行员。英国广播公司的总经理写道：“你们在天空中展示了你们的勇气，我们将向全世界报道你们的勇敢！波兰万岁！”

在白金汉宫，乔治六世国王的秘书亚历山大·哈丁（Alexander Hardinge）钦佩地称波兰的飞行员 “绝对是老虎”。哈丁在给汉密尔顿（Hamiltan）勋爵的信中写道：“人们不禁会想到，如果我们所有的盟友都像波兰人一样，那到目前为止的战争进程将会大不一样。”一位皇家空军战斗机中队的领导人在谈到波兰飞行员时曾说：“他们是无可挑剔的，比我们任何人都强。我们在所有的方面都不如他们。”

人们一而再，再而三地提出这个问题：为什么波兰人这么出色？答案并不简单：大多数波兰飞行员的年龄比英国的同行大，在各种飞机上飞过几百个小时，在波兰和法国有过战斗经验，他们学过初级教练机和老式飞机的飞行，且没有被训练成为只能依靠复杂的无线电系统和雷达网络飞行的飞行员。因此，一位英国飞行教练曾说：“他们对飞机的理解和掌握是极为出色的。”尽管他们赞赏无线电和雷达的工具价值，但波兰人从来没有停止使用他们的眼睛来找到德国飞机。一位皇家空军飞行员指出：“英国飞行员接受训练以后，只会准确地按照他们的训练要求去做，而波兰飞行员总是不停地转换方向寻找远处的敌人。”

只有波兰人的大胆才能和他们的注意力集中相匹配。英国飞行员被训练成在飞行和战斗中小心谨慎。相比之下，波兰人被训练成带有侵略性。他们集群以威逼敌人，让敌人退缩，然后把敌人击落。在距离150至200米时点射后，波兰人将逼近到几乎可以闭着眼射击的距离。一名英国皇家空军飞行员说过：“当他们撕裂敌人的轰炸机群和战斗机群时，他们会逼得如此之近，以至于你以为他们将会碰撞。”曾有很多次，德军轰炸机的飞行员看到 303 中队的飓风战斗机即将发起攻击，在飞机被打到之前立即转向飞走了。

9 月 15 日，303 中队的波兰人得到了迄今为止炫耀他们出类拔萃战斗技能的最好的机会。不列颠之战开打已有一个多月了。皇家空军仍在飞行，伦敦经过一周的轰炸仍然没有屈服。尽管希特勒对“海狮行动”产生了疑问，但他决定再给戈林一次机会，让他的“世界末日”计划得以实现。所以戈林下了命令：每一架可以起飞的德国空军飞机都必须全力以赴投入战斗，以结束英国皇家空军的抵抗。第 11 战斗机大队的所有战斗机中队，加上第 12 战斗机大队的大部分战斗机中队，其中包括一个波兰人中队和一个捷克人中队，都投入了那一整天的一连串空战。总共有 100 名波兰和捷克的飞行员参加了 9 月 15 日的空中战斗，这占了皇家空军部队总数的 20% 左右。

丘吉尔后来将 9 月 15 日的空战称之为“决定战争胜负的战斗之一”。德国空军几乎将所有的一切都投入了英国战场，但并未能实现其主要目标——消灭作为英国防御力量的皇家空军。虽然后来会有更多的德国空袭、更多的破坏和死亡降临伦敦和其他英国城市，但是关于德国空军不可战胜的神话被彻底打破了。两天后，希特勒认为他已经受够了，下令取消了“海狮行动”，以待将来再作打算。

战后多年，一位不列颠之战的历史学专家写道：“尽管配备的是主流战斗机中绩效最差的飓风战斗机，303 中队在绝大多数方面都显示出是战斗中最强大的战斗机中队。”

在这六个星期的战斗中，在不列颠之战最关键的时期，这个中队击落了 126 架敌机，这是同一时期中任何其他皇家空军中队击落敌机数量的两倍多。在 303 中队的 34 名飞行员中有九人击落了五架甚至更多的敌机。其中的一员——约瑟夫·弗朗齐歇克（Jozef František），他在飞行时的复仇怒火是没有其他飞行员能与之匹敌的。在他名下击落的敌机多达 19 架，他成了皇家空军在那场战斗中的首席枪手。

弗朗齐歇克是捷克人，他是在慕尼黑协议之后逃到波兰的捷克飞行员之一。从他到达那一天起，他就和波兰人结盟了。在德国入侵波兰之后的几天里，他为波兰空军执行了侦察任务，并至少有两次从他驾驶的没有武器的飞机的开放式驾驶舱向德国步兵队列投掷了手榴弹。在英国，每当被问到他的国籍时，弗朗齐歇克总是回答说：“我是一个波兰人。”他为置身于 303 中队感到自豪，并多次拒绝了加入捷克人中队的邀请。

一些皇家空军飞行员和指挥官认为，波兰飞行员，特别是303中队的贡献，是不列颠之战战斗胜负的关键。也许最有说服力的是源于最初不太愿意让波兰人起飞的休·道丁的评论。在战斗结束之后不久，休·道丁——这位战斗机司令部的长官就宣称："如果没有波兰人中队的杰出贡献和他们无与伦比的勇气，我很难确定战斗将会有同样的结果。"许多年后，伊丽莎白二世女王表达了同样的看法："如果波兰在那一刻没有站在我们身旁……自由之烛可能已被扑灭了。"

到了1940年9月，皇家空军早期对东欧人的怀疑已经不存在了，而波兰人和捷克人对英国人的态度也改变了。不管是哪个国籍，皇家空军的所有飞行员都融合在一起，为共同的自由事业而战斗。

当捷克人飞行中队里的资深飞行员亚历山大·赫斯（Alexander Hess）在9月15日接到命令，和他的中队与其他数十个中队一起被派往空中时，他认识到了这种团结的力量。当捷克人以最高速度飞往伦敦时，42岁的赫斯感觉到了一种巨大的力量，"我们知道皇家空军中的每个人都在为所有的人而战，而皇家空军中所有人都在为每一个人而战"。当他透过阴霾向下凝视着伦敦的"街道条纹，矩形的小花园和数百万看不见的人时"，他感到，"所有这一切都是属于我的——我的房子、我的街道、我的孩子和我的未来。好像成千上万的声音在呼唤着我去保卫他们"。

几分钟后，赫斯的"飓风"就被德国人的"梅塞施来特"打中了。尾部冒着黑烟，"飓风"开始向地面坠落。当他意识到自己正在向伦敦东郊一个人口稠密的区域下坠时，赫斯拼命地操纵飞机飞离那个地区。当他看到一小块空地时，他的飞机离屋顶只有300英尺了。当他的飞机即将到达地面时，他跳伞了，他的飞机随即着地爆炸，成了一团火球。当他硬着陆后睁开眼睛，看到的是英国家庭卫队一名志愿者"严厉的脸和冰冷的眼睛"，一把狩猎步枪的枪口正对着他的胸膛。

赫斯被吓了一跳，他意识到那个人以为他是一个德国空军飞行员。他一再喊道，"我是英国人！"但他可以看出，他那浓重的外国口音只会让那个人更加怀疑。就在那时，一辆军车咆哮着驶来，几个皇家空军的军官跳了出来。

皇家空军的军官们和家庭卫队志愿者交谈了片刻后，就把赫斯轻轻地扶了起来，放进了汽车，然后带到了那位志愿者的家中。在那里，他被放在一张舒适的椅子上，盖上了一条毯子，并给了他一小杯威士忌，他们感谢他把坠落的飞机开进了空地，保护了附近的居民。赫斯回忆说："最深切的感激之情传遍了我的全身。我感激所有的热情和照顾，温暖的饮料，以及围着我的人群。"

亚历山大·赫斯因他在那天的英雄行为而将被授予"杰出飞行十字奖章"。对于保卫了英国的赫斯和其他飞行员，温斯顿·丘吉尔宣称："在人类的冲突中，从来没有那么多的人对那么多的人欠下了那么多的情。"然而，在那个混乱的1940年的夏天和秋天，还出现了无数其他的英雄。其中最突出的是UXB（未爆炸炸弹）小组的成员，他们在整个伦敦大轰炸期间被派往伦敦的各个社区，因为那儿的地下有延迟引信的炸弹，而炸弹的计时器还在走动。在这场疯狂的比赛中，志愿者的队伍知道那些炸弹随时可能爆炸，但他们仍会向下挖掘，以求最终能拆除炸弹的引信。

在完成了法国救援任务的两个月后，萨福克伯爵又组织了一个小组，对各种德国炸弹的引信进行实验，以期找出更安全，更有效的拆除方法。他和他的小组成员与供应部的科学研究部门合作，一起将一辆面包车改装成一个移动实验室，从现场取出炸弹，然后将它们带回伦敦郊外的里士满公园，那是炸弹研究实验的主要场地。

具有"钢铁般的神经和科学的头脑罕见组合在一起"的萨福克不断激励与他一起工作的科学家们。一名研究人员曾说："他让我们大家一起拍打我们周围的炸弹，仿佛那些是鸵鸟蛋。如果没有他，我们就不会有任何进展。"

这对一个热切渴望冒险和危险的人来说是一项近乎完美的工作。萨福克把他的豪宅和房地产都转交给了政府用作军队医院，能脱离贵族生活方式的他感到十分高兴，并住进了伦敦皇家汽车俱乐部的一个小房间里。他花了大部分时间与他的队友们一起工作，其中有许多人来自城市较为贫困的东区。

经过一天紧张地拆除炸弹之后，他经常会在伦敦西部他最喜欢的一个名叫凯宾斯基的餐厅，请他的队友们吃饭。作为回报，萨福克的队友们送了他一个刻有他们名字的银色烟盒。

在八个月的时间里，萨福克和他的小组过着一种别人认为是神奇的生活。他每天都把自己置于危险之中，但每天又毫发无损地从危险中脱身而出。在1941年5月12日，他们开车到伦敦东南部的一个沼泽地拆除一个名叫“老忠实”的炸弹，那颗炸弹已经在那里待了几个月而没有爆炸。正当35岁的萨福克取出引信时，“老忠实”爆炸了，爆炸的声浪震碎了方圆0.25英里的车窗玻璃。萨福克伯爵与他的秘书、司机和其他六名成员一起被炸死了。在瓦砾中能发现的唯一与他有关的东西就是他的银色烟盒。

几个星期之后，英国的各家报纸报道：乔治六世国王将乔治十字勋章——英国最高军事荣誉勋章、维多利亚十字勋章——平民最高荣誉勋章，追授予“举世公认的勇敢的萨福克和伯克郡伯爵——查尔斯·亨利·乔治·霍华德”。

第 7 章

我的上帝，这真是一个可爱的地方

在战时伦敦感受到的兴奋

相对于伦敦大轰炸所带来的所有的害怕、恐惧和破坏而言，在许多生活在伦敦的人心中，还有一种无可比拟的兴奋感，一种在这样的时候能在伦敦生活的“正能量”。在战争的高潮阶段，死亡的威胁似乎只会增加生存下去的兴奋和激动。美国的杂志记者昆汀·雷诺兹（Quentin Reynolds）在他的日记中写道：“你走在街上，每个在你身边走过的人都象征着生命脉搏的跳动。”

战时伦敦的激情在很大程度上应该归功于欧洲的流亡者们，他们为伦敦炸毁的街道增添了色彩和生命。在整个战争期间，没有一个伦敦人会知道，在公共汽车或地铁上，在餐厅或酒馆里，坐在旁边的那个人是谁。他可能是一名刚刚从轰炸袭击中返回的波兰飞行员，可能是一名从被鱼雷击中的船上救出的挪威水手，也可能是一名从法国偷渡过来的抵抗运动成员。对加拿大外交官查尔斯·里奇（Charles Ritchie）来说，与穿着各不相同的、眼花缭乱的军服的欧洲盟国军人一起在肯辛顿花园漫步，就像是“在历史的滚滚浪潮中游泳”。

流离失所的欧洲人似乎无处不在。波兰领导人瓦迪斯瓦夫·西科尔斯基将军在白金汉宫对面的鲁本斯酒店办公；挪威、荷兰和比利时政府在皮卡迪利里兹酒店对面的斯特拉顿乡村别墅办公；其他外国政府的办公室分散设在贝尔格拉维亚、肯辛顿、梅费尔及圣詹姆斯等上层居住区的房屋和办公楼内。

毗邻比利时只有“邮票大小”的国家卢森堡大公国，也遭到了德国的入侵和占领，他们在贝尔格拉维亚的威尔顿广场设立了办事处。

在 1940 年晚些时候，戴高乐和他的日益扩大的自由法国运动也从他们在圣史蒂芬之家的简陋住所搬到了卡尔顿花园中的四层豪宅。从那儿可以俯瞰圣詹姆斯公园，那曾经是英国历史上最为仇视法国的首相帕尔默斯顿（Palmerston）勋爵的住所。戴高乐自己住在由英国政府提供的豪华的康诺特酒店，而他的妻子伊冯娜（Yvonne）和他们 12 岁的弱智女儿安妮——她们在 7 月份逃出了法国，则住在索罗普郡一座宽敞的乡村居所里，远离了德国炸弹的危险。

而荷兰的威廉明娜女王则住在满布弹坑的切斯特广场旁的一栋小型的连体公寓里。那儿离白金汉宫不远，战前是伦敦最高雅的社区之一。现在，广场及贝尔格拉维周围的地区在大轰炸中受到了严重的破坏，许多房屋已经空无一人。每天晚上，在德国空军袭击开始之前，威廉明娜会提着一个装有官方文件的小型手提箱去梅宝尼克拉里奇酒店。她将在酒店加强的大型防空洞里度过一夜，在第二天早餐后再回家。她自己的住所在遭受轻微的炸弹损伤之后被修补好了。像广场上的其他房屋一样，住所的前面看上去非常破旧，急需重新油漆。她的工作人员敦促她重新涂漆，但对这种不是必需的且普通市民无法得到的特殊待遇，女王拒绝加以考虑。她还顶住了荷兰官员的压力，拒绝转去更适合国家元首居住的更大、更豪华的住宅。荷兰首相彼得·格布兰迪（Pieter Gerbrandy）说：“女王一直认为，当她的子民在荷兰处于那样一种悲惨的境地时，她决不能住在宫殿里。”

威廉明娜的朋友，挪威国王哈康与他的儿子奥拉夫王储是在伦敦以西约 45 英里的伯克郡的乡间别墅里过夜，他们每天乘车来往于伦敦和住所。哈康和奥拉夫与乔治六世国王的关系较为紧密，因而是白金汉宫的常客。乔治六世还曾在 1929 年奥拉夫的婚礼上当过他的伴郎。

在挪威经历了动荡不安之后，被他的侄子和其他英国皇室成员称为“查尔斯叔叔”的哈康对他认为的松懈的皇宫保安感到很不放心。乔治向哈康保证，他不用担心。英国国王告诉哈康，经过在白金汉宫和温莎射击场上的勤奋练习，他和王后已经完全能够保护自己了。乔治还骄傲地向哈康展示了在皇宫地下室里的一个作为防空洞的房间。那个房间以前是皇宫女仆的休息室，房间里放着皇宫中过剩的维多利亚式椅子和沙发，并配有桶装的沙子和救火用的手动水泵。

哈康还是很不放心，因为他知道德国人跟踪敌人的技能是非常高超的。他问他的侄子在德国入侵的情况下，王室有什么样的计划从伦敦撤离。他被告知，为保护国王，专门指定了一支由精心挑选的皇家骑兵组成的精锐军事部队。他们将昼夜待命，以备在发生突击袭击时保护王室人员乘坐装甲车去安全地点。

哈康还是半信半疑，他要求实地操练一次撤离计划。乔治感到有些困扰，但还是遵从了哈康的要求，按下了一个警报按钮来召唤他的警卫部队，然而什么事情也没发生。国王派了一个侍从外出找原因，侍从回来报告说：一位在皇宫值班的伦敦警察通知警卫没有任何攻击行动，“因为他没有听到任何动静”。国王命令继续操练在发生袭击的情况下的紧急应对措施：一群警卫冲进了皇宫花园，“像松鸡狩猎时赶松鸡的人那样拍打灌木丛和花坛，而不是像在追捕一个危险的敌人”。乔治国王和伊丽莎白王后大笑起来，而哈康国王则大为惊恐。由于这次事件，皇宫的安全防卫措施大大增强了（战后发现的德国文件显示，在入侵英国的时候，一支由100多名训练有素的伞兵组成的突击队将直接降落到白金汉宫的地面上以抓捕乔治六世国王及其家人。德国的“俘虏名单”上还包括了温斯顿·丘吉尔以及国王哈康、威廉明娜女王、西科斯基将军和爱德华·贝内什等外国领导人）。

在战争期间逃到伦敦的欧洲人的生活方式比他们国家的君王或政府高官要差了许多。外国领导人在梅宝尼克拉里奇酒店或里茨烧烤餐厅吃午饭时，他们的同胞大部分时间都待在伦敦移民生活的中心苏豪区——从17世纪以来那里就是欧洲外籍人士的避风港，随意、嘈杂且便宜。那个地区布满了流亡者们喜爱的法国、意大利、希腊、中国和其他民族的餐馆。老康普顿街拐角处的约克大教堂是最著名的会议场所之一，吸引了自由法国运动的成员和比利时政府的低级官员。老康普顿街上有着各种各样的屠宰店、蔬菜水果店和糕饼店，人们称它“法国化了，就像是巴黎的圣多诺丽”。

到了1940年底，在英国首都居住的欧洲大陆流亡者——军人和平民超过了10万人。随着战争的持续，成千上万的人加入了流亡者的行列，他们大多是逃离了自己国家的年轻人，来到英国以便继续战斗。荷兰法律系学生埃里克·哈泽尔霍夫·罗尔泽马在23岁时，乘坐一艘挂着巴拿马国旗的生锈的货轮逃离了他的国家。他说：“所有人的目标都是一样的——去英国，并加入盟军。要渡过海峡到英国去，你就不得不牺牲所有你爱的人……所求的就是这么一项特权：作为一个自由的人去抗击纳粹。”

在移民中就有捷克流亡政府广播部门的负责人约瑟夫·科贝尔（Josephf Korbel），他与妻子和小女儿马德伦卡（Madlenka）住在肯辛顿公园路一座红砖公寓的三楼。60多年后，马德伦卡——现在是世界闻名的美国第一位女国务卿马德琳·奥尔布赖特（Madeleine Albright）将会以生动的细节来描绘在她4岁经历伦敦大轰炸的时候，她如何每晚都蜷缩在公寓地下室庇护所的一张双层床上，听着德国空军的炸弹在附近的街道上爆炸。

在1940年的夏天和秋天，德国的轰炸袭击几乎算不上是科贝尔和其他欧洲流亡者不得不应付的唯一困难。与美国等多个国家一样，英国也担心来自国外的“第五纵队”渗透进城市和农村，为德国的入侵做准备。许多英国人都认为，德国在挪威、丹麦、比利时、荷兰、法国取得的惊人的胜利不能仅用这些国家政治和军事的软弱来解释。纳粹德国的胜利必定和他们的特工及同情者在德国入侵之前实行了有效的破坏有关——这一看法后来被证明没有多少事实依据。

尽管如此，当时有很多英国人对外国人非常怀疑，尤其是对来自德国、奥地利和东欧的外国人非常怀疑。所有的非英国人被命令到警方登记，他们的活动（包括旅行和就业）受到了严格的限制。在整个1940年期间，来自德国、奥地利和意大利的2万多名“敌方侨民”，许多是逃离纳粹迫害的犹太人，从他们的住所或工作场所被带走，关进了在英国西海岸马恩岛的拘留营中。

但随着德国入侵的威胁逐渐消失，公众开始意识到对被关押的外国人的不公平待遇。英国人变得更加开放了，大部分被关押的人在 1941 年夏天恢复了自由。虽然英国政府本身只向欧洲移民提供了极少的帮助，但许多民间人士站了出来，向欧洲移民提供援助，有些人还开放了他们的住所，作为新来者的临时避难所。其他人帮助开办食堂、组织足球赛，开展戏剧、舞蹈文化活动和英语课程。罗斯柴尔德家族的英国分公司将伦敦一座豪宅改为流亡军官的俱乐部，利物浦牧师的女儿奥文·沃恩（Olwen Vaughan）在皮卡迪利附近的一栋连体公寓的地下室里开设了著名的“法国小宠物俱乐部”。沃恩原来是英国电影协会的雇员，一个狂热亲法的人，她想要创造一个空间，让在伦敦的自由法国运动的成员“能找到一点他们被迫离开的国家的精神”。虽然空间狭窄并拥挤，但这个俱乐部不仅在法国人中间非常受欢迎，而且在其他国家的流亡人士中也非常受欢迎。它也成了吸引英国电影制作者的磁铁，当美国加入战争之后，也吸引了美国电影同行。一位旁观者曾说：“它有这样的声誉。如果在战争期间你听说奥森·威尔斯（Orson Welles）或丽塔·海华斯（Rita Hayworth）在伦敦，而你想见到他们，那现实可行的办法是先试试那个法国俱乐部，然后再去萨沃伊饭店。”

尽管几乎没有听说过英国公众主动与外国人接触，但许多英国人暂时摒弃了他们的传统偏见。这不仅是因为同情流亡者的困境，而且是因为在这个危急的时刻，这些欧洲人是英国的非正式公民，他们同样遭受着大轰炸的危险和国家严峻的战时物资匮乏。CBS 记者埃里克·塞瓦雷德指出：“英国人基本上对陌生人并不比以前更感兴趣。但现在当他们在经受考验时，这些陌生人和他们生活在一起。”

在大轰炸之前，许多移民，特别是那些来自中欧和东欧的人，在英国感到孤立和不受欢迎。玛德琳·奥尔布赖特的母亲记得：“我们住在一个外国，但周围全是捷克人。除了极少数人以外，我们不与英国人交往。”多年后，一位曾经是科贝尔邻居的英国女士告诉奥尔布赖特，尽管欧洲流亡者和居住在科贝尔所在公寓的英国人之间仍然存在着“一定程度的分离”，但是大轰炸创造出了一个瞬间的精神上的社区。那位邻居说：“那是非常愉快的一群人，双方都感受到友好和温暖，人们相互间非常支持。他们在地下室、防空洞里大玩桥牌，并分享各自的生活用品。”

在另一方面，欧洲人对他们的地主所展现的勇气、决心、韧性和抗争精神印象深刻。一位流亡者写道：“因为英国人每天表现出来的忍耐，英国式的平静和幽默感就在你的眼前。”这使得忍受夜间大轰炸的爆炸袭击更容易了。

当埃里克·哈泽尔霍夫·罗尔塞马在1941年逃离荷兰抵达伦敦时，他和另一位年轻的荷兰移民做的第一件事就是搭乘这座城市著名的红色双层巴士，快速浏览他们的新家园。他们发现公共汽车的大部分窗户都刷上不透明的胶水，以防止炸弹爆炸时伤害乘客。在一个窗户上贴着官方的通知，告诉乘客不要刮掉胶水：“我希望你能原谅我们的举措，这是为了保护你的安全。”在通知之下，有人写道：“我感谢你的信息，但我因此就看不见血染的车站了”。这两个年轻的荷兰人被这种意见交换的魅力所感染了，他们自己的国家正经受着纳粹占领者的蹂躏和恐吓。哈泽尔霍夫·罗尔塞马后来写道：“这是统治者和被统治者之间极为轻松的互动，德国人是永远不会理解的。”

即便是脾气不好，从来就不是英国人粉丝的戴高乐，也对他在伦敦开始的几个月和几年里遇到的英国人赞不绝口。他曾回忆说：“面对德国进攻的情景，每个人都表现出了一种堪称典范的决心。看到每个英国人都将国家的命运作为自己的责任，那真是太好了。”

然而戴高乐对英国政府却感到不满，他认为英国政府在确认他在英国的公众地位上存在着误导。随着丘吉尔的批准，政府官员聘请了公共关系顾问里士满·泰普（Richmond Temple）来宣传将军和他的事业——这项举措激怒了戴高乐。他咆哮道：“我不想成为新闻界造就的电影明星。”他补充说，丘吉尔似乎想让他装扮得“像一个新品牌的肥皂”。

戴高乐尤其不想让记者和摄影师看到他的妻子和患有唐氏综合征的小女儿。从各方面来衡量，他对女儿一直是全身心奉献的。他对她的温柔和看顾，是他身边的人几乎从未看到或经历过的。他后来说道："没有安妮，也许我永远做不成我所做过的一切，她给了我那么多心灵和精神上的力量。"

事实证明，政府宣传戴高乐的运动是不必要的，英国人已经被这位孤独的法国人迷住了。他拒绝接受失败，他加入了他们看似愚蠢的对希特勒的战斗。知名作家、议员哈罗德·尼科尔森（Harold Nicolson）指出："在我们这个国家里，人们总是对失败的事业感到失望。而在战争的初期，法国的事业看上去是失败了。戴高乐以他闪光的奇迹鼓舞了我们，他表现得如此正面，他可以用自己和人民的梦想的力量带领他们走出深渊。"

在他每天行走于卡尔顿花园至自由法国运动总部的路上，高大的法国人会受到许多认识他的伦敦人的热烈欢迎。戴高乐记得，"每一处的英国人对我们展示的慷慨与善意真的是无法想象的。无数的人来提供服务，提供他们的时间和金钱……当伦敦的报纸报道说维希政府判处了我的死刑并没收了我的财产时，许多珠宝被放在了卡尔顿花园，数十名不知姓名的寡妇送来了她们的黄金结婚戒指"，以帮助他的"运动"。

没有任何事件能比伦敦在 1940 年 7 月 14 日纪念"巴士底日"时更清晰地展示了戴高乐对英国人之间的亲和力，那是在戴高乐首次抵达英国首都后不到一个月。在那个暖洋洋的下午，他和他刚招募到的为数不多的自由法国的部队——排列成两列的水手、飞行员和士兵，长度不到城市的一个街区，自豪地从白厅行进到纪念碑。那座石碑是为纪念那些在英国战争中死去的人而设立的。

埃里克·塞瓦雷德站在旁观者队伍里，旁观者的人数远远超过了游行的队伍。塞瓦雷德写道："我曾经当过一百多次军事操演的观众，他们基本上都是相同的，展示的只是一个有组织的、例行公事的、没有脸部表情的身体。"然而这一次，"我看到了每一张脸"，特别是戴高乐的那张脸。"他在队伍中挺直地走着，从不张开他那紧闭的嘴唇，几乎直视着每一双瞪大的眼睛。他有一个将军视察一支伟大的军队时的气场"。

塞瓦雷德和其他的旁观者中的许多人加入了法国人的行列，激情地高唱起“马赛曲”，这场人数不多的游行的效果是英雄主义而不是让人耻笑。塞瓦雷德曾就此说过：“你有冲动脱去你的帽子，以立正的姿势挺直地站着。每个在场的法国人都坚守继续战斗的信念。这支人数不多的队伍给人一种力量的感觉，那是我从来没有在其他示威活动中感受到的，即便那些示威活动的人数是他们的数百倍。”

当英国人在整体上对流亡者表示欢迎时，他们最为热情欢迎的是军队里的年轻欧洲人，特别是那些军服上带有皇家空军标志的人。在伦敦和其他城市，公交车的售票员拒绝接受他们的车资，服务员不让他们为就餐付钱，而酒吧的顾客也买下了所有他们能够喝下去的啤酒。

英国的报纸和英国广播公司都强调了流亡飞行员们对不列颠之战的胜利以及后来的英国空战的贡献。毫不奇怪，波兰飞行员，特别是303中队的飞行员吸引了最多的关注。《纽约时报》在1941年6月宣称：“在皇家空军中飞行的波兰人正在成为这场战争的传奇英雄。他们不仅被赞赏，还被崇拜了。”昆汀·雷诺兹也有同样的看法，他在美国杂志《科利尔》上写道：“波兰的飞行员现在成了英国真正的酷男。”

在英国上层社会的鸡尾酒会或正式晚餐上，能否有一两个波兰人出席成了档次高低的攀比标准。1941年2月，知名的社会名媛琼·史密斯–宾汉姆（Jean Smith–Bingham）“收纳了”303战斗机中队，并在多切斯特酒店举办了一场色彩缤纷的舞蹈晚宴。英国社交杂志《尚流》（*The Tatler*）不吝笔墨，用了两个版面详尽地描述了那场晚宴，它称这是“伦敦近几个月来所能看到的最兴高采烈和最生动有趣的场面之一”。史密斯–宾汉姆的社交活动开启了一个趋势：不到几天，伦敦上层社会的其他女士都赶紧收纳自己的波兰飞行员中队了。

塔德乌什·安德烈斯（Tadeusz Andersz）是最近组建的波兰人315中队的战斗机飞行员。某天晚上在伦敦参加聚会时，一位漂亮的金发女郎问他的中队是否已经有了一名“母亲”。原来她是电影演员弗吉尼亚·彻里尔，她主演过许多角色，在《城市之光》中与查理·卓别林演过对手戏。彻里尔曾与卡里·格兰特（Cary Grant）结婚，现在是九世泽西伯爵的妻子。当安德烈斯告诉她中队依然是一个孤儿时，泽西女士问道她是否有幸能收纳他们的中队。

在获得批准之后，她为飞行员们组织了一场又一场派对，有时在她伦敦的连体公寓里，有时在她的乡村庄园中（安德烈斯回忆说：她总是很注意，“不邀请比自己更漂亮的女孩”）。她参加了中队的圣诞节聚餐，给在德国战俘营中被俘的波兰飞行员邮寄包裹，并把她的旧丝袜送给飞行员，让他们包裹在膝盖周围，在执行高空飞行任务时保持膝盖暖和。有一次记者在乡间别墅里采访她时，他们听到了飞机在空中掠过时发出的吼声。望着窗外，他们看到一架喷火式战斗机在屋子上空很低的地方盘旋。泽西女士自豪地宣称：“那是我的波兰人之一，我是他们的母亲。”

英格兰各地的英国上层社会都纷纷效仿，向波兰人展示了他们的善意。一位 303 中队的飞行员在不列颠之战期间被击落，跳伞降落到了一个不对外的高尔夫球场，在第八洞球区附近着陆。正在那个球区打球的人坚持要把那个还有点眩晕的飞行员送到会所一起喝杯酒。还有一个跳伞的飞行员降落到了伦敦郊区一个私人网球俱乐部旁边的矮树丛里。三名在等人打双打比赛的俱乐部成员看着他降落，他们帮助他脱离了树丛，然后不再等他们预期中的第四个人，而是问那个飞行员是否会打网球。当年轻的飞行员说他会打后，他就穿着借来的白色法兰绒球衣和球拍上场了。

为热情奔放的欢迎所感动，一位兴高采烈的波兰飞行员对伦敦作了这样的评价：“我的上帝，这真是一个可爱的地方！”其他的外国飞行员也一样感到非常高兴！在整个战争期间，来自附近空军基地的欧洲飞行员和从较远地区的驻扎地托布鲁克和的黎波里回英国休假的士兵都涌入英国首都，寻找放松、友情、欢快和浪漫。

埃里克·哈泽尔霍夫·罗尔泽马在从荷兰首都逃离之后就一直在为战争而忙碌。先是充当荷兰情报机构的情报员，后来成了皇家空军的飞行员，最后成为威廉明娜女王的军事助理。他回忆说：“尽管我们来自不同的地方，未来也不确定，但我们肩并肩地站在一起，哪怕只是喝一杯啤酒。我们在一起喝酒，把我们的女朋友带到同一个夜总会——斯维大使馆俱乐部400号。挪威人、荷兰人、波兰人、法国人和英国人全在那儿——每个人都挤在那些很小的舞池里”，成双成对紧紧地拥抱着，随着《伯明翰广场上的夜莺之歌》《你让我那样心烦意乱》《我将会来见你》等伤感的流行歌曲而尽情摇摆。香烟的烟雾卷曲盘旋升到了夜总会的天花板上，浪漫和性感也弥漫在空气之中，传统的道德观念被抛到了一边。小说家伊丽莎白·鲍恩（Elizabeth Bowen）曾写道：在战时的伦敦，“空气中散发着勇敢的气味……一种与结婚无关的倾向。整个国家都在传说伦敦的每个人都坠入了爱河”。

在所有的欧洲人中，自由法国的战士和波兰飞行员在赢得英国女性的陪伴和情感方面最为成功。她们被他们的冲动、大胆和洋溢的生命热情所吸引。温斯顿·丘吉尔的小女儿玛丽和小说家南希·米特福德（Nancy Mitford）就是米特福德所说的众多受到“自由的青蛙”所吸引的人。在那场战争中，著名的米特福德姐妹中最年长的南希，曾与三名法国人交往，并深深地爱上了他们中的一个——机智、世俗、不可救药地追逐女性的戴高乐的参谋长加斯顿·帕莱夫斯基（Gaston Palewski）。他们之间那种疾风暴雨般的关系，一会儿好、一会儿闹，一直持续到米特福德1973年去世前。

然而，因为吻手礼仪并喜欢送花，波兰人在女士们中赢得了最有勇气的美誉。丘吉尔的私人秘书约翰·科尔维尔（John Colville）曾经问过一位女性朋友，一位伯爵的女儿，作为一名波兰空军军官的志愿者司机有何感受？她回答说：“嗯，我整个白天都得说‘是，先生！’而整个晚上都得说‘不，先生！’”一名英国女子学校的校长曾上了报纸的头条，她告诫毕业班的学生如何在外面的世界中避免落入生活的陷阱时是这样结束她的演讲的：“请记住，远离杜松子酒和波兰飞行员。”

这种警告被大众忽视了。事实上，许多年轻妇女成了波兰人的追求者或被追求者。不仅英国人是这样，为《科利尔》杂志作战争报道的欧内斯特·海明威（Ernest Hemingway）的美丽漂亮的美国妻子玛莎·盖尔霍恩（Martha Gellhorn）在为她举办的一次伦敦鸡尾酒会上，也忽视了其余所有的客人而“全力关注几名波兰飞行员”。

在当时的日记和信件以及后来的回忆中，一些波兰人带着几分惊愕描述了他们战时的浪漫。一位波兰飞行员在他的日记中写道：“就女人而言，我们只是无法从她们那儿脱身。”当303中队的一位飞行高手在他80多岁时回忆起那些日子，他笑着说道：“我认为，应该为英国妇女立一些纪念碑，一些大纪念碑。她们对我们非常之好！”

尽管波兰人与英国女性和整个英国公众交往的经验令人愉悦，但这也随之带来了一些损害公众情绪的副作用。波兰人（以及许多英国人）困扰地发现：当他们的国家处于战争之中，当他们的天空和城市经常充满了烈火和死亡时，英国上流社会的行为似乎像什么也没有改变一样。像其他的欧洲流亡者一样，波兰人目睹了自己国家惨遭破坏，并且认识到他们被迫离弃的家人和朋友现在正生活在德国（对波兰人来说，同时也是在苏联）的占领之下。然而眼下在英国，上流社会被他们所吸引，他们在电影和新闻里展现魅力——他们非常享受这一切，但在享受的同时又时常感到内疚。

在许多波兰人中，还有一种感觉，那就是尽管大多数人非常亲切友善，但英国人对他们和他们的国家并没有真正地理解。例如，在对波兰飞行员的战斗进行报道时，英国新闻界的惯用手法在波兰人看来是不准确的，并对他们和波兰带有一种居高临下的固定观念。在许多故事中，波兰人被描绘成独具魅力的外国人，说话方式有趣，并是野蛮的浪漫主义者，活着只是为了杀死德国人。（有一张报纸的标题设法概括了两方面的陈词滥调：轰炸第三帝国刺激了波兰人——我们今晚出去，是吗？）

波兰作家阿尔卡迪·费德勒（Arkady Fiedler）1943年在英国出版了一本关于303中队的书。他认为英国对303中队提供的宝贵服务的最好谢礼是“更好地了解波兰人。诚实地、个性化地了解他们；反复、深入地了解他们，抛开偏见和先入为主，了解真实的波兰人。”

其他正在努力融入英国社会的欧洲流亡者也表达了同样的愿望。但是对许多人来说，他们和保守并受约束的英国人之间的障碍太大了，以致难以跨越。

奥地利小说家希尔德·施皮尔（Hilde Spiel）后来在一篇关于她在伦敦的战时经历的文章中写道："由于英国一直把自己描述为'欧洲的一部分'而不是'在欧洲之中'，所以我们非常清楚，我们是在英国，但我们不是'英国'。"

急于"拥抱英国的一切"，斯皮尔和她的德国丈夫、作家兼记者彼得·德·门德尔松（Peter de Mendelssohn）不断地被微妙地提醒他们并不完全属于英国。当他们访问门德尔松的英国出版商和他的妻子时，以斯皮尔的话来说，他们被教以"英国生活的基本规则"，但那又似乎与主人自己的生活方式是背道而驰的："不要大惊小怪，不要问个人问题，不要触摸茶壶（这是为女主人预留的）。"而最重要的，是要保持"低调，并紧紧咬住自己的上唇"。

在大轰炸的高潮期间，斯皮尔和她的小女儿从伦敦撤离，在牛津的一个家庭里避难时，她接受了同样的体验。当某一个星期天午餐时，一位邻居告诉她：主人 12 岁的儿子喜爱的狗刚被一辆车撞死了。当男孩泪流满面时，他的父母瞪着他，母亲命令他要控制自己的情绪。就在那时，斯皮尔忍不住自己的眼泪，跑着离开了桌子。她写道："我为狗而哭泣，我为孩子被压抑的感情而哭泣，我为对奥地利的思念而哭泣——在这个国家里，当一个人悲伤的时候可以无拘无束地哭泣。"她记得：当她离开房间时，"没有一个人看着我，也没有一个人说一句话"。

对于斯皮尔和成千上万战时流亡英国的欧洲人来说，这种痛苦和对失去的国家及失去的生命的思念，是他们心中无法去除的痛。无论英国人多么好客，无论英国人的善意是多么真切，也无法慰藉他们心中的痛。

第 8 章

这是伦敦在呼叫

BBC 为被占领的欧洲带来了希望

“二战”结束后不久，一组苏联历史学家就问过德军西部战线的司令官格尔德·冯·伦德施泰特（Gerd von Rundstedt）元帅，他认为哪一次战役是整个战争中最具决定性的？他毫不犹豫地回答说：不列颠之战。他宣称，如果德国空军摧毁了皇家空军，那么德国人就会首先入侵并击败英国，然后再转向苏联。那样的话，只有当时军事上仍然薄弱的美国，才会挡在希特勒的路上。

从短期效应来看，英国在空中的胜利还产生了另一种强大的影响力：它在手足无措的被占领的欧洲的民众中引发了心理革命。在一封 1940 年底从法国偷运出来的给 BBC 的信中，一位马赛的市民写道：“没有人会想到你们英国人居然能够对德国进行那样顽强的抵抗。这使人想到如果我们的统治者在去年 6 月时也曾有过这样的态度，那么事情可能就会完全不同了。”

由 BBC 新的欧洲广播电台向欧洲大陆播发的英国对德国顽强抵抗的新闻，抚慰了上千万因纳粹占领所带来的震惊、屈辱和恐惧而受到伤害的人。德国电台在停战协议签署的前一天向法国大众广播道：“法国人，不要以为世界会与你同在！这个世界绝对是我们的！”现在，大家认识到这样的吹嘘是不现实的——纳粹德国并不是无所不能的，新闻播报帮助法国人和其他欧洲人开始摆脱孤立、宿命、无奈和绝望的感觉。由于英国和 BBC，他们可以

“有几分钟的时间进入反纳粹的精神世界”，并相信未来可能是有希望的。法国前总理莱昂·布鲁姆（Léon Blum）曾说过：“在一个充满毒药的世界里，BBC 成了出色的防毒剂。” 他被维希政府交给了德国人，并于 1943 年被送到了布亨瓦尔德的集中营。

在一封来自捷克斯洛伐克的信中，一位女孩写道：“几乎没有钱买面包的人现在有了收音机，他们需要它。一个人告诉我，‘肚子虽然饿，但灵魂更饥饿。伦敦是唯一能喂饱灵魂的地方’。”一位法国记者报道说：“英文缩写的 BBC 很快成了法国民众日常词汇的一部分。”

在不列颠之战开始前一年，把 BBC 作为欧洲所有地方的自由灯塔的念头会被人嘲笑。这是因为它坚决支持了张伯伦政府安抚希特勒的绥靖政策，不对受到德国威胁的其他国家承担任何军事义务。BBC 成立于 1922 年，在当时已是世界上历史最悠久的国家广播电台。BBC 是一个有趣的合成体：虽然它获得政府资助，最终须对议院负责，但它拥有节目编排的独立性。然而它的第一任董事长，约翰·赖斯（John Reith）爵士——一位身材高大、脸庞线条分明的苏格兰人，却对此有不同看法。他说：“假设 BBC 是为人民工作的，而政府也是为人民工作的，那么 BBC 就必须是为政府工作的。”在赖斯的领导下，BBC 扼杀了所有让内维尔·张伯伦感到不快的消息，它的新闻广播几乎完全依赖于官方的消息来源。它不提供任何分析，不深入具体内容，也没有不同观点。

当政府对报纸和 BBC 施加压力要求他们对希特勒和德国的报道更为平和，对有争议的外交政策问题不能被公开讨论时，BBC 遵循了政府的指令；当张伯伦在 1938 年要求少报道希特勒对捷克斯洛伐克的军事压力后，BBC 就最大限度地减少了对英国战争准备不足和纳粹德国对捷克人威胁的严重程度的报道。在慕尼黑危机之后，BBC 一名高级官员向他的上级写了一份保密的备忘录，指责他们玩弄了“沉默的阴谋”。

那些不同意绥靖政策的人，如温斯顿·丘吉尔和其他几个议会议员，在很大程度上被禁止上 BBC 的广播节目。1938 年 9 月初，被禁的一名议员哈罗德·尼科尔森被告知，BBC不能播放他准备好的一篇演讲，因为他在演讲中敦促英国支持捷克斯洛伐克。在BBC的播音室里，“极为生气”的尼科尔森被迫发表了一次“无害的”讲话。但即便是这样，仍有一名无线电工程师站在他的旁边，如果他胆敢提及捷克斯洛伐克的话，就立即中断他的广播。

在英国远征军赴挪威作战失势期间，BBC因为本身没有驻外记者，就完全依赖政府的通报来报道英国军队取得的一连串“成功”。一名采访挪威战斗的美国记者莱兰·斯托在一天晚上听到一名BBC的播音员宣布：“英国远征军正在挪威的所有登陆地点稳步推进。敌人的抵抗被打破了……英法军队正在乘胜向前推进。”一位与斯托一起采访的美国摄影师看着他感叹道：“耶稣啊，那些家伙怎么了，他们疯了吗？”

在赖斯掌舵的时期，BBC与普通英国人的生活和在被战争蹂躏的欧洲所发生的事件一样，都是脱节的。正如一名雇员所记得的那样，在战争开始之前，那是“一个愉快而舒适、富有文化气息的地方，远离商业和冲突的世界”。为了确保这个高调的气氛，那些嗓音中往往带有“一种精致、平稳、无可挑剔的牛津口音”的BBC播音员们接到指令，要穿戴晚礼服坐在麦克风前播音。

哥伦比亚广播公司的播音员爱德华·R. 默罗在20世纪30年代后期刚刚抵达伦敦后与赖斯会晤时明确表示，他和他的美国广播公司无意采用BBC自说自话的态度。“我希望我们的节目不是只为读书人的，我希望它们脚踏实地，并能被街头的人们所理解。” 赖斯不以为然地挥了挥手，回答说：“那你就得把收音机拽到海德公园演讲者那种水平了。” 默罗点了点头，说道：“就想那样干。”

BBC象牙塔式的态度在英国向德国宣战后不久就改变了。最直接的改变是看得见的：沙袋堆积在BBC总部和广播电台的四周，手持步枪的哨兵守卫在巨大的青铜大门两边；建筑大楼内典雅的艺术装饰被钢隔板和气密门分开了，错视画派的壁画也被厚厚的隔音挡板遮盖起来了；音乐厅的座位被拆除了，建起了一个巨大的雇员宿舍，舞台和坐池地上放满了床垫。播音员也不再戴着黑领结播新闻了。一位BBC的文字作者说：“这是礼服衬衫广播电台传统的结束。”

与表面上的急剧改变一样，BBC 在态度和风格上的转变也是革命性的。当赖斯于 1940 年初被任命为政府的新的信息部门的负责人之后，公司开始了非同寻常的变化。当战争即将结束时它已经成了英国老百姓日常生活的一部分了，同时也成了世界上最值得信赖的新闻来源。

在新闻编辑室里，聘用了一大批新的制作人和编辑，其中许多人原来是报纸记者，他们带来了一股能量和对新闻的激情。克拉克（R. T. Clark）是一位传统型的学者和《曼彻斯特监护人》的前编辑，他被指定负责国内新闻服务。在他上任之后不久，嘴唇上老是叼着一根香烟的克拉克，在向他的工作人员通报时说明了 BBC 新闻政策中的一波震荡。当时他说："弟兄们，现在战争来临了，你的工作就是说实话。如果你不能确定那是否真实，那就不要用它。”他在一份内部备忘录中写道："在我看来，增强士气的唯一办法就是告诉他们真相。没有其他东西，只是真相，即便真相是可怕的。”

克拉克的理念不仅受到新员工们的欢迎，还受到一批被称为“战争贩子”并已经在 BBC 工作的年轻人的欢迎。他们公开批评他们的雇主在操纵新闻——拒绝广播针对张伯伦政府的负面消息。可以说最直言不讳的“战争贩子”是一个高大、黑发、精力充沛的人，名叫诺埃尔·纽瑟姆（Noel Newsome）。用 BBC 历史学家阿萨·布里格斯（Asa Briggs）的话来说，作为公司新的欧洲电台的负责人，他是“所有战时 BBC 工作人员中最勤劳、最活跃、最具想象力的人”。

34 岁的纽瑟姆是来自萨默塞特的乡村医生的儿子，他曾在牛津学习，并在那里获得了现代史的一等学位。在《每日电讯报》担任版块编辑，并为《每日邮报》担任驻外记者多年之后，他成为《每日电讯报》的国际新闻编辑，并立即公开反对张伯伦政府对德国的绥靖政策。

纽瑟姆在战争开始前两天被 BBC 雇用。他反对政府将广播新闻作为政府的宣传工具，而当时广播新闻的主要功能就是宣传英国官方的观点。像克拉克一样，纽瑟姆主张准确的报道。当政府在关于挪威发生的情况上误导了

BBC 和其他媒体时，他提出了强烈的抗议。他说："我不得不强烈地反对，我们被当作一个盲目的工具！"

在敦促 BBC 和政府让欧洲电台具有编辑独立性的同时，纽瑟姆指示他的下属在工作时就好像他们已经拥有了编辑独立性那样。纽瑟姆的战时助理艾伦·布洛克（Alan Bullock）说："纽瑟姆设定了风格，并定下了调门。"布洛克后来成了英国最著名的战后历史学家之一，他援引纽瑟姆的话说："我们在这个战争时期必须做到的就是当英国处于防御的时候，我们要建立我们的信誉。如果那是一场灾难，我们会在德国人宣布之前加以广播……而当潮流转向，我们取得胜利的时候，人们将会相信我们。"

大多数英国决策者们认为 BBC 应该传播政府的声音。帝国国防委员会是白厅的一个协调国防战略的小组，它在 1935 年宣布，在战争时期政府必须"有效地控制广播和 BBC"。有趣的是，这个观点的最积极的倡导者之一就是温斯顿·丘吉尔本人。尽管作为一个绥靖政策的敌人，他在战前的那些日子里一直被禁止上广播。但他却在 1939 年 9 月成为张伯伦的海军大臣，重新加入政府之后成了让 BBC 充当政府宣传工具的最热心支持者之一。事实上，作为海军大臣，他应对报纸和 BBC 发出的虚假、乐观的挪威军事行动报道负直接责任。

当他成为首相以后，丘吉尔继续反对 BBC 应保持独立的想法。在担任首相初期时他曾告诉下属，BBC"是大门里面的敌人，造成更多的是伤害而不是益处"。在另一个场合，他把 BBC 称为"主要中立者之一"。然而尽管他有那么多的抱怨，丘吉尔最终还是决定政府不应对 BBC 进行控制，这主要归功于首相最亲密的政治顾问、在 1941 年 7 月被任命为新闻部长的布伦丹·布拉肯（Brendan Bracken）的影响力。布莱肯长期以来一直支持 BBC 的独立性，由他全面负责新闻事务之后，白厅对 BBC 的控制就相当宽松了。虽然白厅任命了两名顾问来监管所有的娱乐和新闻节目，但他们的监管相对来说是比较松散的。

在后来的几个月和几年中，在 BBC 的新闻工作者、信息部和英国战时宣传机构的政治战事执政官之间，毫无疑问会有激烈的斗争。但尽管如此，总的来说 BBC 成功地在以后的战争期间与政府保持了一定的距离。

在 BBC 的欧洲电台里，创新和激奋的精神是显而易见的。几乎所有在这里工作的人都是广播方面的新手，赶上了这次盛大的试炼，为纳粹统治下的数百万人民带来真相和希望。英国人与被剥夺了家园的欧洲人齐聚一处。记者、小说家、诗人、演员、大学教授、商人、哲学家和前军官等，都在一个战前他们无法想象的世界中一起合作。在去 BBC 之前曾担任过丘吉尔研究助理的牛津大学毕业生艾伦·布洛克记得，这就是他活过的时代。他补充说道，在欧洲电台工作就好像“成了一位历史学家，活着见证历史，在历史中活着”。

当布洛克加入 BBC 时，欧洲电台只建立了两年。在 1938 年之前，由于英国对欧洲和世界其他国家事务的漠视，BBC 仅用英语播出。当 1938 年 9 月 BBC 开始向欧洲广播时，播出的节目第一次使用了法语、德语和意大利语。颇具讽刺意味的是，第一次播出的是内维尔·张伯伦的讲话，他在讲话中表达的中心意思还是英国不会为保卫捷克斯洛伐克而与纳粹德国开战。

当战争爆发时，BBC 的国际业务仍然相对较小，只播出七种语言。然而在短短的几个月里，它就爆炸式地成长为 45 种语言，其中一半是面向欧洲的。较大的语种，如法语和德语，每天广播五个小时，包括流亡的国家元首和其他社会知名人士的讲话或访谈。但对于这些部门而言，新闻是广播的核心部分。艾伦·布洛克回忆说，那就是“摇滚”——“当人们经受着非常大的危险和困难来收听你的节目时，他们想要听的就是新闻。”

每天工作近 16 个小时，欧洲电台的“特立独行者们”投入了一场战争。一位旁观者曾说道：“他们唯一的武器是机智、信息、激情和他们赢得胜利的信念。”在长达两年的时间里，即便是在伦敦大轰炸的混乱情况下，他们也是这样做的。

直到 1940 年底，欧洲电台是建在广播电台大楼里的，那栋大楼成了德国空军轰炸伦敦的主要标志和目标。1940 年 10 月中旬，一颗炸弹落入了 BBC 总部，炸毁了音乐资料室和几间工作室，造成七名员工死亡。不到两个月后，大楼又被炸中了。除了设置在广播电台大楼底层的国内新闻服务部外，BBC的主要部门都撤离到了伦敦或英国其他地区的建筑物里。

欧洲电台先搬去了位于伦敦西区麦达谷附近一个有着整片玻璃屋顶的废弃的溜冰场。在轰炸袭击时，置身于玻璃屋顶底下令人感到害怕。诺埃尔·纽瑟姆曾说过，“我们像挤在圈棚里的牛一样，在一个随时可能成为屠宰场的”凑合的小办公室里工作。三个月后，他和他的同事们搬到了布什大楼，那是在伦敦金融中心附近的一座白色砂岩“巨兽”，这才让他放下心来。BBC的欧洲电台从此就留在那里了——而BBC的世界电台也在1958年搬到了那里，一直待到2012年（欧洲电台转移到布什大楼两个月后，麦达谷的溜冰场被炸弹直接命中，受到了严重的破坏。——作者注）。

布什大楼的外观十分壮观。巨大的柱子和拱门，高耸的中央大厅，大理石的楼梯和铜门的电梯，是1920年代世界上最昂贵的办公楼。可悲的是，BBC的工作人员没有机会享受其楼层里宽敞的房间和优雅的装饰艺术。由于轰炸的威胁，他们被迫挤在地下室里，在兔子窝般的走廊里穿梭，在狭窄的办公室里工作。

沉闷的临时播音室也很小，通常笼罩在香烟的烟雾之中。为了改善音响效果，帆布覆盖的屏幕被从天花板上吊下来，一盏油灯被放在门边，以防万一炸弹切断了电源，熄灭了灯光。有一天，伯纳德·蒙哥马利将军被带到了布什大楼的地下室准备作一次广播，他惊讶地看着四周的破败不堪，问陪同他的BBC工作人员：“人们不是一直都在这里工作的吧？”

但实际上人们一直是在那里工作。而且看上去大多数人都喜欢那种沸腾的、带一点混乱嘈杂的气氛。战争期间在那里工作过的乔治·奥威尔（George Orwell）把它描绘为“介于女子学校和疯人庇护中心之间”的气氛。那么多的工作人员和客座广播员进进出出，根本无法追寻他们的行踪。有一天当哈康国王到那儿准备进行一次广播时，见过无数要员的接待员问他：“对不起，亲爱的，你说你是哪儿的国王？”

那些为欧洲电台工作的人标榜自己是“布什人”，认为自己是与BBC国内新闻部门的工作人员不同的一个种群——那些人“看上去似乎非常闷闷不乐”。BBC 制作人兼执行官罗宾・斯科特（Robin Scott）是在欧洲电台开始为公司工作的。他说：“我们是如何独立于总部的会令人好奇。我觉得他们在广播的游戏中不及布什大楼的人那么聪明。布什大楼中的人不仅赢得了战争，而且塑造了广播的未来。”

每个国家部门都有自己的编辑和工作人员，通常是英国人和那个国家的人编在一起。英国人负责编写新闻稿并担任语言主管，以确保新闻稿的翻译准确无误，而翻译和播音员通常都是来自他们正为之广播的国家。为了确保播音不会偏离讲稿的文字，语言主管把手指放在控制室的一个开关上，随时准备切断广播，以防万一发生像艾伦・布洛克开玩笑地说过的情况，一些播音员“会突然喊出‘嘿，希特勒’”。

那个切换开关几乎从未使用过。尽管如此，具有独立思想的外籍员工和他们同样努力的英国主管之间经常会在广播前就广播的内容或其他与新闻无关的事情发生冲突。一些流亡政府被允许设置自己的广播节目，但他们必须提前提交脚本。布洛克说：“我们非常非常地小心他们会说些什么。我们强制执行的与正常的审查制度（为了安全）有很大的不同……我们对他们进行了政治审查。”布洛克补充说道，因为不满这样的控制，一些欧洲来的工作人员对英国人极为蔑视，他们认为英国人“不知所以，对欧洲一无所知。但最终，所有的分歧和争议都消失了。与每个人都有的共同目标相比，那些分歧是微不足道的，而伦敦的广播也终于开始了”。

对于国家元首和被占领欧洲的其他政要，BBC 为他们提供了一个宝贵的机会与他们的同胞重新建立联系。在某些国家里，他们国家的民众对他们的信心由于他们在德国入侵后的突然离去而受到严重的冲击。哈康国王的情况就是这样的。当一批挪威议员在德国占领者的压力下要求哈康退位，将权力移交给由德国控制的管理机构时，哈康于 1940 年 7 月在 BBC 发表了广播讲话。在向挪威播出的 BBC 广播中，国王坚决拒绝了这一要求，就像他在 4 月曾经拒绝希特勒将权力转交给维德孔・吉斯林的最后通牒一样。

在向他的人民解释了他和他的政府并不是因为恐惧或怯懦出走，而是为了继续战斗之后，哈康带着几分激情，以浑厚而冷静的语调宣告：“对我来说，挪威人民的自由和独立是宪法规定的第一条诫命……作为国王，我的余生将遵奉这条诫命。我今天是这样说的，我一生都会这样说：一切为了挪威！”

成千上万的挪威人听到了国王的广播讲话，他的讲话稿复制件被秘密地散发给了那些没有收音机的人。面对哈康拒绝退位，挪威议员们退出了与德国人的谈判，国王再次成为挪威抵抗德国的焦点。在那次广播讲话之后不久，年轻的挪威抵抗运动就将代表哈康的字母组合作为反对德国人的象征。到处都是“H7”（哈康七世）的涂抹——在政府大楼、学校入口、谷仓、监狱牢房的墙上，甚至在山崖的峭壁上。一封名为“挪威人的十大诫命”的地下传递信件在挪威各地广为流传，其中的第一条诫命就是“尔等必须服从你们选出的哈康国王”。

由于 BBC，荷兰的威廉明娜女王也产生了类似的影响。年轻的荷兰法律系学生埃里克·哈泽尔霍夫·罗尔泽马的感受代表了许多荷兰人当时的想法。他回忆说，威廉明娜无处不在，“自从我们出生那天起，她就成了我们周围世界的一部分”。然而当她在 1940 年 5 月出逃到伦敦时，罗尔泽马的第一反应是对她的愤怒：“匆忙地抛弃了我们。让她下地狱吧！”当他开始收听女王在 BBC 的荷兰频道橙色无线电台上的广播讲话之后，他改变了想法：“在当时那种情况下，女王离开这个国家显然是正确的。我们认识到她作出那个决定的智慧，并对我们当时对那个消息作出的带有暴力色彩的第一反应感到抱歉！”

像哈康一样，威廉明娜迅速成为她的国家抵抗运动的灵魂。当挪威国王在 BBC 发表的讲话严肃并庄严时，威廉明娜的讲话则火热而激情，充满了强烈的人性。荷兰人难以相信，这就是那个遥远的、见不到的、统治了他们 40 多年的女人。威廉明娜在她抵达英国后第一天在白金汉宫制作的第一个广播节目中就明确表示：她永远不会与那个被她称之为“人类的敌人”——希特勒妥协，更不用提他的“犯罪团伙”或与德军合作的那些荷兰“歹徒”。

荷兰作家亨利·范·德·泽（Henri van der Zee）回忆说："她的演讲是我们生活中的亮点，尤其当她抨击德国人和荷兰的纳粹时更是如此。"在荷兰曾经流传着这样一个笑话，威廉明娜年幼的孙女们被禁止在收音机上听她的演讲，因为她在谈到纳粹时使用了粗俗的语言。据德文翻译透露，当德国当局没收了荷兰女王的宫殿和其他财产以报复她的反纳粹攻击时，威廉明娜在下一次广播中以"令人震惊的恶毒言语"发泄了她的愤怒。

作为与奥兰治家族保持一致的一种象征，橙色成为荷兰民族的主要色彩——服装、旗帜、海报，甚至鲜花（万寿菊是无所不在的）。1940 年 6 月 29 日是女王的女婿伯恩哈德（Bernhard）亲王的生日，数千名海牙民众不畏纳粹的高压，唱着向王子表示祝贺的歌曲，在女王宫殿前面的奥兰治的威廉雕像前放下鲜花。

对于被占领的捷克斯洛伐克来说，BBC 的广播明星不是前国家元首爱德华·贝内什，一位冰冷、严肃的原哲学教授，而是 54 岁的扬·马萨里克（Jan Masaryk），在希特勒入侵捷克斯洛伐克之前曾经担任过捷克外交使团的负责人。他比战争期间在伦敦的所有欧洲流亡者都了解英国，他后来成了捷克斯洛伐克的外交部部长。扬的父亲托马斯·马萨里克（Tomáš Masaryk）是捷克斯洛伐克的国父和首任总统，他在 1918 年将捷克斯洛伐克放到了地图上。在 20 世纪 30—40 年代，扬的工作一直是在公众眼中确保捷克斯洛伐克代表着"一个国家"，而不是"一种传染病"。

在第二次世界大战前后，身材高大、秃顶的扬·马萨里克是伦敦最受欢迎的外交官之一。他吸引了众多的记者、社会名媛和外交部的高层官员们，并让他们着迷。他年轻时在美国生活过好几年，曾和芝加哥一位富有的制造商的女儿有过短暂的婚姻，说英语时带有美式口音。他是一个有天赋的钢琴家和讲故事的高手。他温和、机智、放言不羁，女性对他似乎难以抗拒。他的一位英国朋友曾说过，"只要扬一走进房间，社交界就全倒在他的脚下了"。然而，在那个彬彬有礼并显得轻松的外表下，是一个认真、敏感、高素质的政治家和播音员。事实上，许多人认为除了丘吉尔之外，他是战时最有影响力的盟国播音员。

扬·马萨里克对他的同胞的第一次广播是以这些充满斗志的话语开始的：“现在是报仇的时候了。消灭纳粹的战斗已经开始！我以我们家族的名义向你们庄严宣告：我们将赢得战斗，真理将最终获胜！”他使用简单、亲切的语言，即使是没受过多少教育的农民也能够理解。他在接下来的广播中使用了同样的语调将希望、鼓舞和幽默感混合在一起。在提到纳粹领导人个人时，扬·马萨里克并不拒绝使用粗鲁的语言。在第三帝国的宣传部长约瑟夫·戈培尔（Joseph Goebbels）访问了布拉格的一个剧院后，扬说，他希望“剧院的某位老勤务会在戈培尔用过的包厢里点燃一支有香味的蜡烛，在他离开之后对那个地方进行熏蒸”。

扬·马萨里克在捷克斯洛伐克的昵称是“洪扎”，这也是著名的捷克童话故事《洪扎的故事》中的主角的名字。在他广受欢迎的广播开始之后不久，在布拉格的墙上就出现了带有这样字眼的海报“今晚九点半收听洪扎的故事”。德国人花了几个月的时间才搞清海报的真实含义。

在1938年，扬·马萨里克对英国在慕尼黑协议中出卖捷克斯洛伐克感到愤怒。他告诉内维尔·张伯伦和外交部部长哈利法克斯：“如果你们牺牲了我的国家就能维护世界和平的话，我将会是第一个站出来赞扬你的人。但是，如果不能达到目的，先生们，让上帝来拯救你们的灵魂吧！”然而尽管被出卖，马萨里克从未失去对英国的爱。在对捷克斯洛伐克的广播中，他一再向英国人民的勇气、决心和崇高的理念表达敬意。在一次广播中他告诉他的同胞们说：“英国人有焦虑，但他们绝不害怕！”

尽管德国在每个被占领的国家里都禁止收听BBC的广播，但至少在战争的头几个月里，在对西欧国家——挪威、比利时、荷兰、法国和卢森堡的违法者们进行的处罚上，他们还是相对宽松的。然而当一切变得十分清晰，收听BBC的广播已经成为所有这些国家的全民爱好时，德国人就开始施行打击了。销售和使用无线电被定为非法的行为，并对被抓到的人施加越来越高的罚款和监禁刑罚。

在捷克斯洛伐克和波兰这样的东欧国家，对违反了销售和使用无线电禁令或其他禁令的处罚更为严厉。在纳粹看来，波兰人和捷克人像其他斯拉夫国家的人一样，是低劣的次等民族。希特勒的观点是他们所居住的土地只是为了让“优等种族”的雅利安人能扩展疆土。在这两个国家里，收听 BBC 广播将被判处死刑。在捷克斯洛伐克，禁令的执行至少在战争的初期并不是那么严格。但在波兰，这个与德国结怨几百年的宿敌国家里，情况就完全不一样了，恐怖的程度远远超出了捷克斯洛伐克。历史学家约翰·卢卡奇（John Lukacs）曾说过，没有一个被占领的国家像波兰那样“承受了德国人施加的如此可怕的残暴、酷刑和完全没有人性的对待”。

对于第三帝国来说，消灭波兰这个民族及其国家，摧毁他们的文化和身份的认同是它的主要目标。为了实现这一目标，纳粹占领者关闭了波兰所有的学校和图书馆以及广播系统，所有的收音机都被没收了。然而，有几千架收音机被藏了起来，大多数在波兰抵抗运动成员的手中。他们仍坚持收听 BBC 的广播，即使知道如果被德国人发现会被立即枪毙。他们关注的焦点是新闻节目，他们记录下新闻后，印刷在 150 多份地下报纸上，在整个波兰境内秘密传递。

当知道许多听众是冒着生命危险打开收音机收听他们广播时，这就成了在整个战争期间 BBC 欧洲电台面临的重大挑战，也让播音者们感到了身负的巨大责任。然而在 1940 年，让他们进退维谷的最直接的挑战是如何对待支离破碎、四分五裂和备受羞辱的法国。

第 9 章

“V”字手势横扫了世界

欧洲绽放出抵抗的第一朵火花

1940 年 6 月 18 日，一名年轻的 BBC 制作人接到指示，在当晚为刚刚抵达伦敦的一名将军安排一次对法国的广播。对于这位制作人来说，这是一件令他感到疲乏的工作。他后来回忆说：“没有人对又一位法国将军有多大兴趣，况且他还是当时的法国国防部副部长。大多数英国人根本不知道法国国防部副部长是怎么一回事。”在广播大楼门口见到了不断吸烟的法国人后，这位制作人将他带到了播音室。他们都不知道在英国政府的高层，为让戴高乐向法国广播一事已经爆发了一场难以言表的争斗。

就在前一天，贝当元帅向他的同胞们宣布了他将与德国寻求停战的计划。刚刚抵达伦敦的戴高乐曾问丘吉尔是否可以使用 BBC 广播来挑战贝当对德国人的投降。首相马上就同意了，但这却把他的战时内阁带入了极大的混乱之中。在丘吉尔不在场的一次会议中，内阁成员得出结论是：“戴高乐将军是不受现任法国政府欢迎的人，因此目前不应该让他上广播。”当丘吉尔知道了他们的意见后，就派爱德华·斯皮尔斯将军去说服那些部长们，让他们改变主意。

正如英国战时内阁所担心的那样，戴高乐的讲话无非就是驳斥贝当政府并呼吁法国人民起来反抗。他宣布：“我是戴高乐将军。现在在伦敦。我吁请所有现在在英国土地上，或可能在将来来到英国的法国官兵们与我联系。不管发生什么事，法国抵抗运动的火焰都不应该，也不会熄灭。”戴高乐后来把这次广播看作是他生命中最重要的时刻之一。他在回忆录中写道：“随着说出那些不可收回的语句，我内心深处感到生命终于抵达了终点。”他指出，在 BBC 电台发表讲话，为他提供了“一种强大的战争手段”。

回想起来，他的想法是真实的。然而在当时，几乎没有人接受戴高乐这次广播重要性的看法。那天晚上，没有多少法国人听到他的讲话。而且在大多数情况下，那些听他讲话的人不知道他是谁——也没有兴趣跟随他去任何地方。

根据停战协议，法国被分割成两个区域：德国占领的包括巴黎在内的法国北部；由贝当和他的人在维希管控的法国南部。大多数法国人，无论他们居住在哪个地区，都很敬重年老的贝当，并将他视为他们的领袖，相信他的智慧和坚定的指向将有助于治愈法国崩溃所留下的创伤。法国历史学家亨利·米歇尔（Henri Michel）说过：“所有人都接受元帅的权威，他们并不仅仅是顺从他。他提供了安慰和希望。”

尽管戴高乐最初缺少听众，但仍继续在 BBC 广播。从 1940 年 7 月起，他和他的自由法国运动每天晚上都有五分钟的广播时间，节目的名称是“荣誉与家园”。在接下来的几年里，将军将在法国鼓动起许多人投入抵抗和反叛的运动。但在 1940 年，BBC 最紧迫的任务就是为深感沮丧的法国人提供鼓励，并给予希望。通过每天半小时的“法国人跟法国人说话”的节目，BBC 完全实现了这两个目标。

在 BBC 的所有节目中，“法国人跟法国人说话”是制作和播出最为精巧，也是最受欢迎的节目。甚至在英国听众中（至少在能听懂法语的人中间）兴起了一股“邪教式”的追捧。阿萨·布里格斯（Asa Briggs）写道：“这是一场原汁原味并最为出色的无线电广播的盛宴”。用艾伦·布洛克的话来说，在 BBC 电台上播音的“是历史上最有魅力、最为杰出的一群播音员”。

几乎从 1940 年 7 月开播的那一天起，这个节目就在法国掀起了一阵疾风暴雨。在停战几个月之后，一位居住在法国城市尚贝里的英国人报告说，到了晚上 9 点“法国人跟法国人说话”节目播出的时候，整个城市就变成了一座鬼城。他说："以前通常在晚上的这个时候，人们都会外出散步。但现在不是这样了。原因就是无线电广播。"

虽然"法国人跟法国人说话"节目的工作人员全是法国人，但这个节目是BBC法语部的谈话节目制作人、年轻的英国女士塞西莉亚·里夫斯（Cecilia Reeves）设想出来的。里夫斯从剑桥大学新罕布什尔学院毕业后，于1933年加入了BBC，担任国际部的联络员，协助非英国人的播音员使用BBC的设施将他们的故事或其他材料传播给自己国家的人民。

在那些外国人中，有一位就是30多岁的爱德华·R.默罗，他与里夫斯和BBC的其他一些有才华的年轻人成了好朋友。他和他的英国同事对广播事业中的真相和独立性有着同样的看法。一位BBC的编辑曾说："我们报道的都是坏消息，就像来自地狱的通报。但这与爱德华要说实话的渴望是完全相融合的，即便那是一个困难并令人讨厌的真相。所有的人都是这样认为的。"

为默罗安排广播时段，并在播出之前检查他稿子的里夫斯与默罗有着特别密切的关系。1937年的一个深夜，她在播音室里见到了当时刚从被德国占领的奥地利回来的默罗，他看上去"衣衫不整并且非常疲惫"，他向她描述了纳粹对奥地利犹太人施行的种种暴力行为。在广播结束之后，他请她一起回到他的公寓。在那里，就着威士忌酒杯，他继续向她讲述他所见到的纳粹暴行直到天亮。她说："我的脑海里至今还有那些可怕的影像和画面，以及他叙说时的痛苦表情。"

战争爆发后，里夫斯被派到了BBC的巴黎办事处工作。在法国陷落之前她回到了伦敦，被指派组织一个法国人的团队，专门向最近被占领的法国领土进行广播。她在开展工作时借鉴了与默罗共事时的经验和他的广播风格，比BBC的播音员更非正式化和口语化。默罗想要的就是让听众的脑海中浮现出画面，摒弃死板传统的新闻写作和广播规则。他在广播节目中始终保持冷静的对话方式，有时以第一人称来讲述故事，就好像是一个朋友和另一个朋友在聊天。

在战前，里夫斯还对哥伦比亚广播公司创新的欧洲新闻综合报道节目留下了深刻的印象，其中包括默罗和哥伦比亚广播公司其他记者的报告和分析。鉴于法国人对讨论和争辩的热衷，里夫斯认为类似的形式对于向法国的广播而言将是极其完美的。

她选择了一位颇具魅力的法国戏剧导演米切尔·圣-丹尼斯（Michel Saint-Denis）来监管整个节目。圣-丹尼斯在法国成立并领导了一个前卫剧团，于1930年来到英国。到1939年时，圣-丹尼斯已被公认为是伦敦最具创意的舞台导演之一，他与约翰·吉尔古德（John Gielgud）、劳伦斯·奥利维尔（Laurence Olivier）和亚历克·吉尼斯（Alec Guinness）等戏剧界的杰出人士有着密切的合作。他在1937年导演的，由吉尔古德、佩吉·阿什克罗夫特（Peggy Ashcroft）和迈克尔·雷德格雷夫（Michael Redgrave）主演的契诃夫的《三姐妹》，至今仍被认为是20世纪英国戏剧的标志性作品。战后，圣-丹尼斯帮助建立了两所重要的戏剧学校——伦敦的老维克剧院中心和纽约的茱莉亚艺术学校。然而，他一生中最大的成就是他战时在BBC的工作。

当战争爆发时圣-丹尼斯已经42岁，但他还是从伦敦赶回法国，重新加入了他旧日的第一次世界大战时所在的团队。作为英国远征军的随队联络官和口译员，他在敦刻尔克撤离后回到英国。他对法国向纳粹德国投降极为愤怒，决心将竭尽全力解放他的祖国。然而，那并不意味着他将加盟戴高乐的自由法国运动。像许多在伦敦的法国人一样，圣-丹尼斯对他所认为的将军的傲慢和独裁的领导风格敬而远之。当里夫斯劝说他可以通过在BBC工作帮助法国的时候，他正考虑加入英国军队。

尽管他缺乏广播的经验，但圣-丹尼斯本能地看到了无线电作为这场战争中一种强大武器的潜力。据BBC的一位同事说，他“从一开始就把麦克风当作老朋友”，并训练了他为法国节目团队聘请的六个人——漫画家、演员、艺术家、诗人和两位记者做相同的事。为了保护他们在法国的家属不受德国人的报复，团队的几名成员包括圣-丹尼斯（他有妻子、一位情人和与那两名妇女住在一起的孩子们）都用了假名。他所选择的名字——雅克·迪歇纳（Jacques Duchesne）曾经是法国大革命时期劳工阶级支持者和发言人的名字。

在与塞西莉亚·里夫斯就直接的宣传不会说服任何人取得了共识之后，圣-丹尼斯就把政治变成了娱乐，运用富有想象力的复杂的方式，通过幽默、戏剧和音乐来讨论和分析当今的政治和军事事件。一位 BBC 的行政人员回忆说："法国人经常不遵守官方指示……如果他们遵守的话，他们的广播听起来就像是官方的指令。恰恰相反，他们坚持说出听众本能地想了解的事情。"另一位 BBC 的官员对圣 - 丹尼斯的工作评论说："有一个信息要传送，有足够的剧场经验来创造出原汁原味的方式去传送，与我听过的任何其他广播节目相比，半小时的节目在他手中变得更加激动人心。"

从 1940 年 7 月至 1944 年 10 月的每个工作的晚上，卷起袖子的圣-丹尼斯小组的成员会在布什大楼一间小而闷热的地下播音室里围着麦克风而坐。在播音室里偶尔会听到附近炸弹的爆炸声，但是"法国人跟法国人说话"的节目从未停止过广播。在每次节目开始的时候，圣-丹尼斯会以一个假想的法国劳工阶级代表的形象对听众讲话。作为一个脚踏实地、精明能干的爱国主义者，他试图提升他同胞的精神状态。节目的每日新闻部分报道了盟军的挫折、损失以及胜利。他们遵循着 BBC 的信条，说实话而不是说谎话，将会赢得更多的听众。

也许，在每周一次的"法国人跟法国人说话"节目中最受欢迎的那一部分，是圣-丹尼斯和团队的其他两名成员将自己变成了"三个老朋友"。这些人据说是一群在英国的法国老朋友，他们在各种各样的地方——酒吧、餐馆、公园或多弗的悬崖边上（所有这些都具有适当的音响效果）聚会，谈论当前的事件，当然也包括德国人最新的愚蠢表现。在一个典型的"好话好说"的时刻，其中的一个朋友试图为他离开法国的决定辩解，他说道："我宁愿到他们国家去见英国人，也不愿在我们的国家看到德国人。"

那个部分，以及整个节目都在呼唤、塑造法国人的文化身份，而那正是他们的文化身份受到破坏的时候。听"三个老朋友"节目就像是在法国咖啡馆里听人说话。英国作家雷蒙德·莫蒂默（Raymond Mortimer）评论说："我们发现他们的欢乐大大改善了我们的精神状态。"一封从法国偷送给"法国人跟法国人说话”节目的信宣称：“法国机智的灵魂已经逃到伦敦去了。”另一封偷送出来的信中说：“只有你们可以看到我们正在听你们的广播。我们活着就是为了这个。”

偶尔有时候，“法国人跟法国人说话”节目的气氛会严肃一些。那是在1940年10月21日，当丘吉尔第一次出现在向纳粹德国控制下的法国播放节目的现场时。首相让圣-丹尼斯帮助他准备广播稿。那天，伴随着德国轰炸机的噪音，圣-丹尼斯和丘吉尔在白厅地下的战争工作室里，由圣-丹尼斯将他的演讲稿翻译成口语化的法语。

丘吉尔对圣-丹尼斯再三强调，“我想让它听上去像是我在讲话，不是你在讲话，甚至不是像用法语讲话。不要让它听起来过于正确。”当翻译完成后，丘吉尔用他特别的法语腔调大声朗读了讲稿。圣-丹尼斯觉得这有点做作，丘吉尔自己后来也承认了。他喝了一口白兰地说道，“如果我会说完美的法语”，法国人“就不太喜欢听了”。

圣-丹尼斯向“法国人跟法国人说话”节目的听众们介绍了丘吉尔，并在整个广播中与他待在一起，那是在战争办公室的一间衣橱大小的播音室里。因为临时播音室太小，在英国首相发表他在战争期间最雄辩的演讲之一时，圣-丹尼斯就坐在他的膝盖边。他用法语开场：“这是我，丘吉尔，在和你们说话。”丘吉尔重申了他对法国重生的强烈信念，他说：“我永远不会相信法国的灵魂已经死去，我永远不会相信它会永久地失去在世界上的大国地位。解放，就像第二天的黎明一样一定会到来。”在此之前，他建议法国人“去睡觉，为黎明的到来积聚力量……光明将照耀着勇敢和真诚、善待所有正在为事业而受苦的人，荣耀将撒在英雄的坟墓之上，这将照亮黎明。法兰西万岁！”

法国人的反应是群情激奋。丘吉尔的朋友，法国画家保罗·马兹（Paul Maze）在给丘吉尔的信中写道：“你说的每一句话都像救命输血时的一滴滴血。” 在广播当天，巴黎附近的城市莱切的一位教师给他的学生布置了一个不寻常的作业。他说：“今天晚上，我们将会收听盟军领导人的讲话。广播将会被严重干扰，你们每个人都要把听到的每一句话好好记下来。明天，我们将把它们一句一句拼凑起来。”第二天，整个班级成功地重新整理出了丘吉尔的演讲稿。

考虑到压倒性的拥戴盟军的公众反应，这可能不是巧合。就在丘吉尔发表演讲一周之后，在对公众的遏制方面曾比法国北部的德国政权更宽松一些的维希政府，对收听外国广播节目下达了更加严厉的禁令，将罚款提升了四倍，达到了 10000 法郎，并加两年监禁。

“法国人跟法国人说话”节目团队和 BBC 其他法语部门所面对的最头痛的事情之一是如何对待贝当元帅和维希政府。当里夫斯在 1940 年夏天监察批判贝当的一次广播时，发现这样的话题非常敏感。她事后告诉默罗：“在伦敦的法国人有一半因为攻击贝当而攻击我，而另一半则想变本加厉，认为对他的攻击还不够。”默罗建议她暂时不要攻击。他说：“法国现在还需要贝当。你可以批评他的政策，但如果对他进行个人攻击，那将是灾难性的。”

当谈到维希领导人时，“法国人跟法国人说话”节目团队的成员与他们的法国同胞一样也是存在对立看法的。团队中的一个人对贝当激烈地反对，他不惜向 BBC 里亲近贝当的同事挑战要求进行对决。相比之下，圣-丹尼斯对于元帅持有敬意，并认为太匆忙地谴责他会疏远数以百万计的法国人。与从一开始就攻击贝当是“我们的失败之父”的戴高乐不同，圣-丹尼斯在广播的头几个月里拒绝批评贝当。他的谨慎以及他早先拒绝加入法国自由运动激怒了戴高乐。戴高乐多次试图让 BBC 放弃“法国人跟法国人说话”的节目，但没有成功。这两个人在整个战争期间继续着他们的政治和个人争斗。但在法国，他们的听众却不知道在伦敦的法国社区陷入了深刻的分裂和对抗，还以为他们两个是亲密的盟友。

由于维希政府与敌人的持续合作以及德国对法国人压迫的不断升级（“法国人跟法国人说话”节目对此进行了报道和评论），法国公众的态度开始慢慢转变了。1940 年 10 月 24 日，贝当在法国中部的一个小镇蒙托里会见了希特勒。不久之后，他就宣布他和他的政府将奉行与德国进行正式合作的政策。从那时起，纳粹德国就可以依靠法国当局的帮助在法国南北两个地区执行他们的政策，这很快就导致了将法国的犹太人抓捕起来并送进集中营的行动。

在蒙托里会议之后，贝当的人气在法国逐渐下降，越来越多的法国人（尽管仍然是少数）表示完全反对他和他的政府，这其中包括了米切尔·圣-丹尼斯。在法国投降九个月后，他终于决定对贝当采取行动。他在1941年3月19日告诉他的听众，“今天晚上，我必须和你们谈谈可怜的元帅……他让自己受到围绕着他的一群寄生虫的影响，他采取对敌人有利的立场。”他告诉他们，现在是对维希政府和德国人进行抗争的时候了。

圣-丹尼斯并不是第一个鼓励被占领欧洲国家的民众放弃他们的被动态度的BBC播音员。两个月前，BBC面向比利时节目的组织者维克托·德·拉弗莱（Victor de Laveleye）曾敦促他的同胞们，通过在全国各地的建筑墙壁上潦草地写上“V”字母来表现他们对德国统治的抵制。在来伦敦之前曾担任过比利时司法部长的德·拉弗莱告诉听众，这个字母将成为团结的象征，让他们分裂的国家重新聚合（比利时的北方人说佛兰芒语，那是荷兰语的一个变种，他们与荷兰有着密切的文化和宗教关系；而南方的比利时人则讲法语，与法国密切相关）。正如德·拉弗莱所说，“V”是法语“胜利”（victoire）和佛兰芒语“自由”（vrijheid）的第一个字母，更不用说英语“胜利”（victory）了。

比利时人响应了德·拉弗莱的倡议，用粉笔在墙壁、大门、路面以及电报和电话杆上画上了数不清的“V”字。而越来越多的法国人也这样做了，许多法国人收听了BBC对比利时的广播之后知道了“V”字运动。虽然德·拉弗莱的倡议是针对比利时的，但是几天之内也在法国蔓延开了。在这两个国家里，粉笔的销售额成倍地飞涨。一封来自诺曼底的给BBC的信中写道：“几乎所有的地方都画上了‘V’字。”一位在法国阿尔卑斯山的阿根廷记者报道说：“‘V’字像雪崩一样，甚至在车上或路上也到处都是。”一位马赛市民说，他的城市被“V”字淹没了，那儿“没有一处空出的地方”。

在伦敦，“法国人跟法国人说话”节目为“V”字母专门制作了一个特别节目，其中包括一首流行歌曲，呼吁节目的听众使用业已成为字母表中最出名的那个字母。

我们不能

陷于

绝望！

我们不能

停止

抵抗！

别忘了

V字母

写下来

高声歌唱！

到 1941 年初时，BBC 的整个欧洲电台都投入了“V”字运动，他们也得到了广泛的呼应。不久之后，有人意识到贝多芬第五交响乐起始的前四个音符“dit — dit — dit — dah”听上去就像摩尔斯电码中代表“V”字的滴滴滴答。在水壶盖上敲击这四个音符就成了欧洲电台广播开始的呼号，而这也像野火一样很快就传遍了整个被占领的欧洲。人们轻哼或用口哨吹出这四个音符；在餐厅用餐的人们会在他们的酒杯或咖啡杯上用勺子敲打出这四个音符；火车司机会按这四个音符拉响他们的汽笛；学校的老师会用“V”的节奏拍手招呼他们的学生排好队。当一架英国轰炸机使用其着陆灯在巴黎上空打出字母“V”时，机组成员们看到从城市中汽车前灯和公寓窗口照射过来的“V”字。

正如历史学家汤姆·希克曼（Tom Hickman）所指，“V”字运动正是“欧洲第一次表现出来的抵抗姿态”，这帮助欧洲人摆脱了无奈的感觉，并一起向“在他们的街上散步，挤满了他们的餐厅，并抢劫了他们家园”的德国人显示出他们的藐视。维克托·德·拉弗莱指出：一名反复看到“V”标志的德国士兵将不会再怀疑他正被一群等待着他显现出第一个弱点的公民所包围着，他们正等着他的第一次失败。

事实证明，欧洲人并不是唯一疯狂追逐“V”字的人。在中立的美国，珠宝商出售“V”形胸针和耳环；伊丽莎白·雅顿则用“V”字符做成象征胜利的口红商标；1940 年共和党总统候选人温德尔·威尔基（Wendell Willkie）发起了一个“V”领带别针的运动。但最著名的“V”字象征出自温斯顿·丘吉尔，他高举右手，伸出食指和中指做成象征“V”字的手势，指向上方，这成了他一生的标志性姿态。在 1941 年夏天，BBC 向欧洲大陆播出的演讲中，丘吉尔称“V 标志”是“被占领国家的人民不可征服的意志和纳粹暴政终将灭亡的象征。只要欧洲人民继续拒绝与入侵者有任何合作，那么可以肯定，入侵者将会灭亡，而欧洲将会得到解放”。

纳粹德国的宣传部长约瑟夫·戈培尔也不得不承认这个“V”字运动取得了极大的成功，他指出：“英国广播电台正在对欧洲大陆发起一场文化入侵，而‘V’字符就是入侵的标志。”令人难以置信的是，为了抵消这一运动的影响，戈培尔和德国人开始宣传由他们定义的字母“V”。在挪威、荷兰和其他被占领国家，德国人控制的电台用贝多芬第五交响曲的第一小节来开始他们的节目。在阿姆斯特丹，一面印有“V”字的 30 英尺的旗帜，挂在威廉明娜女王宫殿外面，以表示德国在欧洲的各条战线上赢得了胜利。巨大的“V”字彩带装饰了奥斯陆的主要酒店，巴黎的埃菲尔铁塔上也装上了一个巨大的“V”字。在布拉格，主要的交通要道之一被更名为胜利大道，并在路面上画上了巨大的“V”字。在波兰，“V”字被印在德国人印刷的报纸的头版上。

BBC 的诺埃尔·纽瑟姆每周会以一个匿名的英国“街上人”的方式向欧洲进行三次广播，他大肆嘲笑了德国人试图将“V”字搞成他们自己标志的努力。纽瑟姆告诉他的听众，“也许很快，德国人将被迫假装字母 RAF（皇家空军）代表的是德国空军，而那个（代表戴高乐自由法国运动的）洛林十字架是纳粹十字的一种新版本。”

到了 1941 年初，民众觉醒的很大一部分功劳要归功于 BBC 的努力，大部分被占领的欧洲国家终于从失败中清醒过来。当戴高乐在 BBC 的广播中呼吁法国人在 1941 年 1 月 1 日的某个指定时间待在家中作为抗议德国占领的标志后，成千上万的法国人就这样做了。虽然这有些被动，但这是法国第一次有组织的抗议德国的示威。法国抵抗运动领导人安德烈·菲利普在战时曾说："（法国）地下运动是由 BBC 帮助建立起来的。我们需要外界的帮助，BBC 就给了我们帮助。"

与此同时，挪威的教师、神职人员、演员和剧院的导演们也针对德国的控制举行了大规模抗议行动。在荷兰，几千名大学的教授和学生举行了罢课，抗议纳粹对荷兰犹太人的迫害。荷兰历史学家路易斯·德·容（Louis de Jong）指出，当德国人在 1941 年初开始抓捕犹太人时，"阿姆斯特丹和其他附近城市的几乎整个劳工阶层"都举行了罢工。虽然为期两天的罢工行动被德国警察强行镇压下去了，但德·容认为"这是荷兰历史上第一次也是唯一一次反叛的罢工"。

由于"V"运动的成功和其他一些迹象表明新生的抵抗运动正在壮大，诺埃尔·纽瑟姆和他的助手道格拉斯·里奇（Douglas Ritchie）希望能更进一步利用 BBC 点燃向德国人开战的烈火。早在 1940 年 7 月，纽瑟姆告诉欧洲电台的工作人员，他们应该鼓励他们的听众"渴望来一场反纳粹的革命而不是恐惧"——这场运动最终将掀起"人民对一个在道德和精神上业已破产，其物质上的强大正在消失的暴政的起义"。

纽瑟姆是在 BBC 总裁弗雷德里克·奥吉尔维的带领下召唤欧洲被占领国家的民众采取更激烈的行动的。弗雷德里克·奥吉尔维是约翰·赖斯的继任者，一个月前，他要求 BBC 采用 "每一个爱国者都是破坏者"这句话作为它的一个口号。奥吉尔维认为，一群不积极阻挠敌人的民众实际上就是共同事业的叛徒。

英国情报官员迅速地扼杀了纽瑟姆和奥吉尔维不切实际的念头，强调在希特勒成功地进行了令人震惊的大轰炸之后几个星期内就号召欧洲人起来反抗他是十分荒唐的。当第三帝国在整个欧洲大陆上横行霸道，而几乎没有人看好英国还能活下去时，怎么能期待欧洲人会奋起反抗呢？

英国人在一年之后仍然没有倒下，纽瑟姆和奥吉尔维觉得重新激活由 BBC 催生一场欧洲大陆革命的时候到了。像纽瑟姆一样，里奇每周向被占领的欧洲国家的英语听众广播一次。他在广播中告诉他的听众，他们是“隐蔽的战士……几百万人的你们是一支伟大的不出声响的军队，等待着、观察着，‘V’字就是你们的符号”。在给 BBC 高层的备忘录中，他提出了更加直接的诉求：“如果英国政府批准的话，BBC 将在欧洲的每一个城市里制造骚乱和破坏。”根据里奇的意见，成立了一个非官方的委员会，“协调英国对被纳粹德国占领的国家的广播，以鼓励并发展反抗德国人的行动”。

英国广播公司和政府中的其他人对他们认为的欧洲电台的多管闲事表示了强烈的不同意见。在他们看来，纽瑟姆和里奇正在侵犯特别行动处的职能。那是新设置的一个政府机构，专门负责促进在被纳粹德国占领欧洲的抵抗活动。此外，在不久的将来会爆发大规模的欧洲反抗斗争的想法仍然是不现实的。而德国人已经开始打击由“V”字运动引发的温和的反抗。在法国小城穆兰市，德国当局下达了禁令，对在墙上或其他物体表面涂抹“V”字或其他反德国文字的城镇居民将施以“严厉的惩罚”。1941 年 4 月 29 日，巴黎的德国广播电台在向法国人的广播中播放了这样一条冷酷的警告，如果倾向于继续进行这样的运动，“你们这群傻瓜可以再次拿起你们的粉笔，以血红色的字母写下整个单词——‘受害者’”。几天后，英国广播公司收到了从法国维希小镇寄来的一封信，信中写道：“许多人在谈论反抗…… 但我们能做什么？尽管我们还有粉笔，但我们没有武器。”

这样的沟通使英国广播公司中的许多人更加焦虑，“错误地引导人们在不适合的时机开枪反抗”会给人们带来危险的事实。正如一位工作人员所说：“我们不是那些如果出了问题，就会被追究责任的人。”

第 10 章

搜集纳粹的情报

破解恩尼格玛和欧洲抵抗者的其他情报活动在进行中

精致的圣·尔敏酒店坐落在伦敦繁忙的威斯敏斯特市旁一条安静的小巷里，这里似乎不太可能是一个阴谋策动暴力或革命的地方。作为一座维多利亚时代的红砖贵妇式建筑，以其绿树成荫的庭院而闻名，壮观的大堂设有一个洛可可式的石膏天花板和弧形阳台。在上世纪之交的时期，客人们可以在这儿享用下午茶，同时聆听室内乐团舒缓的演奏。

40 年后，当法国已经投降而希特勒准备将他的轰炸“霹雳”掷向英国时，好几名政府官员集聚在圣·尔敏酒店四楼的一间房间里，试图找出一种反击的方式。很显然，英国人不可能很快返回欧洲大陆。他们的军队太弱了，他们几乎没有重武器，而他们的盟友——富足并强大的美国也没有表现出希望加入冲突的任何迹象。在 1940 年那个绝望的夏天，英国薄弱的进攻性武装力量只有两种：始于 1939 年的皇家海军对德国的封锁和刚开始的皇家空军对第三帝国的轰炸。圣·尔敏酒店里的那些策划者们又加上了第三种进攻性力量——在被占领的欧洲国家内部策动一场针对敌人的破坏运动。

因此就诞生了一个新的最为机密的政府机构——那个无人知晓的“特别行动处”，并在几个星期之内就占据了圣·尔敏的整个三层楼。特别行动处的任务就是在被占领的欧洲国家内部组织破坏、颠覆和反抗。它的创立者们希望树立的这个目标将破坏并最终帮助摧毁德国的战争机器。温斯顿·丘吉尔是这个想法最热心的拥护者，他对特别行动处的昵称是“非绅士战争部”，并指示其首任长官“在欧洲放一把大火”。

然而，在尝试这样做之前，特别行动处不得不首先面对令人不愉快的现实——除了丘吉尔和少数几个主要政治人物外，英国政界的高层人士几乎没有人希望这一机构存在，更不用说获得成功了。被国际社会赞誉有加的英国军情六处（MI6）的上层人物更是如此。他们憎恨产生一个新的、不为他们所控制的政府秘密机构，尤其是这个机构的目标和行动方法与他们的目标和方法基本上是相冲突的。

军情六处负责从大英帝国以外的国家搜集军事、经济和政治情报，他们素以保密和慎重为傲。一个兄弟机构因为实施破坏和其他公共暴力行为而不受欢迎的舆论和影响将连累自己（军情六处的行动）让局面令人难以接受。情报历史学家奈杰尔·西尔尼（Nigel West）恰当地总结了两个组织之间的关键区别。他描述了在目睹敌军穿过一座桥梁时这两个组织的特工人员将会如何反应：军情六处的特工将观察敌人的部队并估算出其数量；而特别行动处的特工将炸毁桥梁，以阻止敌人通过。

特别行动处的官员不久就发现，军情六处是一个危险的对手。它是一个全世界闻名，享有一个无所不见、无所不知的间谍组织的盛誉。丘吉尔认为英国情报部门是“世界上最好的”。有意思的是希特勒和其他纳粹高层，包括德国党卫军的头目海因里希·希姆莱（Heinrich Himmler）和希姆莱的血腥副手莱因哈德·海德里希（Reinhard Heydrich）也是这样认为的。被称为“金发碧眼的野兽”的海德里希以军情六处为楷模，创建了党卫军令人恐惧的情报和保卫组织——党卫军保安局和盖世太保。海德里希甚至用字母“C”签署了一些信件和备忘录，而字母“C”是军情六处长官在其正式信件中使用的签名缩写。

然而，尽管海德里希和他的纳粹同伙们对英国情报部门满怀敬意，但实际上他们对军情六处是如何开展工作却知之甚少。海德里希浪漫的军情六处无所不知、无所不能的观点更多的是来自阅读充满盖世太保图书馆的战前英国间谍小说。而事实证明，所有那些令人肃然起敬的看法与他们所依据的小说一样都是想象出来的。

自19世纪后期以来，英国小说家们发现要出名并赚钱的最快途径之一就是撰写虚构的英国特工在欧洲大陆的冒险故事。当间谍类小说在1890年那个时代开始发行时，小说中的敌人通常是法国人。但随着德国军事力量在20世纪初开始强盛，敌人就几乎全是德国人了。当然，英雄仍然是原来的那一个。

除了少数例外，那些英雄都是出生于英国的绅士，伦敦最好的俱乐部的成员，驱赶着猎犬，是美食和葡萄酒的鉴赏专家。然而，所有那些精英都愿意放弃自己的舒适生活，面对巨大的危险和几乎不可能完成的任务，为自己的国家进行间谍活动。罗伯特·厄斯金·柴德斯（Robert Erskine Childers）在1902年写的广受欢迎的《沙岸之谜》的主角就是这样的一个典型。根据柴德斯的说法，他是“一个外表俊美、穿着时尚的年轻人。他有良好的人际关系，是上等俱乐部的成员，并且可能在外交部有一个安全并辉煌的前程”。

几十年间，这些非专业的贵族间谍的冒险不仅吸引了世界各地数以百万计的读者，而且还引发了年轻一代的英国人去追随他们的脚印。一名特别行动处的特工在战后指出：“在国内外遇到的几乎所有的特别行动处官员都像我一样，想象着自己是理查德·汉内（Richard Hannay）或桑迪·阿巴思诺特（Sandy Arbuthnot）。”这两位英国特工是约翰·巴肯（John Buchan）作品中的人物，《三十九级台阶》是巴肯著名的冒险小说之一。

这些小说也反映了英国人对外国人本能的不信任。小说中的敌方特工形象往往是千篇一律的——不刮胡子、穿戴不整、鬼鬼祟祟并两面三刀。小说的整体道义准则似乎是凡涉及外国和外国人的事情都是一项危险的任务，而英国——按一个虚构的英国特工对他的祖国的描述，“这个世界的超级大国”，应该尽可能地对那些外国保持清醒的头脑。

考虑到英国间谍小说中的仇外心理是如此强烈，像希姆莱和海德里希这样的外国人对那些间谍小说如此着迷确实令人称奇。海德里希对英国间谍小说上瘾是在第一次世界大战以后，他在德国海军服役期间开始的。他认为大英帝国之所以成功是由于军情六处的出色工作，而英国的每一个正人君子都

“随时准备帮助秘密情报局，把它当成自己的应尽职责……党卫军把这种间谍工作是绅士应尽职责的英国式看法当成了它自己的智慧结晶”。为了效仿英国人，海德里希专注于为自己的特工行动招募来自好的家庭和受过良好教育的年轻德国人。

甚至希特勒也加入了对军情六处赞扬的行列。元首在战争初期对纳粹情报官员说过：“英国军情六处有一个伟大的传统，而德国没有任何东西可以与之相比。因此，每一个德国人的成功，就是要建立起这样一个传统，这需要具备更大的决心……英国军情六处的狡猾和精湛是闻名于世的。”

然而，纳粹这样的称颂，与真实状况相去甚远。第一次世界大战之后，军情六处在20世纪30年代末曾因资金、人手不足，在人才和技术两方面都极为匮乏。当1935年希特勒上台两年后，当时的军情六处长官休·辛克莱（Hugh Sinclair）上将沮丧地表示，他的机构的整个年度预算仅是维护一艘英国驱逐舰一年的费用。虽然辛克莱从富裕的亲戚那里掏钱来维持军情六处的运作，但那是远远不够的。在1938年慕尼黑会议期间，他没有钱为他在欧洲的少数几个特工买无线通讯装备，以便他们能直接与伦敦联络。

军情六处确实倾向于聘用有天赋的人为情报人员，更喜欢“天生的特工”。军情六处避免招募接受过大学教育的人，取而代之的是那些“未被大学教育的溶剂所染色的”智者。许多在“二战”期间的特工人员都是前军事人员，有很好的个人收入。著名的历史学家休·特雷弗-罗伯（Hugh Trevor-Roper）是一名牛津大学毕业生，他在第二次世界大战期间曾经在军情六处工作过。他注意到：“这些大城市的年轻绅士的早期教育……曾经是昂贵但功底不深的，这对他们思维没有什么用处。”他补充说，“那些人大体上都很愚蠢，其中有一些人非常愚蠢。”

然而在另一个方面，真正的情报官员与虚构的人物有很多共同之处：两组人群都是在休闲式的、绅士做派的非专业气氛下运作的。在1930年，当一位名叫莱斯利·尼科尔森（Leslie Nicholson）的军情六处新人询问他将会接受哪些训练时，他被告知“不需要专业知识”。当尼科尔森坚持寻求“如何成为间谍的技巧”时，军情六处维也纳基站的主任回答说：“你必须为自己找到答案。我想每个人都有自己的方法，我想我没有任何能教你的东西。”

事实上，在 1939 年开始担任其长官，在整个战争期间指挥军情六处的斯图尔特·孟席斯（Stewart Menzies），从来也没有任何秘密特工的经历，不管是训练还是实战。孟席斯是苏格兰的一个极其富有的威士忌制造商的孙子，他曾在伊顿上学，后来加入了著名的英国陆军救生队，其中的许多军官都是贵族。在第一次世界大战期间，他在法国的战斗中表现突出，被授予一枚杰出服务勋章和一枚军队十字勋章。在经历了毒气弹攻击之后，他加入了陆军情报部门。在战争结束之后，他转入了位于伦敦的军情六处总部，并在那里度过了他的职业生涯的余生。

作为主宰了英国几个世代的上层社会的“老男孩关系网”俱乐部的特许成员，孟席斯像同时代的大多数人一样，在社会和政治态度上都是保守的，并且对外国人高度警觉。他曾经说过：“只有起了外国名字的人才会犯有叛国罪。”他显然没有意识到有一个纯英语名字的金·菲尔比（Kim Philby），也是一个“老男孩”，就在他自己的军情六处内犯下叛国罪。

50 岁的孟席斯身材瘦长，是博福特公爵赞助的“精选的狐狸猎人博福特狩猎组合”及伦敦最排外的男子俱乐部“怀特”的成员。在那种地方，没有一瓶未曾标明产地和年份的特制葡萄酒会被送到桌上，没有一个女人会被允许进入。孟席斯在“怀特”的酒吧里完成了他的大部分军情六处招聘工作，受聘者主要集中在像他自己那样在封闭的家庭中长大的年轻人。

孟席斯是社交场合上一个和蔼亲切的老手，但在军情六处的高层官员中，人们通常认为他在情报工作上的分量太轻。他缺乏情报工作的实际经验，并且在需要决断的时候喜欢拖延。维克托·卡文迪什-本廷克（Victor Cavendish-Bentinck）是战时联合情报委员会的主席，他的高级别的小组负责监察英国的所有情报活动。他回忆说：“孟席斯不是一个很强硬的人，也不是一个很聪明的人。”

许多人认为真正掌控军情六处的人是孟席斯的副手克劳德·丹西（Claude

Dansey），一个隐身于阴影之中的隐秘且带着伪装的人物。正如作家本·麦金太尔（Ben Macintyre）所说的那样，他是“一个最令人不快的人，一个最有经验的间谍”。在军情六处上层的世界里他是一个异类。丹西没有上过伊顿公学，也没有在军队的贵族部队中任过职。相反，他早期职业生涯的大部分是在非洲担任军事情报官，他曾在那里组织过间谍网络，搜集情报并帮助镇压当地的武装叛乱。在第一次世界大战期间，丹西曾经在伦敦为英国情报机构工作，在他的多项职责中包括将有嫌疑的外国人抓捕起来，并在英国和西欧进行反间谍活动。

矮小、秃顶、戴眼镜的丹西，脸上长着密密的白胡髭，用本·麦金太尔的话来说，他有一双尖锐、透彻、“像活跃的白鼬那样的眼睛”。他过于机智，尖酸刻毒，很多人不喜欢他。记者兼作家的马尔科姆·马格里奇（Malcolm Muggeridge）像休·特雷佛-罗伯一样，在战争期间也曾为军情六处工作过。他说：“每个人都害怕他，他是上层里唯一真正的专业间谍。其他的都是一些有着二流头脑的二流人物。”但特雷弗-罗伯对丹西却有成见，他把丹西描述为“一堆彻底的狗屎，腐败和无能，但有一定程度的低级的狡猾”。

尽管孟席斯和丹西是两个截然不同的人，但他们至少有一个共同的特征：对保密和隐蔽工作极度投入。这让麦金太尔、特雷弗-罗伯以及在战时加入军情六处的其他年轻人感到有些过分。按照麦金太尔的说法，军情六处的座右铭似乎是“如果有曲折的办法可以去做，绝对不应直接去做”。就像小男孩玩秘密特工的游戏一样，军情六处的老手们经常在不需要的时候仍然使用密码名称，用密码编写不需保密的信息，并将那些编码信件放在诸如花坛、工棚之类不方便的地方，而不是将它们直接投入家门口的邮箱之中。

当麦金太尔发现自己轻手轻脚地走过孟席斯在议会广场旁百老汇大街54号——军情六处总部四楼的办公室时，他意识到自己也已经感染上了对保密工作的痴迷。麦金太尔回忆说：“保密对情报工作来说，就像法衣和熏香对一场弥撒来说是必不可少的一样……必须不惜一切代价保守秘密，不管那是否有助于达到任何目的。”

虽然使用无意义的密码或其他形式的保密措施对像麦金太尔那样的新来者显得有些滑稽，但军情六处固守不变的保密措施对于上层的人来说是很重要的，但这与保护国家的安全毫无关系。那些措施对保护个人更为有用，它将有助于那些有权力的人免受议会、英国公众或政府其他部门的盘问。小说作家约翰·勒·卡雷（John le Carr é）在第二次世界大战后不久曾短时期为军情六处工作过。他指出，军情六处不遗余力地致力于“自我保护的暗中活动，不惜使用官方保密的外衣来掩饰无能、上层特权和令人错愕的盲目轻信”。

在战争爆发之前的那几年里，在军情六处发生的事情中确实有相当一部分暴露出了无能的人或事需要加以保护的事实。

在 1939 年 11 月某个阴沉的一天，一辆汽车开到了与德国默兹河隔河而对的荷兰小镇芬洛的百可斯咖啡馆。两名留着修剪整齐的灰色胡髭，带着单片眼镜和小圆帽的中年英国人走出了汽车。他们是军情六处的官员，到芬洛来执行一项最高密级的秘密任务。如果他们能成功，那可能会导致推翻希特勒并结束已持续了两个月的战争。

自从希特勒上台以后，毗邻纳粹德国的中立国荷兰就成了欧洲主要的间谍中心之一，它不情愿地接待了来自全球各地难以计数的情报人员。与大多数外国同行一样，两名留着胡髭的军情六处官员——西格斯蒙德·佩恩·贝斯特（Sigismund Payne Best）和理查德·史蒂文斯（Richard Stevens）也待在海牙。英国情报部门使用海牙作为其非官方的欧洲总部所在地。

对于这样一个重要的岗位，军情六处在对基站主任的选择上所表现出来的愚蠢达到了令人震惊的程度。在 1936 年，以使馆护照管理官员身份为掩护的基站主任 H. E. 达尔顿（H. E. Dalton）自杀了，他被发现贪污了犹太难民为获取英国签证而支付的额外费用。后来又发现，为达尔顿的继任者工作的两名荷兰特工已被德国军事情报机构阿勃维尔招募为双重特务。

意识到在欧洲的最重要的基站已被德国人渗透，军情六处没有选择采取通常使用的合理步骤，关闭基站并重新开张。相反，它在整个欧洲创建了第二个非官方的情报组织，它将与原有的组织一起存在，但与之没有任何联系。

这个代号为“Z”的组织由克劳德·丹西负责，他选择了各种职业的非专业间谍来充当他的特工：那里面有商人、企业家、记者、政客和其他一些在欧洲生活或经常出访欧洲的英国人。

丹西为海牙选择的基站负责人是西格斯蒙德·佩恩·贝斯特，荷兰制药和化学公司的老板，他传递给丹西的几乎都是些毫无价值的情报。与此同时，他申报了很大一笔经费作为他声称的由他指挥的 13 名特工的开支，后来发现其中九人完全是虚构的。

1939 年 9 月战争爆发时，贝斯特接到伦敦的命令，与新任命的军情六处海牙基站主任理查德·史蒂文斯联合，这就让先前建立的替代情报组织的计划完全作废了。新上任的史蒂文斯早先曾在印度的英国军队服役，与贝斯特一样，他在新的岗位上并没有什么出色的表现。史蒂文斯后来承认，在去海牙之前他“从来没有做过间谍的工作，更不用说当一个间谍头儿了。我完全没有经验，根本不是干那种工作的人”。当他将自己的顾虑告诉军情六处的高层时，他们向他保证，海牙的岗位在很大程度上只是一个行政管理的工作——这完全是一个误导。几个月后，史蒂文斯会发现他和贝斯特被卷入了一个还没有为之做好准备的境地。

在 1939 年 10 月，德国入侵波兰的一个月后，内维尔·张伯伦在私底下放出消息：如果希特勒被推翻，英国政府将考虑与德国和平共处。与此同时，史蒂文斯和贝斯特也得到了这样的情报：一个第三帝国持不同政见的派别正在谋划摆脱希特勒，并与英国开展和平谈判。在与来自这个反叛集团的几名代表进行了几次秘密会议之后，军情六处的官员在张伯伦和外交部的批准支持下，同意于 11 月 9 日在芬洛的百可斯咖啡馆举行会谈，与领导反叛运动的德国将军见面。

然而，当史蒂文斯和贝斯特进入咖啡馆后，他们惊讶地发现德国将军并不在那里，等着与他们会面的官员实际上是党卫军情报人员，其中一个是瓦尔特·谢伦伯格（Walter Schellenberg），莱因哈德·海德里希的副手；另一个是长期的英国间谍小说的“瘾君子”和军情六处的粉丝。在打死了陪同英国特工的一名年轻的荷兰军事情报人员后，谢伦伯格和他的同伙就将史蒂文斯和贝斯特捆绑起来扔进汽车，飞快地驶过边界进入了德国。

情报官员被绑架是军情六处历史上最丢脸的事件之一，而他们在被绑架后的行为使灾难变得更加严重。史蒂文斯和贝斯特完全罔顾了伦敦的指令——特工只能承认其作为掩护的工作的名称和地址。他们在身体没有受到折磨的情况下，即与德国人完全合作。史蒂文斯被绑架时身上带着一份完整的在荷兰的英国特工名单，他还向德国人交待了军情六处在西欧和中欧所有基站站长的名单，以及他们下属的外国特工的身份。此外，他和贝斯特还提供了有关军情六处在伦敦的层次结构的大量信息，包括部门主管的姓名以及他们在百老汇总部内的办事处的具体位置。

由于芬洛的灾难，军情六处在西欧的间谍网在1940年德国发起伦敦大轰炸时已成为一堆废墟。尽管遭受了如此重大的失败，孟席斯和丹西仍然保住了自己的职位，这在很大程度上要归功于伦敦的欧洲各国流亡政府和他们的情报机构。

作为向捷克斯洛伐克、挪威、波兰、比利时、荷兰和戴高乐的自由法国运动的特工组织提供财务、通信和运输支持的交换，军情六处获得了对那些组织大部分特工活动的控制权。而那些外国特工几乎提供了英国在战时所获取的在被占领欧洲的德国人活动的所有情报。

虽然孟席斯并不是谍报天才，但在白厅经常发生的残酷的内斗中保护并提升自己和军情六处的地位方面却是非常出色的。他在官场内斗中的主要武器之一就是从不向任何人透露军情六处的情报来源，甚至不向丘吉尔透露。通过这样的运作，他和丹西就可以将报到他们那儿的任何成功的情报活动都收入到自己的囊中。

事实上，正在与军情六处配合的欧洲流亡政府的情报机构取得了很多次成功。然而，在军情六处之外几乎没有人知道。美国新成立的间谍和破坏组织——战略情报局驻伦敦办事处的负责人大卫·布鲁斯是一个例外。于1942年抵达伦敦的布鲁斯在他的日记中写道，军情六处的情报能力“相当糟糕。

他们发送给我们的大多数报告只是重复了我们从欧洲秘密情报组织收到的情报内容”。

首先抵达伦敦的外国情报组织来自捷克。就在希特勒于 1939 年 3 月占领捷克斯洛伐克之前，捷克享有盛誉的间谍机构的负责人弗朗齐谢克·莫拉维克（Frantiek Moravec）就和他的十名高级官员携带数十箱文件逃到了英国。莫拉维克的到来是一个意外的特别礼物，因为他带来了第二次世界大战期间最重要的盟军情报来源之一的报告。那是一个不满纳粹的德国阿勃维尔官员——保罗·图默尔（Paul Thümmel），代号为 A54。作为阿勃维尔布拉格基站的站长，图默尔向捷克人提供情报，因而也间接地向英国人提供了非常准确的关于德国军事计划的情报长达两年之久。由于图默尔提供的情报，军情六处了解到德国计划在 1940 年通过阿登入侵法国，并在 1941 年春季征服南斯拉夫和希腊（而英国和法国在获得德军将在阿登入侵的情报之后无所作为。这证明了尽管情报可能很好，但除非采取与之对应的行动，否则那些情报就没有多大用处）。在 1940 年秋天，图默尔还报告说，希特勒至少暂时放弃了入侵英国的“海狮行动计划”。

与此同时，挪威的情报部门也向军情六处转达了从挪威数百名海岸观察员那里收集来的报告，他们监视着德国潜艇和军舰的出动情况。1941 年，一位挪威海岸观察员通知伦敦，他在挪威中部的一个峡湾发现了四艘德国军舰，这些情报导致了德国“俾斯麦号”战舰的沉没和重巡洋舰“普林兹·欧根号”的重创。数百名普通的挪威人报告了德军的防御工事、机场、军营和部队运动的情报。

不过在战争初期，法国是军情六处情报搜集的焦点。由于被占领的法国最接近英国，这就成了希特勒进攻英国的跳板——德国空军从那儿起飞轰炸英国的城市，德国海军从那儿出动潜艇击沉英国的商船。法国也将成为德国陆军入侵英国的出发地。因此，关于德国军队、军舰、潜艇、船舶和飞机的运行及位置的情报对于英国政府来说是至关重要的。

为了搜集这些情报，军情六处找到了一个情报来源的“聚宝盆”。“聚宝盆”

的来源之一是戴高乐刚刚建立，由安德烈·德瓦弗兰（André Dewavrin）领导的情报部门。安德烈·德瓦弗兰是一名年轻的军官，法国首屈一指的军事学院圣-西尔（Saint-Cyr）的前教授，他同意在英国指挥下派遣秘密特工到法国去。第一个被派去的是吉尔伯特·雷诺（Gilbert Renault），他是一名法国电影制作人。当法国战败时，他正在制作一部关于克里斯托弗·哥伦布（Christopher Columbus）的电影。他逃到了伦敦，加入了戴高乐的自由法国运动。六个星期之后，他秘密地在布列塔尼海岸登陆，开始了一次极为成功的长达两年的间谍活动。

雷诺的第一次任务是收集详细的最新的法国地图并将它送回英国（与在挪威时一样，英国于1940年在法国的军事行动中使用的都是他们从旅行社收集到的地图）。完成了收集地图的任务之后，尽管雷诺完全是一个情报新手，却成功组织了一个庞大的被称为"巴黎圣母院"的间谍网，它最终覆盖了被占领的法国和比利时全境。这个间谍网所提供的情报导致了盟军军事行动的成功。例如1942年，英国突击队对法国西北部港口布吕内瓦尔和圣-纳泽尔的袭击。

当雷诺（代号雷米上校）于1942年6月离开法国时，他带上了由他的一名特工偷来的德国在诺曼底海岸防卫设施的计划副本。这些蓝图后来被证明是英美军事行动计划者们策划"D日计划"的宝贵资源。

虽然雷诺和其他自由法国运动的特工是军情六处的重要资源，但也有一些法国人在为贝当的维希政府工作。战时，在法国与军情六处保持紧密联系的人中就有战前法国情报部门的人员，其中许多人是为维希政府工作。在法国向德国投降之后不久，法国军队中的一批反德军官组成了一个称为军队抵抗组织（ORA）的地下情报组织。他们接受贝当为法国的国家元首，企图共谋推翻德国对法国的占领。

事实上，法国最重要的盟军间谍网是由上校乔治·卢斯托诺-拉科（Georges Loustaunau-Lacau）组织的，他曾担任过贝当的最高军事助理。当上校被维希警察逮捕时，他的前任秘书——一名弱小、高雅、30来岁、有两个孩子的母亲——玛丽-马德琳·霍卡德就成了被称为联盟间谍网的领导人。

特工中包括了几百名从法国陆军、海军和空军复员的军人。霍卡德间谍网（由于成员使用动物作为他们的代号而被盖世太保称为“诺亚方舟”）的活动在法国各地都很活跃，总共有3000多名特工。在战争期间，其中的500多人被盖世太保逮捕、遭受拷打，并被枪决。霍卡德自己也曾两次被捕，但两次都逃了出来。有一次，她曾被脱光衣服，被迫赤着身子从盖世太保监狱牢房的铁栏间隔中挤过去。

英国人当然永远不会接受让一个女人来主管一个重要情报网的事实，霍卡德一直隐秘着她的身份。1941年底，她藏身于一个外交邮袋中走私到了中立的西班牙，与她的军情六处联系人会面。她不需要担心会面的结果会怎样。她的联系人被她那“埃及皇后奈费尔提蒂般的美丽与魅力所吸引了”，虽然多疑的克劳德·丹西抱怨说，“让女人管任何事情都违反了他的原则”，但他无法否认霍卡德领导的间谍网所取得的成功。军情六处继续向她的联盟间谍网提供资金、无线电设备和其他装备，英国人的投入收获了巨大的回报。联盟间谍网提供了大量顶级的情报，包括在“D日”前提供的有关德国沿海的防御工事和德国军队移动的情报。

与法国人一样出色的是波兰人，他们在战争期间提供了英国和盟军获取的大部分情报。英国政府于2005年承认，盟军在战时从欧洲所获得的情报的近50%来自波兰的情报组织。在战争期间曾与波兰情报人员合作过的英国情报官员道格拉斯·多德斯–帕克（Douglas Dodds–Parker）说：“波兰人有着欧洲最杰出的特工组织。”事实上，波兰人的表现比那种赞誉更为出色。美国军事情报部副部长在1942年曾说过：“他们拥有世界上最好的情报组织。它对我们的价值是不可比拟的。”

被三个强大的邻国——俄罗斯、德国和奥匈帝国占领并分割了一个多世纪，波兰人长期以来就是秘密活动的大师。多德斯–帕克指出：“经历了几代人的秘密行动之后，他们有很多东西可以教我们。”

当1918年波兰重新成为一个主权国家以后，它就把间谍活动和密码破译作为它的当务之急，特别针对的是它的两个主要宿敌德国和苏联。用前波兰情报总监的话来说：“如果你在磨盘的两个转盘之间生活，你就必须学会如何不被碾碎。”波兰领导人在 1939 年时无法防止这种情况的发生，但是在逃去西方之前，他们确实在波兰留下了精心构造的情报和抵抗组织网络。

从位于时尚的伦敦西区骑士桥附近的一栋大型市内住宅里，波兰情报官员与遍布波兰的特工网络保持着紧密的无线电联系，那些特工提供了大量的情报，包括德国工业生产和德国陆军、海军部署的统计数据。作为回报，英国让波兰人和捷克人保持了高度的自治权。与伦敦的其他流亡情报机构不同，这两个东欧国家被允许在没有军情六处控制的情况下经营自己的培训机构、代码、密码和无线电网络，交换条件是他们必须提供所有与盟军战争相关的情报。

据波兰历史学家扬·切哈诺夫斯基（Jan Ciechanowski）在战后的估计，有多达 16000 名的波兰人，其中大部分是抵抗运动中组织严密的波兰救国军的成员，参与了在波兰境内搜集军事和经济情报的活动。切哈诺夫斯基说：“在波兰，任何有一点重要性的地方，都在救国军情报人员的监视之下。”事实上，救国军的情报网超出了波兰国境。通过联络在奥地利和德国的情报网，甚至在科隆、不来梅和柏林的前哨基地，以及被迫在德国工厂做奴工的波兰人，他们获得了关于第三帝国的大量情报。

尽管波兰人在情报搜集方面表现出来的异常才干让德国情报官员头痛不已，但也得到了他们的钦佩。在 1939 年截获了波兰情报文件两天后，瓦尔特·施伦堡在他的日记中写道：“情报的数量之大，尤其是关于德国军备生产的情报，是令人十分吃惊的。”他后来说过：“人们必须一直准备好面对波兰人造成的令人不愉快的惊愕。”

除了在波兰、奥地利和德国的间谍活动外，波兰情报组织还在斯堪的纳维亚、波罗的海国家，以及瑞士、意大利、比利时、巴尔干地区和北非地区开展了特工活动。其中最成功的特工是哈利娜·希曼斯卡（Halina Szymańska），她的丈夫曾是战前波兰驻柏林大使馆的武官。在柏林期间，谢曼斯佳夫妇与阿勃维尔负责人威廉·卡纳里斯（Wilhelm Canaris）将军成了朋友。卡纳里斯是“二战”中最神秘的人物之一，他对希特勒的不满日益增长，他在玩一场双面人的游戏。他一方面领导他的反间谍特工无情地追踪盟军的间谍和破坏者；另一方面又鼓励阿勃维尔组织里的其他人向军情六处传递情报。在波兰战败之后，卡纳里斯安排希曼斯卡夫妇逃到了瑞士，并让希曼斯卡与阿勃维尔在瑞士的负责人汉斯·贝尔德·吉塞维斯（Hans Bernd Gisevius）建立了联系。在两年多的时间里，希曼斯卡作为吉塞维斯、波兰情报机构和军情六处的通讯渠道，传递了有关纳粹高层决策的大量情报，其中包括德国计划在1941年入侵苏联的情报。

波兰人在法国也组织并经营着几个重要的间谍网。当1940年6月盟军从法国撤离之后，几位留在未被德国人占领地区的波兰军官撒下了法国间谍网的种子。他们的第一个间谍网称为“F-1”，为残留的波兰和其他盟军部队建立了一条从法国西南部的图卢兹到英国的逃生路线。但“F-1”的主要努力是搜集有关德国飞机、武器和部队运行的情报。“F-1”的组织者招募了几十个特工，其中许多来自分散在法国各地的波兰移民大型社区。这些移民中有相当多的人是产业工人，他们能够提供关于生产军备工厂的产量、工厂的位置以及盟军感兴趣的其他项目的详细报告。

到1941年初，原来的波兰间谍网分成了几个新的网络。其中最重要的是在被占领的巴黎市中心租用的房间里运作的那些人。这个间谍网是由一位冲动并带有冒险精神，名叫罗曼·加尔比-切尔尼亚夫斯基（Roman Garby-Czerniawski）的原波兰空军军官组织并指挥运行的。切尔尼亚夫斯基是“F-1”的发起组织者之一，战前是一名战斗机飞行员。1939年末，波兰军事情报部门招募了会讲法语的切尔尼亚夫斯基。他的一位同事说，他是一个“为当间谍而活着并思考的人”。

切尔尼亚夫斯基在巴黎的目标就是想为伦敦提供在被占领的法国的德国军队和设施的详尽情报。他把自己的间谍网命名为“盟军”，并宣称：“老板将是一个波兰人，特工大多是法国人，所有的人都将为盟军工作。”数以百计的全职和兼职的特工为他搜集情报，其中包括铁路工人、渔民、警察和家庭主妇。

特工的情报被送到位于巴黎各处的各种“接口”——这可以是标志性的巴雷特餐厅卫生间的一位服务员，贝立兹语言学校的一位老师，以及某个公寓大楼的一位门卫，或其他各种行业的人。然后，他们会将各种情报送到切尔尼亚夫斯基那里。在对情报进行了整理并打字之后（有些报告长达400多页，还包含了地图和图表），他将报告交给一名波兰信使。信使将登上一列开往法国南部未被占领区的波尔多的火车，并将报告藏在一等车厢洗手间的隐秘处。当火车抵达波尔多后，另一位波兰特工会将报告取走，随后转交伦敦。切尔尼亚夫斯基最终要来了几台无线电台，从而能够直接与伦敦通讯。他们向伦敦提供的情报数量是如此之大，以至于让伦敦方面感到难以跟上他们的节奏。

与此同时，斯图尔特·孟席斯和军情六处很高兴地将从波兰和其他欧洲国家间谍那里所搜集到的大量情报当作了他们的功绩。然而所有这些情报，尽管具有极高的价值，但都无法与破译德军的恩尼格玛密码所取得的情报价值相比。就在不列颠之战开始之前，位于布莱切利公园国家密码破译中心的英国密码学家们就成功地破解了德国人认为像无解谜团一样复杂的恩尼格玛密码。从破译恩尼格玛密码中所获得的信息被称为“超级”，这些信息对于赢得大西洋战役、北非战役、诺曼底战役以及盟军的整体胜利都是至关重要的。

温斯顿·丘吉尔曾告诉乔治六世：“我们之所以赢了这场战争得归功于‘超级’。”实际上，根据著名的情报历史学家克里斯托弗·安德鲁（Christopher Andrew）的看法，丘吉尔夸大了这一点。安德鲁认为：“情报并不能决定战争的结果。苏联红军和美国的参战决定了战争的胜负。但盟军情报工作的成功无疑缩短了它的进程，并挽救了数百万人的生命。”

几乎没有一个人，包括丘吉尔在内，知道英国对恩尼格玛密码破解的成功在很大程度上得归功于法国人，而功居首位的是波兰人。参与“超级”密码的专家之一戈登·韦尔奇曼（Gordon Welchman）写道：“如果我们没有波兰人的帮助，‘超级’将永远无法起飞。在很短的时间里，波兰人帮助我们了解了恩尼格玛编码机和使用编码机的操作程序这两方面的细节。”

这个属于最高机密的盟军合作项目始于1939年7月，当时英国和法国的首席密码破译者被波兰的军事情报部门邀请到华沙附近森林里一个伪装严密的地下混凝土掩体中开会。进入这个新建的无线电发射站和密码破译中心之后，波兰人就向他们展示了一台看上去像打字机的小型黑色设备，其键盘可以带动旋转几个直径为三英寸的转盘——这是德国人极为复杂的恩尼格玛编码机的精确复制品。在英国人和法国人不知情的情况下，波兰人已经破译了德国人大量的军事和政治通信信息六年多了，而德国人估计人工破译那些通信要耗费九亿年的时间才能完成。

来访的客人们被波兰人披露的秘密所震惊而陷入沉默。来自剑桥的脾气古怪的阿尔弗雷德·迪尔温·诺克斯（Alfred Dillwyn Knox，外号“迪利”）以前是一位传统学者，眼下是英国顶级的密码破译专家，他感到受了刺激。诺克斯是一位英国圣公会主教的儿子，身材高大，戴着眼镜。用他的一位同事的话来说，“是一位有点性格的人”。他把敏锐的智慧与忘乎所以的工作态度结合到了极致，以至于会让他忘了邀请他们三兄弟中的其他两位来参加他的婚礼，其中一位是天主教神学家罗纳德·诺克斯（Ronald Knox）。在他最亲密的朋友中，有约翰·梅纳德·凯恩斯（John Maynard Keynes）和利顿·斯特雷奇（Lytton Strachey），爱德华·摩根·福斯特（E. M. Forster）和伦纳德·伍尔夫（Leonard Woolf）等几位布鲁姆斯伯里集团（Bloomsbury Group）里的著名成员。

诺克斯早期接受的解密古埃及纸莎草碎片的训练，帮助他在第一次世界大战期间破解了德国海军总司令所使用的密码，从而使他成了无可比拟的密码破解专家。在之前的一年多时间里，在资金不足的英国密码破解机构——“政府密码学校”（GC & CS）中工作的他和他的同事一直在研究德国最新的恩尼格玛密码系统，但他们试图破译它的努力却没有取得任何成果。他无法相信波兰人居然超越了他们，先破译了恩尼格玛密码。

根据负责 GC & CS 工作并且也参加了波兰会议的阿拉斯泰尔·丹尼斯顿（Alastair Denniston）的回忆，当诺克斯和其他英国和法国的与会者被通报了波兰人的成功之后，诺克斯坐在那里像“石头一样沉默。只是当我们回到汽车里并开车离开时，他突然说起话来，好像旁边没有人能听懂英语似的愤怒地咆哮道：‘他们在向我们说谎，整个事情是一个骗局。’他不断地重复着，‘他们从来没有做成、他们在几年前造假做了这台机器……他们必定是买了一台或造假做了一台这样的机器’。”

脾气暴躁的诺克斯显然不知道或者忘记了波兰自从重新获得独立以来，一直把情报收集和密码破解作为当务之急。第二次世界大战后，另一位英国密码破解的带头人承认，他和他的一些密码破解同事“非常缓慢地承认波兰人可能在所有的方面都可以教我们”。

不过，迪利·诺克斯并不属于其中之一。在发过脾气之后的第二天，他平静了下来，见了第一个破解了恩尼格玛的数学家，33岁的马里安·雷耶夫斯基和与他一起工作的两位同事。三名年轻的波兰人向诺克斯介绍了恩尼格玛编码机的复杂性和他们为破解密码所使用的称为机械组合理论的新技术。用雷耶夫斯基的话来说，诺克斯“对一切都很快就掌握了，快得几乎像闪电一样”。

丹尼斯顿曾经这样评价过诺克斯：“他不能忍受别人比他懂得更多。”但是英国的密码破译者们对雷耶夫斯基却另眼相看。诺克斯的助手后来回忆说：“马里安和迪利马上就成了至交——一种真正的心灵相通。”

丹尼斯顿回忆说，诺克斯很快就显示了他的才智并赢得了波兰人的尊重和钦佩。尽管酒精在波兰的密码中心是被禁止的，但还是找到了几瓶啤酒，每个人都为庆祝波兰人的成就喝了啤酒。那天，当他离开中心的时候，诺克斯用波兰语喊道：“我们将一起前行。”在返回英国以后，诺克斯用波兰语向雷耶夫斯基和他的同事们发了一封感谢信：“我真诚地感谢你们的合作和耐心。”随信附带了三条丝绸围巾，围巾上的图案是一匹赢了德比马赛的奔马——诺克斯婉转地承认波兰人在破解恩尼格玛的比赛中得了第一。

然而，这个功绩并不完全属于波兰人。如果不是一个矮小、厚实，名叫古斯塔夫·贝特朗德（Gustave Bertrand）的法国军事情报官员的努力，他们可能永远无法解开恩尼格玛的复杂谜团。1933年，法国无线电情报部门负责人贝特朗德向波兰同行讲了一个有趣的故事，并附加了一个提议。他告诉他们，他向德国军事密码部门的一名官员支付了大笔金钱，换取了与恩尼格玛有关的最高机密文件，包括操作机器的说明和四张构造图纸。

贝特朗德的法国上司对这些文件没有兴趣，声称即使有了这些文件，还是不能破解恩尼格玛。他又与军情六处接触，他们也驳斥回了这个念头。然而，当他联系波兰人时，他们接受了这些材料。按贝特朗德的说法，波兰人好像是“在沙漠中遇上了甘露”。

这些文件交给了波兰密码局招募的三位20多岁的新手。在这三人中表现杰出的人物是雷耶夫斯基，一位28岁的数学天才，刚刚在国际数学家的圣殿——德国哥廷根大学完成了一年研究生学业后回到波兰。

凭借这些文件，雷耶夫斯基和他的同事们制造了自己的恩尼格玛机器，以及他们称之为“蓬吧”的机电设备，让他们能高速扫描恩尼格玛密码所有可能的排列组合。

到了1938年初，波兰人能够解密大约3/4截获的恩尼格玛密码。然而，德国人开始为恩尼格玛编码机增加了更多的复杂性，引入了两个新的转子，并对其编码方法进行了重大的修改。由于缺乏资金和其他资源，并意识到战争正在逼近，波兰人决定与英国人和法国人分享他们所取得的成就。不久之后，诺克斯等人就造访了华沙郊外的森林，在德国入侵波兰前几天，波兰人向英国和法国发送了恩尼格玛的副本，以及如何使用恩尼格玛的详细资料。

诺克斯和他的团队马上就在他所说的“波兰宝库”中工作起来。在此之前，“政府密码学校”已经为密码破解工作招收了各个学科的专家。但像波兰一样，它开始更关注包括戈登·韦尔奇曼和艾伦·图灵在内的数学家了。经过对恩尼格玛编码机的设计和细节深入研究之后，容易害羞的图灵根据他所学到的东西造出了一台功能更强，更为精确的解码机器。他把那台机器称为“蓬比”。

1940年5月，在丘吉尔上台的几天之后，布莱切利公园的密码破解者们开始使用“蓬比”破解德国人的恩尼格玛密码。几个月后，他们使用“蓬比”破解了德国海军和陆军的恩尼格玛密码。英国历史学家M.R.D.富特（M.R.D. Foot）写道，从这些破解的密码中所收集到的信息“具有几乎令人难以置信的高品质。甚至希特勒下达给他的最高指挥官们的命令，在被送到接收者的手中之前，就已经被他的敌人反复读过了”。

由于布莱切利公园是由军情六处监管的，斯图尔特·孟席斯有幸每天向丘吉尔展示一个旧的浅色皮盒子，盒子里装着从破解的恩尼格玛密码中收集到的最新的无价的信息——丘吉尔掌握着打开盒子的唯一的一把钥匙。对于这两个人来说，那是他们当天的一个兴奋点。马尔科姆·马格里奇指出：“正如孟席斯很快就意识到的那样，只要他在早餐时间给首相带去了一些有意思的情报，他就不用担心会遭受批评或被削减预算。”联合情报委员会主席维克托·卡文迪什－本廷克曾这样评价过孟席斯：“如果没有布莱切利公园，他不可能在那个职位上待上一年。如果不是一种命运的安排，早期促成了‘超级’起飞的年轻的波兰密码学家们就不会来到布莱切利公园与诺克斯、图灵等人一起工作，产生丘吉尔所说的‘金蛋’ 情报了。”

在波兰战败之后，马里安·雷耶夫斯基与两名同事逃到了罗马尼亚，而他的妻子和两个孩子则留在了华沙。在罗马尼亚首都布加勒斯特，三名波兰人与英国大使馆联系，但被告知眼下所有的工作人员都很忙，没有人能来处理他们的事情。数学家们随后去了法国大使馆，在那里他们受到了热烈的欢迎，并在一两天内就提供了他们前往法国的旅行证件。

当迪利·诺克斯和阿拉斯泰尔·丹尼斯顿得知波兰人的出逃以后，他们就要求法国人将他们送到布莱切利公园来。丹尼斯顿告诉法国人：“这些人的经验可以帮助我们缩短几个月的时间完成任务。”然而，他的要求被古斯塔夫·贝特朗德拒绝了，他回答说波兰人提出建议，邀请英国密码学家们到巴黎去一起工作。贝特朗德虽然激烈地反对德国人，但他也不太喜欢英国人。他对英国人“从相互信任长达八年的法国与波兰的友谊中无偿获利”感到特别愤慨。尽管波兰人更愿意到布莱切利公园去工作，但贝特朗德决定把他们留在自己的国家。

在法国投降之前，波兰的密码学家们与贝特朗德及他的密码破解小组合作，在位于巴黎东北约 25 英里的一座漂亮城堡里的法国军方无线电情报和解密中心工作着。尽管贝特朗德对英国人很冷淡，但他的密码破解小组与布莱切利公园合作密切，每天都会交换解密的成果以及其他的信息或想法。当德国人进入巴黎时，贝特朗德没有将他的密码破解小组撤退到法国以外的某个安全的地方，而是采取了一个大胆、惊人并且危险的举动，把小组撤退到了法国南部，在普罗旺斯乡村的一个僻静的城堡里再次建立了他们的工作室。那里成了一个地下的活动中心。贝当和他与德国人合作的政府高层不知道他们的任何情况。

在接下来的16个月里，贝特朗德的团队每天都面临着被检测到的威胁。虽然普罗旺斯在未被占领的法国境内，但维希政府在停战委员会的幌子下让德国的特工在未被占领的法国境内自由活动。维希政府中反德国的情报官员对密码破解小组提供了一定程度的保护，他们会在德国的特工或维希政府的警察将在该地区巡游时向贝特朗德发出警告。尽管如此，小组始终得保持警惕，观察是否有顶上装有球形天线的厢形货车或汽车驶过——这是车里装有无线电定位设备的标志。

在炎热、闷湿的1940年夏天，密码专家们很少离开城堡，一楼的窗户被装上封栏并一直关闭着，这使得工作环境令人更加难以忍受。作为进一步的防范措施，有三辆汽车昼夜待命，如果德国人或维希警察突然来检查，他们就会将小组成员和设备迅速转移。然而尽管面临着种种困难，法国和波兰的密码破译者们从未失去与布莱切利公园的联系，他们源源不断地为英国人提供第三帝国在法国和其他占领地区的空军、陆军和海军的运行状况、位置以及装备的情报。

在整个战争期间，英国人和他们的盟友一直担心德国人会发现他们的恩尼格玛密码被破解了。尽管有大量迹象表明英国人在事前已经知道了他们的许多军事计划，但第三帝国的官员们拒绝承认他们自以为天下无敌的机器可能已经被破解了的事实。具有讽刺意味的是，他们更倾向于相信“全能”的军情六处的特工以某种方式获取了德国有关计划和战术的信息，并将它们交给了丘吉尔和他的政府。

第 11 章

疯帽子的下午茶

特别行动处一直在为它试图点燃欧洲抵抗烈火而努力

当斯图尔特·孟席斯和军情六处忙着收获“超级”的丰硕成果时，他们在白厅的竞争对手——特别行动处，仍然在挣扎着展开行动。后来的事实证明，特别行动处的支持者们所描绘的宏伟的未来成就，客气地说在当时还为时过早。

丘吉尔在与欧洲流亡政府领导人会晤时宣布：“我们将帮助并发动所有被占领国家的民众进行抵抗和革命，不能让希特勒有和平、有休整、有停顿的地方和妥协的机会。”负责特别行动处的经济战争部部长休·道尔顿（Hugh Dalton）承诺到 1940 年底，“受德国奴役的被占领国家”将奋起反抗，纳粹占领将像“春天的雪花一样消融”。

但是当 1941 年春天到来时，德国人在欧洲的占领仍然相当稳固，而实际上特别行动处只向那里派出了少数几个特工。这个新的机构从一开始就面临着一大串严重的问题，而最主要的问题是设置了这个机构的大多数官员对他们该干些什么没有一丝清晰的概念，除了极个别突出的例外。特别行动处根本就没有人们所期望的指挥这样一个大胆、创新和高起点的组织的领导人。休·道尔顿是工党的一个重要人物，他公开地对英国的绅士和贵族不屑一顾。因此，他尽可能避免与军情六处内那些出身良好、相互关系密切的人发生交集。但他实际上做不到这一点。像孟席斯一样，道尔顿的父亲曾经是维多利亚女王的牧师，还是国王乔治五世的老师，道尔顿自己也曾在伊顿公学受过教育。他在伊顿公学念书时建立的老关系帮助他招募了特别行动处的核心工作人员。特别行动处的大部分成员都来自伦敦，由前“伊顿人”和其他精英公立学校毕业生所组成的非正式的社交圈子。

与军情六处从军队大量招募不同，特别行动处主要从法律、银行或其他工商界的各行各业中招募成员。但是，正如他们曾经上过的学校所反映出来的那样，这两个机构的工作人员受到庇护并享有特权的生活经历是相似的。由于他们与世隔绝的背景经历，他们对英国或英国以外其他地方的现实世界几乎没有任何了解。作为一个在800多年来没有被入侵或占领过的岛国的公民，他们根本不知道占领者会是多么的残忍。

法国记者伊芙·居里说过：“只有一个奋起抵抗外国入侵的国家才真正懂得战争意味着什么。”英国人所遭受的持续不断的轰炸与在德国人统治下生活的感受是不一样的。空袭虽然十分可怕，但轰炸机来了又走了，并没有与敌人的近距离接触。用军事历史学家约翰·基根（John Keegan）的话来说，被占领国家的百姓不像英国人，“不准备来扮演绅士角色”。基根补充说，德国人对“违背所有的法律和公约来打压那些敢于对他们提出异议的人”丝毫不会感到愧疚。

一名法国人在回想起他的国家在四年多被占领的日子时说道：“恐惧一直在那里，会为自己感到害怕。害怕被宣布为有罪，害怕不知道自己正在被跟踪。当黎明时听到或者以为听到敲门声，或者有人上楼梯，会害怕这是‘他们’来了。也会为家人感到害怕。最终就陷入了感到害怕并无法克服那种恐惧的感觉。”

关于特别行动处具备迅速成功的潜在优势的错误估计，来源于在德国入侵期间曾在波兰担任英国军事使团成员的几位特别行动处官员的个人经验。其中的主要人物是特别行动处首席行动和训练总监科林·古宾斯（Colin Gubbins）准将。由于他的军事背景，古宾斯与特别行动处的大部分同事有着明显的不同之处：他有着主动并大胆的思维，广泛阅读并四处旅行，能流利使用两种外语——法语和德语；他曾经参加了对爱尔兰独立运动游击队进行的战斗，在第一次世界大战后的几年中，参加了部署在苏维埃俄国的联合军队与布尔什维克部队的战斗。在那两次战斗经历中，他对敌人的快速攻击和快速撤退战术印象深刻。就在第二次世界大战爆发前不久，他写了一本关于这种游击战术的小册子，敦促英国军事机构对此进行研究并学习。但他的呼吁没有得到任何呼应。

在 1939 年亲眼见证了波兰抵抗德国入侵的战斗后，古宾斯对波兰军队在极其不利的情况下坚持战斗的勇气十分钦佩，但他更加钦佩波兰人在德国控制下仍然坚持反抗。在波兰战败之前，波兰官员已经为广泛的武装抵抗打下了基础。有 900 名波兰人接受了游击战的训练，炸药、手榴弹、步枪和手枪存放在全国各地的 300 个地下掩体之中。

与被德国占领的任何其他国家相比，波兰拒绝合作的态度是最坚决的。它的救国军是欧洲最大、最精练、最有组织的抵抗运动势力，而且它清楚地表明，所有波兰人都将可能以一切可能的方式抵制德国的占领——从不合作到彻底的破坏活动。

当他们的占领者关闭了法院和国家立法机构等政府部门以后，波兰人又重新创立了它们；同样被德国人禁止的学校和文化机构也与前者一样，继续作为一个异乎寻常的地下社会的一部分存在。在全国各地，管弦乐队和室内四重奏的演出得关起门来举行，专业和业余演员的演出也是如此；同时，为 100 多万儿童和青少年举办了秘密的教育课程。还有像其他主要的波兰高等教育机构一样，波兰最受尊崇的大学——位于克拉科夫的雅盖隆大学，为其所有的科系提供了地下学习的机会。包括卡罗尔·沃伊蒂瓦（Karol Wojtyla）——未来的教皇约翰·保罗二世在内的 800 多名学生，上了地下雅盖隆大学的课程。

科林·古宾斯想在类型和规模上把波兰作为他想要在整个欧洲组织起来的抵抗运动的样板。但他很快就发现存在着一个问题，那就是波兰人进行反抗的决心是独一无二的。战后不久，古宾斯曾告诉听众，德国占领的震撼使西欧各国人民感到惊愕，“但只有经历了几个世纪压迫的波兰人在精神上没有被压垮”。

与波兰人相比，当别的欧洲国家被入侵和占领时，那些国家的公民不知道该如何反应，更不用说反击了。正如一位法国人指出的那样：“法国人没有秘密生活的经验，他们甚至不知道如何保持沉默或如何隐蔽。”在占领的早期，德国人对他们认为也带有雅利安血统的西欧人没有像对波兰人和其他斯拉夫人那样野蛮血腥。当所有的波兰人一直生活在遭受逮捕、酷刑和死亡威胁的恐惧之中时，驻扎在荷兰、挪威、比利时、法国和卢森堡的德国军队对那些国家的非犹太人群体总的来说还算是纪律严明、很有礼貌的，前提是他们没有任何反抗德国统治的行为。

对于大多数被占领国家的欧洲人来说，首要的目标就是活下去。尽管德国人表面上彬彬有礼，但他们的占领政策是无情的。他们把欧洲的大部分食物和能源，特别是煤炭，运去了第三帝国，这对他们控制下的被占领国家的人民造成了极大的困苦。大多数欧洲人专注于如何获取日常生活的必需品，急于保护家人和自己免受与敌人对抗的危险，所以他们没有把抵抗放在自己日程的首位是不足为奇的。

战争结束多年后，战争期间住在被占领的法国，还是个孩子的哈佛大学教授斯坦利·霍夫曼（Stanley Hoffmann）对那些批评被占领欧洲的大部分地区的人民没有对德国人进行抗争的历史学家和其他人士，提出了温和但深刻的告诫：“对那些人来说，他们从未经历过如此突然的彻底失败，几乎一夜之间原有的政治精英都消失了，他们从未在外国的占领下生活过，也不知道纳粹的压力意味着什么，他们从未必须整天关心有没有东西吃，能不能活下去……必须注意这个事实——不要对他们过于苛刻。”

重要的是，虽然绝大多数欧洲人在战争期间从来都不是积极的抵抗者，但他们也不是积极的合作者。大多数人与他们的占领者是对立的，通过沉默和不参与其中，来表达出他们的仇视。有一位观察者说过：在巴黎，“人们在德国人身边走过时装作没有看到他们。他们被沉默包围着……在火车上、在地铁上、在街上……每个巴黎人都想着自己的事，就这样你会感觉到一种敌意”。

到了1941年中期，越来越多的欧洲人克服了初期的震撼和无奈感，开始表现出像BBC“V字运动”的成功所证明的那样，更为明显地表现出被动抵抗的迹象。然而，主动反抗的事件依然极为罕见。在欧洲人民愿意自行采取直接行动之前，特别行动处能做的事情实在是很少的。

实际上，在战争初期没有形成普遍的地下活动可能并非坏事。如果抵抗运动一开始就成了气候的话，特别行动处就将无法提供必要的人力和物力资源，以保持反抗活动能持续下去。

新机构所面临的另一个巨大困难是创建这个机构的官员们并没有提供执行任务所需的资源。特别行动处被迫依赖于其他政府机构为它提供诸如通信和交通工具那样的基本条件，而那些机构中的大部分人是反对它存在的。

毫不奇怪，军情六处依然是特别行动处最激烈的竞争对手。在整个战争期间，两个组织在英国的欧洲军队和每年逃亡到英国的成千上万名年轻的外国人中招募特工方面，相互苦苦争夺。为了将他们的特工运送到欧洲去（在特别行动处武器、弹药和其他设备匮乏的情况下），他们还为使用稀缺的运输资源，特别是皇家空军的飞机而相互争斗。除了对德国进行轰炸以外，皇家空军不愿意将飞机另做他用。但是如果一定要不情愿地接受分配来的其他任务，那么皇家空军将更倾向于为军情六处工作。他们和军情六处分享着一个共同的观点，认为特别行动处是“一个非绅士的组织，最好跟它划清界限”。

英国空军司令、空军上将查尔斯·波特尔（Charles Portal）子爵在1941年初写信给特别行动处一位高级官员时直言不讳地指出了这一点：“我认为为了杀死敌对势力成员的目的，而将穿着民服的人空投到对方的区域不是皇家空军应该参与的行动。我认为你会同意，历史悠久的空投间谍的行动和空投一个只能称之为‘暗杀者’的全新计划执行者之间在伦理道德上有着极大的差异。”（有趣的是，波特尔子爵在公立学校学到的关于杀戮伦理的严谨描述似乎并没有影响到轰炸机司令部后来执行的造成数十万平民死亡的对德国城市区域的轰炸。）

让特别行动处陷入更大困境的是它的创造者们决定它必须使用军情六处的信号和编码系统与它的特工进行联络。此外，特别行动处所获得的所有情报都必须直接发送给克劳德·丹西，以确保军情六处对特别行动处的知情要远多于特别行动处对军情六处的了解。丹西和斯图尔特·孟席斯都是官僚体制下内斗的高手，他们把对特别行动处的知情权用于不断的内斗之中，试图将那个新设的机构置于他们的控制之下，或者就让它失败，从而将它置于死地。

在余下的战争岁月里，被特别行动处的人称为“百老汇街的混蛋”的军情六处与特别行动处展开了一场，如一位历史学家所说的“白厅官僚机构以前从未见过的全方位的危险的争斗”。目睹了这一官场秘闻的马尔科姆·马格里奇后来写道：“虽然特别行动处和军情六处名义上是同一战壕里的战友，但通常他们相互之间的厌恶比他们中任何一个对德国人的厌恶都有过之而无不及。”

直到1941年2月15日特别行动处成立八个月后，它的第一批特工才渗透进入了被占领的欧洲，目标国家是波兰。在经过与军情六处和皇家空军几个月的争执之后，特别行动处终于获得了一架飞机的服务——一架低速、操作复杂、过时的惠特利轰炸机。它在飞行900多英里之后，将三名波兰特工和几箱武器装备空投到离华沙不远的一个地点。正如一位特别行动处官员所指出的那样，这个往返14个小时的旅程“要在没有地面导航的情况下，在严寒的冬季穿越被占领的欧洲，找到空投的区域，然后再飞回英国，实在是飞行技术和意志的成功典范”。

休·道尔顿和流亡的波兰政府都因空投特工和武器的成功而感到高兴。道尔顿和波兰人开始策划一系列定期的航班，向波兰救国军提供特工、武器弹药和其他装备，让他们加紧对德国人进行破坏行动，并为战争后期的公开反抗做好准备。

然而，尽管他们情绪高涨，道尔顿和波兰人都没有意识到，这次飞行实际上是一场得不偿失的胜利，它突显了空中飞行去波兰的巨大的后勤障碍。

为了飞到波兰，英国的轰炸机不得不飞越几百英里被德国占领的区域，在整个飞行航程中承受德国高射炮和战斗机攻击的威胁。另一个重大障碍是气候，当轰炸机起飞时在英国和北海上空天空晴朗，但在波兰经常会出现云层或下雨，这给空投或着陆都带来了很大的问题。由于轰炸机的燃料储备非常有限而飞行时间长达 14 个小时，使得最小的导航错误也可能会带来灾难性后果。

科林·古宾斯与他的规划和运作人员面临着极为困难的局面。波兰人是那时欧洲最活跃的抵抗者，为了给他们提供物资供应而要安排频繁的航班，实在是太难了！后来，处于政治考虑也迫使英国的决策者们最终决定特别行动处的特工行动将集中于更靠近英国的地区，主要是法国和低地国家，以及后来的南斯拉夫。

古宾斯的传记作家写道，虽然古宾斯理解但并不情愿地同意了这一决定，但他无法去"阻止波兰人计划更大规模的行动"。结果，波兰救国军继续为反抗德国人进行着大规模起义的准备，却不知道英国人已经放弃了帮助他们的所有念头。灾难即将来临。

尽管特别行动处在第一年开展的敌后破坏活动进展缓慢，但在扩大它的官僚机构方面却毫不迟缓。在 1940 年 10 月，人数快速增长的特别行动处工作人员从圣－埃尔姆酒店搬到了位于贝克街 64 号的大型现代化办公楼，就在虚构的福尔摩斯住所的同一条街上。一个月内，那个地方就已经人满为患了。五个邻近的建筑也被征用，住进了特别行动处涉及的各个国家的所有部门，其中不仅包括了西欧和东欧的国家，还包括了巴尔干和中东地区的国家。

在苏格兰和英格兰北部，有几块大面积的乡村土地被征用作为训练特工的营地。特别行动处涉及的各个国家部门还一直使用伦敦西部街区，如南肯辛顿和马里波恩的一些公寓，在那里进行特工招募面试、情况通报等等。有时候，住在那里的特工甚至不知道特别行动处的主要办公地点在哪里。

与军情六处一样，特别行动处的活动被浓厚的秘密光环所包围着。除了极少数政府高官之外，甚至几乎没有组织外的人知道它的存在。它的名称从来没有在伦敦的电话目录中出现过，它的重兵守卫的大楼外装饰着含有模糊假名的黄铜牌匾，上面写着“国际服务研究局”，它的办公室门口也没有铭牌。虽然大部分欧洲国家的分部都在同一座楼里，但相互之间几乎没有任何联系，因为特别行动处的规定是禁止在各分部之间分享信息。

这个新开张且运行缓慢的机构，从一开始就有一种乱七八糟的气氛。在没有秘密行动的经验和了解如何开展秘密行动的情况下，大多数特别行动处的员工都自以为是地在做他们的事情。一名特别行动处的工作人员说：“虽然那是业余的水准，但我们都是尽我们所能的业余爱好者，没有人是专业的。”当一名特别行动处的官员被一位同事问到为什么他以“白兔”为代号时，那位官员回答说：“我为他妈的‘疯帽子的茶会’在工作。你能想到一个更好的理由吗？”

除了科林·古宾斯的小册子之外，特别行动处在“非绅士战争”的特工培训中没有任何可遵循的指导方针。正如在 1942 年取代了休·道尔顿成为特别行动处行政监督的塞尔伯恩（Selborne）勋爵所说的那样：“地下战争对英国来说是一门尚无人知的艺术……对新手来说没有教科书，没有有经验的老手可以帮助新人学习上一场战争的经验……人们必须在艰难的实践中吸取教训。”

由于需要保密，特别行动处不能采用广告或其他公开的方式来招募“潜在”的特工。相反，工作人员通过梳理新移民的名单，谨慎地让他们的英国朋友或熟人向那些至少流利地掌握了一门外语的外国人询问他们是否可能对“特殊的海外服务”感兴趣。历史学家 M.R.D. 富特注意到：“进入特别行动处在很大程度上是一种意外，所以找不到合适的名称来称呼所谓的招募系统。”当与潜在的特工接触时，他们几乎不会被告知任何与工作有关的事情。一位特别行动处的高级官员说：“进行面试的官员接到命令不得披露特别行动处的职能，甚至不能谈及它的名称。”

毕业于剑桥，会说法语的弗朗西斯·卡马斯（Francis Cammaerts）是一位著名的比利时艺术史学家和诗人的儿子。他回忆说，在接受特别行动处面试时，特别行动处的官员曾经暗示他可能会在北非使用他的法语。他说：“我从来也没有想过会进入被占领的法国，我不知道有人会干那样的事情。”后来成为特别行动处在法国的顶级特工之一的卡马斯补充说道：“从来也没有提到过特别行动处这个名字。我是在战争结束之后才听说 SOE 这个缩写的。”事实上，很多新人都以为他们正在加入的是军情六处。

当对特工进行选拔和训练时，对那些将被派往波兰和捷克斯洛伐克的特工的处理方式与那些将被派往挪威、低地国家和法国的特工的处理方式是截然不同的。由于波兰和捷克斯洛伐克在特别行动处创立之前都已有活跃的抵抗运动组织在活动，因此特别行动处对那两个国家的特工活动的控制就相对较少，仅限于提供运输和通讯装备，以及空投武器和进行其他专门的训练。波兰和捷克流亡政府负责挑选来自他们国家的特别行动处的特工，其中大多数都曾是他们国家中各军事部门训练有素的老兵。

对挪威而言，特别行动处负责挑选特工，他们都是挪威人。在挪威那种小型、亲密并封闭的社区里，任何外国人，哪怕挪威语说得再好，也是有危险的。在苏格兰的山区进行的对挪威人的特工训练基本上是准军事性的，重点是突袭和野外生存训练。在与特工们自己国家类似的恶劣、偏远的寒冷地带，如果不能生存几个月的话，至少也得几个星期。观察者们评论说：“甚至连强硬的挪威人在这种情况下都觉得生存艰难。没有几个英国的特工能通过这一训练。”

挑选出来在荷兰和比利时工作的特工大多数也都是本国的当地人。相比之下，派往法国的特工则是一个惊人多样化的团体，他们来自不同的国家和社会背景，从皮条客到公主，还包括了商人、教师、记者、时尚艺术家、旅行杂技演员、《巴黎时尚之都》的前负责人以及伦敦西区酒店的接待员等。除了会说法语之外，像大多数挑选他们的特别行动处工作人员一样，几乎所有人都是战争事务的业余爱好者。

通过第一阶段筛选的特工被派往各种偏远的乡村房舍（每个国家分部都有自己的房舍）进行严格的体能训练。如果他们通过了这个门槛，就会被派往另一个乡村房舍进行军事训练，学会如何使用手枪、手榴弹和其他小型武器。在这个节点上，他们中的大多数人仍然不知道他们可能被指派去干什么。只有当他们进入第三轮训练时，他们才会被训练如何在敌方控制的国家里生存的基本技能，并被告知他们已被选中空投进入被占领的欧洲。

当特别行动处让这些特工人员准备过秘密生活时，训练他们的那些人对被占领的欧洲的现状几乎没有什么了解。关于德国人采用何种方法来甄别并镇压反对他们的人的信息也非常之少。弗朗西斯·卡马斯说过，特别行动处的工作人员因此只是对“他们正在指导我们的各种事情”进行猜测，“他们试图教我们他们自己都不知道的东西”。

卡马斯后来在法国被盖世太保逮捕，在将被处决前几个小时才被特别行动处的一名女特工救了出来。战后一切真相大白，绅士做派的英国人并没有让特工们做好准备以应对现实生活中野蛮的敌人。在最后一轮训练期间，卡马斯像其他未来的特工一样，半夜被从床上拖起来，特别行动处的训练人员穿着盖世太保的制服对他进行审问。他说：“回想起来，这种训练根本没有用。你不能让他们做盖世太保所做的那些事情，比如拔掉指甲。”卡马斯补充说，那些假装的德国审问者们“非常严厉，并提出了非常难以回答的问题——但这并不是生活中的现实。那些很可能知道在这种情况下发生了什么的人几乎不会幸存下来”。

特别行动处花费了大量的时间和精力来确保特工们被派往欧洲之前能通过他们所给予的假身份的检查。特工们得到了伪造的身份证和其他文件，以及他们将被送往的国家的居民所穿戴的衣服和其他个人物品。他们被告知，最重要的是他们决不能引起旁人对自己的注意。相反，他们应该尽一切可能融入周围的世界。

然而尽管如此，特别行动处本身有时也会让这种不引人注目的事情变为不可能。一位刚到法国的特工乘坐火车时，旁边的一名法国女子转过头来说道：“哦，我喜欢你的鞋子。我哥哥在伦敦买了一双与你一样的鞋子。”那位特工后来说：“你能想象出我的感受吗？我到法国几乎才几个小时，因为我的鞋子太显眼就已经被人注意到了，因为当时人们无法在法国买到这种鞋子。”

对于特工来说，保持低调的关键因素是他或她对所在国家的语言的掌握必须无可挑剔。然而，派遣到法国去的一些特工说着很蹩脚的法语，或者虽然法语流利但却带着明显的外国口音。

虽然这种失误和疏忽部分是由于特别行动处的非专业化训练所造成的，但也有部分是由于机构内部越来越焦急、越来越狂热的气氛所引发的。特别行动处第一年的运行几乎没有什么可圈可点的成绩，他们受到了来自白厅的巨大压力，特别是从竞争对手军情六处那里来的压力，他们必须证明自己存在的价值。由于过于匆忙而产生的结果就是他们没能像应该做的那样彻底并谨慎地来筛选和准备特工。事实上，有时被派遣的特工是根本不应该被派遣出去的。

一个令人吃惊的例子是一个被派往比利时的特工，他在训练期间被特别行动处的安全官员们评为“绝对差劲”。他们注意到他“喜欢喝酒”，挥金如土，并喜欢寻找“最可怕的女人”。但特别行动处的比利时分部忽略了这些负面因素，把这个人送去了布鲁塞尔。在几天之后，他找了一个染着金发的女郎，并带着她住进了一个“绝对会引起盖世太保注意”的高档酒店。他很快就被逮捕了。据特别行动处的官员说，他的被捕导致了 18 名比利时抵抗运动成员的被捕和死亡。

另一个应该引起警觉的特工是一位名叫努尔·伊纳亚·汗（Noor Inayat Khan），具有异国情趣的 26 岁的空军妇女辅助队官员。她的父亲是印度穆斯林贵族，母亲是来自新墨西哥州阿尔伯克基的美国人。汗在莫斯科出生，在伦敦和巴黎长大。她曾师从著名的作曲家娜迪亚·布兰捷尔（Nadia Boulanger）在巴黎音乐学院学习钢琴。

特别行动处法国分部的负责人莫里斯·巴克马斯特（Maurice Buckmaster）将汗描述为“一个敏感，带有点梦幻般的女孩”，对周围世界不屑一顾。在一份素质评估报告中，她的教练之一写道：“她倾向于提供太多的信息。完全不明白自己为什么要来这里接受训练。”两位与她一起接受训练的特别行动处的同事提醒巴克马斯特不要送她去法国。负责对她和其他特工进行生存手段训练的官员写道："她不适合成为一名特工，在执行任务时将造成很大的安全隐患。"他的判断部分取决于布里斯托尔警察总监对汗进行的模拟审讯，总监的警队与特别行动处有合作。模拟审讯过后，总监告诉特别行动处："如果这个女孩可以当特工，那我就是温斯顿·丘吉尔了。"尽管有这么多的警告，汗还是作为无线电发报员被派往法国——那是分配给一个特工最困难且最危险的工作。她后来在战时特别行动处最大的一次失败中被盖世太保逮捕。

战后多年，可以说是对付特别行动处最成功的一位德国对手，战时驻荷兰的德国陆军情报局阿勃维尔负责人赫尔曼·吉斯克斯（Hermann Giskes）少校说了一些尖刻的话："英国人在组织特别行动处时太不专业了。他们匆忙地搭建起架构，启动了一个太大、太雄心勃勃的机器来为他们工作。特别行动处需要专业的情报官员来当头儿，就像我们在阿勃维尔所做的那样，特别是需要擅长进行反叛战争的人。但恰恰相反，他们给我们送来的都是些'菜鸟'，锐利并有意愿，但并不适合那样的战斗。"

对于特别行动处前三年的运作，吉斯克斯无情的分析无疑是正确的，至少就法国、比利时和荷兰等地而言。后来，特别行动处开始从错误中学习，并最终对那些国家的战争结局产生了重大的影响。但它为早期的盲目操作付出了惊人的代价：几十名特工死亡，更不用说几百名欧洲人，因为遇到不合格并准备不足的特别行动处官员，在一起合作抵抗敌人的过程中常常失误因而失去了生命。

第 12 章

团结中的纷争

流亡给欧洲七国政府带来前所未有的震撼

1941 年 3 月的一个寒冷的早晨，400 多名英国陆军突击队的士兵在几十名由特别行动处训练的挪威人的伴随下，在北极圈以北两个偏远的挪威岛屿上登陆。在短短的几个小时内，他们迫使这个小岛的德国驻军投降，并摧毁了港口内的德国和挪威船只，炸毁了四个鱼油工厂。

在挪威北部沿海，崎岖的洛芬顿岛链上，那些生活在被积雪覆盖的岛屿上的居民们欣喜若狂。他们大都跑出来欢迎袭击者，引导他们到达目标。据一位观察家说，许多岛民“几乎想通过打架来决定谁应该回答英国军官提出的问题”。几个小时后，当突击队准备回到英国去时，100 多名年轻的洛芬顿居民，大多数是渔民，坚持要跟他们一起走。大多数人想加入参加了袭击的特别行动处挪威支队，它的官方名称是挪威第一独立连。人们通常称它为林格连队，这是以其强硬并气势汹汹的指挥官马丁·林格（Martin Linge）的名字来命名的。战前，林格是奥斯陆的一名演员，他参加了 1940 年的挪威抵抗战斗。

在军事上，被称为“克莱莫尔行动”的袭击没有任何真正的意义。美丽的洛芬顿在战略上并不重要，几乎看不到德国人对那里的占领，对鱼油厂的破坏也不是一个大的转折。尽管如此，英国人仍然称“克莱莫尔行动”是一场胜利，“一个突击队完美执行袭击的经典案例”。没有人提及英国迫切需要某种胜利来支撑门面，无论其大小或意义如何。

1941 年春天是英国战局局势的低点之一。虽然英国在伦敦大轰炸中幸存了下来，但德国仍然在向它的城市扔炸弹。大西洋的商船运输损失已经上升到了天文数字，英国平民将遭受饥饿也正在成为一个明显的事实。与此同时，英军遭受了一场又一场的灾难。在那几个月的艰难时期中，德国征服了南斯拉夫和希腊，赶走了部署在那里和克利特岛上的英国军队。在中东，当德国将军埃尔温·隆美尔（Erwin Rommel）赶来救援意大利人以后，早期英国在利比亚对意大利人的胜利已经变成了尘埃。只有十几天工夫，德国人就重新收复了英国人先前占领的几乎所有地方。

令人担忧的一连串失败使温斯顿·丘吉尔及其政府在议会所遭受的批评激增。意识到“国家的沮丧和失望”后，丘吉尔想要采取行动——任何反对德国人的行动，以向全世界证明英国没有被打垮。外交部常务副部长亚历山大·贾德干在他的日记中沮丧地写道：“我们正处于一个危险的时期，所有一切都出了问题，在权位上的人觉得自己必须要有所作为。”

丘吉尔一直是洛芬顿袭击行动的指导者。他对冒险和危险有着天生的爱好。他的一生一直被一种大胆、壮丽、超越常规的事情所吸引。此外，“克莱莫尔行动”只需要一支相对较小的攻击队伍，几乎没有或不大可能有严重伤亡的风险。

在为袭击的成功而传播的自我赞扬声中，英国政府认为这是“联盟合作的完美典范”。事实上，并不存在这样的合作：在行动之前，英国人既没有咨询挪威流亡政府，也没有征求新生的被称为“军事组织”的地下抵抗军队领导人的意见。就在挪威战败后不久，“军事组织”就成立了，并一直在缓慢而谨慎地扩张着。“军事组织”是由多个在 1940 年与德国人战斗过的年轻挪威人组织的小型、非正式的团体联合组成的。他们只有很少的武器、很少的安全保护意识，也没有接受过正规的军事训练。

虽然许多挪威人用“公民不合作”的方式来抵制德国占领者，但大多数人并不愿意参与破坏或其他形式的直接抵抗。他们认为那样做是自杀行为。

由于希特勒坚持认为英国计划在战争期间的某个时刻进攻挪威（丘吉尔鼓励让德国人保持这种恐惧），所以德国人把挪威变成了一个武装的堡垒，沿海部署了强大的炮兵、军舰、潜艇和飞机来防范进攻。30多万训练有素且装备精良的德军驻扎在那里，人数比例相当于一个德国人对10名挪威人。

认识到它的成员缺乏秘密活动的准备和经验，“军事组织”的领导者们只有一个目标：逐步建立一支秘密军队，参与解放挪威和欧洲其他地区的战斗。然而，这对不断加入的像马丁·林格那样不能忍耐的年轻挪威人来说并不理想。林格在占领开始的时候就越过北海逃到了英国。那些年轻的挪威人急切地想拿起武器反抗德国，很多人自愿加入了由林格领导、英国人统一指挥的特别行动处挪威志愿者队伍。

当事后被告知洛芬顿袭击时，“军事组织”和挪威流亡政府都感到很不高兴。挪威官员对英国人说，在他们国家的土地上进行一次行动至少应该先征求一下他们的意见，并至少有50个以上的挪威公民参加。而更令他们感到愤怒的是德国立即对岛屿的居民进行了报复。几十所房屋被摧毁，70多名居民被捕并被送往集中营。“军事组织”认为，就行动本身而言，袭击对工厂和拖网渔船的破坏对于岛民生计的伤害比德国的战争行为所造成的伤害要大得多。

特别行动处对挪威人的诉求不予理睬。特别行动处的挪威分部把“军事组织”贬低为“一所周日军事学校”，并强调破坏行动是至关重要的。“必须给在挪威的德国人制造尽可能多的麻烦，并迫使他们在那里保持大量的驻军”。特别行动处明确表示，在这个问题上挪威人没有说话的资格。

为了证明这一点，英国突击队员和林格连队的成员在第一次行动的九个月后，于1941年12月底在洛芬顿附近的海滨小镇进行了一次更大规模的突击。近15000吨位的船舶被炸沉、德国人的装备和枪炮被摧毁、150名德国人被杀死、98名德国人被俘虏。

在向当地居民保证这一次他们将留下来之后，突袭者们又一次受到了热烈的欢迎。居民们将突袭者迎入家门，并举行了公开的集会支持突袭者，帮助指认当地的德国合作者。然而，他们突然被解放的快乐却像它的到来一样迅速地消失了。袭击之后的第二天，德国飞机轰炸了洛芬顿，英国情报部门警告说，德国部队正在挪威北部进行集结，显然是打算进行反击。远征部队的指挥官收到这一消息后，立即下令疏散英国和挪威的人员。

当突袭队员们走回到他们的船上时，岛民们开始咒骂并唾弃他们曾经的救世主。在挪威人看来，那些家伙没有经过一场像样的战斗就逃跑了。正如特别行动处后来的报告所指出的那样，当地居民愤怒地说，英国人再次获得了自己几乎没有伤亡的重大胜利的宣传资本，而挪威公民则面临着“德国报复的恐惧”。报复是迅速的，党卫军到达洛芬顿之后，摧毁了大批房屋和当地的企业，并将几百人抓去了集中营，其中许多是早先逃到英国去的挪威年轻人的亲戚。

挪威流亡政府的愤怒又一次爆发了。这一次，20 多名林格连队的成员也表示了他们的愤怒。连队的领导人马丁·林格是这次行动中很少几个阵亡的盟军成员之一。他们因为林格的死亡和他们同胞所遭受的德军的报复而感到压抑，他们宣称除非事先得到挪威流亡政府的许可，他们将拒绝参加今后的任何行动。面对这种不服从的情况，英国政府意识到不可能再对挪威方面的不满置之不理了（特别行动处所不知道的是，洛芬顿袭击的主要目标是从缉获的德国船只上夺取恩尼格玛机器和操作手册。那些资料将在后来布莱切利公园破解德军恩尼格玛密码中发挥重要作用。——作者注）。

挪威流亡政府并不是唯一对英国感到不满的流亡政府。因为习惯于在自己国家内行使权力和下达指令，所以所有的欧洲流亡政府都经历了一个非常困难的调整时期，以适应他们对庇护国家的依赖。对于每个政府来说，它与英国的关系是不平等的，然而对他们的生存而言是至关重要的。对于英国来说，这些关系只不过是无数的问题和责任之一而已。

尽管流亡政府仍然在努力应对失败所带来的屈辱和创伤，但在他们自己的队伍中也爆发了激烈的争斗。马德琳·奥尔布赖特的父亲约瑟夫·科贝尔后来回忆说：“政治移民是一群奇怪的人物。他们脱离了自己国家的政治环境，他们的政治基础已被剥夺，但他们仍然为获取权力而相互争斗。”

即使在战争爆发之前，欧洲大部分地区的政治局势也是非常不稳定的。这反映为每个国家在社会、经济和宗教信仰方面的分歧——战前的欧洲各国政府是从多个政党中拼凑而来的联合体。政府成员往往持有分歧的观点，这样的共同执政是脆弱并短命的。它们的存在一直伴随着频繁的危机和幕后的交易。

这些内部的压力和诉求由于失败和流亡的双重冲击而更为激化。埃里克·哈泽尔霍夫·罗尔泽马注意到，“阴谋诡计就像伦敦温室空气中的病菌一样兴盛，许多带有个人和政治宿怨的人借此达到他们的目的”。在官方和政党的内部辩论中，当谈及哪个官员或政党最需要为他们的国家被德国人打败而负责时，诽谤和指责是不可避免的。

对于那些设法摆脱了德国统治的年轻欧洲人而言，政府领导人之间的争吵和仇视激起了他们的愤怒和失望。在谈到荷兰流亡政府时，哈泽尔霍夫·罗尔泽马说：“他们生活在一个有稳定工作和工资，定时晋升和涨薪的世界里，对我们这些经历了 15 个月的被占领之后的逃亡者来说，那些东西是虚幻无形的，就像牢狱和行刑队对他们而言那样……他们不知道他们已经落在现实后面了。”

英国官员对他们的欧洲客人内部的派系、仇恨和内斗也越来越不耐烦了。很少有英国人像首相的小女儿玛丽·丘吉尔一样对他们表示同情。她后来指出：“对于英国人来说，生活变得非常简单了。当我们去战斗时，我们认为我们会胜利，但不管是否会胜利我们都会去战斗。我们没有遭受欧洲人忠诚的分裂和问题的复杂所带来的痛苦。”

有趣的是，尽管挪威人对洛芬顿的袭击感到不快，但他们与英国人的合作成为战时欧洲所有被占领国家与英国关系中最为稳定的一个。由于挪威资源丰富，它是战争期间能够自主支配资源的少数几个被占领国家之一。这主要是来源于它的商船队的收入。船队运输了英国近 60% 的石油和一半的食品，从而也在英国的生存斗争中发挥了宝贵的作用。

与其他流亡政府不同，挪威人不把复杂的政治议程摆到桌面上去，这也就让英国人与他们更容易相处了。他们的主要目标是他们国家的解放和独立，从未对英国或即将加入盟军的苏联和美国这两个强国产生任何战略利益分配上的问题。

几乎在所有各个方面，挪威人都是不需“精心”招待的客人。虽然挪威的官员在认为他们的利益受到威胁时总要站起来说话，但从一开始他们就坚持与英国的同行们密切合作。在 1942 年中期，这种合作得到了回报，对洛芬顿袭击的愤怒也平息了。英国官员同意没有挪威流亡政府的批准就不再对挪威领土进行任何袭击。从宣布那时起，他们将在特别行动处、挪威高层指挥和“军事组织”之间建立伙伴合作关系。特别行动处挪威分部的负责人认识到，“随着时间的推移，大家都意识到并行运作两个独立的准军事地下运动是不可能的，这不可避免地会导致双方互相‘切割对方的喉咙’”。用一位历史学家的话来说，新的合作证明是“非常成功的”。

在 1943 年 2 月，这种合作导致了可以说是战争中最为重要也是最为大胆的盟军破坏行动——破坏部分生产用于制造核弹的重水的挪威诺尔斯克水电化学工厂。法国人在 1940 年 3 月从诺尔斯克水电化学工厂撤出了所有现存的重水。而德国人在占领挪威之后，大大增强了工厂的生产能力。到了 1942 年底，诺尔斯克水电化学工厂的工作人员通知盟军，他们的德国主人即将向第三帝国发送大量的重水。

根据温斯顿·丘吉尔的命令，一小队经过特别行动处训练的林格连队成员被空投到挪威最险峻、最寒冷，也是最荒凉的地带之一——挪威诺尔斯克水电化学工厂附近的哈当厄尔高原。克服了厚雪、大风和零下低温所带来的困难，挪威人挣扎着向工厂挺进。那是一座像中世纪城堡一样的七层楼建筑，坐落在陡峭的半山腰上。通向它的唯一通道是一座严密守卫下的 75 英尺长的吊桥，吊桥跨越了一条 600 英尺深的峡谷。

破坏者们选择了一条不同的路线：贴着悬崖溜向谷底，走过谷底后从另一边再爬上去。避开了工厂里众多的德国警卫，他们放倒了两名挪威守卫，并滑到了墙里面，在重水的水箱周围放置了定时炸弹和引信。当炸弹爆炸时，挪威人已经消失了。他们通过同一条路径撤回，没有一个人被德国人抓住。

虽然爆炸造成了大规模的破坏，损失了大约500公斤重水，但德国人在几个月内就恢复了生产。最终由盟军的空袭和另一次较小的特别行动处组织的破坏行动才完全结束了德国人的重水生产。事实证明，第三帝国从未花过大力气来制造核弹，这个事实是盟军在战后才发现的。当然，反复破坏不让德国人获得重水也有效地阻止了他们在这方面的努力。

袭击诺尔斯克水电化学工厂的成功增强了挪威与英国之间的关系，也使哈康国王在英国人民中更受欢迎。挪威君王的影响力也由于与乔治六世国王的密切关系而得以增强。乔治六世曾经告诉他的女儿——未来的伊丽莎白二世女王：他叔叔所表现出来的那种“不可动摇的勇气和决心，让他在那些沉重的日子里得到了支撑，令他振作”。作为团结本国人民的精神支点，哈康也被证明是生活在德国统治下的挪威人和他们在伦敦的同胞之间的重要桥梁。

与每个被占领的国家一样，在战败之后离开挪威的人和没有得到这种选择机会的人之间存在着巨大的心理鸿沟。自1940年以来，许多留在国内的挪威人公开批评眼下在伦敦的政府官员，认为是国家防务的低劣导致了德国的胜利。

曾经有一个时候，相当大的压力压到了哈康身上，指责他把政府推到一边，接管了国家的领导权。他强烈地驳斥了这一想法，正如他摒弃了挪威合作主义者们早先提出的放弃他的王位的建议一样。他指出：这两个建议都是公然违反挪威宪法的。哈康声明他支持现任的政府，并宣称：“我们在同一条船上，相互信任对于为挪威的自由而斗争是必不可少的。”

在1942年8月，当哈康年届70岁高龄时，他在挪威的臣民与伦敦的同胞们一起，为已经成为他们国家最重要的团结的象征——哈康国王举行了大量的庆祝活动。在挪威各地的城市中，成千上万手持鲜花并戴着“H7”（哈康七世）徽章的民众都出来游行以荣耀他们的国王；在伦敦，包括政府高级官员在内的5000多名挪威人，游行走过哈康和他的儿子面前，他们都参加了在皇家阿尔伯特音乐厅举行的一个巨大的生日派对。这是在战争期间举行的最大的一次挪威人的聚会。

像哈康国王一样，荷兰女王威廉明娜也成了她的国家战争事务中的主要角色。她受到了英国官员和英国公众的高度尊重，她也是连接流亡政府成员和仍在荷兰的同胞之间的桥梁。但与哈康不同的是，好斗的威廉明娜并不是试图缓解并超脱流亡政治以寻求和平的人。恰恰相反，她推开一切阻挡，直接跳进了斗争的旋涡。

威廉明娜与其政府部长们的斗争几乎从 1940 年 5 月大家都抵达伦敦时就开始了，包括首相迪尔克·扬·德·海尔（Dirk Jan de Geer）在内的好几位内阁成员根本就不想来英国首都。作为一个热切的和平主义者，德·海尔认为德国将赢得战争，他最初希望荷兰政府能够接近希特勒以寻求妥协下的和平。在寻求妥协失败之后，他担心伦敦将遭受德国人的入侵或被炸弹摧毁，他认为应该把政府搬出伦敦，迁往 7000 多英里之外的荷属东印度群岛。

只有几个部长反对离开英国，女王也加入了他们的行列。她对她的大多数内阁成员的失败主义情绪感到震惊和愤怒，威廉明娜决心在伦敦战斗。如果德国入侵英国，她计划跨越大西洋，与她的女儿——加拿大王妃朱利安娜会合。如果那样做不可能的话，她下令让她的私人秘书在德国人抓到她之前先开枪打死她。她告诉德·海尔：她不会去东印度群岛，因为她的健康状况不允许这么漫长的艰苦旅程。她还做了一个大胆且前所未有的举动，她告诉荷兰首相，她已对他完全失去了信心。他立即递上了辞呈，她也立即接受了辞呈。

这样的一种不礼貌的行为绝对不可能在荷兰国内实施。她在那里没有真正的权威，国家由内阁和议会统治着。但是在伦敦没有议会的牵制，内阁现在不得不考虑接受她的意见，任何想要采取的行动都需要得到她的批准。她如果不签名，没有任何其他政府机构可以超越她的权威取而代之。

对于威廉明娜来说，流亡即意味着权力，她充分利用了这一点。德·海尔辞去首相职务后，认为他将被指派担任财政部部长。然而，女王并没满足他的要求。她任命了内阁中唯一分享她对纳粹的深仇大恨，并决心与纳粹斗争到底的成员担任首相——他就是司法部长彼得·格布兰迪。格布兰迪曾在阿姆斯特丹大学教授法律，最近才进入了政治圈子。

从外表来看，格布兰迪毫无出众之处——身高只有 4.8 英尺，长着一脸胡子，就像一个朋友所说的那样："像一只海象的胡须一样，从圆形的小脸上不协调地长了出来。"他的英语也很糟糕。在与温斯顿·丘吉尔第一次会面时，他伸出手说："再见。"丘吉尔感到很有趣，他开始喜欢起这个被称之为"樱桃白兰地"的男人。他回答说："先生，我希望所有的政治会议都能这样简短并且开门见山。"就像威廉明娜所了解的而丘吉尔也很快就意识到的那样：格布兰迪并不有趣，而是毫不畏惧并勇往直前。他认为必须将最大的力量投入战争，他以他的国家的所有资源坚定地支持这场战争，其中包括了荷兰的商船队和富庶的东印度群岛。

威廉明娜在帮助荷兰坚持进行反抗德国的战斗之后，她也开始力求改变自己的生活。由于搬到了伦敦，她所讨厌的"笼子"的大门终于被打开了，她已经不再与现实世界隔绝了。在英国首都，她获得了她一直渴望的机会——"真正地与老百姓见面，他们也不需要像参观宫殿一样正规着装"。

虽然她在伦敦的社交和官方生活很繁忙，但女王的注意力仍然集中在她留在荷兰的子民上。她坚持要求会见每一个逃到英国的荷兰公民，经常邀请他们到她在切斯特广场的小房子里一起喝茶。那些被称为逃生者的人们告诉威廉明娜，她那充满激昂斗志的BBC广播节目对她的同胞有多么重要，她现在已经成为荷兰希望和自由的首要象征！

一位荷兰作家说："对于女王来说，只有一种人是好的荷兰人，即'英国旅行者'，他们冒着生命危险来到英国为争取自由而战斗。"埃里克·哈泽尔霍夫·罗尔泽马也许是最著名但也是最叛逆的"英国旅行者"。他指出："她对来自鹿特丹的最底层的水手比流亡政府中最高层的官员更加关注。"

罗尔泽马在1941年6月从荷兰出逃后不久就见到了威廉明娜。高大、金发、英俊的前法律系学生对荷兰社会的僵硬结构以及他的大多数同胞保守的生活方式都是叛逆的。在战争开始之前，他曾搭乘招手便车或铁路货车完成了跨越美国的旅行，随后根据他的经历写了一本畅销书。

当他和另外一名出逃者彼得·塔泽拉（Peter Tazelaar）抵达伦敦后，就在流亡的荷兰政府的不同部门寻找加入抵抗行动的机会，但却四处碰壁。按照罗尔泽马的说法，他们很快“就在官僚机构的‘粥’里窒息了。可能是我这个人，也可能是我肮脏的衣服、我提出的问题或我据理力争的态度，我让大家看上去都很紧张……如果我用了‘职业’或‘秘密联系’这样的词语，他们害怕得好像我有麻风病后期的症状一样。”当荷兰战争部长告诉罗尔泽马他因为太忙而无法跟他谈话时，沮丧的年轻出逃者把他的拳头砸到了官员的桌子上，打翻了他的茶杯。罗尔泽马回忆说：“他感到非常惊讶，匆忙地终止了会见，打电话叫来了宪兵，把我赶出了他的办公室。”

然而他和塔泽拉与女王的见面却是完全不一样的经历：“我们不再是内心失衡的冒险家，而是突然被视为特殊的人……在最近几个星期被在伦敦的同胞们羞辱之后，我们几乎不知道如何接受别人的尊重，更别提赞扬了。”

威廉明娜被两个年轻人的大胆和冲动所迷住了，他们竟胆敢和荷兰官员对着干。然而最重要的是他们有反抗并打败纳粹的决心。带着女王的祝福，荷兰政府的情报总监将他们安置在切斯特广场女王住宅后面的一间简易房里，并批准了他们的计划——在荷兰抵抗运动与英国、荷兰的情报部门之间建立密切的联系。在接下来的几个月里，他们和几名同事多次运送无线电设备、特工和轻武器到荷兰。塔泽拉在一次上岸与地下组织联系时表现出了特别的大胆。

1941 年 11 月的一个早晨，一艘渔船在海牙附近的一个海滩悄悄地抛下了锚链。塔泽拉下水游到了岸边，上岸后脱掉了他的防水服，露出了里面穿戴整齐的白色领带和燕尾服。他从口袋里掏出一小瓶轩尼诗 XO 干邑，晃了几下，洒了几滴在他雅致的晚礼服上。这样做了以后，他才与一群德国军官一起懒懒散散地漫步走过一个豪华的海滨酒店，跳上了一辆有轨电车——就好像是又一位帅气的年轻荷兰人经过了一整夜的派对之后正在回家的路上（塔泽拉的大胆行动启发了詹姆斯·邦德电影《金手指》的开场，邦德在他的礼服外面套上了防水服游到了岸边。——作者注）。

实际情况是塔泽拉和罗尔泽马在见到他们的女王时比见到德国人更为紧张。罗尔泽马记得，当他第一次见到威廉明娜时紧张得有些张口结舌。在他的一生中，荷兰那位高高在上的傲慢的君主一直是“我之所以存在的全部意义”，就像她一直为其他荷兰公民所尊崇一样。他说，她也是一个人那样的念头，从来也没有在他的脑海里出现过。就女王方面而言，她最初有些尴尬和不好意思。她想伸出手去，但又不确定这么做是否合适。威廉明娜后来说，从她小的时候就害怕，“如果我对别人表现出了太多的善意，人们是否会取笑我？”她一直有这样的感觉，这使得她对别人会显示出保留的态度。但是在伦敦，她决心努力去改变这一点，特别是在与像罗尔泽马那样年轻的“英国旅行者”相处时。

过了几个月，罗尔泽马和女王的关系更加紧密了，他们就荷兰的战争现状进行了几次讨论。罗尔泽马注意到，“我产生了一个印象，她喜欢我们那种非正式的民主化的关系，喜欢尝试普通人交谈的方式”。在一次谈话中，她拿出一盒英国香烟，问他是否想抽烟。罗尔泽马大吃一惊。他后来说道：“荷兰人都知道女王是极力反对吸烟的，甚至不允许在她住的地方有香烟。”但她继续向着他递出烟盒，他犹豫再三，最终还是拿起了一根香烟。当他这样做的时候，他意识到她的举动所包含的意义：“那都是过去了，她已经和过去告别了。她现在知道如何像普通人一样行事了，她再不会将个人的喜好强加到别人身上了。”

当威廉明娜和哈康在英国伦敦的流亡生活中慢慢站稳了脚跟时，同样在英国首都居住的捷克斯洛伐克的爱德华·贝内什，却感到极大的沮丧和屈辱，至少在战争的前两年里是这样的。作为签订慕尼黑协议时的捷克斯洛伐克总统，贝内什在签署协议五天后就在德国的压力下辞职了。他先到了英国，然后去了美国，在芝加哥大学教授社会学。当 1939 年夏天战争即将爆发时，他又返回伦敦，争辩说德国在几个月前已经占领了捷克全境，他应该被恢复为捷克斯洛伐克的合法领导人（在占领捷克斯洛伐克的时候，德国人把它分成了两部分。西部 2/3 的地区被作为第三帝国的保护国波希米亚和摩拉维亚；与被德国直接占领的其他保护国不同，斯洛伐克地区被允许分治，成为纳粹的卫星国家。它的政府由斯洛伐克人组成，但只是充当德国人的傀儡。——

作者注）。他辩称，尽管接替他管制的捷克政府最初是合法的，但因为现在已成为德国统治的傀儡，已没有任何合法性了。

贝内什和包括捷克前总理扬·马萨里克在内的一些同事要求英国政府承认他们是捷克合法的流亡政府。内维尔·张伯伦和他的下属对这个想法感到震惊。他们不仅拒绝了这一要求，而且告诉贝内什他们不会给予他政治庇护，除非他承诺不在英国进行任何政治活动。

然后，英国政府尽可能地不再提及他曾经背叛过的那个国家以及居住在伦敦郊区的一座红砖小房子里，被隔离在公众视线之外、已被人遗忘的贝内什。前英国外交官兼新闻记者罗伯特·布鲁斯·洛克哈特（Robert Bruce Lockhart）曾是贝内什和白厅之间的非官方联络人，他说道："在慕尼黑的那些人不得不找出一只替罪羊来为他们所做的一切顶罪，贝内什博士是一个显而易见的选择。"洛克哈特补充说，英国政府的反应是"人们对他们曾冤屈过的人不满意而表现出来的一幕悲剧"。英国在慕尼黑会议时要求贝内什不进行抗争，而现在英国官员则指责他对希特勒让步太多。

对像贝内什这样的老牌政治家来说，这种冷漠的态度既是一种打击，也是对个人的一种侮辱。在第一次世界大战之后，他和托马斯·马萨里克一直在捷克斯洛伐克国家的创建中发挥作用，说服了胜利的盟军承认捷克斯洛伐克国家的独立。然后，他又帮助让它改造成为东欧最工业化和最民主化，同时也是最繁荣的一个国家。

这位曾经住在布拉格一座华丽的15世纪宫殿里的人现在局限于伦敦郊外普特尼的一座狭窄的平房里。在他和他的同事们罕见地被邀请参加官方外交晚宴或其他聚会时，他们总是被安排坐在最不重要的席位上，排在等待接见的宾客队伍的最后面。每个星期天晚上，当英国广播公司播放所有在伦敦设有政府机构的盟国国歌时，捷克的国歌总是不在其列。

当温斯顿·丘吉尔于1940年5月接替张伯伦时，贝内什和在伦敦的捷克人都很高兴，作为对慕尼黑协议直言不讳的反对者，新首相将会帮助他们。在接下来的一个月里，丘吉尔承认了贝内什及其部长们是临时流亡政府，但他并没有给予充分的肯定，因而使他们无法享有与其他欧洲流亡政府平等的地位。

因此捷克人不得不继续忍辱负重地生存下去。在第一次盟国联合会议上，由于捷克斯洛伐克流亡政府是临时流亡政府的缘故，他们被排在其他流亡政府名单的最后一位。在1940年的捷克独立日那天，出席捷克临时流亡政府官方招待会的唯一盟国政府官员是罗伯特·布鲁斯·洛哈特和挪威的临时代办。

捷克临时流亡政府开始了长期的艰苦奋斗以争取获得完全的承认。态度保留、说话严厉的贝内什待在了幕后，让位给临时政府的外交部部长扬·马萨里克，让他到前台表演。马萨里克发起了一场出色的捷克抵抗事业宣传运动，在他不停地游说英国官员时，其中有好几个人还是他的亲密朋友，他不得不用连哄带骗、车轮大战的方式来进行争辩。他声称贝内什是在纳粹胁迫下辞去总统职务的。他认为慕尼黑的协议是非法的，因为它没有得到捷克的批准。他指出他的国家的飞行员和部队目前正在英国的指挥下进行战斗。他直率地问道，几名捷克飞行员在不列颠之战期间的牺牲是否和他们的政府一样也只是临时的？

当丘吉尔于1941年4月在伦敦附近的训练营地视察捷克军队时，马萨里克充分利用了这次机会。知道丘吉尔对英国最近的军事挫折感到非常沮丧，他建议捷克士兵们在首相到来之前学唱几首英国的爱国歌曲。当视察完毕，丘吉尔正要跨进他的汽车回伦敦时，军队大声唱起了英国海军军歌《大不列颠万岁》。那首鼓舞人心的大英帝国颂歌可能产生了所希望的效果：丘吉尔的眼睛里满含泪水，走出了他的汽车和士兵们一起唱了起来。那天，当贝内什再次提出完全承认捷克流亡政府的问题时，丘吉尔宣布："必须把这件事情办好，我会亲自来过问这件事情。"三个月后，在得到外交大臣安东尼·伊登（伊登于1941年初取代了哈利法克斯勋爵成为英国的外交大臣。——作者注）的强烈赞同后，英国正式承认了贝内什及其内阁为捷克斯洛伐克的官方流亡政府。1942年8月，英国政府撤销了在"慕尼黑协定"上的签字，宣布那个协议无效。

虽然贝内什终于得到了自己想要的东西，但他从来也没能从他的同事们称之为“慕尼黑情结”的阴影下走出来。由于英国和法国对他的国家的背叛和自己所遭受的屈辱，他越来越痴迷于为自己和捷克斯洛伐克赢得声望和影响力——这是可以理解的，但这将会导致短期内的悲剧，并对他的国家的长远未来产生灾难性的后果。

对于戴高乐来说，声望和影响力也是关键的目标，但更重要的是独立性。尽管如果没有英国在财政或其他方面的支持，戴高乐和他的人将无法幸存下来，但戴高乐决定不对地主的各种愿望和要求唯命是从。以一位观察员的话来说，他的非官方的座右铭是“极端的虚弱需要极其强硬的态度”。他在抵达英国两个月后就宣布：“我不是任何人的下属。我有一个任务并且只有一个任务，就是为解放我的国家而进行战斗！”

尽管英国人偶尔会在捷克人和其他欧洲流亡者那里遇到困难，但没有人比自由法国运动的人和他们傲慢的领袖更令他们恼怒了。在整个战争期间，戴高乐的总部不间断地出现诉诸暴力的纠葛、对抗和权力争斗的场面。仅有的一致之处就是对戴高乐的忠诚，他在伦敦的追随者来自法国政治的各个角落，反映了困扰法国几代人的深刻的政治和社会分歧。

丘吉尔政府中的一位官员哈罗德·尼科尔森在1940年9月的日记中写道：“所有的法国人都固执己见。所有的人都来见我，告诉我其他所有的人都是那么糟糕。”戴高乐的同事之一曾经说过：“一个人必须有点疯狂劲才能成为自由法国运动的成员。”

戴高乐傲慢和专制的态度，使在伦敦的成千上万法国流亡者们更加极端化——这些人中，除了少数人是在法国战败之后逃离法国的流亡者外，大多数人在战前就已经在伦敦了。包括许多银行家、工业家和商人在内的战前法国社区的人，他们往往是亲近贝当和维希政府的。但即便是那些想让自己的国家继续战斗的人们也对那位晦涩的将军没有多少信任或信心。尽管戴高乐从来没有担任过任何经选举产生的公职，但他却坚持认为他是不败法国的唯一领袖。一位英国官员曾说：“我们不断为被他在伦敦法国社区最杰出的成员中所激起的对立情绪和不信任感而感到震惊。在我们的国家里，他主要是与法国人，而不是和英国人有麻烦。”

同时，有几位法国的政治人物，因无法忍受多刺的将军，决定去美国。他们中包括了让·莫内（Jean Monnet），一位顶尖的经济学家和外交官。在法国战败之前，他一直致力于促进英法间的经济合作。在1940年夏天抵达伦敦后不久，莫内就离开伦敦去了华盛顿，他在那里成了罗斯福总统的主要经济顾问。

甚至连戴高乐最忠实的支持者们也被他的粗鲁和傲慢惹恼了。一名下属回忆说，那些想加入自由法国运动的人常常“在会见并面试以后，由于他们所受的对待，在走出去的时候都变得心灰意冷了”。一位法国海军军官对在卡尔顿花园所遭受的冷遇感到非常失望，他回到了法国，最终成了抵抗运动的最高领导人之一。

尽管在戴高乐的周围政治动荡频繁，但年轻的法国人继续不断地加入自由法国运动的军队。到1940年8月底时，已有7500多人穿上了军服。当位于赤道的三个法国非洲殖民地乍得、喀麦隆和法属刚果抛弃了维希政府，转而加入戴高乐的自由法国运动时，这个运动获得了更大的动力。尽管那些殖民地人口稀少、自然资源缺乏，但为他提供了英国以外的领土基地——这是漫长而艰巨的迈向成为独立政府实体的艰难道路上的第一步。

温斯顿·丘吉尔注意到了这一点。与英国政府中的许多人不同，首相在1940年的大部分时间里一直是戴高乐和他的追随者们的坚定支持者。为了不让法国舰队落入德国人的手中，根据丘吉尔的命令，英国舰队摧毁了在北非米尔兹比克港的法国舰队的大部分。首相对戴高乐在公众面前所作的冷静反应心存感激。7月3日的袭击使1200多名法国水手丧生。虽然戴高乐私下对他同胞的死亡感到震撼和愤慨，但在BBC广播中他告诉法国人，他在反对袭击的同时也理解那是必须去做的一件事。

戴高乐在赤道非洲取得立足点之后不久，丘吉尔就以实际行动表达了对他的支持。他下令预告现在是让自由法国运动加入战争的时候了。这一举动的灵感源于1940年仲夏，英国驻法属西非首都达喀尔的总领事发来的一份电报。那位总领事认为，如果英国和自由法国运动的联合部队出现在达喀尔，很可能就会促使驻扎在那里的法国军队发动反维希政府的起义。

对于丘吉尔来说，这是一个诱人的想法。他希望并需要尽可能快地发动一次成功的盟军军事进攻，而这个设想相对来说比较容易完成。此外，如果这个行动成功了，将确保德国无法将达喀尔强大的堡垒和重要的海军基地纳入其控制之下。达喀尔是距离美洲最近的一个非洲港口城市。富兰克林·罗斯福和他的高级军事领导人认为，达喀尔就像是“指向大西洋的一把上了膛的手枪”，完全有可能成为德国部队的屯兵之地，德国人可以从那里把军队运送到巴西东海岸，然后向北直达巴拿马运河。

按照丘吉尔所设想的这一行动，皇家海军将运送英国和自由法国运动的军队到达喀尔，戴高乐将在那里“召唤在西非的法国人加入他的事业”。然而当丘吉尔在1940年8月向戴高乐提出这一想法时，将军的态度最初是很犹豫的，他注意到没有确切的证据表明达喀尔的法国部队和军官实际上是倾向于支持他的。他最终对丘吉尔坚持不懈的哄骗屈服了，但有一个先决条件：如果他的人在那里遇到任何反抗，“他将不会考虑继续行动”。

然而，一旦戴高乐同意了这次行动，他在规划行动计划时就没有任何话语权了。按一位历史学家的话来说，在那个行动的执行过程中就出现了像五个月前“挪威行动中出现的最糟糕的混乱”。英国人几乎没有关于达喀尔及其沿海防御力量或在那里的维希政府军队实力的任何情报。远征部队的指挥官没有与分配给他们的部队合作的经验，而那些部队也没有经过登陆作战的训练。丘吉尔设想的大型舰队也被缩减到两艘旧战列舰、四艘巡洋舰、几艘驱逐舰和运输舰。

整个行动中还有几个大的安全漏洞：法国军官们在伦敦的好几家餐厅里大声嚷嚷“为达喀尔”干杯，说行动的出发港口是在利物浦；英国的情报官员在伦敦的旅行社收集关于达喀尔的信息时公开谈论了这次行动的目的地；而利物浦码头的工人在为远征船队装载时也听到了同样的谈论。运送登陆艇的卡车穿过了英格兰，在利物浦被装载到运输舰上，在整个运输过程中没有使用任何伪装。

远征部队成功的机会几乎从一开始就看上去不太可能。在 8 月 31 日，部队从利物浦出发几天之后，五艘维希政府的战舰从法国南部的土伦港驶向了达喀尔，在直布罗陀的英国舰队没有发现它们，因此也就没有能够阻止它们。当丘吉尔和他的军事指挥官们知道了这个最新的情况时，他们曾想立即取消这次行动，但戴高乐和正在接近目标的远征军的英国指挥官强烈反对。最后，战争办公室在犹豫之中许可了他们继续前进。

当远征军船队于 9 月 23 日接近达喀尔时，戴高乐通过电台广播向当地的法国军队和居民发出了呼吁，希望他们发动反对维希政府的起义并加入自由法国运动。作为对广播的回应，达喀尔炮台的岸炮和港口里的军舰向英法联合舰队开炮，严重损毁了两艘巡洋舰。不到 48 小时，形势便已很明确，在达喀尔的法国人无意改变站队，戴高乐和英国海军司令撤销了这一行动。

从开始到结束，企图夺取达喀尔的远征被证明又是一次军事失败。那次行动被维希政府和德国的宣传机器所嘲笑，并受到了英国媒体的抨击。《每日镜报》表示，这标志着“我们已经堕落到了何等愚蠢的地步！”然而，尽管英国官员几乎完全应该为失败而负责，谴责的目标却指向了戴高乐和自由法国运动，其实很大原因是因为在执行任务之前他们肆意造成的安全漏洞。事实上，法国和英国的安全漏洞与在达喀尔发生的事情没有任何关系，维希政府的官员在英法联合舰队接近港口之前并不知道那次行动。然而，这对白厅和其他地方的许多戴高乐的批评者们来说，这并没有任何区别。

然而，丘吉尔支持戴高乐的态度仍然坚定不移。面对几位英国议员提出停止与自由法国运动联系的要求，他向下议院宣布，他的政府“不会抛弃戴高乐将军的事业，直到它成为——它必将成为更加壮大的法国解放事业为止”。而戴高乐也没有在公开场合对英国人有任何责备。由于他的克制和丘吉尔的大力支持，舆论界的谴责浪潮慢慢消退了，怒吼声最终消失了。

尽管如此，戴高乐和丘吉尔的第一次联合军事行动的失败造成了长期的破坏性后果。戴高乐受到了极大的打击，他和他的运动都迫切需要一次成功以向批评者们证明自己存在的价值。然而，这个公众高度关注的军事失败事件只是增加了反对派人士的疑虑，但对于自傲且脸皮很薄的将军来说，这是一次刻骨铭心的个人羞辱，他周围的一些人甚至担心他可能会试图自杀。他的一位高级助手后来回忆说："在达喀尔军事行动失败之后，他再也没有彻底高兴过。"

与此同时，英国政府中的戴高乐的诋毁者们声称，自由法国运动成员在敬酒时泄露了达喀尔的机密，这表明不能信任他们掌握的任何秘密信息。安全失误成为不让戴高乐和自由法国运动成员知道未来将在法国领土上进行军事行动的一个借口。这次行动的失败也让白厅里那些仍然渴望与维希政府建立更密切关系的人更加来劲了。

事实上，英国和维希政府之间的秘密商谈在法国被占领之后几个月就已经开始了，这是美国报纸记者海伦·柯克帕特里克（Helen Kirkpatrick）在1940年末曾报道过的一个事实。谈判得到了丘吉尔的批准，虽然丘吉尔在尽一切努力支持戴高乐的自由法国运动，但他也不愿放弃说服维希政府背弃对德国的顺从，将其军队和国家转向盟军的希望。

当然，当戴高乐知道了那个"商谈"时感到非常不满。对他来说，这意味着他试图把自己和自由法国运动建成一个政治和军事实体的努力已经失败了，至少在当时是显而易见的。他警告丘吉尔及其政府说，商谈一定不会成功，而最终的结果也确实是如此。

丘吉尔与戴高乐的联络官爱德华·斯皮尔斯将军注意到"不断反复出现的回绝和失望所造成的难以忍受的压力"使将军暴躁的脾气更加恶化，对英国人的怀疑更为深重了。另一位观察者说道："在那些日子里，他就像一个活着被剥了皮的人。"

戴高乐冲着斯皮尔斯大声说道："我认为我应该永远不和英国人站在一起。你们都是一样的东西，只关心自己的利益和好处，对别人的要求熟视无睹……你认为我对英国赢得这场战争有兴趣吗？我没有。我只对法国的胜利感兴趣。"

当颇感震惊的斯皮尔斯回答说“胜利都是一样的”时，戴高乐大声喊道：“那是完全不一样的！”

到 1940 年底时，戴高乐与丘吉尔的密切关系开始出现了摩擦，并在 1941 年的困难时期加速恶化。英国首相非常理解戴高乐为什么会有如此表现：“他认为这是至关重要的——尽管身处流亡境地，依赖于我们的保护，但他对英国人的不礼貌是在向法国人证明他不是英国的傀儡。”然而，丘吉尔对戴高乐的个性的理解并没有使他进一步忍受法国人不断升级的暴怒。

他的耐心终于在 1941 年夏天到头了，当时戴高乐在接受美国记者采访时，第一次在对英国的抱怨中包含了对丘吉尔的个人抨击。戴高乐对丘吉尔为他和他的事业所做的一切毫无感恩之心深深地伤害了丘吉尔，首相的愤怒爆发了。他在给安东尼·伊登的信中写道：“他已经完全失去了理智。”他命令他的内阁成员切断与戴高乐和自由法国运动的所有联系，禁止他们在 BBC 上广播。丘吉尔的私人秘书约翰·科尔维尔在他的日记中写道：“戴高乐的态度太烂了，他在私下和公开的讲话都是令人无法容忍的！首相对他极其厌恶！”

戴高乐后来声称记者错误地引用了他在采访中说的话，丘吉尔这才平静下来，撤销了他对将军和其支持者的禁令。但是，两个领导人从此心存芥蒂，而在战争结束之前，他们之间的冲突将会愈演愈烈。

随着英国和戴高乐之间的冲突日益加剧，其他的流亡政府也开始对此日益关注。自从来到英国之后，欧洲各国流亡政府在各自不同并独特的利益驱使下，一直相互争夺着东道国的青睐。但随着战争规模的扩大，他们也开始认识到内部更加紧密团结所带来的优势。由于他们国家在战前的无力或秉承中立而遭受的失败，在伦敦的一些欧洲国家的官员开始探讨通过建立一个欧洲联盟，从而为他们这些小国获得更大的安全和实力的可能性。威廉明娜女王回忆说：“各国政府和国家元首之间开始有了一种要真正团结起来的感觉。”

在 1941 年，由于两个强大的国家——美国和苏联加入了反法西斯联盟，欧洲人就更需要加强他们之间的团结。随着这两个巨人加入战争，英国和被占领的欧洲各国之间早期的亲密关系让位给了强权政治。

第二部分

巨人之间的游戏规则

第 13 章

富人和穷人的关系

欧洲盟友的重要性正在消失

在第二次世界大战的大部分时间里，美国在伦敦保留了两个大使馆。格罗夫纳广场占地半英亩的美国驻英国大使馆大约有 700 名雇员。在约翰·吉尔伯特·怀南特（John Gilbert Winant）大使的主持下，这个在美英关系中疯狂作响的神经中枢是美国在世界上最大，也是最重要的外交使团。24 个电话接线员保证了 24 小时全天候的服务，以处理每天进出的 6000 多个电话。

第二个大使馆开设在伯克利广场的一套公寓里，距离怀南特繁忙的领地仅有几个街区，那是为流亡的欧洲政府服务的。那套公寓主卧室的墙上挂着巨大的欧洲地图，那是大使的办公室。它的面积比其他房间大一倍，其余六名工作人员在客厅或较小的卧室里工作。门厅是大使馆的接待区，那里有一排狭窄的木凳，欧洲领导人和其他访客会坐在那里等候他们的约见。

粗看上去，美国驻被占领的欧洲大使小安东尼·德雷克塞尔·比德尔（Anthony J. Drexel Biddle）就像他的使馆所占据的空间一样很不起眼。比德尔是一个从费城的两个最古老、最有关系的家庭中脱颖而出的有钱的社会名流，就像《生活》杂志描述的那样，“在财富和社会关系方面都是无可挑剔的”。

40 多岁的比德尔经常出现在年度最佳穿着的美国男士名单上，他在多个公司董事会和 20 多个私人俱乐部拥有会员资格，迷人且有风度。他喜欢称呼他遇到的每一个人为“老运动员”或是“老男孩”，无论是否熟识。一位英国官员曾经讽刺地说道：“人们期待他能够飞到空中，跳一场弗雷德·阿斯泰尔（Fred Astaire）式的舞蹈。”

比德尔外交生涯的第一次提名是在1935年作为美国派驻挪威的大使，那是作为他对富兰克林·罗斯福第一次总统竞选时的大笔捐款的一种回报。当时，这个任命受到了广泛的批评。一位记者写道，他“以前的职业生涯中没有任何线索可以与他未来辉煌的外交成就有上哪怕一丁点的联系”。

然而事实上，几乎让所有人都吃惊的是比德尔证明了自己是擅长于外交“游戏”的人。虽然他的财富是百万富翁的很多倍，他却喜欢民主的、非正式的风格。这对倡导平等主义的挪威人，尤其是哈康国王很有吸引力，他们两人成了亲密的朋友。虽然他热情活跃，但比德尔对待工作却是非常认真的。他努力掌握要点，向国务院发送的报告“因为具有权威性、准确度和全面的分析而与众不同”。

1937年，他被任命为驻波兰大使。当两年后德国人入侵时，他和他的属下在千钧一发的逃跑行程中开车跨越了波兰全境，经常在空中出现德国飞机时停下车来，跳进路旁的沟渠里躲避。在跟随新成立的波兰政府流亡到法国之后，他在1940年6月被罗斯福总统指派陪同逃亡的法国官员从巴黎逃往图尔，然后再到波尔多。一位观察家写道：“在五年长的时间里，比德尔从一个玩弄外交手段的社会名流演变成为在人类历史上最悲惨且最脆弱时刻的一名美国特工。”没有一名美国官员能比他更清楚地知道这场野蛮的新型战争到底是怎么一回事，而他被任命为大使的那个国家在战争中受到的损害又有多大。

他还知道，任命一个人作为派往多个流亡政府的大使是一种不合常理的做法。无论他如何努力地工作，尽可能多地尝试，他也无法充分满足他们的需求，并缓解他们的担忧。他还意识到他的任命对与他在伦敦相处的那些欧洲官员来说是一个信号——他们的国家在罗斯福政府的眼中并不重要。

让各国流亡政府更为担忧的是，曾经是他们最直言不讳的支持者温斯顿·丘吉尔，也将很快与美国政府持有同样的看法。尽管丘吉尔很清楚，他对欧洲人为英国生存所作的贡献欠下了“债务”，但他更需要那两个新加入的盟国：苏联将解除英国在其海岸线与德军交战的巨大负担，而美国将提供进攻西欧并取得最后的胜利所需要的军力和工业支持。

当德国在1941年6月对苏联发动突然的闪电袭击时，伦敦仍然在努力从历史上破坏最严重的德国轰炸袭击中恢复过来。与其他轰炸所造成的破坏一样糟糕，但没有一次轰炸造成的破坏接近5月6日轰炸风暴所造成的破坏程度。那次轰炸对伦敦的许多地标建筑，包括威斯敏斯特修道院和议会大厦造成了灾难性的破坏，并炸死了1436名伦敦人，突破了城市历史上每天死亡人数的最高纪录。几乎找不到制止这种空中屠杀的任何方法。英军处于全面防守的态势，看不到一点点最终能获得战争胜利的希望。

当丘吉尔听到德国人在1941年6月22日向苏联进军，开辟了一条沿着黑海延伸到波罗的海的广阔前线时，他很高兴，那是一个小小的奇迹！尽管苏联在1939年8月以后就与德国建立了准联盟，并向德国提供石油、粮、棉、铁矿石等对战争至关重要的物资。然而丘吉尔没有和他的任何欧洲或英联邦盟友商量，就直接发表了广播，许诺将无条件地支持斯大林和他的国家。

尽管他藐视所谓的斯大林的“邪恶政权”，但丘吉尔看到的是苏联不情愿地加入了盟军是救赎英国和他自己的一个奇迹，让他们能够喘一口气并重整旗鼓。美国在1941年12月7日日本袭击珍珠港之后也加入了战争，这最终完成了对英国的救赎。苏联和美国曾尽一切可能想避免加入冲突，但在丘吉尔看来，一旦他们被卷了进来，盟军的胜利将是确定无疑的。

然而，在1942年的大部分时间里，这种前景似乎非常不可能成为现实。当德国人横扫苏联直冲莫斯科时，苏联一路上节节败退，而美国加入战争以后也遭遇了一次又一次的失败。在面对珍珠港失去了大部分美国舰队的震惊之后，是日本对关岛、维克岛和菲律宾的占领。对于英国来说，情况更糟。上一年在法国、希腊和克里特岛被德国人打败之后，他们现在在远东和太平洋地区又败于日本。香港于1941年圣诞节陷落，接着是新加坡、缅甸和马来西亚。特别是以前被视为英国在远东的无敌堡垒——新加坡的陷落产生了更大的冲击。英国人无法理解驻守在新加坡的85000人的守军为什么这么快就投降了。在下议院讲话时，情绪激动的丘吉尔把它称之为“我们历史上英国武装力量遭受的最大灾难”。

不幸的是，新加坡几乎不是1942年春季和冬季出现的一系列似乎是无休止的英国军事灾难的最后一场。在北非，隆美尔将军在利比亚发动了一场对英国军队的新的进攻，夺回了刚刚被英国夺取的城镇。到了6月份，在长期被围困之后，位于利比亚东部的一个主要的英国堡垒托布鲁克港陷落了，30000多名英国士兵向一支相对较小的德国部队投降了。与新加坡的损失相比，这次失败的战略意义更加重大。夺取托布鲁克使德国人扫清了通往开罗和苏伊士运河的道路，它威胁到英国在整个中东地区的存在。

自从1940年4月以来，除了不列颠之战以外，英国人遭受了敌人一次又一次的羞辱。随着1942年一次又一次的失败，英国公众的情绪越来越恶化。在公众和议会中，他们对政府在战争事务的处理上普遍持有怨言。议会中的一名议员甚至建议解雇所有的英国将领，由波兰、捷克和自由法国运动的军官取代他们，“直到我们能够培养出自己的训练有素的指挥官”。

在1月份和7月份，丘吉尔在下议院两次遭遇了对他领导的战争方向的不信任投票。虽然他两次都获得了大胜，但对他的领导能力的攻击也给他带来了严重的心理伤害。1942年初，他的女儿玛丽在日记中写道：“爸爸的情绪非常低落，他的身体也不太好，他在接连不断的高压事件下遭受磨难。”

当无情的战争还在进行时，丘吉尔并不想与罗斯福和斯大林争论他们对较小的欧洲盟友所持的轻视态度，这些盟友是被作为小人国来对待的。1942年1月，罗斯福和丘吉尔在华盛顿象征性地签署了建立联合国的协议。总统把参加盟军的26个国家戏称为联合国，所有这些国家都承诺将全力投入战斗（除了美国、英国、苏联和中国以外，联合国主要由被占领的欧洲、英联邦和中南美洲的国家组成——作者注）。罗斯福宣称：“联合国将是一个由享有同等尊重和同等重要性的独立的人民所组成的协同组织。”然而，只有苏联和中国这两个曾称为主要盟友的国家的首脑，在事先被征求了对文件起草的意见，也只有苏联和中国大使接到了正式的邀请，见证了罗斯福和丘吉尔在白宫的签字仪式。其他盟国的大使只是被告知，他们可以在方便的时候到白宫来签署宣言。波兰驻华盛顿大使扬·切哈诺夫斯基指出："如果联合国还能被看作是一个国际大家庭的话，那它里面肯定存在着有钱人和穷人的关系。"

在整个战争期间，罗斯福表现出了一种令人不安的谈论小国命运的习惯，就好像他们的命运是他一个人就可以决定的一样。例如，在 1942 年与苏联外交部长维亚切斯拉夫·莫洛托夫（Vyacheslav Molotov）举行的一次会议上，总统曾说苏联需要在北方有一个不冻港，并建议苏联将挪威沿海城市纳尔维克拿下来。大为震惊的莫洛托夫拒绝了这一建议，声明他的国家"对挪威没有任何领土或其他的要求"。

几个月后，在白宫与英国生产部长奥利弗·利特尔顿（Oliver Lyttelton）的谈话中，罗斯福提到了比利时两个主要民族之间的分歧：讲荷兰语的佛兰芒人和讲法语的瓦隆人。他宣称佛兰芒人和瓦隆人"不能在一起生活"，他提议："战后，我们应该建立两个国家：一个叫瓦隆国，一个叫佛兰芒国，我们应该把卢森堡与佛兰芒国合并在一起。"这种迫使欧洲盟友自行分裂的想法令人难以置信。利特尔顿后来是这样写罗斯福的："他会将他对动荡而困扰的世界的想法，以轻松的、不考虑后果的方式在谈话中说出来。一个握有如此之大权力的人这样说话，真是令人害怕！"

当利特尔顿向英国外交大臣安东尼·伊登报告罗斯福的评论时，伊登认为总统是在开玩笑。但是当伊登自己在 1943 年 3 月访问白宫时，罗斯福又重新提出了这个建议。伊登说："他看上去似乎在摆布许多国家的命运，不管那是敌人还是盟友。我对那个想法礼貌地泼了一点冷水，总统就没有再提那个问题了。"

罗斯福对被占领的欧洲国家和其他小国盟友的态度，揭示了他极其复杂的个性中的一些矛盾。他真诚地相信，美国在第二次世界大战后的任务将是帮助建立一个更加自由、更为公正的世界。然而，他也认为，美国、苏联和英国有权对那些不那么强大的国家进行控制，不仅在战争期间是这样，而且在战后也是如此。

虽然在整个战争期间，罗斯福和丘吉尔在公开场合上继续倡导所有国家都应享有平等的权利和自由，但是像其他较小的盟友一样，被占领的欧洲国家都被排除在所有重要的战争计划之外。例如，流亡政府的军事人员被禁止参加美英联合参谋长会议，而那个机构是负责对盟军未来的军事行动进行规划的，其中包括在欧洲各国自己的领土上将展开的军事行动。日本人在 1942 年 3 月夺取了荷兰的东印度群岛，但让荷兰政府极度愤怒的是，在与西南太平洋地区盟军针对日本的军事行动有关的所有高层决策中荷兰都被排斥在外。

由于美国和苏联加入了盟军，所有流亡在伦敦的欧洲人的影响力都被削弱了。但是自由法国运动、波兰和捷克的抵抗组织都清楚他们的战争努力和他们国家的未来受到了急剧而深刻的影响。

罗斯福从一开始就看不起戴高乐和法国。他对那个被打败的、受到创伤的国家的情况的复杂性很不了解，对法国老百姓也没有多少同情。他所了解并在意的是法国导致了盟军的失败。他认为法国在投降德国之后已丧失了它在西方列强中的地位。他宣称："法国已经不存在了。"他坚持认为只有在解放之后法国才会再次存在。

就戴高乐个人而言，罗斯福认为他是微不足道、荒唐可笑的，一个有着宏伟野心的英国傀儡。总统在一开始就蔑视这位将军，"他从一个被打败的军队中逃脱，但却在大谈'不可剥夺的权利'，'长期的辉煌业绩'和'不朽的法兰西'"。一位美国官员写道，罗斯福认为"戴高乐的野心对盟国和睦和法国民主都是一种威胁"。因此，他作出了决定，而他的决定一旦作出是再也不会改变的——美国将不会作出任何让步来帮助戴高乐实现他的野心。

与英国不同的是美国在法国投降德国后几乎立即就承认维希是法国的合法政府。罗斯福还派出了他的一位好友，前美国海军作战总指挥威廉·莱希（William Leahy）海军上将前往维希担任大使。随着战争的进行，贝当的维希政府加强了与纳粹德国的合作，并更严厉地镇压自己的公民。美国政府与维希政府的密切关系在美国和其他地方都受到了越来越严厉的批评。

罗斯福并没有把那些批评放在心上。正如丘吉尔曾试过的那样，他认为他可以说服维希政府，不让德国插手法国的北非殖民地和剩余的舰队，也许有朝一日可以把法国拉回到盟军阵营来。为此，美国通过向北非运送粮食和其他急需的物资来大力吸引维希政府。然而，维希政府虽然接受了美国的礼物，却没有表现出会遵从美国政府的意愿，就像它曾经无视了英国的提议一样。而这并没有使罗斯福动摇，反而使他决心加倍努力来赢回维希政府。

英国人对戴高乐的支持和罗斯福对他的强烈反感之间的冲突，在 1942 年中期的时候第一次浮出了水面，当时这两个新结伙的西方盟国开始计划对德国发起他们的第一次联合进攻。美国的将军们设想入侵欧洲大陆，但英国人抗议说英国的军队还没有做好准备来进行这样一场高风险的行动。盟军最终在英国提交的替代方案上进行了妥协：于 11 月份通过两栖登陆，进攻北非。

罗斯福认为由于维希政府对美国持友好态度，只要登陆时美军在前，英国军队随后，而自由法国的军队不被看到，维希在北非的部队就不会对地面进攻进行任何抵抗。在 1942 年初时，戴高乐将军已经有了 50000 多人的军队，一支有 1000 多名飞行员和地勤人员的空军和几十艘舰船。对罗斯福总统来说，这不是什么重要的东西。他对丘吉尔说，将军和他的追随者们“不得在北非和法国的解放和治理中发挥任何作用”。总统还坚持要求不让戴高乐知道任何有关进攻的计划。

丘吉尔面临着左右为难的困境。尽管他与戴高乐的关系已经开始出现裂痕，但他在 1940 年 6 月曾作出了庄严的承诺，支持这位将军，他现在无法收回他的承诺。他也完全不同意罗斯福的看法——认为法国已经失去了作为一个强大国家的地位。当丘吉尔听到罗斯福带着讽刺的口吻告诉他，戴高乐认为自己是圣女贞德的后裔时，丘吉尔并没有感到好笑。这个想法对他来说似乎并不荒谬。英国首相无奈地指出：“没有军队的法国不是法国，戴高乐是这支军队的精神支柱，他可能是幸存的最后一个勇士。”

同样地，丘吉尔也认为自己是罗斯福的助手，并向他的工作人员下令：“绝不允许出现任何妨碍他与总统友谊的事情。有那么多事情都依赖着这段友谊。”英国人最终把进攻北非的计划全交给美国人去办了。但是，就在进攻发起的前几天，丘吉尔恳求罗斯福至少让他告诉戴高乐：“你记得我曾经……承认他是自由法国运动的领袖。我相信他的军事荣誉是可以信赖的。”当罗斯福拒绝了他的要求时，丘吉尔坚持说：“我还是感到对戴高乐很抱歉。但我们将接受你的决定。”

1942 年 11 月 8 日，30000 多名美军和英军涌上了北非海滩。丘吉尔后来承认他自己和罗斯福对“戴高乐的侮辱是极为严重的”。然而，当天晚上戴高乐在英国广播公司（BBC）的广播中支持了对北非的进攻：他号召“法国的领导人、士兵、水手、飞行员、公务员们和北非的法国定居者们，站起来吧！帮助我们的盟友！加入他们的战斗，不要有任何保留！战斗的法国要求你这样去做……不要听信那些试图说服你的卖国贼，说盟国为了自己的利益想要去占领我们的帝国。伟大的时刻来到了！”

私底下，戴高乐对自己和他的部队被排斥在进攻之外大为震怒。在写给美国国务卿科德尔·赫尔（Cordell Hull）的一封酸楚的信中，他说他对“美国政府对与盟国并肩战斗的唯一法国人的不礼貌态度”尤为不满。但是他把最尖锐的矛头留给了 17 个月前曾热烈欢迎他到英国来的人。他在与丘吉尔的一次会议中大声嚷道：“我无法理解你！你从第一天开始就投入战斗了。甚至可以说你个人就是这场战争的象征。然而，你却让自己被美国牵着走，那些美国士兵还从未见过德国人。领导这场战争的道德取向取决于你。欧洲的公众舆论将会支持你！”戴高乐后来在他的回忆录中写道：“这些话对丘吉尔先生产生了极为深刻的印象，可以看到他在颤动。”

然而，尽管他内心可能同意将军说出的真相，但丘吉尔很清楚自己无能为力。在与苏联和美国人的合作中，他发现自己与欧洲人的处境一样，正在迅速成为斯大林和罗斯福的次等合伙人，正如其他欧洲小国领导人曾经从属于他一样。

当盟国的领导人为了北非和法国不断争吵时，法国民众在经过了长期的观望以后，终于开始躁动起来。最初，公开抵抗的想法在法国被接受的程度似乎远远低于其他被占领国家，这在很大程度上是因为他们的政府正在与德国积极合作。只要法国的警察和政府管理人员按照希特勒的要求去做，维希政府就有权自行运作，希特勒保证他将以德国人尽量少出现的方法来控制法国。正如一位历史学家所说：“在第二次世界大战期间，与法国相比，没有一个其他被占领的国家曾对纳粹统治初期的效率作出了更大的贡献。”

并不是只有法国官员在与敌人合作，法国许多最富有和最著名的公民——工业家、贵族、作家、电影明星和服装设计师，在整个战争期间与占领者保持着社交往来，并在经济上和其他方面从他们的现身中获益，还有成千上万的其他人也是如此。据历史学家朱利安·杰克逊估计，约有 22 万法国公民可以归类为德国人的战时合作者。

然而，绝大多数法国人并没有像他们那样去做。虽然大多数人从未对公开抵抗显示出任何兴趣，但在战争期间，公众舆论的调查报告显示了公众强烈的亲英反德态度。早在 1940 年 8 月，一份德军备忘录指出：“作为一种手段，德国士兵对法国民众友善和施助的行为并没有换来法国民众的同情。”

一般来说，法国人以漠视他们的占领者并拒绝与他们有个人接触来表现出他们的敌意。一位法国人在 1943 年 2 月写道：“我垂下了我的脑袋，你看不见我的眼睛，我不会让你得到彼此对视的喜悦。你在我们中间就像一个物体，处于一片寂静和冰封之中。”这样做既能满足蔑视敌人的情绪，对他们来说也几乎没有人身危险。更积极抵抗的想法当时却是遥远而陌生的，而且会让人处于更加危险的境地。

在法国战败之后的头几个月里，全国各地发生了多起孤立的反抗活动：有人向德国的巡逻队开枪；德国人的布告和汽车轮胎被划破；当希特勒出现在新闻电影屏幕上时电影院里会爆发出一阵哄堂大笑。在 1940 年 11 月 11 日停战日那天，数以千计的法国学生聚集在巴黎的星形广场上高唱“马赛曲”以抗议德国的占领。这是法国的第一次大型反德国示威，德国人决心使其成为最后一场抗议活动。德国警察和军队冲向人群，开枪打死了几十名学生。

德国人对抗议活动的反应震惊了整个法国，并阻止了未来可能会发生的大规模抗议活动。

尽管如此，几乎在没有人注意到的情况下，反抗的余烬开始慢慢燃烧起来。整个战争期间在法国生活的苏格兰作家珍妮特·特西斯·杜·克罗斯（Janet Teissier du Cros）曾这样写道：法国的抵抗“就像蘑菇自然而然地在落叶中长大一样。起初，它是没有组织的运动。在城市、乡镇或农村，那些怒火中烧的人很快就知道了他们的邻居中哪些人和他们持有相同的看法。在不清楚如何将他们的感受转化为行动的情况下，他们聚集在一起，开始时只是为了在精神上相互支持。许多人身上表现出来的英雄主义就像夜间的一个小偷一样”。

渐渐地，这些小小的未来抵抗者们的团体与其他同样未经组织的团体联合起来，在全国各地发起了分散的运动。他们中很少有人知道其他组织的存在。他们所做的同一件事，也是大多数抵抗组织采取的第一步行动，就是印发秘密报纸，意在抵消德国人的宣传，向法国公众提供关于战争及在他们国家所发生的情况的准确信息。

对于每个被占领国家来说，地下报纸是抵抗运动存在的核心和关键，而在法国这个对言论和说辞视之极高的国家里尤为重要。据法国国家图书馆的统计，在战争期间法国共出版发行了1000多种地下刊物。

像BBC对法国的广播一样，报纸的目的是用希望和蔑视的精神来取代绝望和无奈的感觉。一位地下刊物的编辑在战后说：“我们明确地展示积极的抵抗活动正在进行并日益增长。对我们的读者来说，他们看不见哪些人是抵抗运动的成员……在那个阶段，唯一的标志就是我们的两页印刷品。”报纸本身就是法国人反抗的有力证明。制作和分发地下报纸，将它们留在邮局里和火车上、送进各家各户的邮箱都具有相当大的风险，而那样的行动最终成了更加公开和危险的反抗的温床和训练场。

当他们收敛了自己的自尊之后，在那些早期的抵抗者中也开始形成一种在法国社会几代人中——也许是几个世纪之久一直缺乏的社会感。跨越了传统的社会和经济隔阂之后，来自各阶层和各行各业的记者、教师、铁路工人、店主、学生、装卸工、工程师、文员和农民被一位抵抗运动成员称之为“对我们祖国的热爱”的东西团结在了一起。甚至世袭贵族也有人参加：让、菲利普和皮埃尔·德·沃默古（Pierre de Vomecourt）三人是来自洛林的富豪兄弟，也都是男爵，他们成了特别行动处和抵抗运动成员之间的重要联络人。

法国南部主要抵抗运动之一“南部解放”的创始人，身为记者和知识分子的埃玛纽埃尔·达捷斯·德·拉·维热里（Emmanuel d'Astier de La Vigerie）写道：“在我们的战争中，灵魂被救赎了。我们正在进行一场反抗，我们中的许多人就像在一个没有秩序的社会中漂泊，为失散的兄弟们敞开大门。我们每个人的动机都不一样，尽管别人并不知道，但是我们都是生活在同样欢欣鼓舞的状态之中。”

对现状的另一个挑战是抵抗运动欢迎犹太人和其他过去被视为法国社会外的人们的加入。一位法国历史学家指出：“抵抗运动中犹太人的比例大于他们占整个法国人口的比例。地下运动成了另一个社会，在平等的基础上接受了犹太人并为他们提供了机会，犹太人不需要改变他们身份的任何部分就可以加入行动。”

正如接受犹太人加入抵抗运动一样，促使社会现状改变的另一个挑战是妇女在抵抗运动中扮演的重要角色。不仅在法国是这样，而且几乎在每个其他被占领的欧洲国家都是这样。她们作为传递员，搜集情报、运送武器；陪同被击落的盟军飞行员抵达安全地带；在家中隐藏抵抗运动成员，甚至带领武装的抵抗运动成员袭击德军目标。一位美国情报人员将妇女称为“抵抗运动的命脉”。

和在其他国家一样，妇女抵抗运动成员在法国的成功在很大程度上是由于德国人对妇女所持的刻板印象。出于传统和保守的社会观念，德国人把妇女看成主要是在传统的家庭中操劳的妻子和母亲。至少在战争初期，德国人很少怀疑她们是间谍和破坏者。安德烈·德·容是一位年轻的比利时女子，她可以说是最勇敢也是最为人所知的抵抗战争中的女英雄。她曾说过：“女人们看起来是那样的无辜，她们看上去决然无害，德国人不能接受妇女可以有自己意愿的念头。”

在法国战败一年多之后，法国新兴的抵抗运动专注于建立联系和发展成员，出版报纸、搜集情报、制造假身份证件及其他文件，并评估今后发起准军事行动的可能性。在那个时候，没人想过要与敌人直接对抗。一份抵抗运动的报纸告诫读者：“最重要的是，不能有孤立的暴力行动，因为现在还没到时候。”

不过在德国入侵苏联之后，法国共产党人决定采取不同的行动。早些时候，法国共产党遵循着斯大林的指导，在自己的国家被第三帝国摧毁时对德国人慷慨解囊。但是在 1941 年 7 月，苏联和共产国际下令法国共产党人对法国的弹药工厂进行破坏，与德军展开武装斗争，希望以此来削弱第三帝国在苏联的进攻。他们遵从了那个命令。

他们的第一次行动发生在 1941 年 8 月 21 日，在巴黎的地铁站打死了一名年轻的德国海军士官。维希政府企图安抚纳粹当局，下令枪决了与伏击无关的六名法国共产党人。然而报复行动没能停止共产党人的袭击，随之而来的是更多的暗杀。10 月 20 日，一名德国高级官员在南特被暗杀，接着在波尔多又有一名德国高级官员被杀。在德国人的报复行动中，有 97 名法国人质被枪杀。在接下来的七个月里，400 多名法国公民因德国人的报复而丧生。

法国人民已经受够了食物和燃料短缺的苦痛，从而对肆意杀害他们的同胞的行为感到非常愤怒！到了 1942 年，有关法国人民对其占领者的态度的报道中通常使用的词语是“仇恨”和“愤怒”。那年 6 月，在巴黎的一次会议上，几十名德军情报官员被告知：“99% 的法国人对我们公开显示敌意。法国人藐视德国人，他们甚至不会因我们对他们那么宽宏大量而原谅我们。”

然而，激烈的敌意并没有立即转化为广泛的直接抵抗。只要德国人看上去似乎无敌天下，反叛的念头似乎是一种不切实际的走极端。1942 年 11 月，无敌的神话终于被打破了，感谢英国在埃及阿拉贡港的胜利，这是英国人第一次在战场上取得胜利。几天之后，盟军开始进攻北非。

随之而来发生了一连串的事件，其中包括在北非遭受袭击的三天后，德国人于1942年11月11日对原在维希政府控制下的法国部分实施了接管。整个法国现在处于德国人的统治之下，北部的严厉镇压也蔓延到了曾经比较宽松的法国南部。接管也让维希政府与德国人的公开合作更加引人注目。越来越多的法国人认为维希政府在人质枪决以及抓捕法国犹太人并将他们送进死亡集中营方面与德国人的合作，已经让贝当及其官员变成了希特勒的走狗。

但让抵抗力量得以增强的最大动力是德国在1942年决定征招几十万法国公民到德国工厂去从事强迫性的劳动。之所以要这样做是因为纳粹犯了一个重大的计算错误：当他们入侵苏联时，他们预计那场进攻持续不会超过六个星期。然而一年之后，那场战斗还在进行，几百万德军在东方战线上战斗并死亡。这么多人被征招进了德国军队，希特勒发现自己那些生产坦克、飞机、火炮、潜艇和其他迫切需要的物品的工厂里工人严重短缺。他决定从欧洲各地征招人员来填补差缺。

在1942年春天，元首下令将大约35万名法国公民纳入纳粹的战争工业。维希政府总理皮埃尔·赖伐尔（Pierre Laval）呼吁法国人自愿参加，但几乎没有人响应。他发出命令，要求所有18–50岁的法国人和21–35岁的未婚妇女为德国的战争机器服务两年。法国政府实行的劳动义务服务（或通常被称为“STO”）实际上是在法国征招服劳役的劳工。在战争期间被运送到德国去的100多万法国公民中，20多万人死于德国。

在奴役劳工征招令下达之前，大多数法国人的生活没有受到德国镇压的深重影响。然而，“STO”以最直接的方式影响到了每一个家庭，几乎每个家庭都至少有一个亲人有被征招的危险。对许多人来说，继续忍受占领已经不再是一个选择，现在是结束它的时候了。地下报纸呼吁所有法国公民拒绝服从这一命令。工人罢工和抗议活动倍增。更重要的是，几十万名男子离开家园转入了地下——人口稀少、树木繁茂的法国乡村，以及法国东部和南部的山陵地区成了最受欢迎的藏身之地。在那些偏僻的地方，新成立的被称为马奎斯的准游击队队员们建立了根据地，开始准备进行破坏和颠覆活动。

从那时起，尽管仍然存在着一些严重的弱点，人们开始把抵抗运动看作法国的一个有真正实力的组织了。全国各地的各种抵抗组织都是独立运作的，有时他们的目标是相互矛盾的。他们没有钱，武器又少，缺少纪律性，又缺乏目标和方向。直到1942年初时，他们与戴高乐和伦敦的自由法国运动几乎没有任何联系。

尽管从一开始，戴高乐和抵抗运动都没有意识到他们需要相互支持来达到共同的目标——解放他们的祖国。然而有幸的是，至少有一个人看到了这一点。他就是让·穆林（Jean Moulin），一个矮小、宽肩、男孩般英俊的法国官员。他在1941年10月下旬的一天，在没被邀请的情况下，不经预约就直接走进了戴高乐的伦敦总部。

法国战时抵抗力量中最杰出的人物穆林，在将各个分散的抵抗组织聚合起来，并组合成一个凝聚力较强的、相对有纪律的组织方面发挥了比其他任何人都更为重要的作用。在此过程中，他还给予了戴高乐所需要的合法性，以扩大他的远征军，让戴高乐得以从盟军的下属转变为公认的法国领导人。

尽管在过去18个月内，戴高乐已经向法国派去了20名情报人员，但在让·穆林走进卡尔顿花园之前，戴高乐和他的人并不知道法国出现了越来越多的抵抗组织。特工们的任务是搜集关于德国人活动的情报，他们显然很少与地下组织联系。戴高乐的情报局局长安德烈·德瓦弗兰（André Dewavrin）在1941年1月写道："我们知道分散在法国各地的那些人准备对德国人采取武装行动。但是我们完全不知道如何与他们建立联系，因此就无法去组织他们。"

事实上，在穆林抵达伦敦之前，自由法国运动从来没有把法国的战线视为他们的首要任务。戴高乐在1940年6月最初的BBC广播中，专注于在法国以外的地方招募法国人——那些逃离法国或生活在北非和其他法国殖民地的人。德瓦弗兰说："将军似乎对在国内建立一支秘密军队，或是由游击队力量进行有效攻击的可能性毫无信心。"

当戴高乐见了穆林之后，这一切都改变了。像以前一样，那位将军对别人十分粗鲁和冷淡，但他现在被他的访客折服了。一位在伦敦见过穆林的英国官员说，穆林凭着自己威严的气势和强烈的正义感，向我们展示了“他天生就有的权威和他过去的经历给予他的丰富经验”。

当战争爆发时，40 岁的穆林正担任厄尔－卢瓦省的省长（或州长）。厄尔－卢瓦省在法国的西北部，省会是沙特尔。与其他政府行政人员不同，穆林拒绝接受纳粹统治，而他们中的大多数人却愿意与德国人合作。在占领开始几天后，他被盖世太保逮捕，在拒绝接受他们的命令后遭受到了酷刑。担心自己可能会屈服于压力，他试图割喉自杀，但他被发现并被送往医院抢救，最终得以康复。然而，他的伤口让他说话时嗓音嘶哑，喉咙上也留下了一条深深的伤疤。当他出现在公众场合时，他会用围巾盖住那道伤疤。

虽然穆林因为不服从而失去了职务，但他仍然是自由的。在他活动在国内的剩余的短暂时间里，他致力于使法国抵抗运动凝聚成一股力量。在接下来一年的大部分时间里，他走访了全国各地，与抵抗组织取得联系并收集各个组织的信息。他的主要关注点是维希政府控制下的法国地区的三大抵抗组织，他称他们为“抵抗入侵者的主要组织”。

穆林在离开法国之后向戴高乐提交的一份手写报告中，详尽地列出了抵抗运动所取得的成就、他们的目标和对敌人进行破坏并开展军事行动的潜力。他对戴高乐说：“成千上万的法国年轻人掀起了一次希望参加战斗的浪潮。他们希望有人告诉自己，他们已经踏上了法国的前线。抵抗运动必须与加强组织和指引方向结合起来。”他指出，如果妥善地加以指导并提供后勤支援，抵抗组织可以在法国解放之前，通过协助盟军，为结束德国的统治作出重大的军事贡献。他警告说，如果戴高乐不加入进去，法国的抵抗运动可能会屈从于共产党人的控制。

穆林的看法给戴高乐留下了深刻的印象。他让穆林作为他的官方代表回到法国，与各个抵抗组织联系。穆林的使命是将各个抵抗组织团结到戴高乐的统一领导下成为一个实体。作为回报，他们将会得到资金和武器的接济。考虑到出于政治和个人方面的原因而导致的深刻分歧和相互竞争困扰着这些抵抗运动组织，要让他们团结起来确实是一个巨大的挑战。尽管如此，到了

1942年的夏天，当穆林威胁将不让他们得到任何援助的时候，他成功地从包括共产党人在内的绝大多数抵抗组织那里获得了支持戴高乐的承诺。

戴高乐对抵抗运动和法国公众越来越大的影响力在1942年7月14日——巴士底狱日那一天得到了充分的证实。在那天的广播中，他呼吁维希政府统治下的法国民众举行反对维希政府的大规模公开示威游行。几十万人响应了他的召唤，沿着马赛、里昂和其他城镇的主干道迈进。游行人群穿戴着法国国旗颜色的服装、挥舞着旗帜，并高唱“马赛曲”（戴高乐同时指示，在德国占领区的法国人不要进行示威游行，以避免给德国人一个暴力报复的借口。而这再一次印证了戴高乐的影响力：绝大多数法国人听从了他的指示）。

戴高乐在法国的权威不断提升，现在正是最需要它的时候。当他的领导地位面临包括美国总统在内的多重挑战的时刻，这为他提供了合法性和政治基础。更具体地说，它让戴高乐能对罗斯福政府在战争期间作出的最有争议的决定之一进行反击：那就是1942年11月任命维希武装部队指挥官让·达尔朗（Jean Darlan），一个臭名昭著的德国合作者担任北非总督。

美国对达尔朗的选择是在北非的维希部队欺骗了罗斯福，让他相信他们欢迎美军的进入之后发生的。事实上，法国人几乎在每一个登陆地点都显示了强硬的抵抗。为了消除这种抵抗，美国的军事指挥官打电话给达尔朗，他在美军进攻时碰巧在阿尔及尔探访他的儿子。达尔朗曾担任过维希政府的总理，在维希政府中地位仅次于担任首脑的皮埃尔·赖伐尔。由于他与德国人同谋迫害法国的犹太人，大规模逮捕维希政府的反对者，向隆美尔的部队供应食物和物资，他是所有维希官员中最遭人咒骂的一个。

作为达尔朗让抵抗停火的交换，盟军承诺将任命他为北非的高级专员或总督。在经过先同意然后抵制交易的反复之后，达尔朗在盟军的强大压力下终于下令停火。然而一经上任，他仍然坚持反犹太人的法律，并把戴高乐的支持者们，包括许多帮助过盟军行动的人关进了监狱。

对他的任命在全世界掀起了一阵抗议的风暴。罗斯福不为批评之声所动，他对访问华盛顿的一位法国抵抗运动领导人说：“就我而言，我不是伍德罗·威尔逊那样的理想主义者。我最关心的是效率。我有问题需要解决。那些帮助我解决问题的人将受到欢迎。今天，达尔朗给我阿尔及尔，我会高喊‘达尔朗万岁！’如果吉斯林给我奥斯陆，我会高喊‘吉斯林万岁！’赖伐尔给我巴黎，我会高喊‘赖伐尔万岁！’”

在许多人看来，这种愤世嫉俗的实用主义贬损了盟军事业崇高的道德立场。CBS 记者埃里克·塞瓦雷德后来写道：“英国人在 1940 年第一个给予这场斗争以积极的理想主义的意义。而让全世界感到震惊的是，第一个要取消这种意义的是美国人。”塞瓦雷德补充说道，对达尔朗的任命显示了美国政府和军方“将不择手段来帮助他们达到目的，即便那是法西斯主义者或法西斯机构，他们不会考虑基本的原则将遭致混乱，而未来将陷入危险”。

欧洲抵抗运动的成员们公开地表达出了他们的沮丧和愤怒。他们的生活一直处于不断的危险之中，部分原因就是由于像达尔朗那样的合作者的所作所为。根据特别行动处的一份报告，盟军与达尔朗的勾搭“在被敌人占领国家的地下组织中产生了极为强烈的反应。特别是在法国，那里的反应已经产生了爆炸性的并令人窒息的效应”。

在法国，归顺戴高乐的行动加速了。1942 年 11 月 17 日，让·穆林转达了法国抵抗运动领导人的一份声明，呼吁任命戴高乐这位“无可争辩的领导人”为北非总督。这一声明也获得了法国大部分政党代表的签字——这是向盟军发出的一个信号，即对将军的支持不仅来自抵抗组织，也来自传统的政治力量。

戴高乐也获得了欧洲各国流亡政府全力的支持，他们的领导人担心美国人既然已经与达尔朗合作，他们很可能也会与自己国家的德国合作者们进行合作。大多数英国公众、大多数议员和英国媒体也加入了对他的支持。即便是一些英国高级官员，包括外交部的几名官员，也加入了这一行列。在 1940 年，面对外交部的反对，丘吉尔支持了这位将军，现在这个部门的官员正在保护他免受丘吉尔越来越多的敌意。他们相信戴高乐已在法国获得了合法地位，抛弃他将不符合英国的长远利益。

丘吉尔当然和几乎其他所有的人一样，很清楚对达尔朗的任命是一个巨大的政治错误，需要采取行动来纠正这个错误。不久之后果然有人采取了行动：在1942年圣诞节前夜，一名20岁的法国军队训练士官冲进了达尔朗在阿尔及尔的总部并将他枪杀了。有人怀疑美英秘密安排了这次谋杀，但至今还没有任何证据证明这一点。

为了取代达尔朗，美国军方挑选了一名名叫亨利·吉劳德（Henri Giraud）的法国将军，他曾在与德国的战斗中被捕，并从德国的监狱逃跑出来，然后参加了维希政府。他在被任命后继续了前任对犹太人和维希政府反对者的迫害，因此吉劳德也非常不受欢迎。除了罗斯福政府之外，盟军中很少甚至没有人支持对他的任命。法国抵抗运动领导人哈罗德·尼科尔森说："在吉劳德和戴高乐之间，没有任何真正意义上的选择。吉劳德在法国不是一个好名字。而戴高乐不仅仅是一个名字，他是一个传奇人物。"

在那时已经很清楚了，罗斯福正在为一场注定要失败的关于戴高乐的战斗而战。让·穆林宣称："法国人民将永远不会接受让戴高乐将军屈从于吉劳德将军。"他呼吁"迅速在阿尔及尔成立由戴高乐将军出任总统的临时政府，不管谈判结果如何，他将永远是法国抵抗运动的唯一领袖。"除了来自法国的对将军的支持以外，成千上万的维希法国士兵在北非转换立场，加入了自由法国运动，使戴高乐的运动拥有了一支更强大的军事力量。

罗斯福最终作出了在大多数人看来是必然的让步，尽管是很小的一个让步。他承认戴高乐不应被完全排除在北非政府之外，他授权让戴高乐与吉劳德协调，而吉劳德邀请了他的对手到阿尔及尔分享新的法国民族解放委员会的领导权。然而尽管有了暂时的停战，但罗斯福和戴高乐之间充满敌意的对抗仍然持续着，这将带来长期有害的后果，直至今天仍然回荡不息。

第 14 章

丑陋的现实

苏联威胁波兰
和捷克斯洛伐克

由于法国将成为盟军进攻并解放欧洲的桥头堡，戴高乐和他的部队可以轻视两个最强大的西方盟友且不为其所累。波兰驻英国大使爱德华·拉辛斯基（Edward Raczyński）在战后写道，法国将军“可以不怕惹恼英美的政治家们，并向他们直接表述令人不愉快的真相。他们可能不喜欢这样的做法，但他们不能抛弃这位将军或法国”。拉辛斯基指出，对于他自己的国家与东欧地区的其他国家而言，待遇是完全不一样的。罗斯福和丘吉尔是将他们“作为次要的，对自己的重要利益而言无关紧要”的国家来对待的。

德国入侵苏联之后没几天，英国政府开始施加压力迫使波兰流亡政府与苏联实现和平。对于波兰人来说，将苏联视为盟友的想法是一种怪诞的自相矛盾。大约两年之前，苏联在希特勒的秘密授意之下袭击并占领了波兰东部，在几乎与德国人相同的时间内吞并了大约一半的波兰领土，而德国人则同时吞并了另一半。苏联对他们控制下的波兰人的待遇几乎与德国人的一样。

在苏联统治波兰东部的 21 个月的时间里，据估计有 150 万波兰公民从家中被带走，并由货运列车送往西伯利亚和苏联其他地区。几千人在途中因严寒、饥饿或疾病死亡。那些幸存下来的人最终被送进了奴役劳改营或被送到了集体农场。大多数人都没能活下来。在苏联占领期间，挑出了军队领导人和其他受过教育的波兰精英加以“集中管制”。事实上，斯大林希望能完成他们的“前辈”在18、19世纪开始做的事情——彻底征服波兰。

在苏联抓捕行动中失踪的人里，有15000多名波兰军官，其中包括许多陆军的最高层指挥官，他们在1939年9月被红军抓获。当苏联加入盟军后，斯大林告诉波兰流亡政府他不知道那些失踪的军官在哪里。事实上，他们在被抓捕后不久就被枪杀了。在1940年春天，他们中的许多人被分成小队逐一带到了邻近苏联西南部斯摩棱斯克的卡廷森林中的一片空地。苏军强迫他们在那里的一个巨大的坑边跪下，然后在他们的脑袋后面开枪。他们的躯体被推入了那个巨大的墓坑，“就像生产线上的机器那样精确”。这个死亡队列持续了五个多星期。

在伦敦的波兰人要到1943年才会知道卡廷森林的“谋杀”，但当时他们已经知道被困在苏联的100多万波兰人的严酷处境。当丘吉尔和伊登迫使他们在1941年7月与斯大林签署条约以保证两国之间的军事合作并恢复外交关系时，波兰人最初对此是抵制的。

对于波兰人的抵制，丘吉尔不能接受。到那时为止，波兰比任何其他自称的盟友对英国的生存和整体战争作出了更多的贡献和努力。但是，尽管他重视波兰人的帮助，丘吉尔却无法通过波兰人的眼睛来看待苏波之间的冲突。苏联现在是英国的重要盟友，他决心要让波兰接受苏联成为盟友。伊登告诉波兰流亡政府总理西科尔斯基将军：“无论你是否愿意，必须在条约上签字！”将军最终退让了。

条约中的一条规定实际上对波兰人非常重要，并且将在以后几年里对盟军的战斗给予巨大的帮助。协定要求斯大林释放所有被送到苏联去的波兰人。虽然最终他只释放了其中的一小部分，但是足以组建一支新的波兰军队了。看上去更像是僵尸而不是士兵的，成千上万憔悴、没有牙齿、因为冻伤而失去了手指和脚趾的波兰人，从监狱、奴役劳改营和集体农场里放了出来，被送往在伏尔加河畔临时搭建起来的训练营地。他们的指挥官是波兰的瓦迪斯瓦夫·安德斯（Władysław Anders）将军。他在1939年抗击苏联入侵时两次受伤，后来在莫斯科的卢比扬卡监狱中被关了一年多。1942年，安德斯的临时军队在数千名波兰妇女和儿童的陪伴下从苏联转移到了中东地区。在那里，稻草人一样的士兵得以恢复健康，并开始了真正的训练。作为波兰第二军团，他们最终有了十多万名战士。到1944年时，安德斯军团攻占了蒙特卡西诺，按照约翰·基根的说法，这支军队将被视为“战争中最杰出的战斗队伍之一”。

然而，与释放囚犯同样重要的是在条约中被蓄意遗漏的波兰的另一项要求，这对波兰的长远未来更为重要。波兰人想在条约中增加一项条款——苏联要承诺将1939年夺取的所有波兰领土还给波兰。但是斯大林拒绝作出这一承诺。事实上，苏联领导人在与西方结盟的头几天里就暗示他不仅计划保留所占领的波兰领土，而且最终还会控制波兰的其余地区。拉辛斯基说过：“苏联既不追求也不在乎波兰的友谊。他们的目的就像过去一样，完全按照他们的意志控制整个波兰，将波兰完全吞并。”

当波兰人向丘吉尔表达了他们对这个问题的忧虑时，丘吉尔再次拒绝听取他们的意见。条约的最终文本在波兰的战后边界问题上是没有结论的。

第二次世界大战期间令人想入非非的众多“假设”之一，就是波兰和捷克斯洛伐克在战后组成某种形式的保护性联邦的可能。这两个边界接壤的脆弱的国家处于西方与东方之间重要的战略地理位置上。有一年多的时间里，两国官员在伦敦会晤，讨论如何做到这一点。具体地说，他们研究了两国各自保留主权，但在政治和军事上合作，制定共同的经济和外交政策的可能性。参加谈判的人都很清楚，这样的联盟将是人力、武器和工事的强大组合，所有这一切对确保战后国家安全和独立是至关重要的。

表面上，波兰和捷克斯洛伐克似乎有很多共同点。在外国的统治下度过了很多年，两国在第一次世界大战后重新获得了独立。尽管位于东欧，但两个国家都倾向西方。然而，当涉及他们的民族性格时，他们之间的差异是很明显的。人们认为——捷克人自己也这样看：捷克人是一个清醒而明智的中产阶级人士，他们专注于努力工作，避开了华而不实的英雄主义。《时代杂志》在1944年3月号中指出：“捷克人从来没有宏伟的理想，他们总是能调整自己以适应外在的环境而生存下去，这也是他们最杰出的才能。”

而波兰人正好与此相反。与在 18 至 19 世纪期间由相对温和的奥匈帝国占领了他们国家的捷克人不同，波兰的大部分地区被更为残酷的俄罗斯人和普鲁士人所占领，只有西北角的小部分为奥匈帝国所占领。即使波兰人想与他们的占领者和睦相处（而他们从未这样做过），结果也不会好到哪里去。热血激昂和叛逆的本性让波兰人不断地起义，尤其是举行反对俄罗斯人的起义，然而一次又一次地被镇压下去。《纽约时报》记者约翰·达顿（John Darnton）写道："波兰人并不会像侵略者那样制造麻烦，但是作为受害者他们拒绝逆来顺受。"

浪漫且充满激情的波兰人倾向于贬低捷克人，他们认为他们的邻居过于执着和勤奋。A. J. 利布林（A. J. Liebling）1942 年在《纽约客》上写道："在波兰人眼中，捷克人实心眼、愚笨，就像鹅肝饺子一样。"而捷克人认为波兰人傲慢、愚蠢和专制，并具有自杀般的鲁莽。

在 20 世纪初，这种传统的反感由于对两国共同边界上的位于泰申的一小片高度工业化的土地的强烈争议而加剧。在 1918 年获得独立后，两国都声称对泰申拥有主权。泰申的人口中超过一半是波兰人，而捷克人和德国人虽然是少数，但人口规模也不小。当捷克人强行占领了泰申的大部分地区后，参加巴黎和会的盟国领导人命令他们撤出，并与波兰人平等分配那个地区。然而，捷克斯洛伐克最终得到了更好的交易，获取了泰申的大部分土地和工业设施。

为捷克人的先声夺人所激怒，波兰人在 1938 年的慕尼黑会议上得到了报复的机会，希特勒允许他们从捷克人手中夺取泰申。对波兰人来说，无论他们对泰申的要求有多少正义的成分，他们企图利用捷克斯洛伐克的不幸是一种道德的沦丧，而且使波兰在世界其他地方的声誉大受损伤。

虽然在 20 世纪 40 年代初，泰申仍然是一个争论的焦点，但在伦敦的联邦谈判中，双方都认为可能达成一致。他们之所以能这样乐观，是因为西科尔斯基将军的战时波兰政府，与负责夺取泰申的战前政权之间存在着明显的差异。西科尔斯基是战前政府直言不讳的反对派，他周围的人比起他们的前辈来要更为自由和民主，并曾积极反对过专制政策。西科尔斯基在伦敦向他的同胞们许诺：战后，他的政府将在波兰进行自由选举和社会改革，类似于战前捷克斯洛伐克曾经进行过的那样。

然而最终所有这一切都不重要了。当1942年初有新闻报道说，西科尔斯基和捷克流亡政府总统爱德华·贝内什已经开始正式谈判以修补两个国家的关系并考虑可能组建一个联邦时，斯大林明确表示他对此很不满意。当斯大林不满意的时候，绝不想做任何事情招惹克里姆林宫的贝内什对此非常重视。

与波兰不同，捷克不是俄罗斯的直接邻国，也从未被俄罗斯征服过，并且一直生活在俄罗斯传统的利益领域之外。贝内什已经对西方失去了信心，因而选择相信斯大林将在战后维护捷克斯洛伐克的独立，尽管苏维埃在1938年和1939年没有做任何事情帮助捷克人反对德国的侵略。

在加入盟军之后，斯大林竭尽全力表现出他确实是捷克斯洛伐克最好的新朋友。例如，苏联是第一个承认贝内什和他的追随者为官方的捷克流亡政府的盟国，比英国政府早四小时签署了承认协议。斯大林还向捷克人作出了一个他拒绝向波兰人作出的承诺：苏联将在战后承认他们国家的独立，不干涉其内政。捷克情报部长弗朗齐谢克·莫拉维克、扬·马萨里克和政府中的其他人对此持怀疑态度，但贝内什坚信斯大林的承诺。莫拉维克后来写道，捷克总统“失去了对共产主义的所有切合实际的看法，使他面对东方的新危险却视而不见。在整个战争期间，尽管包括我在内的许多人提请他注意，但他一直坚持对苏联和捷克共产党人以谦让态度表达自己的善意。他拒绝承认丑陋的现实，直到真相大白时却为时已晚”。

然而即便贝内什看清了现实，他又能有什么别样的选择呢？他能肯定的是英国和美国决不会做任何事情来帮助他的国家或其他东欧国家。明智地或愚蠢地，他选择在斯大林身上赌一把，而斯大林在不久之后就提出了他的第一个回报要求：让捷克抵抗运动组织加强对德国人的破坏活动，就像法国共产党人正在干的那样。

像波兰人一样，伦敦的捷克人在20世纪30年代后期逃离家园时就在捷克留下了情报和抵抗组织。他们的情报运作比波兰的要强，主要是将从阿勃维尔官员保罗·图默尔那儿获得的材料，通过无线电传送给伦敦的英国情报部门。

让贝内什感到烦恼的是，捷克斯洛伐克抵抗运动的成就没有像他们的情报工作那样显著。一种解释是与波兰相比，他们的地下活动相对较弱。捷克斯洛伐克没有受到攻击并被征服。相反，它是被所谓的盟友交换给了敌人的。由于西方的背叛，许多捷克人和贝内什一样，在精神上受到了很大的打击。他们没有任何理由为了盟军的事业而将自己的生命置于危险之中。

此外，至少在初期，德国对捷克斯洛伐克比对波兰要宽松得多。捷克斯洛伐克拥有庞大的军事工业和出产丰富的农田。因为第三帝国极其需要捷克的合作来进一步扩大战争，所以没有对大部分捷克人采用对其他斯拉夫人那样的野蛮行径。马德琳·奥尔布赖特注意到，在占领早期，“那些闭嘴不说并低头听话的人可以继续照常活下去”。

然而，党卫军并没有对学生、知识分子和其他抗议德国占领的人表现出温和的态度。1939 年 9 月在捷克的大学里举行了一系列和平示威活动之后，成千上万的学生被逮捕。有些人遭受酷刑并被枪决，而更多的人则被送往德国的集中营。从那时起，直到战争结束，捷克的所有高等院校都被关闭了。

在德国的镇压之后，有组织的捷克抵抗运动顾虑到任何一种激烈行动可能会引发进一步的报复，就转入了更深的地下活动。然而他们的稳健让贝内什非常尴尬，苏联人接连不断地向他提出紧急要求，让捷克的抵抗力量通过破坏德国战争物资的生产和切断德国军队的通信来援助红军。丘吉尔和英国的军事领导人因为无法向斯大林提供他所要求的第二条战线，也转而施压，让那位四面楚歌的捷克总统去帮助苏联。

对贝内什来说，非常不幸的是他的盟友提出的要求与党卫军臭名昭著的莱因哈德·海德里希的任命恰好同时发生。海德里希被任命为所谓的波希米亚和摩拉维亚保护国总督。海德里希在 1941 年 9 月上任伊始就指挥盖世太保血腥镇压已经被削弱的捷克抵抗运动。弗朗齐谢克·莫拉维克回忆说：“向国内发送消息要求增加抵抗活动是徒劳的。我们试了，但什么也没有发生。”

所以莫拉维克和贝内什就转向了他们唯一剩下的“资源”：正在英国接受特别行动处训练的约 150 名捷克士兵。1941 年秋天，捷克流亡政府通知抵抗运动领导人，不久将在捷克斯洛伐克空投成队的作战人员，他们的任务是重建地下组织，并发起对敌人通信系统、铁路运输和战争工业的破坏活动。为了压制国内抵抗运动可能发出的反对意见，贝内什警告说：“如果我们没能至少跟其他被占领的国家保持一样的攻击势头的话，我们的整个情况肯定会更加糟糕。”

此外，还有另一个秘密任务在计划之中。那将成为整个战争中最勇敢的行动之一，那就是暗杀 38 岁的“布拉格屠夫”——莱因哈德·海德里希本人。

作为第三帝国最有权势的男人之一，头发锃亮、蓝眼睛的海德里希给所有见过他的人都留下了深刻的印象。党卫军的同僚们对他有不同的描述，“一个金发之神”或“掠食的野兽”。希特勒第一次见到海德里希之后就宣称：“这个人非常有天赋，但也非常危险！”海德里希的副手沃尔特·谢伦伯格说：“他有一种冰冷的智慧，不受良心谴责的痛苦……他的日常职业就是酷刑和杀戮。”

作为盖世太保和所有其他党卫军情报和安全组织的头目，海德里希早已对欧洲和苏联无数平民的死亡负有重大责任，其中包括对被称为别动队的党卫军特别执行小队杀害的受害者们。别动队跟随着德国军队进入波兰和苏联，用机关枪扫射犹太人、知识分子、神职人员、政治领袖以及其他在他们长长的杀戮名单上的人。海德里希在 1941 年初被任命去建立名为最终解决方案的组织，他还在计划系统并科学地屠杀所有的欧洲犹太人。

然而，作为一个杀人机器的他对此还嫌不够，他还想要让自己和党卫军在实现德国化欧洲目标的过程中发挥更重要的作用。为了实现他的野心，他与德国军队展开了无情的权力斗争，特别是与军事情报部门——阿勃维尔展开了无情的斗争。

贵族出身的阿勃维尔首脑——海军上将威廉·卡纳里斯（Wilhelm Canaris）很鄙视海德里希和那些为他工作的进行谋杀的暴徒。1939 年 9 月，卡纳里斯向德国武装力量总司令威廉·凯特尔（Wilhelm Keitel）元帅抗议了别动队在波兰的“屠杀狂欢”，但无济于事。阿勃维尔的高级官员赫曼·吉斯克斯指出，卡纳里斯反对“任何侵犯人性的行为”。

而海德里希也很看不起卡纳里斯。他向希特勒和海因里希·希姆莱抱怨说，阿勃维尔在处置被占领欧洲国家的公民时过于软弱宽松。为了强化他的观点，他指出：法国和德国军队控制的其他被占领国家的抵抗浪潮正在缓慢上升。而在那些地方，党卫军没有在苏联和波兰那种无拘无束杀人的自由。虽然抵抗浪潮还不是很普遍，但已引起了纳粹顶层的恐慌。约瑟夫·戈培尔（Joseph Goebbels）在1941年末的日记中写道：“在法国的城市中，暗杀的瘟疫正在以令人震惊的速度蔓延着。我们的军队指挥官没有花力气去让它们停止。”

海德里希把捷克斯洛伐克看成他获取更大权力的第一块垫脚石。为了表现出他心中极大的忧虑，海德里希宣称“保护地出现的明显的大规模抵抗运动”不仅危及纳粹的统治，而且对与德国战争运作紧密相关的捷克军工生产构成了重大的威胁。尽管情况并不是如此，他的说辞还是说服了希特勒去解除第三帝国在波希米亚和摩拉维亚保护地现任长官的职务，并用海德里希取而代之。

新的统治者没有浪费任何时间。在抵达布拉格后的几天之内，他就下令逮捕了6000多名捷克人，其中许多是抵抗运动的成员。到1941年底，处死了几百名囚犯，其中包括前捷克总理、现任陆军参谋长和数十名其他高级军官。由于他的恐怖行动，海德里希不仅成功地削弱了抵抗运动，而且严重地阻断了抵抗运动与伦敦的无线电联系，从而让来自保罗·图默尔的情报无法流向英国。

在显示了参加叛乱将带来的可怕后果之后，海德里希向那些与德国合作的人们提供了奖励。例如，提升军备工业生产中的工人工资，并增加食物、香烟和衣服的额外配给。海德里希巧妙地利用了这种胡萝卜加大棒的手段，力图消除几乎每一处抵抗的迹象，提高捷克工业生产的效率。在1942年春天，希特勒高兴地表示：“眼下的捷克人——特别是那些在战争工厂中的捷克人，正在竭尽全力完成我们所需要的全部工作。”

所有这一切都只能让盟军对贝内什施加更大的压力，并导致他提出了杀死海德里希的建议。他告诉弗朗齐谢克·莫拉维克："我们训练有素的伞兵突击队"将会刺杀海德里希，这将是国内抵抗运动向全世界展示的一项成就——"绝望中的国家的自发行动将去除附在我们身上的逆来顺受的耻辱，并将提高捷克斯洛伐克的国际地位。"

贝内什和莫拉维克两人都很清楚，夺走海德里希性命的代价将会非常之高。当时，在被占领的欧洲国家里哪怕只是打死了一名德国的低层工作人员，也总是会导致几十个平民被处决；如果杀死德国最著名的官员之一，会带来的平民死亡人数不禁令人不寒而栗。但是当莫拉维克提到这个问题时，贝内什回答说，不管后果如何可怕，"为了国家的利益必须"杀死海德里希。

只有少数几个人——贝内什、莫拉维克和其他几名捷克情报官员知道这个计划。他们没有向捷克流亡政府的其他官员和剩下的为数不多的地下抵抗运动领导人进行过咨询。贝内什下令不能留下任何书面记录，确保没有任何关于这个计划的事情将来会追究到他的身上。

当莫拉维克刚开始与被挑选执行杀死海德里希任务的两名正在接受特别行动处捷克分部训练的捷克特工接触时，他没有告诉他们暗杀的目标，只是说他们被指派进行一次"前所未有的暗杀"。两名特工杨·柯比斯（Jan Kubiš）和约瑟夫·加奇克（Jozef Gabčík）原来是捷克陆军的年轻军士，他们曾在 1940 年春天参加了在法国的战斗，两人都是使用枪支和炸药的专家。他们自愿承担了暗杀海德里希的任务，尽管他们知道完成任务之后生存下来的机会几乎是零。

1941 年末，特别行动处对他们两人进行了长达数周的严格训练，向他们提供了包括左轮手枪、机枪、手榴弹和自杀药片在内的装备。但英国人并不参与行动的情况介绍和命令下达，所有那些都是由莫拉维克和他的情报官员掌控的。

圣诞节后几天，柯比斯和加奇克被空投到了捷克斯洛伐克。在整个冬天和 1942 年初的春天，他们都在休息，等待合适的时机去执行任务。当他们在进行准备时，还有20多名在特别行动处训练的特工被派往捷克斯洛伐克，那是贝内什计划对捷克武器工业和铁路系统进行破坏的一部分。对于那些新来的人来说，德国警察无所不在的控制令人震惊，这比他们预想的要严酷得多。一名在特别行动处训练的特工说："对每一个政治上活跃的人来说，永远有一个盖世太保的警察等在那里。"

也许并不奇怪，那些针对武器工业和铁路系统的破坏行动失败了。没能破坏或炸毁一处预定目标，许多特工被德国人捕获并遭枪决。德国人还找到了从英国运来的空投物资：武器、弹药、起燃装置、爆炸物和5台发报机。有一台发报机仍然留在抵抗成员手中，他们使用它来告诫伦敦不要再送更多的特别行动处特工过来了。贝内什完全罔顾这个请求。历史学家卡勒姆·麦克唐纳（Callum MacDonald）写道，捷克总统"无意削弱这一计划，不管那对特工的生存有多大威胁。空投的特工是可以拿去牺牲的"。

为了保护他们的安全，莫拉维克曾指令柯比斯和加奇克避免和地下抵抗运动有任何接触，必须单独开展工作。然而当他们到达布拉格时，他们发现自己不可能服从这一命令。如果他们想生存下去并实施他们的行动的话，他们需要抵抗运动和仍然散布在外的少数几个特别行动处特工的帮助，他们被转移隐蔽在布拉格的好几处安全房屋里。没过多久，他们的保护者就发现了他们来到捷克首都的原因。抵抗运动的领导人认为伦敦的决定非常鲁莽，他们恳求捷克流亡政府放弃这次暗杀行动。

前捷克外交官、抵抗运动成员阿尔诺谢特·海德里希（Arnošt Heidrich）打电报给莫拉维克说："这样的暗杀行动对盟军来说没有多少价值，但对我们国家来说，将产生难以预计的后果。接踵而来的残酷镇压将会使以前的镇压看起来像孩子的游戏。它不仅会威胁到人质和政治犯的生命，而且还会对其他成千上万的人造成生命威胁，国家将受到闻所未闻的报复。同时，它会消除任何抵抗组织最后剩余的部分。抵抗运动再不可能对盟军有任何用处。"

当莫拉维克把海德里希饱含痛苦的吁请报告给贝内什时，贝内什下令不予答复。他依旧不与流亡政府中的其他高级官员进行磋商，行动仍按原来的命令继续进行。

1942年5月下旬的一个温暖的早晨，两名提着沉重的公文包的年轻男子平静地站在布拉格市中心一条汽车道的急转弯处的两侧。在等待了一个多小时之后，杨·柯比斯和约瑟夫·加奇克开始担心起来。他们知道莱因哈德·海德里希每天早上9点会从他的住处经这条路线前往他在赫拉德卡尼城堡的办公室。他们还知道，他几乎从不带一个保镖，坚信那些胆小的捷克人永远不敢尝试要他的命。当一位纳粹官员责备他的漫不经心时，海德里希傲然答道："为什么我的捷克人会来向我开枪？"他的司机是一个身高6.5英尺的强壮的党卫军卫兵，那就是他唯一的警卫了。

现在差不多接近上午10点半了，还是没看见海德里希黑色奔驰敞篷车的影子。然而正当两名捷克人失去希望的时候，他们发现车子正向他们开来。正如预期的那样，在临近急转弯的路段时汽车放慢了速度。这时，加奇克走到了路中央，从大衣下面拿了一把冲锋枪，直指着坐在后排的海德里希扣动了扳机。但是什么也没有发生。冲锋枪卡壳了，而加奇克身上没有别的武器。

司机踩下了刹车，海德里希跳了起来，从口袋里掏出一把左轮手枪指向了加奇克。他没有看到站在奔驰敞篷车身后的柯比斯这时从他的公文包里掏出了一颗炸弹，向海德里希的方向扔了过去。炸弹在汽车后轮旁爆炸了，把汽车抛到了几英尺高的空中，爆炸的碎片撒向四周。海德里希被震出了汽车，但似乎没有受伤，他向正在逃跑的加奇克开了好几枪。追了几步之后，第三帝国的保护者海德里希背脊僵直，倒在了路上，弹片击中了他的脾脏。他被送到医院，八天后死于败血症。

正如阿尔诺谢特·海德里希预期的那样，第三帝国的头目们发疯了。纳粹的核心人物第一次被杀，每一个人都在猜测谁将是下一个。戈培尔在他的日记中写道："如果我们不采取强有力的无情措施，元首遭遇暗杀行动的可能性会增加。"

元首担心他自己可能是下一个目标，对任何提供有关刺客身份和信息的人给出了惊人的奖励——100万马克（价值超过1600万美元）。希特勒在听到海德里希死亡的消息时禁不住流出了眼泪，亲自飞到布拉格去指挥追捕。党卫军的总司令宣告："为他报仇是我们的神圣责任！"

德军出动了大约21000名士兵，其中大部分是党卫军部队，在捷克首都的街上横冲直撞。他们从一座大楼冲到另一座大楼，搜查每一间公寓，向任何他们认为可疑或没有立即服从他们命令的人开枪。一名德国侦探是这样评论党卫军的——"他们完全发疯了。"一位皇家空军飞行员在飞机被击落后的那段时间里正躲在布拉格。他后来回忆说，那些搜查的人"简直就是疯子"。

在这场放纵的暴行中丧生的人里，一些掩护过柯比斯、加奇克和其他特别行动处特工的布拉格市民，他们的家庭成员也一起被枪杀。有一名十几岁的男孩，他的父母曾经让那两名暗杀者留宿了一段时间。党卫军在打死他之前，先让他看着他母亲被砍下的头颅在鱼缸里漂浮。

捷克的犹太人自然也是打击的目标。6月9日，在海德里希死后第三天，一列专用列车驶离了布拉格，载着1000名犹太人前往纳粹的死亡集中营。随后又运去了2000多人。然而，这些死亡人数根本无法使希特勒、希姆莱和党卫军感到满足。他们需要更令人震惊的场面来向欧洲被占领国家的人民显示，蔑视德国统治的后果将是一场多么大的灾难！他们选择了位于布拉格西北几英里的一个名叫利迪策的小村庄作为他们的打击目标。

在海德里希死前德国人曾捕获了一名特别行动处的特工，在他身上搜出了一封信，上面写有利迪策两个家庭的地址。盖世太保错误地推断，利迪策村民一直在掩护暗杀者。在1942年6月10日黎明之前的黑暗中，几百名党卫军士兵包围了利迪策。所有的居民都被从家中赶出来，所有的男子当场就被枪杀了，所有的妇女和儿童都被送往了集中营，其中大多数人后来也都死了。整个村庄被烧毁了，留下的废墟被推土机给推平了。然后他们在地上撒满了盐，没有任何有生命的东西能在利迪策再次扎根。

虽然到那时党卫军还没有找到柯比斯和加奇克，但他们在利迪策和其他地方极其野蛮的暴行加上巨大的赏金终于产生了他们想达到的效应。6月16日，少数几个没有被抓到的特别行动处的捷克特工之一卡雷尔·丘尔达（Karel

Čurda）走进了布拉格的盖世太保总部。因被极端的报复行动所震撼，同时对在伦敦近似冷酷无情的捷克领导人所造成的抵抗运动的困境感到愤怒，并且被巨大的赏金所诱惑，丘尔达把暗杀者的身份告诉了盖世太保。

利用丘尔达提供的信息，盖世太保追踪柯比斯和加奇克，最后在布拉格市中心的一座教堂里发现了他们和另外五名隐藏在那里的来自伦敦的空降特工。捷克的特工们与包围了教堂的 700 多人的党卫军部队进行了六个多小时的激烈枪战，没让追捕者攻进教堂，直到打完了他们所有的弹药。柯比斯、加奇克和另外两名还活着的特工用他们最后的子弹打死了自己，他们不愿活着落入敌人的手中。

因暗杀海德里希，前后总共有 5000 多名捷克公民被处死。两个星期的血腥事件激发了全球对捷克人的同情和钦佩以及对纳粹野蛮行径的憎恶。毫不奇怪，世界关注的焦点是发生在利迪策的大屠杀。美国海军部长弗兰克·诺克斯（Frank Knox）宣告说："如果后代问我们在这场战争中为什么而战时，我们将告诉他们利迪策的故事。"美国和世界其他地方的一些城镇改名为利迪策，以纪念死在那里的无辜的人们。

正如贝内什所希望的那样，对海德里希的暗杀和德国人的疯狂报复使捷克抵抗事业获得了一次重大的宣传性的胜利。扬·马萨里克致信一位英国朋友说："利迪策大屠杀发生时，我正在美国。虽然尝试了所有改善现状的可能，但我们在宣传工作方面没有任何进展。然后利迪策大屠杀发生了，我的生命有了一个新开始。捷克斯洛伐克再次被放在地图上了。"正如喜气洋洋的莫拉维克所说的那样，"如果仔细考量我们对战争的贡献的话，我们从最后一位一下跃到了第一位"。

在世界各地报纸的头版上，对海德里希的攻击被誉为捷克抵抗运动的杰作——是在摆脱德国统治，争取国家独立的殊死斗争中最为大胆的一次行动。按照英国广播公司的说法，"捷克人和所有其他被奴役的人民应该自豪地看到他们已经抛弃了恐惧，而让纳粹胆战心惊"。捷克抵抗运动的成员曾经尽一切可能阻止暗杀活动这一事实成了一个严加保守的秘密。

海德里希的死亡也为盟军的整体事业提供了一个难得的好消息。在 1942 年的春天和夏天，盟军几乎在各条战线都遭受了重大的失败。英国人通过正式废除慕尼黑协议表达了他们的谢意，并且终于对贝内什及其政府给予了贝内什认为他应该得到的尊重。英国外交部在一份内部备忘录中宣布："鉴于捷克人民在海德里希死后所经受的苦难，我们认为从心理方面的原因考虑，让贝内什尽可能多地满意是完全适宜的。"

然而尽管捷克总统重新恢复了自己的声望，他的破碎的国家却因此陷入了绝望和哀伤。原本希望通过努力破坏德国的战争，减少党卫军对捷克斯洛伐克和其他被占领国家的控制，但暗杀海德里希却带来了完全相反的后果。一位布拉格居民说："另一个像他一样可怕的人会顶替他的位置。除非你能消灭整个盖世太保，否则的话这并没有什么两样。"

令人咂舌的是，贝内什认为暗杀海德里希将使捷克人民团结起来，并激励更多的人站起来反对德国占领者。但事实上，德国人的报复摧毁了残存的抵抗运动。特别行动处在 1942 年末的一份报告中指出，捷克斯洛伐克已经没有任何"公开抵抗"的迹象了。捷克历史学家沃伊捷赫·马斯特尼（Vojtech Mastny）指出："由于他的死，海德里希实现了他的主要野心——使保护国安稳下来。"

也许更糟糕的是，德国人的血腥搜捕最终消灭了莫拉维克掌控的几乎全部的情报网络。保罗·图默尔被抓获并最终遭处决，结束了他长达四年向伦敦提供重要军事情报的秘密活动。

当暗杀海德里希的灾难性后果造成的影响变得更加清晰时，英国人和贝内什都不想再承担责任了。丘吉尔在谈到第二次世界大战历史时从来不提起它，而他的政府坚持声称这完全是捷克政府的行动。直到 1994 年，当部分特别行动处的档案被公开以后，才从中透露出好几位特别行动处的高层官员早就知道暗杀的目标是谁。

贝内什在他还活着的时候一直否认他在暗杀行动中发挥了任何作用，把那个说法称作是"纯属捏造"。他声称："从未从伦敦下达过任何暗杀海德里希的命令。事实上，纳粹关于为自由而战是由伦敦下令并指挥的整个言论都是虚假的。捷克所有的抵抗行动都是由国内的总部指挥并决定的。”战争结束 30 年后，莫拉维克在他的回忆录中终于承认贝内什和他自己都参与了那次行动。

随着战争的继续，贝内什宣传的胜利的光芒开始变得暗淡起来，他意识到暗杀及其产生的长期影响实际上已经成为一个重大的政治问题。由于无法满足斯大林持续不断地破坏捷克的军工生产和铁路系统的要求，贝内什决定通过其他方式来安抚苏联领导人。他发誓，决不让他所认为的战后波兰的可怕命运降落到捷克斯洛伐克头上。

第 15 章

英格兰游戏

特别行动处在荷兰遭受灾难性失败

到了 1943 年中期，盟军最终挡住了德国看似不可阻挡的势头。2 月下旬出现了战争的一个关键转折点，苏联红军在斯大林格勒击败了德国军队，结束了一场伤亡超过 100 多万人的五个月的血战。三个月后，美英两国在中东和北非获得了他们的首次胜利。丘吉尔写道："在伦敦，人们的精神状态在战争中第一次振作起来。"

在那年的早些时候，丘吉尔和罗斯福在卡萨布兰卡举行的一次会议上选择将西西里岛作为他们军队的下一个目标——这个行动将为盟军 1943 至 1944 年在意大利发起的进攻奠定基础。两国领导人还同意向英国派驻更多的美军，以准备在下一年发起期待已久的反攻西欧大陆的计划。

当他们开始规划"D 日行动"时，英国的总参谋部决定，他们长期以来不把它当回事的特别行动处将在这一至关重要的进攻中发挥作用。具体来说，参谋长们想要抵抗运动的战士们在进攻方向上的地区和邻近的国家中，通过破坏敌方的军力和设施，特别是运输和通讯设施来支援盟军的突击部队。特别行动处开始狂热地在荷兰、比利时，尤其是预计将在那里发起"D 日进攻"的法国境内扩展势力。但是有一个军方的将军们所不知道的，而且特别行动处的领导人所不愿承认的问题：那三个国家的抵抗运动几乎都已陷入混乱的困境。

22 岁的利奥·马克斯（Leo Marks）是了解这种混乱状况的人。他于 1942 年初作为特别行动处的新任密码部门负责人来到了贝克街。马克斯在接下来的 18 个月里试图提醒人们注意问题的严重性，然而他在英国战时最明显的政府掩盖行动面前碰了壁。

马克斯的父亲本杰明是伦敦西部著名的古董书店马克斯公司的老板，书店的常客包括西格蒙德·弗洛伊德（Sigmund Freud）、乔治·萧伯纳（George Bernard Shaw）和查理·卓别林（这家书店后来因同名的书和电影《查令十字街 84 号》而闻名于世）。当利奥八岁时，他的父亲给他看了刚买的一套丛书中的第一本，其中有爱德加·艾伦·坡（Edgar Allan Poe）的短篇小说《金甲虫》。利奥看了那本书，他被艾伦·坡故事里所讲述的破译密码和寻找埋藏的宝藏的故事深深吸引住了，想要自己来破解一个密码。他在刚刚看完的书的背面找到了一个密码。后来在他父亲买来的那套丛书的每一本书中，他都会找到一个编码器，并将书的价格以密码写下来。年轻的利奥往往只要几分钟就能找出那本书的密码，他也因此找到了他真正想做的事情。

13 年之后，通过家庭关系他在为布莱切利公园培养新的密码破译者的培训班里获得了一席之地。虽然没有人否认他很聪明，但马克斯古怪并特立独行的个性使得他甚至在布莱切利公园也难以容身。他在 1942 年初被任命为特别行动处密码部门的负责人。他被告知他的主要工作是保障特工们的通讯安全。

马克斯对特别行动处的第一印象是它的组织处于完全的混乱之中。他后来写道："在我到访过的所有国外分部中，除了困扰之外，其他一切都很短缺。"他还感到震惊的是，特别行动处的官员们似乎对在被占领欧洲工作的特工们所面临的危险一无所知，特别是那些从事最重要并且最危险工作的无线电报务员们。

特别行动处的规划和运营负责人科林·古宾斯将无线电报务员描述为"整个运营环节中最有价值的一环……没有那些联系，我们将一直在黑暗中摸索"。通过伦敦和被占领国家之间的无线电联系，特工们用摩尔斯电报码发送并接收关于抵抗运动现状，即将实施打击的破坏目标以及向抵抗组织空投特工和武器的计划的信息。对于敌后战场和总部办公室来说，这是一条极为重要的生命线。

它也很容易被发现。早期的无线电设备大而且重。在收发报时需要架设室外天线，通常要将几十英尺长的电线尽量伸展开来，这就很容易被路人看见。在被占领的欧洲国家工作的特别行动处的报务员们在阁楼、酒窖和其他可以藏身的地方，偷偷地敲击着那些笨重的机器的键盘将他们的信息发送出去，他们争分夺秒，想尽快地完成工作。如果他们的信号在空中停留的时间超过几分钟，他们的信号就很可能会被德国人侦测到。

在巴黎和其他欧洲城市，盖世太保总部的职员们 24 小时不停地监视着那个地区的无线电信号。当他们发现可疑的信号时，会开着装有复杂定向侦测设备且无标志的厢型车，向在城市中巡逻的特工发出警告。然后，厢型车上的定向侦测设备将逼近目标电台。正如利奥・马克斯很快就发现的那样，特别行动处的官员们并不知道，即便是经验丰富并经过长期训练的报务员，在这样的压力下操作无线电设备也是极其困难的。而特别行动处的大多数报务员只接受过初级的训练。

加入特别行动处后不久，马克斯就为减少危险开始行动起来。他的第一步行动是抛弃特别行动处与他们的特工联系时一直在使用的来自军情六处的密码。在特别行动处建立后的前两年里，军情六处控制了他们的无线通讯，向他们提供了电台和密码。那些密码的编码规则过于简单，都是出于莎士比亚或其他人的经典英语诗集。“受过教育的德国人对此非常熟悉，他们轻而易举就能识别出那些诗句并由此破解出密码”。马克斯对那种编码方式很不满意。

他自己写了诗来替代原先的编码，从幽默诗歌到温柔的爱情诗。他将一首名为“我的生命”的爱情诗给了一位 21 岁名叫维奥莉特・绍博（Violette Szabo）的特工。绍博在 1942 年被空投到法国，后来被盖世太保逮捕，受尽折磨之后被杀害。

我的生命
是我的仅有
而我的生命
是属于你的。
我的爱
和我的生命
是属于你的，属于你的，属于你的。

我应该睡一下
我应该休息一下
死亡只是一个暂时的停顿。

我多年梦寐以求
在长长的绿草地上的和平
将是你的，将是你的，将是你的。

自那以后，这首诗开始了自己的生命旅程。它被用在关于绍博经历的电影之中，出现在诗歌选集中，在“9·11受害者”的网站上重新展现，并在切尔西·克林顿（Chelsea Clinton）和马克·梅兹文斯基（Marc Mezvinsky）2010年的婚礼上被诵读。马克斯后来说过：“每个密码都有一张人性的脸。”

虽然他的诗歌确实在一定程度上提高了安全性，但马克斯仍然感到不满意。他转而采用更为复杂的方法：向特工们提供多个印在易于隐藏的方形丝绸上仅使用一次的密码片，每次使用之后就将密码片割断并销毁。事实证明马克斯的密码片非常成功，特别行动处和美国的战略情报局（OSS）使用这种方法直至战争结束。

他还把注意力和充沛的精力转向了一个更大的问题：由于编码错误或传

输错误而无法读取的无线电信息被称为“不可译密码”。在他到特别行动处工作之前，伦敦会指示敌后的报务员重新发送所有无法解读的信息，从而大大增加了报务员被侦测到并遭到逮捕的风险。马克斯认为：“如果有一些报务员被定向车所包围，而那些汽车像嗅探狗一样正在寻找他们，他们会感到害怕而难以从容地编码。如果特工没有权利犯编码错误且被指令重新发送全部信息的话，那我们就没有权利称自己为编码部门。”为了解决这个问题，他聘用了几十位职员，大多是年轻女性，经过特别训练之后专门来猜测那些不可译密码的意思。按照马克斯的说法，那些新来的密码破译者很快就“以接力赛的精准表现，将不可译密码的赛棒从一个人急速地传给下一个人，几个小时之内就成功地破译了其中80%的信息”。

从他在特别行动处开始工作的第一天起，机敏并直言不讳的马克斯就感觉到与他的老板和官僚同事们相比，他跟和他一起工作的特工们更为亲近。他20刚出头，和他的官僚同事们相比要年轻十几岁，而且还是一个犹太人，他觉得自己所处的环境与特别行动处那种老男孩俱乐部的环境格格不入。他认为，那些运作特别行动处的人没有真正了解他们的特工在敌后所面对的境况，以及战胜德国人所需要的勇气、技巧和钢铁般的意志。

在一名特工被派往欧洲之前，马克斯花了很多精力来了解他或她。所有的特工，即便是那些没有被指定为无线电报务员的特工，也必须接受摩尔斯电码基本课程的训练，以备在紧急情况下可以充当无线电报务员。马克斯想要确保他们能理解讲授给他们的编码方法。同时他也想了解他们的个性，那可能有助于他和他的工作人员解读他们将来可能会发送过来的各种各样的不可译密码。

当那些特工在他们被派遣去的国家里进展不顺利的时候，他对每一个特工的浓厚兴趣使他更加为他们担忧。在特别行动处工作的第一年里，他最担忧的是被派往荷兰的特工。后来的事实证明，他的担忧是完全有道理的。

特别行动处在所有国家的分部在将其第一批特工送到敌后时都遇到了困难，而荷兰分部的派送则特别困难。一个原因是荷兰的地理位置。荷兰距离英国不到 200 英里，乌鸦也能飞过去。然而在许多方面，它是西欧最孤立的国家，也是最难开展抵抗运动的国家。

夹在德国和风雨如晦的北海之间，荷兰就像是一座监狱。和法国不同，荷兰与被英国政府用来作为走私和进出被占领国家路径的西班牙或瑞士等中立国家之间没有共同的边界。它的国土平坦，被高度耕作，几乎没有诸如森林和山脉，或一大片少有人迹的地区那样天然隐蔽的地方，可以作为武器和特工的临时空投地点。

用潜艇或小船运送特工登陆也同样困难重重。荷兰的海岸线笔直，没有隐蔽的海湾或海港。与此同时，海滩上布满地雷、铁丝网、巨大的十字形混凝土水马和一群群的德国哨兵。

荷兰也是欧洲人口最稠密的国家，人员移动是很难不被看到的。荷兰优良的铁路和道路系统意味着德国部队和警察可以在几个小时内到达任何地方，甚至是最小的村庄。在欧洲所有被占领的国家中，荷兰人被枪杀或被送往德国集中营和死亡营的人口比例之高仅次于波兰人，这绝不是偶然的。

但特别行动处荷兰分部的官员们似乎并不了解他们的特工和荷兰抵抗运动成员所面临的地理环境上的困难。他们对展开秘密战争有关的各种事项似乎也很陌生。荷兰分部的第一任领导人理查德·拉明（Richard Laming）在战前曾在英国军情六处工作，然而这并不是他有资格任职的最好证明，只要想一下 1939 年的“芬洛事件”中他那些军情六处的同事们表现得有多糟糕就能明白。他看起来就像他那些同事们一样无知，对战时荷兰的情况了解很少。

拉明及其同事可以轻松地咨询在伦敦的荷兰情报部门，来填补他们在荷兰的地理、历史和政治以及社会状况方面的许多知识空白。然而，他们从来没有那样去做。荷兰情报部门扮演的唯一角色是作为招聘机构为特别行动处官员确定潜在的特工人选，特别行动处的官员将作出最后的选择并监督特工的训练。荷兰情报部门的负责人在特工离开前几天才接到通知，他没有机会来研究下达给特工的命令或对他可能不同意的部分提出任何不同意见。

面临着所有那些困难，荷兰分部发现自己在渗透第一批特工的行动中比其他国家的特别行动处分部滞后了好几个月。最初，有几名特工计划在 1941 年夏天离开。但在出发前的最后一刻，他们上演了一场兵变。他们在写给特别行动处高层的信中表示，他们准备去荷兰工作，但不能在拉明的指挥之下。特工们在信中指出，他们本不应该知道相互间的真实身份，但荷兰分部的官员在和他们讲话时使用了他们的真实姓名。他们还注意到，他们将在荷兰穿戴的衣服都是在英国的商店里买的。虽然都缝上了荷兰的商标，但衣服的式样一眼就可以看出是“英格兰”的。而掉下的最后一根稻草是特别行动处没有向他们提供在荷兰的联系人和安全隐藏地点的清单，他们被告知必须自己去找到它们。

担心特工们的不服从可能会为公众所知，特别行动处将他们送到了苏格兰的一所偏远的房子里，并把他们软禁在那里不准与外界接触。在荷兰流亡政府提出抗议之后，他们在签署了一份保证对在他们身上发生的事情保持沉默的文件之后，才于 1941 年 12 月被释放。

1941 年 9 月，两名新的特工终于到达了荷兰，他们的任务是招募荷兰公民加入抵抗运动。按原来的计划，他们应该在几个星期后由船只接应经海路回到英国。但预先安排的会合并未发生。特工们别无选择，只能待在之前的地方。没有无线电台与伦敦联络，他们不久就消失了。

到了 11 月份，特别行动处再次尝试派出了另外两名年轻的荷兰移民——哈博斯·劳威（Hubertus Lauwers）和塞吉·塔卡尼斯（Thijs Taconis）到海牙去。当德国入侵荷兰时，劳威正在菲律宾做记者。他立即离开那里去了英国。他和乘渔船逃离荷兰的大学生塔卡尼斯在伦敦被特别行动处招募。作为无线电报务员，劳威的任务是在荷兰和伦敦之间建立起一个无线电通道，而塔卡尼斯的任务是建立新的抵抗组织，并对其成员进行展开破坏活动的技术训练。

劳威和塔卡尼斯去荷兰后，特别行动处有两个月没有听到他们的任何动静。最后，在 1942 年 1 月，劳威发回电报，并从那时起定期报告他和塔卡尼斯的工作进程。然而，马克斯在 3 月份发现在这个看似成功的行动中存在着很大的问题。在他发回的电报中，劳威略去了他的安全检查密码，这本来是他用来证实他没有被捕的信号。在他和其他报务员被派往敌后之前，他们一再被告知，如果没有将安全检查密码插入发送的电文之中，伦敦将会认为他们正在德国人的控制下工作。

但是当马克斯把电文缺少安全检查密码的情况提请荷兰分部注意的时候，那里的工作人员告诉他，没有什么可担心的。他们向他保证："整个事情都已经调查过了。特工们没事。"

实际上，就在那个时刻，那个特工正坐在海牙的盖世太保监狱里。对于劳威和塔卡尼斯来说，他们离开英国后碰上的事情中没有一件是顺利的。在他们最后一次向特别行动处通报情况时，他们发现荷兰分部没有提供最新的安全隐蔽地点和联系人的信息。当劳威要求试一下他将使用的发报机时，他被告知那台发报机已经被测试过了，在任何情况下，德国人是不可能追踪到它的。荷兰分部向特工们提供的假身份证件很明显是伪造的：使用的纸张比用于真实文件的纸张要暗得多。承认没有为两人做好准备工作，理查德·拉明告诉他们："如果你们不去，没有人会责怪你们的。"他们虽然对自己的前景并不看好，但还是决定继续前行。

当他们到达荷兰时，两个人的穿着几乎完全相同，显然不是荷兰生产的衣服。他们第一次去饭店就餐时试图用银币付款，但他们很快就知道银币从一年前起就不再流通使用了。令人惊讶的是，他们设法逃避了德国人的安全检查，开始了组织相对较弱的抵抗运动的工作。

像挪威一样，荷兰有一个多世纪未被外国侵略或占领过。它的公民没有地下活动的经验，而大多数人也不倾向于加入这样的行动。至少在荷兰被占领期间，德国人对待荷兰人还是比较温和的。尽管如此，即便在占领刚开始的时候，也还是爆发了分散的反抗活动，包括支持威廉明娜女王的大型聚会，以及学生和工人反对德国迫害荷兰犹太人的抗议活动。

随着占领的压迫程度不断增加，荷兰人的愤怒和反抗也在不断增加。与法国的情况相似，未来的抵抗运动成员开始举行小型非组织的聚会，通过地下报纸和传单招募新成员。但是，由于缺乏纪律、资源和集中的指挥，其中的许多人很快就被德国人抓捕并被送往集中营。

塔卡尼斯的任务和跟在他后面而来的那些特别行动处特工的任务都是将分散的组织团结到一起，并将他们融合成一支在盟军进攻欧洲之前和进攻期间可以依靠的战斗力量，以牵制在荷兰的德国人。这是一个艰巨而又危险的任务，需要几个月甚至几年时间才能完成。然而塔卡尼斯和劳威在到达荷兰后，有十个星期无法与伦敦联络。那台特别行动处官员声称测试过的无线电台在劳威第一次使用时就不能工作。他把电台拆开后发现是一个制造缺陷，需要几周时间来修理。

当劳威终于设法和伦敦联系上以后，他向伦敦解释说：修理发报机、找到足够安全的房屋和评估荷兰抵抗运动状况几乎用去了他和塔卡尼斯所有的时间。没有一个抵抗组织准备采取行动，没有人受过他们所需要的武器和爆炸训练，他们也没有做任何安排来隐蔽和分发特别行动处极其渴望向他们提供的武器装备。

荷兰分部对这个消息很不满意。由于第一批荷兰特工的反叛，不幸的理查德·拉明已经被替换了。他的继任者查尔斯·布利泽德（Charles Blizzard）少校是一名没有秘密工作经验的职业军官，他从来没有见过荷兰的两名特工。为了提高荷兰分部在特别行动处高层和军队将领中的声望，布利泽德不理睬劳威报告的悲观现状，命令他和塔卡尼斯准备一个空投区来接收弹药和武器。

布利泽德的命令只是1942年冬天劳威所面临的几个问题之一。另一个问题是他向伦敦无线电发报的安全性。在英国时没有人告诉他需要使用一个长而且非常显眼的外部天线来发送信息，他也很担心发送信息所需的冗长时间会暴露自己。特别行动处的官员看不起德国人的反间谍活动。他们曾多次告诉他，德国人没有追踪他的无线电设备的技术。但在荷兰度过了几个月之后，劳威对这一点已不太确定了。

1942年3月6日的傍晚，劳威坐在海牙的一间公寓里，准备开始他每两周一次的向伦敦发报，伦敦总是在同一时间用两个预定的频率之一与他联络。他扫视了一下他将要发送的三条信息，打开电台准备开始发送。就在那时，公寓的租约人，一个秘密掩护他的荷兰律师突然打开房门，通知他有四辆警车停在外面的街上。

劳威将他的密码本放入口袋中，匆匆离开了公寓大楼，试图尽可能平静地走过大雪覆盖的街道。几秒钟内，他就被十几个挥舞着手枪的男子包围了。他后来写道："我诅咒自己的愚蠢，游戏结束了。"

在人行道上，一个长着蓝眼睛、高鼻梁和短胡子的高个子男人看着劳威被快速地装进了车里。45 岁的少校赫尔曼·吉斯克斯是荷兰阿勃维尔反间谍机关的长官，他追踪劳威已经有好几个星期了。作为卡纳里斯海军上将的一名门生，吉斯克斯在他以前的任区——巴黎就已经在追踪盟军派遣的特工方面表现出了出色的才干。与特别行动处对赫尔曼·吉斯克斯及其同事的评价相反，荷兰历史学家路易斯·德·荣（Louis de Jong）曾说，他们是"非常老练并危险的对手"。

阿勃维尔和党卫军之间在柏林和欧洲其他地方公开的激烈争斗也同样地在荷兰发生着。但是在过去几个月里，赫尔曼·吉斯克斯设法与海牙党卫军反间谍机构的同行约瑟夫·斯瑞德（Joseph Schreieder）建立了时好时坏的合作关系。至少在目前，阿勃维尔将与海牙党卫军反间谍机构合作，定位、抓捕并审讯伦敦派来的特工。

在他的审讯技巧中，吉斯克斯喜欢采用类似击剑术的手法——平静但接连不断地提问以施加言语压力，而不是党卫军反间谍机构或盖世太保通常使用的酷刑。吉斯克斯向劳威许诺他将不会受到伤害，然后向他施加压力，让这个疲惫不堪并备受惊恐的特工同意"回放"他的无线电设备——也就是继续向伦敦发送信息，假装他依然是自由的。起初，劳威坚决拒绝了。但在长时间的审讯之后，他终于同意了。他相信正如他曾经被反复告知的那样，如果在他的电文中一再缺少安全检查密码，特别行动处将会意识到他已被逮捕。

作为特别行动处在伦敦招募的特工，劳威以为他将为军情六处工作，而高度秘密的特别行动处从未纠正过这个错误。像其他许多人一样，他对军情六处怀有敬仰之情，他认为那是一个极少犯错误的精英情报机构。劳威后来写道，他和他的荷兰特工伙伴们有两个共同点：“对我们国家深沉的爱和对我们上级盲目的信任。英国秘密情报机构长期以来在全世界所享有的声誉以及我们所接受的特工训练使我们的信任达到了几乎是神秘信仰的高度。”

抱着特别行动处将不会受到伤害的信念，他在吉斯克斯的监视下恢复了对伦敦的发报。他预期当特别行动处意识到他的处境时，他们会切断所有的联系。在接连发出的四次信息中，劳威都空缺了他的安全检查密码，但是特别行动处似乎没有理解他的警告。他开始陷入绝望。他还在电文中插入“CAU”和“GHT”的字样，然而，还是没有任何反应。多年以后，马克斯会说：“在我所见证的特别行动处的运作中，没有任何特工比劳威更努力地让我们知道他被抓住了……可怜的家伙，他做了他能做到的一切。”

事实上，特别行动处的收报员已经注意到了劳威空缺的安全检查密码，并向布利泽德和他在荷兰分部的下属做了报告。然而他们得出的结论是反复出现安全检查密码的空缺并不足以证明劳威已被逮捕。不久之后他们通知他，另一名特工将被空投至荷兰加入他和塔卡尼斯的队伍。当那名新的特工在3月下旬跳伞降落时，吉斯克斯和他的士兵到场“迎接”了他。

这就开始了“英格兰游戏”，一场持续了两年之久的阿勃维尔反间谍行动。共有50多名伦敦派遣的荷兰特工（其中好几人是军情六处派出的特工，由于特别行动处特工网的破裂而被捕）被阿勃维尔逮捕，且不提数百吨武器和炸药。这是特别行动处历史上最严重的一场灾难，它实际上将荷兰的抵抗运动带入了谷底。

从1942年3月起，接连不断从英国涌入的特工和武器都被送到了阿勃维尔和盖世太保手中。像劳威一样，那些后来的无线电报务员也同意“回放”他们的电台，相信特别行动处会马上注意到他们空缺的安全检查密码。然而一次又一次，没有人在乎空缺的安全检查密码。就像劳威所说的那样，新来的特工们对“这种持续的最严重的疏忽”的反应是“愚蠢的困惑”。

起初，吉斯克斯也感到困惑。像劳威一样，他把特别行动处与军情六处混在一起了。长期以来他一直认为军情六处是一个无所不能的机构，“以其长期进行的地下战争的经验和无懈可击的技能而闻名”。但是，随着“英格兰游戏”的进行，他的看法改变了。他写道，这些特工是“业余爱好者，尽管他们在英国接受过培训”，但他们在为“艰巨的任务”做准备时却极为草率。

吉斯克斯在审讯中让好几位特工相信，他们立即被捕的原因并不是由于特别行动处的巨大失误，而是由于特别行动处总部中的双重间谍将他们出卖给了德国人。由于这个谎言而受到震惊和失望，加之吉斯克斯向他们允诺在战争结束时给他们自由，他们中的许多人默默地接受了吉斯克斯的条件，说出了他们所知道的一切。没多久，吉斯克斯、斯瑞德及其下属就积累了大量关于荷兰分部的信息，其中包括有关官员、教员和训练学校的详细信息。

到 1942 年 6 月，15 名特工被派往荷兰。在荷兰分部的官员看来，他们在组织荷兰抵抗运动的工作方面进展顺利。然而，还有更多的工作要做。为了监督这一扩大了的工作，下一个要被空投的人是乔治·詹布罗斯（George Jambroes），他是抵抗运动的前领导人。他在 1941 年年底逃到英国，与荷兰流亡政府有紧密的联系。

詹布罗斯的任务是集中对荷兰所有抵抗团体的指挥权，并将那些抵抗团体组建成一支能进行破坏活动的地下军队，做好准备在盟军进攻欧洲时发挥作用。为了帮助他完成这个巨大的冒险任务，特别行动处还将向他派送 20 名特工，其中 10 人将担负组织抵抗运动的任务，另外 10 人是无线电报务员。他还将与各个抵抗团体的领导人密切合作，在一个被称为全国抵抗运动委员会组织的“大伞”底下统一起来。

1942 年 6 月 26 日，詹布罗斯和一名无线电报务员以及数吨武器和炸药被空投到了荷兰。当然，迎接他们的是包括吉斯克斯和斯瑞德在内的一大批德国人。经过一整晚对詹布罗斯的审讯，阿勃维尔和党卫军反间谍机构完全掌握了他的任务细节。这些信息的意义对于吉斯克斯和斯瑞德以及他们在柏林的老板来说是显而易见的：如果这次行动能成功地继续进行下去，“英格兰游戏”可能会提供线索使其掌握盟军进攻欧洲的确切时间和地点。

但在短期内，德国人遇到了严重的问题。荷兰分部向特别行动处高层报告了詹布罗斯“成功”到达荷兰之后，詹布罗斯接到了一项指令，要求他与荷兰最大且最有组织的抵抗团体“OD”的领导人取得联系。正如吉斯克斯所承认的，德国人的问题在于他们不知道“OD”的领导人是谁，也不知道如何才能找到他们。因此，继续发送虚构的成功报告将难以维持下去。吉斯克斯的解决方案是以詹布罗斯的名义向伦敦发送一份电报，告诉他们“OD”的领导层已经被德国的告密者所渗透，与“OD”的领导人取得联系无疑是一种自杀行为。吉斯克斯向詹布罗斯提出了让詹布罗斯与地方的“OD”组织普通成员联系的反建议，特别行动处和荷兰流亡政府显然不知道那些人的名字。荷兰分部同意了。

在1942年的夏天和秋天，特别行动处获得了吉斯克斯、詹布罗斯发来的一系列令人振奋的报告：詹布罗斯应当联系上的抵抗团体在训练中取得了惊人的进步，现在非常需要更多的教练和武器。吉斯克斯后来写道，伦敦以“传送带”的方式作出了回应：派出了27名特工和数百台额外的设备和用品。到1942年12月，共有43名特别行动处和军情六处的特工落入了德国人的手中。

另一个问题是伦敦不断要求特工们采取行动。特别行动处在收到了关于荷兰地下军队发展情况的报告后，要求看到有关其发展状况的证明。吉斯克斯记得，伦敦“对造船厂、船舶和船闸展开攻击”的要求变得越来越迫切了。他和他的同事们别无选择，只好调动他们的创造力来编造正在对德国目标进行积极破坏的故事来说服特别行动处。

吉斯克斯调用了布鲁塞尔的一个阿勃维尔破坏小队，在荷兰铁路线上制造了一起作秀的爆炸事件。那次爆炸没有造成真正的破坏，但被荷兰新闻界广泛报道，并在荷兰铁路工人中被大量谈论。又有一次，一艘运载飞机零件的驳船在大白天驶向鹿特丹港时被炸毁。亲眼目睹了爆炸事件的鹿特丹民众一片欢呼，然而他们却不知道那艘驳船是一艘将被遗弃的破船，飞机零件也都来自失事的飞机残骸，已不可能再次被使用了。

有一次，伦敦下令炸毁几个发电站和一个由德国人使用的关键的无线电发射塔，这种破坏行动显然不能伪造。对破坏发电站的任务，吉斯克斯联合詹布罗斯向伦敦解释说三名破坏者在完成任务之前误踩了一个雷区。至于对无线电塔的破坏，在荷兰新闻界传播着一个“不明身份的犯罪分子”试图炸毁无线电发射塔但却没有成功的故事。荷兰分部接受了他们的解释，没有做进一步的追究。

到1943年初时，“英格兰游戏”已经扩展到了非常巨大的规模，吉斯克斯被迫采取控制措施。他写道：“我面临着与伦敦保持联系……提供近50名特工报告的多方面活动信息的问题。我们想长期保持这种状态似乎是不可能的。”他的解决方案是通知特别行动处，令人遗憾的情况发生了，有几名特工遇到了致命的事故或被德军抓捕并杀害了。

尽管荷兰分部似乎并不怀疑吉斯克斯称之为“童话故事”的“事实”，但越来越多的局外人开始对整个荷兰行动产生了怀疑。威廉明娜女王的女婿伯恩哈德王子告诉英国人，他的政府担心荷兰发生的“一切都很不好”。特别行动处密码部门的几名官员指出，荷兰特工的电报缺少安全检查密码。一名官员坚持不懈地发出警告，结果他的上级告诉他，如果他再敢提起这件事的话，他将被征召进英国陆军并被送上前线。

还有一些将荷兰特工运送到空投地区的皇家空军飞行员也对此产生了怀疑。飞行员们指出，他们在飞到荷兰或进行空投时从来没有遇到过任何问题，没有看到过德国的夜间战斗机或高射炮炮火，着陆区完全展开并有很好的照明。按照一名飞行员的看法，“这过于完美了”。当飞机开始回家时困难就出现了。一名皇家空军中队的队长回忆说：“看起来飞机很容易飞进去，然后在出来时飞机就消失了。不是所有的飞机都这样，但很明显飞出来时非常困难。”在不到一年的时间里，十二架皇家空军的轰炸机被击落，德国战机就等在他们从荷兰回家的路上，损失远远高于在法国或其他西欧国家执行类似任务时的损失。

在对特别行动处在荷兰的活动持怀疑态度的所有人中，没有一个人比利奥·马克斯更坚定执着的了。在1942年的大部分时间里，他一再向查尔斯·布利泽德和其他荷兰分部的官员发出警告，指出他们的特工缺少安全检查密码，但每次都被回绝了。他回忆说："他们对我提出的关于特工安全的询问都有一个现成的答案——'他们一切都很好。我们有自己的办法来检查他们的安全。'我无法追问特工们到底处在什么状况之下。"

马克斯最终把他的怀疑交到了特别行动处总裁查尔斯·汉布罗（Charles Hambro）爵士手上。但他的证据似乎也没有引起汉布罗的重视。当特别行动处总裁要求更为确凿的证据时，马克斯将注意力转向了一项对荷兰报务员在过去几个月内发来的不可解密码信息的研究上。他发现，令人惊讶的是在那段时期内从荷兰发来的信息中没有一次出现过不可解密码。他问自己，"为什么唯独荷兰特工从未在编码中犯过错误呢？难道他们的工作条件是如此安全，让他们有足够多的时间来为他们的信息编码，而不必担心德国人在搜寻他们？"为了测试他的理论——德国人正控制着荷兰的无线电通信，他发送了一个信息给荷兰。以"嘿，希特勒"的缩写"HH"作为电文的结尾。当他收到一个也以"HH"结尾的即时回复时，马克斯马上就知道了这是德国人回复的（随着"英格兰游戏"的扩展，德国的无线电报务员已经开始接替特别行动处的特工了）。

试想一下"被关在荷兰的监狱里，却希望在伦敦仍然有人是清醒的"是一种怎样的感受。这位特别行动处的密码总监终于感悟到了荷兰特工的"苦心"。1943 年 1 月，他把自己关在屋子里三天，研究了荷兰与伦敦之间交换的所有电报。当他结束研究之后，写了一份措辞强烈的四页报告。他说，那四页报告只用一句话就可概括："让上帝保佑那些特工。"

在他的备忘录中，马克斯提到了从荷兰发来的几条详细描述了敌后特工遭遇的各种危险和致命事故的信息。他继续说道，然而"尽管遭遇溺水死亡、误踩雷区、空投事故，尽管遇到了各种困难、挫折和沮丧，但是居然没有一个荷兰特工会紧张到在他的编码中出错"。他补充说，问题"已经不再是某个特工被德国人抓住了，或是某个特工现在还是自由的"这么简单了。

当马克斯向特别行动处密码部门负责人、马克斯的顶头上司弗雷德里克·尼科尔斯（Frederick Nicholls）上校报告他的结论时，尼科尔斯说："这肯定不能不予以重视！”他将把报告转交给特别行动处的高层官员。几个月后，新任为特别行动处总裁的科林·古宾斯召见了马克斯。古宾斯告诉马克斯，由于他的报告，对荷兰特工的安全将进行独立调查。但古宾斯又说，在调查的过程中，除了尼科尔斯或古宾斯以外，禁止马克斯与其他任何人讨论他的怀疑。

同意保持沉默，马克斯等待着调查的开始。但是随着1943年的冬天转为春天，他没有看到任何行动的迹象。马克斯终于得出了结论，古宾斯已把他的报告压在箱底，因为他担心报告里那些烫手的内容可能意味着特别行动处的终结。古宾斯知道，特别行动处在荷兰显而易见的成就被认为对于“D日计划”和特别行动处在白厅的信誉是至关重要的。事实上几个月前，汉布罗就向美国战略情报局局长威廉·多诺万（William Donovan）发过电报，承诺说："特别行动处将在1943年2月前准备好，至少可以在法国和低地国家展开行动，我相信这将标志着欧洲抵抗运动的转折点。”马克斯后来写道，当他看到那份电报时，“我尽力克制住自己不要大声喊出来，‘难道汉布罗不知道低地国家特工们的安全系数已经低到不能再低的程度了吗？’”

1940年组建特别行动处时，它的创建者们规定：如果特别行动处怀疑它的组织网络中的任何一部分已被德国人控制时，应将这部分的行动转交给军情六处去处理。古宾斯确信，斯图尔特·孟席斯和克劳德·丹西将会把这样的信息看作是杀死他们认为的军情六处最大敌人的完美武器。因此，最好尽可能长久地对这样的“情报”保守秘密。

不过，在马克斯递交了报告之后还是有一些变化的。查尔斯·布利泽德被撤销了荷兰分部负责人的职务，改由在荷兰长大的英国商人西摩·宾汉姆（Seymour Bingham）取而代之。宾汉在战争开始后曾在伦敦为军情五处工作，在1941年中期因酗酒而被解雇。后来理查德·拉明把他拉进了特别行动处。在他领导荷兰分部的11个月时间里，他将和他的两位前任一样近视并且继续误导大家。

而更令人不安的发展是马克斯被告知，特别行动处已决定非但不取消向荷兰继续空投特工，反而要增加空投的数量。1943 年 3 月至 5 月，又有九名特工空投到了荷兰。而他们一落地，就都被吉斯克斯的人抓获了。到了那年 5 月份，关押特工们的荷兰监狱变得如此拥挤，每间牢房中挤进了三名特工。

在离开伦敦之前，每位特工都会来见马克斯，以进行最后的密码通报。那些会见对马克斯来说是极其痛苦的。虽然他知道那些特工很快就会遭遇他们的厄运，但是他的上司禁止他警告他们。

1943 年 7 月，在古宾斯承诺进行调查四个月后，尼科尔斯上校终于通知马克斯，调查即将展开，他将被召见充当见证人。但他也被告知，在任何情况下，都不允许他向调查人员提交自己的报告或怀疑，那些进行调查的人必须独立地确定在荷兰发生的事实真相。当尼科尔斯问马克斯是否有任何问题时，他回答说："只有一个问题，先生。这是一次真正的调查还是一次内部的掩盖？"对马克斯来说答案是十分明确的。

正如马克斯后来所指出的那样，特别行动处已经成为一个对自己在荷兰的特工和荷兰抵抗运动中许多成员的真正威胁，他们的"生命被不必要地抛弃了"。利用阿勃维尔审讯被捕获特工时收集到的信息，与德国人勾结的荷兰合作者渗透进了许多抵抗团体，这导致了抵抗运动成员被大规模的逮捕和处决。

1943 年 3 月，一名德国的合作者伪装成特别行动处的特工与荷兰前首相柯斯·伏林克（Koos Vorrink）进行了接触，伏林克当时已经成为全国最大的抵抗运动领导人之一。合作者告诉伏林克，荷兰流亡政府想知道伏林克创建的地下组织成员中一批著名的荷兰政客的名单，前首相向他提供了名单。到了第二天下午，伏林克和 150 多名关键的抵抗运动成员就都被关进了监狱。

至于那 54 名被德国人监禁的伦敦派往荷兰的特工，党卫军并没有履行吉斯克斯曾经作出的承诺，让他们活下来。1944 年 9 月，随着入侵的盟军逼近荷兰，大多数特工被运送到奥地利的毛特豪森集中营。在抵达后不久，他们就在营地内的一个花岗岩采石场被机关枪扫射而死。在原来被捕的 54 名特工中，只有四个人，包括劳威幸存了下来。

德国人的“英格兰游戏”的胜利也瓦解了荷兰的抵抗运动。分散的残余抵抗组织继续活动着，然而没有武器和有效的指引，他们几乎无法完成任何有效的打击。吉斯克斯在战后的回忆录中指出：“盟军试图在荷兰建立武装进行破坏，以期在入侵的关键时刻削弱我们的防御力量，但被我们阻止了。”

战争结束以后，在荷兰流行着各种谣传。有人指控“英格兰游戏”事件实际上是特别行动处荷兰分部中的某个叛国分子的作为；也有人指控那可能是英国人故意牺牲荷兰特工，以误导德国人认为是盟军可能在荷兰发起入侵。尽管特别行动处和军情六处在战时造成了所有这些令人震惊的失误，但是英国秘密特工的绝不会失败的神话仍然在荷兰和世界的其他地区广泛流传。对许多人来说，根本无法想象“英格兰游戏”所造成的损失居然是因为某些愚蠢的英国特别行动处的特工所致。在战争结束四年之后，英国要求荷兰政府对“英格兰游戏”中“掩盖事实的回应”进行调查，使得这个故事更加模糊不清。当荷兰议会的一个委员会于 1949 年 10 月抵达伦敦进行调查时，已经成为特别行动处战时记录监管机构的军情六处管理机构声称，大部分荷兰分部的档案已经不复存在了。事实上，根据一位特工的说法，这些报告以及其他许多特别行动处的记录都是“一些等待爆炸的定时炸弹”。它们于 1946 年初在一场神秘的火灾中被烧毁了。在这些失踪的文件中包括利奥·马克斯在战后撰写的关于“英格兰游戏”和荷兰分部在战争前三年里整体表现不佳的长篇报告。马克斯几年后说：“我为特别行动处工作的时间太长了，我不相信火灾是一次意外事故。”他的许多前同事有着和他一样的看法。

在寻求关于到底发生了什么事情的书面证据方面受到阻挠之外，荷兰调查委员会也曾被允许与参与荷兰秘密行动的特别行动处和军情六处官员进行过几次正式接触。不幸的荷兰分部第一任领导人理查德·拉明是唯一提供官方证词的前官员，他的证词主要是解释英国官方保密法案的复杂性。在不做记录的情况下，有几位前特别行动处官员，包括科林·古宾斯也同意与荷兰调查委员见面，所有人都否认特别行动处与德国人非常成功地捕捉了他们荷兰特工的行动有任何瓜葛。

荷兰调查委员会在它的最终报告中宣布，“判断错误”应对“英格兰游戏”造成的后果负责——而那些“错误”是英国政府中的某些人在战争期间和战后想尽力保密的。委员会补充说，没有任何证据支持“英国或荷兰方面的背叛”的指控。正如英国历史学家 M.R.D. 富特所说：“真相是更为现实的：那些特工是在伦敦无能的协助下，成为德国警察高效工作的受害者。”

1943 年在法国也出现了同样的不幸场景，而其影响甚至更加深远。

第 16 章

下次得更小心些

特别行动处在法国溃败了

1943 年初时，利奥·马克斯忙于应付荷兰的灾难，没有时间去考虑其他事情。但在 2 月一个寒冷且天空灰暗的下午，他强迫自己坐下来和一个将于下个月去法国的特工开会。最后一次复查将要使用的无线电密码，那是一个被人认为有问题的特工。

在特别行动处，几乎没有人对 26 岁的弗朗西斯·卡马斯（Francis Cammaerts）有过好的评价。他的训练者承认他非常聪明，但也抱怨他对破坏行动没有任何兴趣，也没有显示出任何领导的能力。这对于一个被指派去组织并领导法国抵抗组织开展破坏行动的人来说，是一个很大的问题。最后评价卡马斯的报告中写道："相对缺乏冲劲。"他的密码训练员说："他缺少动力，带有一点负面的个性。"他是"一个动作迟缓的人。他会尽力遵奉指令，但看上去无法掌握基本的原则"。

看了卡马斯那份令人丧气的文件之后，马克斯决定尽可能少花时间在他身上。然而当他进入会议室后不久，他就改变了主意。马克斯的结论是"这个头发锃亮，个子特高的卡马斯"根本不是一个动作迟缓的人。事实上，他非常像马克斯自己——充满激情，对一切持怀疑态度并非常独立。正如马克斯从自己的个人经验中所了解的那样，特别行动处的高层对这些品质是不欣赏的。

马克斯注意到，卡马斯之所以被套上动作迟缓的帽子是因为他拒绝接受任何事物的表面价值。马克斯补充道，卡马斯要考量“事物所有的逻辑关系，不会想当然地接受任何事物或任何人，对他的所有训练者来说更是如此”。特别行动处的密码总监在结束他和卡马斯的会议时，“为有人错误地评价了卡马斯而感到非常抱歉”！

事实证明马克斯对卡马斯的评价是完全正确的。弗朗西斯·卡马斯后来成了战争期间在西欧行动中最为成功的特别行动处特工之一。他是一位著名的比利时诗人和英国女演员的儿子，在英国出生长大。像许多其他同龄的人一样，他对第一次世界大战中毫无意义的杀戮感到震惊。他在剑桥念书时成为和平主义者。第二次世界大战爆发时，他在伦敦东南一个虽小却总有创新的语法学校教授历史。在因良知而拒服兵役后，他被指派到英格兰东部的一个农村公社从事体力劳动。

1942 年，卡马斯的弟弟彼得在皇家空军对德国进行的一次轰炸任务中丧生。弗朗西斯因弟弟的死亡而受到冲击，尽管他仍然坚持和平主义的理念，但他必须参与这场战争。通过朋友，他和特别行动处取得了联系。

他和马克斯一样，刚开始参加特别行动处时就对这个地方的草率和不负责任感到困扰。虽然无休止地强调保密的必要性，文件却摊放在办公桌上；由于安全原因，原本应该互不见面的特工们不断碰到一起。他深信行动处没有给予他和他的同事们足够的训练，以抵御敌人的追捕。卡马斯后来曾说过：“我从来就不相信我们这些业余爱好者可以和德国的安全部门玩智力游戏，他们才是职业选手。”

对于他来说，更令人沮丧的是特别行动处在法国的行动一片混乱。当时“D 日计划”的制订者们已经作出了一个绝密的决定，选择诺曼底海岸作为进攻欧洲的中心地带。因此，法国的抵抗运动在解放欧洲大陆的初期阶段将发挥重要的作用，如阻止德军部队的行进，破坏电力供应、桥梁、铁路、道路、武器仓库和通讯等一切战略设施。

反攻的策划者们设想着抵抗运动是统一并协调的运动。但是实际情况却是由于英国政府与戴高乐的自由法国运动之间争议不断的关系，特别行动处在法国的运作已经被分割成了难以想象的状态。所有其他国家在伦敦都只有一个特别行动处的分部对接指导他们的抵抗活动，而法国却有6个分部，其中只有两个——“F”和“RF”分部最终发挥了重要作用。

F分部是1940年后期，外交部在丘吉尔的授意下指令特别行动处创建的。其目的是在没有自由法国运动的参与下，安抚维希政府中那些反对德国，并反对戴高乐的人。F分部的大多数特工都是会讲法语的英国人，在数量极少的其他国籍人员中包括了美国人和加拿大人。戴高乐本不该知道F分部的存在，但他很快就发现了它，并抗议英国在法国创建抵抗组织是对他国家主权的侵犯。

在法国的非共产党人抵抗运动已经开始把将军视为他们的领导人了，所以将戴高乐排除在特别行动处的活动之外的行为在这个圈子里激起了民愤，这对不断恶化的英国与自由法国运动的关系无疑是火上浇油。为了缓和他们和戴高乐的关系，特别行动处创建了“RF（共和法兰西）分部”。这是一个全由英国人组成的分部，专门与戴高乐的情报和破坏行动机构合作。它的任务是为自由法国运动招募和训练的特工，并提供资金、运输、武器和通讯设备等。但这并没有让戴高乐感到高兴。他极其憎恨对英国人的依赖，也憎恨这样一个事实：即特别行动处的官员可以否决他给特工的命令，并控制着自由法国运动与法国的通讯联系。

让他更为愤怒的是F分部和军情六处正在从不断前来英国加入将军的自由法国军队的年轻法国人中，大力招募特工。在战争期间，来自欧洲和其他地方的所有新来的移民都必须在伦敦西南的讯问中心接受英国安全机构的询问。因此，F分部和军情六处可以在戴高乐的人有机会联系上法国年轻人之前，优先为自己找到最有希望的潜在特工。

在所有这些争斗和对抗的大背景下，自由法国运动和特别行动处之间以及特别行动处的各个法国部门之间存在着激烈的相互斗争也就毫不奇怪了。据利奥·马克斯回忆，曾有一段时间不允许RF分部的官员和自由法国运动的人说话，他们不得不像在法国一样找一个安全地点见面。被所有这些官僚主义的嫉妒和阴谋所激怒，一名RF特工向马克斯喊道："我可以告诉你，这场（特别行动处内部的）'战争'不知道想要的是什么，这不是要去杀死德国人，或是帮助特工生存下去，或是尽快结束战争，尽管他们假装那是他们的目的。"

在自由法国运动出现之前，已经形成组织的F分部开始缓慢行动起来。然而直到1941年春天，它的第一批特工才被送往法国。到1942年的夏天，特工的人数才开始显著增加。即使到了1943年初，F分部和RF分部的特工也没能完成多少工作。战后，德国西部军区司令格尔德·冯·伦德施泰特元帅指出："在1942年，法国的地下运动仍然被控制在可以承受的限度之内。对德国军队的谋杀和袭击以及其他破坏行动是很常见的，火车也经常脱轨。然而，并不存在对德国军队的真正威胁或实际上阻挠了部队的运动。"

像荷兰分部一样，F分部也受到了特别行动处高层要求他们加紧努力的巨大压力。它也像荷兰分部的运作一样，在伦敦的工作人员，特别是那些领导人能力相当薄弱。F分部的头儿莫里斯·巴克马斯特是一名曾在伊顿公学念过书，但没有接受过秘密战争训练的毫无经验的商人。特别行动处鉴于他是战前福特汽车公司在法国的高级经理，对法国工业界有所了解而招募了他。一位同事曾说，特别行动处挑选了高挑且和蔼的41岁的巴克马斯特，是"给贝克街带来了一位销售总监"。似乎没有人知道他为什么或又是如何被挑选来领导特别行动处里最重要的分部之一的。科林·古宾斯后来承认，巴克马斯特之所以获得了这个职务是因为"没有其他人可选"。

菲利普·德·沃默古（Philippe de Vomecourt）是F分部少有的几个土生土长的法国特工之一。按照他的说法，巴克马斯特是一名高高在上的部门负责人，无法理解"在敌后工作的特工们的恐惧和兴奋"。他也没有多少作为一个领导人所必需的品质。贵族出身的德·沃默古在法国中南部建立起了一个重要的破坏行动组织。他说："巴克马斯特在给我们下命令时不够坚定，在我们心中留下了危险的疑虑情绪，不清楚谁将负责指挥行动，谁又将在行动中听从指挥。而且他在为我们与他的上司争执时也缺乏决断能力。他太容易屈服于高层的压力了！”被特别行动处的官员描述为“被派往敌后的最杰出的特工之一”的德·沃默古，还指责巴克马斯特应对他所派出的一些特工的质量太差而负责。“那些人的法语口音是如此明显，这对他们自己和与他们一起工作的人来讲都是很危险的”。在不断经受派出更多特工的巨大压力下，巴克马斯特“降低了招募的标准，那些被招募来的男士和女士并不具备从事特工工作所需要的素质和资格”。

在沃默古看来，更成问题的是巴克马斯特和F分部对于被占领的法国的实际情况缺乏了解到了一种危险的程度，这包括“继续生存下去的所有重要细节，那是一种意味着生死差异的认知”。

当弗朗西斯·卡马斯在1943年3月22日被空投到法国时，他感觉外面的世界就像从“爱丽丝的镜子”的另一边看过去的那样。与这个新奇的世界相比，伦敦官僚们的作战计划看上去就像孩子的游戏。

与战争的头两年相比，法国现在要危险得多了。德国占领者们的纪律和礼貌早已荡然无存。随着盟军在北非和斯大林格勒的胜利，曾经似乎无所不能的第三帝国现在受到威胁并转入了防御，这使得那些在它统治下的人们受到了更大的压迫，生命也更加危险。

在卡马斯到达前八个月，法国的德国党卫军已经从德国军方手中夺过了对警察和安全管理的控制权，并立即着手摧毁胆子越来越大的法国抵抗运动。沃默古回忆说：“如果在1943年之前纳粹对恐怖活动还有所节制的话，那么现在他们已经毫无顾忌了。”

在夺取了控制权后的第一年里，党卫军和法国警察就逮捕了大约16000名抵抗运动成员，其中许多人遭受酷刑并被处死。参加清扫行动的还有一个新成立的被称为“米利斯”的残暴的法国准军事部队。根据沃默古的说法，它的成员“几乎都是一些正在变为暴徒的人”。

当卡马斯到达以后，他的第一个任务就是检查F分部下属的一个名为“卡特”的大型组织的安全性和有效性。那个组织覆盖了法国东南部的大部分地区，包括普罗旺斯和蓝色海岸在内。从他踏上法国土地的那一刻起的整个行程，其间距巴黎一个小时的车程，他都为“卡特”对安全的全然漠视感到惊恐。在深夜与五名年轻法国人组成的委员会接应之后，他和他们挤在一辆汽车上开往巴黎，而当时是有着严格的夜间宵禁令的。他回忆说：“在与法国人的交谈中发现他们似乎毫无安全意识。我在整个接应过程中感到的是极度的不安和危险。”

一到巴黎，卡马斯就被带到了一个法国人的公寓里，那个人是“卡特”的一位重要成员。经过几个小时的讨论之后，卡马斯离开那里去了一个安全地点，约好第二天早上再与那个法国人见面。但是当他第二天回到那个法国人的公寓时，发现他的联系人已被盖世太保逮捕了。卡马斯立即离开了巴黎，冒充法国公民乘坐公共汽车前往距离里昂60多公里的一个小村庄圣若里奥。

在这个被积雪覆盖的法国阿尔卑斯山峰围绕着的美丽村庄中，几个作为“卡特”组织者的F分部官员组建了一个临时总部。当卡马斯抵达圣若里奥时，他更加担忧了。“当我下车，直奔邻近的一座别墅时，五六名不像村民的年轻男子也下了车”，“卡特”的成员在别墅里迎接了我们。他回忆说：“那座房子是一处公众场所，非常吵闹，不明身份的人进进出出，很不安全。”

卡马斯很清楚，避免选择任何一种“中央集会”地点是秘密工作的一条基本规则。他很快得出结论，“卡特”是一个很不稳定的组织，没有任何安全意识或组织严谨性。他后来说：“在我看来，这样的愚蠢是不可原谅的。很多人因此失去了生命。”他认定这样的组织已无法修复，所以决定在别的地方建立自己的组织。几周后，德国人来到了圣若里奥，逮捕了“卡特”的特别行动处联络官，并席卷了整个组织网络。

在那段时间里，卡马斯转移到了郁郁葱葱的罗讷河谷，那一带因罗马遗址和山坡上的葡萄园而出名。他在那里开始创建一个代号为“骑手”的抵抗组织。这个身材高大、瘦削的年轻特工骑自行车、步行，偶尔也乘坐汽车或公共汽车，走了几百英里，接触了许许多多农民、商人、机械师、杂货商、教师和法国东南部的其他居民，许多人加入了他的战斗行列。几个月内，他组织了约50个小组接受破坏活动的技术训练，还为来自英国的武器、炸药和其他物资建立了空投区域。

后来的事实证明，卡马斯对秘密工作有一种本能的天赋。与特别行动处的许多同事不一样，他对安全是非常重视的。他采用了共产党人的组织和抵抗战士长久以来一直使用的方法，建立的小组不超过 15 个人，尽可能减少每个小组与其他小组的接触。新成员要加入一个小组，必须经过已在小组里的人的推荐。

组织成员还必须遵守其他严格的规定。他们被禁止使用电话，被禁止携带书面信息或报告。特工们不可以连续两三个晚上睡在同一个地方，也不可以在同一个地方接连聚会。他们尽可能避免在旅馆或集体宿舍中过夜，因为所有在那些地方住过的人都必须填写德国人很容易就能获得的详细表格。如果一个小组中的某一个成员被捕了，其他成员必须立即转移。

最重要的是，没有人知晓他或她的真实身份——这是卡马斯自己像对待宗教那样严格遵循的规则。他回忆说："从踏上法国的那一刻起，为了保护我自己，更为了保护那些我曾经接触过的人的安全，没有人会知道我的真实姓名。"他的代号是"罗杰"。

在建立地下组织的过程中，卡马斯不仅与抵抗组织的成员，而且与无数普通的法国公民——男人、女人和孩子形成了一种特殊的纽带。他在法国的 18 个月中，他们为他提供住所、衣着和饮食。当他穿越整个地区时，他从一个家庭转移到另一个家庭，他把他的性命交于他们手中，他们也同样冒着生命的危险。

法国全国有成千上万这样的掩护人员，他们从来没有拿过枪或投过手榴弹，但愿意为那些视他们为抵抗组织宝贵成员的人提供安全住处。与卡马斯密切合作过的一位特别行动处官员尚·菲尔丁（Xan Fielding）指出："没有任何那些自命不凡的'大厨'所表现出来的自傲，也从未想到过奖励或荣耀，他们让我们使用他们的家园……从而承受起了远比任何一个武装的马基斯游击队员更大的生命危险。"

卡马斯后来曾说过，这些人是抵抗运动的核心。不像优秀的抵抗运动领袖和包括卡马斯本人在内的许多特别行动处的特工，他们中的大多数人在战后没有获得奖牌或荣誉，也没有人在任何书中描述过他们。他说：“让我一直感到很不舒服的是，人们在谈论抵抗运动时，好像那只是由少数男女英雄创造出来的一样。他们试图把我说成是一个英雄，然而最重要的是我们曾生活于人民的英雄主义之中……他们牺牲了一切——孩子、伴侣、年迈的亲人和他们的土地。”

正如卡马斯和其他人反复强调的那样，如果没有那些无名的法国支持者，就不会有抵抗运动。菲利普·德·沃默古曾说：“法国的抵抗力量源于法国自身。如果没有来自伦敦的武器和器材、训练员和组织者，那么法国人抵抗的效率就会降低。但抵抗还是会有的。从另一方面来说，如果没有法国普通百姓提供的有求必应的帮助和勇气，来自伦敦的特工就什么也干不成。曾经参加过抵抗行动的人要比名单上的人多得多。”

卡马斯之所以坚持严密的安全措施，在很大程度上源于他把这么多人的生命置于危险境地后所感受到的沉重的责任。虽然他的小心谨慎异乎寻常，但他并不孤单，还有好几个特别行动处的组织者也像他一样始终保持着警惕。所以毫不奇怪，当盟军最终发动进攻时，他们组织的行动是最有效的。

其中就有29岁的珀尔·威灵顿（Pearl Witherington），她领导了法国中部1500人的“摔跤手”抵抗组织——她是唯一一个担任领导职务的特别行动处女特工。威灵顿在战后写道：“我对我周围发生的事情始终保持高度警惕。因为无论你在哪里，你永远都不知道是否有人在监视或窃听，你必须对一切都小心谨慎。”即便是随意的手势或身体动作，例如在穿过马路之前本能地向右看一下，也可能会给英国特工带来灾难，因为他们忘了法国的道路规则是需要向左看的。

对于她和卡马斯来说，谨慎和怀疑是如影随形的伴侣。然而，不仅在特别行动处，甚至包括在自由法国运动和整个法国地下抵抗组织中，人们并没有对安全问题给予高度的重视（除了共产党人的小组以外）。例如，人们普遍无视尽可能少地接触抵抗运动中的其他群体或个人这一基本原则。法国东南部繁华的里昂市被称为法国抵抗运动的首都，因为抵抗运动的许多领导人包括让·穆林都常常会聚集在那里。一位领导人指出：“你还没走出十米就会撞见一位你得假装不认识的地下组织的同志。”在里昂召开的秘密会议就只在几个常去的地方举行，这就更容易被法国警察和盖世太保发现。

轻率的风气也很流行。在抵抗组织的不同层次上，大部分成员都是年轻人。他们加入了这个秘密组织，但对简单生存所需要的保密措施几乎一无所知。菲利普·德·沃默古对自己和他的抵抗运动成员们是这样评价的：“我们必须承认，在开始的时候，我们把整个抵抗行动看成是一场游戏。尽管严肃而且致命，但只是一场充满了娱乐、兴奋和冒险的游戏。但是德国人从来就没把它当成一场游戏。”

在组织这些没有经验的抵抗者时，特别行动处的特工们原本应当向他们灌输纪律和安全的意识。然而，许多特工缺乏这样的训练和气质。其中包括一名32岁的律师弗朗西斯·萨提尔（Francis Suttill），他于1942年10月被空投至法国。萨提尔的父亲是英国人，母亲是法国人，他的任务是在巴黎附近组建一个新的抵抗组织，覆盖法国中部的一大片地区。萨提尔的代号是“兴旺”，他将建立取代“卡特”而被F分部掌控的主要抵抗组织。

几个月来，萨提尔走遍了整个地区，邀请当地的抵抗运动领导人加入他的圈子，组成一个庞大的组织。到1943年6月时，“兴旺”成了当时特别行动处在法国国内掌控的最大的抵抗组织，成员包括沙特尔、奥尔良和贡比涅等地的60多个地方团体。

然而，“兴旺”的庞大组织与运转相对严谨且不灵活的地下抵抗组织的规定是相违背的。与卡马斯不同的是，萨提尔并没有在他的组织团体之间进行严格的分割。各个分支机构的成员往往在巴黎及周围地区的同一间安全房屋、同一家餐厅或咖啡馆里聚集，而那些地方正是盖世太保特别注意的场所。正如卡马斯后来所说的那样：“‘兴旺’的那些人活在梦幻之中。”

那种梦幻般的生活在1943年6月结束了，那是战时法国地下抵抗组织经历的最糟糕的一个月。6月21日，抵抗运动最重要并最有影响力的人物——

让·穆林被盖世太保逮捕了，在里昂郊区一座安全房屋和他一起被捕的还有六名主要的抵抗运动领袖。之后不到两个星期，弗朗西斯·萨提尔和两名与他直接联络的特别行动处特工（他的信使和无线电报务员）在巴黎被捕。在几天之内，盖世太保就像一把巨大的镰刀一样在“兴旺”的组织网络中收割般抓走了几百名当地的抵抗运动成员，并在法国中部和北部地区搜出了几十个武器仓库。他们还截获了两部无线电台，其中一部是属于萨提尔的无线电报务员吉尔伯特·诺曼（Gilbert Norman）的。

一名巴黎当地的抵抗运动成员立即向伦敦通报了这次大规模的逮捕行动。几天后，莫里斯·巴克马斯特收到一份电报：“整个‘兴旺’组织都被摧毁了，不要再和‘兴旺’组织中的任何小组接触。”然而，在6月27日，萨提尔被捕之后的第三天，F分部收到了从吉尔伯特·诺曼的无线电台发来的一份电报，声称他仍然是自由的。

这份电报存在着一个严重的缺陷，利奥·马克斯一看那份电报就看出了问题：诺曼跳过了安全检查密码。马克斯立刻将他的发现通知了巴克马斯特，强调说诺曼可能是在盖世太保的控制下发的电报，但巴克马斯特拒绝相信这是事实。在不告诉马克斯的情况下，F分部的首长给诺曼回复：“你忘记了你的双重安全检查密码。下次得再小心些。”然后他下令让他的下属继续给诺曼发电报。

由此开始了法国版的“英格兰游戏”，这是一场由巴黎党卫军反间谍部门负责人约瑟夫·基弗（Josef Kieffer）主导的为期十个月的行动。作为一个有高度竞争力的人，基弗决心至少要相当于、甚至超过他在荷兰阿勃维尔的对手赫尔曼·吉斯克斯在欺骗行动中所获得的巨大成功，而特别行动处也不约而同地帮助基弗实现了他的雄心壮志。

令人感叹的是，F分部没有任何人知道长期以来对“N分部”及其特工的怀疑。就整体而言，特别行动处在伦敦和敌后都普遍缺乏安全意识，但特别行动处总部至少在一个方面是高度安全的：那就是特别行动处在各个国家的分部之间几乎是完全隔绝的。他们从不分享有关敌后运作的信息，也不会对可能发生的地下组织的垮塌在彼此之间发出警告。

尽管利奥·马克斯比特别行动处里所有的人都更了解在荷兰发生的灾难，但他已对科林·古宾斯发过誓要保密，所以无法警告巴克马斯特——他的部门即将面临的灾难。尽管如此，密码部门的马克斯和工作人员仍然坚持认为，吉尔伯特·诺曼和他发给伦敦的电报绝对是有大问题的。

在诺曼重新开始发报一个多月之后，巴克马斯特终于接受了无线电报务员已被德国人逮捕这一事实。但是他坚持认为F分部必须继续给他发电报，希望这样做能够挽救诺曼的生命。一位特别行动处的同事说，巴克马斯特对他的特工的命运极为关切，“从来不愿相信有人被俘”。对他来说，“他所有的天鹅都是白天鹅”。

然而还有另外一个原因需要维持诺曼好像仍然是自由之身的假象。英国皇家空军一直在游说，力图停止特别行动处向法国空投物资的所有飞行，他们将会利用“兴旺”组织的崩溃作为他们的一大理由。停飞空投行动对特别行动处要证明自己是一个重要的战争工具的努力将是灾难性的。科林·古宾斯和特别行动处其他高层官员认为，至关重要的是将“兴旺”的灾难当作已经过去的事情，继续向法国投入更多的特工和武器。

古宾斯在一份备忘录中指出：“从战略上来说，法国是西方战区中最重要的国家。因此我认为特别行动处应该看到在这个战场上承受重大伤亡是一件不可避免的事情。然而它会带来极高的收益。我会因此将特别行动处对法国的援助行动增加到最大限度……从现在开始并一直维持到‘D日’。”

结果，更多的特工被派往法国中部和北部，并在抵达后的几天内就被德国人抓捕了。他们中有两名讲法语的加拿大人被派往阿登森林，组织一个代号为“副主教”的新的重要抵抗组织。然而，当他们降落以后，这两个特工，一个组织者和一个无线电报务员就从视野中消失了一个多月。F分部的一名员工写道：“没有人对阿登的抵抗组织有丝毫的了解，人们一定认为他们已经失败了。”

但到了1943年8月初，“副主教”组织的无线电报务员发来了电报说抵抗组织已经启动并正在运行。虽然他和诺曼一样，没有把他的安全检查密码插进电文里面，F分部在指出了他的错误之后仍然和他保持联系。从那时起，特别行动处的特工和武器就被投往这个由德国人控制的圈子里，投往其他在创建之前就已被摧毁的新的抵抗组织。

因“副主教”组织被破坏而受到伤害的特工中有一位空军妇女辅助队军官努尔·伊纳亚特·汗。她轻盈高雅，心不在焉，她的教官认为她的脾性不适合从事特别行动处的秘密工作。但由于法国无线电报务员日益严重的短缺使人漠视了任何谨慎的考虑，巴克马斯特命令缩短汗的训练课程，并尽快将她送往法国。当培训学校的指挥官对此提出抗议，说她的“脑子还没有完全准备好”时，巴克马斯特回答说：“我们不想让他们的头脑装得太满。”由此可见正是他自己的原因而给他的部门造成了问题。

汗是在1943年6月16日抵达巴黎的，当时离“兴旺”组织崩溃还有不到两个星期。她逃脱了德国人的拉网搜捕，成了少数几个仍然自由的特别行动处的特工之一，几乎一夜之间就成了F分部最重要的特工之一，也成了盖世太保在巴黎最想抓获的英国特工。尽管她的安全意识没有明显的改善，但她在整个夏季和秋季仍然是自由的，定期向伦敦发报。然后在10月初，F分部指示她与“副主教”组织取得联系。当她这样做时，她就被盖世太保逮了个正着。他们不仅查获了她的发报机，还在她的床头柜上找到了一个笔记本，里面记录了她抵达法国后收到和发出的每一条电文。

和汗一样，其他100多名被盖世太保在法国抓捕的特别行动处的特工最终都被送到了德国的集中营，大部分人在那里遭受了可怕的折磨并被处死。其中有14名女性，包括汗和弗朗西斯·萨提尔的信使——24岁的安德蕾·博雷尔（Andrée Borrel）。汗在被捕之后被链条锁铐了好几个月，最后在达豪集中营被德国人从脖子后面开枪打死了。据目击者称，在德国西部茨维勒集中营被德国人注射了毒药的四名特别行动处女特工之一的博雷尔在被推入火化炉前仍然活着。在被打死之前，她抓破了一名警卫的脸，并高喊道：“法国万岁！”

第二次世界大战结束以后，这些特工的工作和悲惨命运已经在无数的杂志文章、书籍和电影中得到了描述。然而却无人提及有几千名与英国训练的特工合作过的法国公民也在那场战争中失去了生命。他们可能是信使、安全屋的主人、破坏者或担负其他任务的抵抗者。据估计，仅在“兴旺”组织的崩溃中就有 1000 多名法国男女被捕，其中大多数人被德军杀害了。

布莱恩·斯通豪斯（Brian Stonehouse）是为数极少的几个经历了集中营的苦难而活下来的 F 分部的特工之一，他把在法国的巨大伤亡归咎于伦敦致命的粗心大意。然而，特别行动处的灾难不仅仅是英国的无能或德国反制技术高超的结果，尽管这两者的影响都相当大。在“兴旺”组织被德国人扫荡之前，就有人猜疑特别行动处内部本身有一个通敌者。在被捕之前，在萨克森豪森被吊死的弗朗西斯·萨提尔曾对一位朋友说：“德国人知道我们所有的行动似乎已有一段时间了。”

萨提尔怀疑的目标是一个长着黑色卷发的法国人，他控制着特别行动处进出巴黎地区的所有空中交通，并恰好是莫里斯·巴克马斯特特别喜欢的一名特工。

每个人都会觉得亨利·德里古（Henri Déricourt）的任务完成得非常出色。在巴黎地区，大多数特工都不是用降落伞空投而至的。相反，他们乘坐可以在非常小的空地上起飞降落的皇家空军轻型飞机抵达。德里古负责找到那些起降地点，并保证特工抵达法国时和返回伦敦时的安全。这是一项精细而冒险的工作，也是一个杰出的“物流”成就——控制在德国占领的巴黎 25 英里范围内的皇家空军飞机的起飞和着陆。有那么多可能会出错的机会，但由德里古负责就不会有任何问题。

即使是非常警惕的弗朗西斯·卡马斯也对 33 岁的德里古留下了深刻的印象，在 1943 年 3 月卡马斯从伦敦来时，他迎接了他。卡马斯回忆道：“德里古的运作很顺利、很安静，没费大力气、没有发生干扰，非常安全。当你了解实际情况以后，就感到一切都很正常。”

在 1939 年以前，德里古有过一个变化良多的职业飞行员生涯，他在不同的时期当过特技飞行员、邮件飞行员和试飞员。战争爆发后，他在维希的一家小型航空公司当飞行员，同时晚间在黑市倒卖情报，并为美国驻维希大使馆作兼职情报人员。当他表示有兴趣为盟军全职工作时，美国大使馆的工作人员帮助他偷渡到了伦敦。

英国国内的反间谍、反渗透安全机构——军情五处的官员在德里古抵达英国时对他进行过询问，并从一开始就对他有所怀疑。他坦率地承认在战前他就与巴黎的德国高级情报人员很熟识。事实上，他经常和卡尔·博梅尔伯格（Karl Bömelburg）将军交往，甚至在战争爆发之后还是那样，而博梅尔伯格是党卫军在法国的反间谍部门的头目。军情五处并不清楚德里古与博梅尔伯格的关系究竟有多深，但认为对他的了解已经足够否决他参加秘密工作了。

尽管如此，他还是被莫里斯·巴克马斯特立即录用了。巴克马斯特那时急需一名在法国北部经验丰富的航空运输官员，因为“D 日”的准备工作正在加速。1943 年 1 月，德里古回到了法国，并立即获得了成功。他迅速安排了来自“兴旺”和其他组织的特工的抵达和离开，以及空投了 200 多个武器和炸药箱子。

大多数见过德里古的特工都喜欢并信任他。很多人都把绝密报告交给了他，让他交给飞行员带回伦敦。报告内容包括对即将进行的破坏行动的描述，参加行动的人员、地址以及预定目标的一些照片。不过，也有人对他持怀疑态度，指出德里古几乎对他碰到的每一个特工都会盘问一番。法国东南部一个主要组织的负责人、20 岁的托尼·布鲁克斯（Tony Brooks）即将飞往伦敦作短暂停留前，德里古就问他：“你是不是‘皮门托’的组织者？”当布鲁克斯说他只是一个信使后，德里古又不停地问他：“你住在哪里？你是什么时候到巴黎的？你什么时候从伦敦回来？”布鲁克斯拒绝做进一步回答。

另一位特工哈利·德斯佩涅（Harry Despaigne）说：“你不应该被那些刚刚与你接头的人盘问。”德里古向他提了很多问题，想要他说出他在法国的任务在哪里，是什么。“我不会跟他说话，我当天就离开了巴黎。”

在德里古抵达法国几个月后，对他的怀疑开始成为公开的谴责。法国西北部一个抵抗组织负责人亨利·弗雷格（Henri Frager）告诉特别行动处，他认为德里古在把特工的报告送往伦敦的同时，会抄写一份转送给德国人。与此同时，军情五处也向特别行动处提供了自由法国运动安全部门的一份报告，称“自从法德停战以后，德里古就开始在法国频繁地出现在德国人的圈子里”。

巴克马斯特的 F 分部副手尼古拉斯·博丁顿（Nicholas Bodington）马上为德里古进行辩护。博丁顿曾是路透社驻巴黎记者，他在战前就是德里古的朋友。据一些人的说法，他也认识博梅尔伯格将军。博丁顿在巴克马斯特面前坚持那些对德里古的指控是不真实的，称他们是“典型的法国诽谤”。

他并不需要花多少力气就说服了 F 分部的头儿，对德里古的指控是错误的。巴克马斯特无法想象这样一种可能性，那个把接应他的特工进出法国的工作做得如此出色的人可能会成为一个叛徒。战争结束后，巴克马斯特也从未想过德里古可能是一个德国间谍，他声称那些指控纯粹是出于嫉妒：“德里古的效率……令人瞠目结舌。因为他的成功所以引出了他被德国人控制的那种肮脏的念头。”

事实上，对德里古的每一项指责都是真实的。他在 1943 年 1 月抵达巴黎三天后就与博梅尔伯格联系上了，后者安排他住进了巴黎的豪华酒店布里斯托尔，那里是德国重要官员驻扎的地方。不久之后，德里古就正式成为党卫军博梅尔伯格将军的特工，在德国人的档案中代号为 BOE/48。博梅尔伯格又把他介绍给了他的直接下属约瑟夫·基弗，德里古和基弗开始一起工作了。

从那以后，德里古向党卫军提供了每个进出巴黎地区的特别行动处特工的详细信息，包括每次降落的日期和地点。德国人接受了德里古的附带条件，尽管盖世太保警察就驻守在附近，几乎从特别行动处特工着陆的那一刻就开始监视他们，但德国人将不干涉他的任何行动。

正如弗雷格所指控的那样，德里古还把送交给伦敦的报告和其他文件转交给了盖世太保。这些材料为德国的反间谍活动提供了有关特别行动处即将开展的行动的宝贵信息。在被拍照之后的 24 小时之内，德国方面就把材料归还给了他。接着那些材料就被送往特别行动处总部，从而不会引起人们的怀疑。

由于巴克马斯特决定不对德里古进行调查，特别行动处的特工们继续在他的接应下降落。直到 1944 年 2 月，他们仍不知道盖世太保的警察在他们下飞机时正在监视他们。几乎所有的特工都是在到达的当天或之后很快被捕的。

在战争期间和战后，有传言说德里古并不是唯一的叛徒。军情六处的副总裁克劳德·丹西也被指控为叛徒。而对丹西发出指控的人中就有特别行动处的新任总裁科林·古宾斯，他显然认为他的对手在“兴旺”组织的垮塌中发挥了作用。根据战时英国驻美国情报活动负责人威廉·斯蒂芬森（William Stephenson）的说法，古宾斯在“兴旺”组织垮塌的过程中便有了“丹西曾经参与其中的印象”。斯蒂芬森回忆说古宾斯曾告诉他：“丹西已经把在法国的一些重要特工出卖给了敌人。”他补充说：“古宾斯不是一个撒谎或夸张的人，所以我相信这一点，因为我自己也曾有过那样一种印象。丹西是个邪恶的人，他会对任何挡他道的人毫不留情地采取行动。”

赞同那种看法的人还有古宾斯的副手哈里·斯波伯格（Harry Sporborg），他在战后曾对一位采访者说：“这一点是很清楚的。军情六处会毫不犹豫地利用我们或我们的机构去实现他们的计划，即使这意味着会牺牲一些我们的特工。”

毫无疑问，丹西和斯图尔特·孟席斯仍然全力阻止特别行动处在法国和西欧其他国家的运作，他们认为特别行动处正在危及他们安排在这些国家的情报特工的安全。孟席斯曾在 1943 年 1 月公开说过，如果古宾斯在法国的组织“可以被抑制，我们的情报活动就会受益匪浅”。然而，到那时为止，他企图说服丘吉尔终止特别行动处活动的努力并没有成功。

毫无疑问，克劳德·丹西对敌后特工的命运也是冷漠无情的。作家萨默塞特·毛姆（Somerset Maugham）在第一次世界大战期间曾经是军情六处的特工。他根据自己的经历，写了系列短篇小说《阿申登》（*Ashenden*），他将丹西作为书中主要人物之一——招募特工的英国情报机构军官 R 上校。R 上校在书中的一个故事里告诉他的门徒说：“很多人都在谈论人类生活的价值。你可能会说你在扑克牌游戏中使用的算法也有其内在的价值，而它们的价值就是你想要它们去完成的。一般而言……人就像一种算法一样，如果有人为了感情上的理由把算法看作是人，那他就是一个傻瓜。”

当“兴旺”的灾难性消息爆发的时候，丹西冲进了一位年轻的外交官帕特里克·赖利（Patrick Reilly）的办公室，当时这个年轻的外交官是孟席斯的临时助手。“带着满脸的喜悦”，丹西问赖利是否听说了这个消息。当赖利说他还没有听到时，丹西表现得“好像那是他职业生涯中最重要的一刻”。他大声说道：“特别行动处完蛋了，他们在法国陷入了困境。德国人正在法国各地清扫他们。”在战后曾担任英国驻法国和苏联大使的赖利回忆说他当时感到“非常恶心。我意识到丹西是我在公众服务经历中所见过的最邪恶、最缺德的人，从那以后再没有事情让我改变自己的看法”。

为了利用“兴旺”组织的垮塌得到好处，孟席斯迅速向英国总参谋长和联合情报委员会提交了一份关于特别行动处在法国活动的报告。军情六处的负责人在报告中宣称：“那里的抵抗组织在相当大的程度上被摧毁了，敌人必定掌握了这些组织的很多细节……他们不能再被认为是抵抗运动中重要的一部分了。”

联合情报委员会同意了孟席斯的报告。它向丘吉尔建议由军情六处控制特别行动处的运作，并停止英国皇家空军前往法国提供补给。让孟席斯和丹西感到沮丧的是首相否决了这两个提议。他强调，法国的抵抗运动对战争是至关重要的。虽然敌人的报复确实可怕，但他补充说，必须记住“烈士的鲜血可以浇灌蓬勃发展的种子”。

克劳德·丹西是否在“兴旺”组织的垮塌中起过作用？这种猜疑在战后继续流传，而且成为1988年一本名为《国王的仆人》一书的主线。在那本书里，BBC前制作人罗伯特·马歇尔（Robert Marshall）声称丹西曾在巴克马斯特面前替德里古涂脂抹粉，而德里古实际上是一名多重特工，也向军情六处报告在法国的德国人的反间谍行动。但问题是这个论断没有确凿的证据可以证明它。

然而这并不是唯一一次丹西的名字与一个成了叛徒的英国特工的名字联

系在一起。1941 年 8 月，军情六处在丹西的命令下，派出了一个名叫布拉德利·戴维斯（Bradley Davis）的无线电报务员加入法国正在快速发展的由玛丽－马德琳·富尔卡德（Marie–Madeleine Fourcade）领导的“联盟”抵抗组织——军情六处最重要的情报组织之一。第一次见到戴维斯的时候，富尔卡德和她的同事们都惊呆了。她回忆说，他看上去像是“在模仿一个最离谱、最可笑的‘典型’ 法国人……穿着一件短上衣和马甲、一条带条纹的长裤、一个有斑点的领结，戴一副夹鼻眼镜，在一小撮山羊胡子下面是一件圆领笔挺的衬衫，还有一顶显示身份的礼帽。这是英国情报特工吗？男孩们开始大笑起来”。

然而，对于富尔卡德来说，戴维斯作为第一个与“联盟”一起在敌后工作的英国人绝不是什么好笑的事情。从一开始他的行动就有许多疑点，询问太多的问题，对每个来见她的人都表现出过多的兴趣。当他最终作为“联盟”的无线电报务员去诺曼底工作时，她才松了一口气。

不久之后，传来消息说诺曼底和巴黎的大批“联盟”成员被逮捕了。富尔卡德的一名特工从法国首都向她传达了一个信息：代号为“布兰奎特”的戴维斯将他们出卖给了盖世太保。当她向伦敦军情六处的联络官肯尼思·科恩（Kenneth Cohen）转达这个信息时，他驳斥了这一猜疑，并声称，“布兰奎特”“在诺曼底的工作成果令人钦佩，向我们发送了一流的情报”。她问科恩是否确定“布兰奎特”是从诺曼底发送的电报，还说她的几名抵抗运动成员在巴黎见过“布兰奎特”。

然而，军情六处并没有追究此事，“联盟”特工的被捕仍在继续。但是到了最后，富尔卡德和她的副手们积累了足够的证据来说服军情六处的高层，“布兰奎特”确实必须为“联盟”特工的被俘、受折磨和死亡负责。富尔卡德的副手莱昂·法耶（Léon Faye）高声叫道：“这太不可思议了，太不可思议了！”富尔卡德同意这样的判断，她后来写道：“我们有吃惊的理由，英国情报机构派给我们的第一个人就是为纳粹工作的。”在一份紧急电报中，科恩指示富尔卡德和她的下属找到并处死“布兰奎特”。他们这样做了。在他被处死之前的审讯中，“布兰奎特”承认自己是英国的法西斯主义者，他渗透进了军情六处，所以他可以在法国为纳粹工作。

安东尼·瑞德（Anthony Read）和大卫·费希尔（David Fisher）写了一本对克劳德·丹西充满同情的传记，把布拉德利·戴维斯暨“布兰奎特”事件称为“丹西最严重的错误之一”——这个错误“给‘联盟’网络带来了全面的灾难”。其他一些历史学家也暗示在军情六处上层可能出现了背叛行径。然而又一次，没有证据来支持这样的指控。事实是，军情六处对特别行动处的不专业频频抱怨，但在挑选特工和执行情报行动时，也多半和它所仇视的对手一样无能、粗心和愚蠢。

当富尔卡德的军情六处的联络官看到戴维斯的背叛“并没有冲淡她对英国的忠诚”以后，他松了一口气——这可能是事实。但是，那件事和她于1943年7月开始在伦敦待了几个月的时间里所经历的事情，都让她对军情六处确实感到失望。由于盖世太保在法国到处搜寻富尔卡德，丹西和他的人急于让她到英国来休息一下并当面汇报。而她也希望为自己受到打击的组织找到更多的资金和其他援助。

她在伦敦逗留期间，又一次更大规模的逮捕浪潮席卷了整个“联盟”组织。“联盟”内部的好几个成员被捕，包括她的亲密的副手和朋友莱昂·费伊。富尔卡德感到心如刀绞，她写道：“自9月16日以来，我心爱的鹰（费伊的代号）已经掉下来了，和他一起被捕的还有我们组织的150多名成员，包括许多抵抗运动老手。每次我把朋友的名字抹掉，我就会体会到看着刽子手挥动斧子的感觉。我正死于悲伤。”

富尔卡德和她失去的朋友们在过去的三年里冒着生命危险向英国人提供他们所要求的详细情报——从德国空军的状况、德国军队的位置到法国港口中的德国舰船和潜艇的数量及动静等。她指出：当盖世太保正在搜捕我们的时候，丹西和她见到的其他英国官员正在忙于另外一场战争，反对白厅的英国官僚或偶尔反对一下自由法国运动。和其他新来的法国公民一样，他们每个人都抵制过德国人，富尔卡德对伦敦官场里面对海峡对面生活的悲惨现状表现出的冷漠感到极为沮丧。“南部解放运动”抵抗组织的创建人埃玛纽埃尔·达捷斯·德·拉·维热里在谈到他自己在伦敦的感受时指出："我所交谈过的每一个人似乎都是在精神和空间的远距离上进行着战争。抵抗组织和它的敌人被缩小成了一份份文件，并被锁进了巨大的金属柜子里面。"

后来，达捷斯和富尔卡德都没有违背他们与英国人合作的承诺。他们的抵抗组织都对盟军进攻法国的成功给予了重大的帮助。然而，他们对与他们有联系的伦敦官员的失望也从来没有消失过。富尔卡德后来写道："在我的一生中，我从来没有感受过如此巨大的伤害。用我们提供的信息作为持续不断的争夺权力的一部分，似乎是非常不人道的……我们全都成了为英国搜集情报的炮灰。"

第 17 章

我无法向你描述那种英雄主义

为救援盟军飞行人员开辟了一条逃生救援线

在炎热的 1941 年 8 月的一天，英国驻西班牙毕尔巴鄂市领事馆的副领事从午睡中醒来。他接到通知，必须马上回到领事馆去。一群盟军逃生者刚从法国抵达。

在领事馆里，他见到了四名男子和一名穿着蓝色渔夫长裤的黑发年轻女子。那位讲法语的女士自称是安德烈·德·容，看上去像是他们的发言人和领导者。她对副领事解释说，这些男子是留在敦刻尔克的一名苏格兰士兵和三名想去英国加入比利时军队的比利时军官。

24 岁的德·容补充说，还有许多英国军人仍然隐藏在比利时。其中有一些像那位苏格兰士兵一样，是参加了在法国和低地国家的战斗而活下来的幸存者，还有一些则是在最近的轰炸任务中被击落的英国飞行员和机组人员。在过去的几个月中，她已经建立了一条通过比利时和法国的逃亡路线，帮助那些逃生的人返回英国，参加救援的人大部分是她的朋友。如果英国政府给她钱来帮助支付这条线路的费用——山路向导、安全住房、食物和铁路车票，她就能够带更多的人出来。但是她明确表示，逃亡路线必须在她的掌控之下。

虽然和德·容一起来的那些人证实了她的故事，但副领事却有些怀疑。这个女孩怎么可能自行组织如此复杂的行动呢？更具体地说，她是如何设法让这些人穿越比利牛斯山那些令人眩晕的高峰和湍急的河流？这对于经验最丰富的户外运动员来说，都是危险而艰巨的跋涉。

尽管如此，他最终还是相信了她。在一封发往伦敦的电报中，他把代号为“迪蒂”的德·容形容为“一个极其正派的女孩，漂亮且体格像铁钉一样强健”。他的信息被送到了军情九处，那是一个在1940年底成立的小型秘密机构（隶属于军情六处），专门联系英国战俘，并帮助营救被困在敌后的盟军士兵。军情六处的克劳德·丹西最初认为德·容是德国人的一个工具，试图把敌人的特工派往英国，因而拒绝了她的建议。但军情九处逃亡部门的25岁的负责人詹姆斯·兰利（James Langley）中校支持德·容的提议，最后英国政府同意资助她的行动。这个小小的冒险，不久就演变成盟军在西欧最重要的逃生路线。

詹姆斯·兰利和他在军情九处的同事艾雷·尼夫（Airey Neave）上尉因为个人的经历，对德·容的逃生路线极感兴趣，而其他人也喜欢这样的建议。在战争初期，他们两人都曾陷入德国人所占领的地区，最终通过逃生路线被救出。在剑桥接受过教育的兰利原是科尔德斯特里姆警卫军团的军官，在1940年的法国战争中受伤，由于伤势严重，左臂不得不截肢。尽管如此，他还是在一名法国护士的帮助下，从里尔的一家德国医院中逃脱，并找到了安全房屋。后来他获得了假身份证件，并从一个避难所转到另一个避难所，最终到达了中立的西班牙。

尼夫是在1942年加入军情九处的。他在敦刻尔克被机枪击中后被俘，后来被相继送到德国和波兰的战俘营。1941年4月，他从波兰的战俘营中逃出，不久后又被逮捕，并被盖世太保审问。然后，他被转移到了德国科尔迪茨专门惩罚“坏男孩”的战俘营。那是一座邻近莱比锡城的森严的中世纪城堡，专门用来关押不断试图出逃的盟军战俘。

科尔迪茨三面为岩石峭壁所包围，据说坚不可摧。但是，尼夫和他的战俘营同胞们决心要证明它是可以突破的（这种态度证实了德国人将最专业且经验丰富的战俘关押在一起的逻辑很荒谬）。在经过两次尝试之后，25岁的尼夫最终在1942年1月初成功逃脱。他和一名荷兰军队的中尉伪装成德国军官，在暴风雪中从防守严密的堡垒中突围而出，四天后到达了瑞士。

虽然将第一个从科尔迪茨逃出来的英国人尼夫送回英格兰是一项高度优先的行动，但尼夫仍然花了四个月的时间才完成了1500英里的危险旅程。在那次旅程中，他得到了法国投降后组织起来的第一个主要逃生组织“帕特·奥利里之路”的帮助。那个组织以马赛为基地，它的名称来自组织的创始人之一，一位比利时医生，他的真实姓名是阿尔贝特·盖里斯（Albert Guérisse）。

在战争期间，大约有7000名英国人、美国人和其他国家的盟军军人，其中大多数是机组人员，从被占领的欧洲逃了出来。在所有被占领国家里都有逃生路线，但比利时、法国和荷兰的逃生路线最为活跃。从1941年起直到战争结束，数百架英国飞机每天都要飞越这些国家去轰炸德国。飞机的损失相当严重，在有些日子里会高达15%。许多被击落的轰炸机机组人员会在飞机坠毁之前跳伞，这就使他们滞留在敌人的地盘上了。在训练有素的轰炸机机组人员极度短缺的时候，尽可能多地救回他们，并让他们回到英国继续战斗，这对盟军的战争胜利来说是非常重要的。

到了1943年，一名在欧洲西北部被击落的美国或英国飞行员如果幸运地没有马上被俘，那他很有可能会找到一所安全房屋并在那里隐蔽起来，直到被送到邻近的如布鲁塞尔、巴黎或海牙那样的大城市的集中地点。他将在那里获得假身份证件和合适的衣服，并接受严格的指导。然后，他通常是坐火车被护送到西班牙边境，在那里他和其他逃生者将由向导带领，跨越比利牛斯山脉。赫尔曼·戈林曾指出：“制造飞机比组建机组花费的时间更少。”他与英格兰的指挥官一样敏锐地意识到这些人的价值，于是德国空军司令下令使用一切必要的手段摧毁逃生路线。

在被占领的欧洲，尽管参与逃生路线的救援，可以说是最为危险的抵抗运动，但从老到少有成千上万的人加入了这一行列。最危险的工作大多是由年轻女性担任的，其中许多人还只有十多岁，她们护卫着那些逃生的军人穿越几百英里敌占区前往西班牙。与那些大部分时间处于隐蔽状态的抵抗战士不同，这些妇女与外国人一起公开行走，搭乘火车和其他公共交通工具，而那些外国人的外表和举止往往都十分显眼。艾雷·尼夫后来是这样描述陪伴他穿过法国的那位法国女士的："没有任何事情能比这更有力地表达出了对希特勒的抵抗精神。"根据尼夫传记的作者回忆，他"对那些执行这一危险任务的女孩的钦佩不断增加，毫无疑问重塑了他对女性的态度"。他那一代和他那个阶层的英国人，在受了大量的沙文主义熏陶之后，尼夫在 40 年后成了玛格丽特·撒切尔（Margaret Thatcher）夫人的高级助手和竞选运动的主要组织者，让她最终被选为保守党领袖，并进而当选为英国第一位女首相。

在军情九处，尼夫和兰利向参与逃生路线的人员提供了资金和无线电通信。他们还设置了联络官员，帮助逃生者们离开西班牙并返回英国。然而在整个战争期间，两个年轻人从来没有得到过足够的资源，来充分帮助并保护在他们主导工作下的几千名工作人员。丹西和军情六处的其他高层官员认为他们的工作无关紧要，因此他们的小型机构总是缺钱，偶尔不得不依靠富有同情心的英国商人的经济支持来维持运作。

在兰利和尼夫经历过的众多挫折之中，没有一次会像他们无法为德·容蓬勃发展的逃生路线提供所必需的帮助时所感受到的那么痛苦。德·容拯救盟军士兵的使命是在 1940 年德军入侵比利时之后的混乱日子里开始的。当她的父亲——布鲁塞尔的一位校长告诉她，利奥波德国王才战斗了 18 天就向德国人投降了时，他开始哭了。她后来说："我从来没有见过我父亲哭过——从来没有。我感到绝望，同时也感到愤怒！我对父亲说：'你哭是没有用的。你将看到我们会对他们干什么。'"

带着让她赢得了"小旋风"绰号的激情，她立即着手尽力阻止敌人的行动。她是一位专业的商业艺术家，却在比利时的战斗中担任了盟军的护士。在招募了一群朋友和熟人掩护逃生者后，她开始将受伤的英国士兵从布鲁塞尔及其周围的德军控制的医院中偷运出来，再转送到她安排的安全房屋。

用一位历史学家的话来说，她所招募的组成后来为人所知的"彗星路线"的成员都是"布鲁塞尔各个阶层年轻、活泼和热爱自由的人"。它的成员有着各种各样的背景和职业，从学生到贵族再到汽车维修工。他们的共同之处除了年轻以外（几乎没有 25 岁以上的），就是他们对德国人的仇恨和对德·容的热爱。与其他逃生路线一样，“彗星路线”的大多数成员——信使、向导和安全屋的管理员都是女性。

虽然兰利和尼夫赞赏这个组织的生命力和勇气，但是他们却因为“彗星路线”拒绝让军情九处插手她们的行动而感到沮丧。兰利写道：“最后的决定总是由在战场上的人作出的。德·容从一开始就讲得很清楚，她不会受任何外部干扰的影响。整个路线是比利时人的，将由比利时人来运作，任何帮助都受到欢迎。但是支付款项只是为了报销费用，它没有赋予我们发号施令的权利。”

德·容一次又一次地拒绝了军情九处提出的派遣无线电报务员到布鲁塞尔的建议。如果这样做，她就可以直接与伦敦进行联络，而不再是仅仅依靠定期与在西班牙的英国联络官会面保持联系。有了无线电通信，如果遇到麻烦她可以立即通知军情九处，而且军情九处也可以让她知道潜伏的叛徒以及冒充帮助者或盟军飞行员的德军特工。

兰利说，德·容一再拒绝接受无线电台和报务员的做法“一直是一个几乎让我发疯的痛点”。然而回想起来，考虑到伦敦派往荷兰和法国的无线电报务员所造成的灾难，她不愿接受这样的援助可能并不是一件坏事。

虽然兰利一直在为德·容担心，但他不得不承认：这个年轻的非专业者很清楚自己在干什么。几个月之内，她就建立了一条从布鲁塞尔开始，弯弯曲曲地穿过法国南部抵达比利牛斯山脉的漫长逃生路线。它就像一条装配流水线那样工作：被击落的飞行员被带到最近的安全屋，通常在一个村庄或在一个农场里，然后被送到布鲁塞尔和巴黎的集中点，“彗星”的工作人员将从那里把组成小组的逃生者们护送到比利牛斯山脚下的一组安全房屋。西班牙的向导们——其中许多是仇视德国人的巴斯克人——将从那里把他们护送过比利牛斯山去西班牙。

德·容参与了行动的每一个环节。她安排安全房屋，与摄影师、伪造者们合作制作假的比利时和法国的身份证件，并亲自护送几十名机组人员前往西班牙边境并跨越比利牛斯山脉。她深情地把她护送的英国人和美国人称为

“包裹”，而人们则称她为“邮递女郎”。她的真实身份被严格地保密起来。

把那些年轻人伪装起来是一项非常艰难的任务。正如一名英国情报人员所说的：“要在你们中间隐藏一个外国人……并不是一件容易的事情，尤其是当那个外国人是一个红头发的苏格兰人或是一个咀嚼口香糖的来自中西部的美国人时更是如此。”找到适合美国人穿的衣服是一个大问题，因为他们通常比英国人或其他欧洲人长得更高；找到足够的食物也是一个大问题，因为每个人能得到的食物都越来越少。由于来自一个对战争的困苦和危险缺乏亲身体验的国家，许多美国的逃生者很难理解为什么在逃跑的路上吃得那么少。英国人自1940年以来就一直接受着严格配给，所以要求不高。英国的机组人员也比他们的美国同行更冷静更有纪律，而美国人往往更独立更外向，有时候也不太愿意接受德·容让他们不容置疑地服从向他们下达的每一项指令的要求。

在踏上危险的旅程之前，“彗星路线”的工作人员会尽力指导逃生者们如何更好地融入公共场合。曾有一个令人难忘的案例，一名长着罗圈腿的德州人被要求学会像欧洲人一样的走姿。由于大多数逃生者们不会讲法语或佛兰德语，所以他们在公共场所必须保持缄默。美国的飞行员被告知要把手从口袋里拿出来——那是美国人的一项特征，并且要学会像欧洲人那样使用银餐具吃饭——一直用左手拿着他们的叉子，而不是左右手来回更换。不论是英国人还是美国人，都不能抽他们自己国家的香烟，因为那些香烟的气味明显不同于欧洲的香烟。甚至不能被人看到在咬一块巧克力棒，因为在战时的被占领国家，那是绝对看不见的东西。逃生者们被不断地告知，哪怕是最细微的错误也可能引起在巴士、火车和其他公共交通工具上的大量巡逻的法国、比利时或德国安全官员的注意。

当他们在一起的时候，“彗星路线”的成员和她们所护送的军人之间发展出短暂的密切关系的情况并不罕见。德·容说：“我爱他们，就像他们是我的兄弟和我的孩子一样。我们会为他们做任何事情，甚至牺牲我们的生命。”对那些被救的飞行员来说，他们被那些拯救他们的人的无私和勇气所深深地感动了！一位当年 19 岁的英国军士鲍勃·弗罗斯特（Bob Frost）在 1942 年秋天由德·容护送到了西班牙。他在战后多年宣称："我完全爱上了她们，彻底爱上了她们！我心中充满了对那些曾在'彗星路线'中工作过的人的尊敬！她们知道如果被抓住了将会付出什么样的代价，那种英雄主义已经远远超出了我的言语所能表达的程度。"

艾雷·尼夫后来回忆说，他曾向那些回到英国的飞行员问起他们的逃生经历，在谈及德·容和她的战友时，他们的眼中充满了泪水。尼夫说："他们为她感到担忧，而包括兰利和我在内的所有那些知道她所冒的可怕风险的人也都为她担忧。"

对于"彗星路线"或其他逃生路线来说，一直存在着被发现的危险。逮捕非常频繁，损失也很惨重。如果被抓住，盟军的军人将被送往适用《日内瓦公约》规定的德国战俘营。但逃生路线的成员将面临酷刑和恐怖的纳粹集中营，甚至被处决。詹姆斯·兰利曾经估计，相对应每个回到英国的军人，至少有一名"比利时、荷兰或法国的援助者献出了自己的生命"。

意识到盖世太保正千方百计地设法摧毁"彗星路线"，尼夫和兰利要求德·容与和她密切合作的父亲尽快撤到英国。但是，她一如既往地"遵守自己的规矩"，甚至拒绝考虑一下离开的提议。尼夫回忆说："最后，她做出了自己的决定。"

逃生路线的组织发展得越来越大，但也因此变得更容易受到攻击。要想查清楚几百名为路线工作或使用路线回到英国的人的背景实际上是不可能的。盖世太保和德国空军的秘密警察在利用特工假装盟军飞行员进而渗透到各条逃生路线方面取得了相当大的成功也就不足为奇了。德国特工都配备了从被杀或被捕的盟军飞行员身上得到的文件和个人铭牌，而且他们中的大部分人曾在英国或美国长期居住并能说流利的英语。

德国人也得到了法国、比利时和英国合作者的"帮助"，他们报名加入逃生路线充当工作人员。由法国的一个主要逃生组织运作的"帕特·奥利里之路"就是被英国陆军上士哈罗德·科尔（Harold Cole）出卖给了盖世太保的，他在被德国人俘虏后成了叛徒。由于科尔，阿尔贝特·盖里斯和那条路线的其他开辟者被逮捕并被送进了集中营，路线也被摧毁了。

对于“彗星路线”来说，它的情况也是如此。尽管它的创始人披上了某种迷人的色彩，设法避开纳粹的抓捕已有 18 个月以上，但它的工作人员自路线创建以来就一再遭到纳粹的逮捕。在 1943 年 1 月初，德·容带着三名美国飞行员出发，第 18 次前往西班牙。在越过比利牛斯山之前，一场暴风雪来袭，他们被迫在山脚下的一所安全房屋里暂时躲避。第二天早上，盖世太保得到了当地一位农民的密报，冲进屋内，逮捕了里面所有的人。

盟军的逃生者们都曾被多次警告：如果被德国人抓获，他们不能透露隐藏或帮助他们的人的身份和地点。他们唯一能做的就是说出自己的姓名、级别和军中的序列号，就好像他们在战场上被抓获一样。但是，盖世太保审问时的极端压力对一些人来说难以忍受，与德·容一起被捕的一名飞行员最终说出了他的向导的名字以及那些掩护过他的安全屋的主人。

当三名美国飞行员被送往战俘营时，德·容则完全失踪了，像被占领的欧洲成千上万的政治犯一样，在希特勒的命令下消失在纳粹集中营的“夜雾”之中。

几周之后，盖世太保再次袭击了“彗星路线”，这次在布鲁塞尔和比利时的其他地方逮捕了近 100 名工作人员。设法逃脱的少数几个人中有一名 28 岁的女性，名叫佩姬·范·利尔（Peggy van Lier），她是德·容的密友和助手。虽然被盖世太保特工严加盘问，但她坚持说从未参与“彗星”组织。由于担心她会被再次抓走，朋友们将她送到了直布罗陀，再转乘飞机去了伦敦，詹姆斯·兰利正等在那里迎接她。他立即被这个红头发、蓝眼睛的比利时人给迷住了。他告诉后来的朋友们说，就在她下飞机的那一刻，他爱上了她。他们两人在第二年结了婚，后来生了五个孩子，并在萨福克平静地度过了他们的一生。

利尔很幸运在该走的时候走了。就在她抵达伦敦几个月之后，“彗星”又一次遭受打击，而这次是因为一名在巴黎为盖世太保工作的法国人的出卖。

德·容的父亲是法国首都“彗星”组织的负责人，被捕的人除他以外，还有德·容的妹妹以及其他几十名组织的成员。最后，包括德·容的父亲和妹妹在内的大多数人都被处决了。

兰利后来指出：“‘彗星’似乎无法生存下去了，然而它令人难以置信地活了下来。尽管它损失了组织创始人和其他许多关键成员，但‘彗星’自身有能力重建自己，获得新的信使和向导的帮助，设立更多的安全房屋，并继续护送盟军人员返回英国。”

尽管还会遭受更多的损失，但“彗星”路线继续着它的救援行动，直到1944年秋天比利时获得解放。在彗星存在的三年中，她们护送了800多名机组人员，其中大部分很快就回到了军队。而其中有118人是由德·容亲自护送前往西班牙的。

虽然它们是最大并最知名的逃生路线，但“彗星”和“帕特·奥利里之路”在西北欧地区并不是进行救援工作的唯一组织。在那里运作的还有其他几十个小一些的团体，其中大部分像“彗星”一样是由妇女组织和管理的。不过，法国的“玛丽–克莱尔路线”的创始人却是独自一人运作的。

艾雷·尼夫称米勒维尔伯爵夫人玛丽·林黛尔（Mary Lindell）是“军情九处历史上最具个人色彩的特工之一”。这个说法并不能完整地描绘出她的形象。林黛尔是一个优雅、专横、直言不讳的女人，对冒险充满激情，这很适合与盖世太保或像克劳德·丹西那样的人打交道。一位在工作上帮助过她的天主教神父曾宣称：“对于一个女人来说，玛丽–林黛尔是一个伟大的男人！”

尼夫和兰利在1942年7月27日第一次听到林黛尔的名字。当时英国驻巴塞罗那的领事馆通知他们：一名英国女子刚刚从法国抵达西班牙，要求军情九处把她派回法国成为新的逃生路线的组织者。一个星期后，她来到兰利在伦敦的办公室，接受他和尼夫的面试。在门口迎接她的尼夫回忆说：四十出头的林黛尔穿着一件法国红十字会的制服，上面别着几个英式和法式的饰物，“看上去比她的实际年龄要年轻得多”“尽管态度粗鲁，她依然是美丽的”。

当他把她领进办公室时，他立即意识到“她习惯于自作主张……她的语气完全是英国式的专横跋扈，我感到自己就像是一个看门的门房”。

出生于萨里一个富裕家庭的林黛尔，很乐意接受尼夫对她的评价——“无畏、独立，而且非常傲慢”的合成物。事实上，她就是这样描绘自己的。她后来说：“我的教父去世后，给我留下了相当多的钱，所以我就真的变得很独立了。我想，这就是为什么我现在会傲慢并独立。因为从 15 岁起，我就不知道钱是什么，它就在那里。”

第一次世界大战爆发后，19 岁的林黛尔前往法国，自愿参加了法国红十字会。在接下来的四年中，她在前线包扎所和野战医院照顾盟国军队的伤员，经常陪同医护兵前进到距离德国战壕只有几英尺的前线治疗受伤的士兵。她被誉为“英国宝贝”，并因战火下的英勇而被授予法国军功十字勋章。

第一次世界大战结束以后，她嫁给了一位法国贵族。那位贵族受伤的时候，她曾经看护过他。作为有三个孩子的米勒维尔伯爵夫人，她成了巴黎社交界的一位重要人物。当法国在 1940 年投降的时候，林黛尔也组建了一个女人的逃生路线。她曾把英国军官藏在自己的公寓里，然后开车带他们越过维希边境，最后开到马赛交给后来的“帕特·奥利里之路”的人。她从德国官员那里获得了必要的许可证和汽油券，声称她需要那些东西为她的红十字会工作。后来她发现，德国军方“非常喜欢有名的人，特别是穿着制服，上面有很多勋章和绶带的人”。

当然，巴黎的盖世太保并不那么糊涂，对不断进出她公寓的人员产生了怀疑，并于 1941 年 1 月逮捕了她。当审判结束时，林黛尔得到了极为宽松的判决，她被判处在巴黎的监狱中单独监禁九个月。她回忆道：“我感到这极其荒谬！所以我向德国法官说：‘这将给我足够的时间和阿道夫生一个孩子。’”她的律师和翻译听了这话后几乎昏了过去。当法官要求知道她说了些什么的时候，她的律师在翻译回答之前先跳了起来，并大声说道：“被告人说，在目前这种情况下，她认为判决是公平的。”

在服刑之后，林黛尔被释放了。虽然决心继续她的逃生路线活动，但她知道不能在巴黎这样做下去了。她决定逃往英国寻求训练和其他帮助，使她能够在法国的另一个地方继续工作。

尼夫和兰利对她的前景都不看好，并坚决反对派遣任何已经暴露的人回到被占领的欧洲的想法。兰利说，这样做会“危及自己和别人的生命”。他和尼夫认为林黛尔是一门管不住的大炮，很难与她相处。兰利感到特别恼火的是，她“在对付难缠的男性时更喜欢使用战斧而不是通常的女性魅力”。在与林黛尔第一次见面后，兰利向尼夫说：“我现在没有什么可说的，只想要一大杯威士忌加苏打。”

林黛尔决心要按自己的想法去做，她拒绝接受军情九处的意见，并将继续争辩直到让她返回法国。无奈之下，尼夫和兰利只得向克劳德·丹西求助，丹西同意由他来告诉她不能再回法国。然而在他一生中，丹西遇到了一个像他一样顽强和固执的人。当他指出只是想挽救她的性命时，林黛尔反驳说他唯一想要挽救的只是他自己的名声。丹西在与林黛尔会面以后告诉兰利说：“尽快地把她送到法国去吧。”

经过两个月的训练之后，她于 1942 年 10 月被送回法国西南部利摩日附近，去建立一条新的逃生路线。艾雷·尼夫在护送她到机场去的时候发现，其他人对林黛尔有着与他和伦敦的同事们截然不同的看法。当她被介绍给年轻的英国皇家空军飞行员，说将载她飞跃海峡时，飞行员握着她的双手说：“我只想对你说谢谢你去那里……所有的男孩们都非常感激你在做的事情！”

回到法国以后，林黛尔发现自己还在伦敦的时候，已被德国人判处死刑。她把自己的身份改成蒙西伯爵夫人，在集镇吕费克的一家小旅馆里租了几个房间，作为她新的逃生路线的总部和集中点，并称之为“玛丽－克莱尔”。在第二年的一整年里，盟军的空军机组人员被林黛尔的伙伴带到吕费克，然后被护送跨越比利牛斯山到西班牙去。

“玛丽－克莱尔”逃生路线最为人所知的，是拯救了英国突击队最为大胆的一次军事突击行动——“弗兰克顿行动”的幸存者。1942 年 12 月，一小队皇家海军突击队员乘坐独木舟，顺着一条通往波尔多的河流，划向停靠在那里的五艘德国军舰。他们把炸药贴上了军舰的舷边，然后将它们引爆，造成了军舰的严重损坏。虽然大多数突击队员在战斗中被淹死或被俘，但有两人逃脱了。他们按照在伦敦接受的指示，走了近100英里去了吕费克，并在那里与“玛丽—克莱尔”逃生路线的特工接上了头。

林黛尔在几天前的一次自行车事故中严重受伤。五根肋骨骨折，头部也受了伤，当时正住院治疗。但是，当她的一位特工告诉她关于突击队员的事情以后，她坚持要离开医院去指挥救援行动。

在突击队员和几个英国皇家空军飞行员一起出发去南方之前，林黛尔告诉他们：“我们对我们护送的英国人只有一个规定：没有女孩。从过去的经验中我们知道，一旦遇上了一个漂亮的女孩，一切都会搞砸。所以我们必须阻止她们靠近你们。”她和她的组织兑现了承诺，把他们安全地带到了西班牙。

林黛尔运作她的路线有将近一年多的时间，但在1943年11月由于叛徒出卖而被盖世太保逮捕了。她是在去南部的一次旅行中在一个火车站被捕的。在开往巴黎的火车上，她设法转移看守她的警卫的注意力，从火车上跳了出去。然而当她这样做的时候，德国人开枪打中了她的头部和脸颊。令人惊讶的是，她居然活了下来。经过多次手术以后，她于1944年9月被送到柏林北部拉文斯布吕克一个臭名昭著的集中营。这是唯一一个专门关押女性囚犯的集中营，建在海因里希·希姆莱拥有的领地上。战争期间被关押在那里的132000名妇女和儿童中，有超过70%的人死于饥饿、折磨、拷打、上吊、射杀、可怕的医学实验和在1944年11月新安装的毒气室。

从到达拉文斯布吕克的那一天起，林黛尔就拒绝遵从命令。这毫不奇怪，她被称为“那个傲慢的英国女人”。集中营的官员似乎也像她在军情九处的上司一样，对她傲慢的进攻性言行感到畏惧。

由于她有护理经验，林黛尔被分配到了集中营的医院。她在那里偷取了只对德国人发放的药物，并将它们用在了几名囚犯的身上从而救了他们的命。战争临近结束时，瑞典红十字会安排从拉文斯布吕克撤出所有斯堪的纳维亚囚犯。林黛尔胁迫集中营指挥官将营内所有的英国妇女也列入撤离名单内，其中有好几名曾参与过法国的抵抗运动。23 岁的伊冯娜 · 巴登（Yvonne Baseden）是特别行动处的一名特工，当时正患上了危险的结核病，林黛尔坚持把她从医院里要了出来，并乘上了撤走的巴士。

当战争结束的时候，另一个从拉文斯布吕克解放出来的脸色苍白、消瘦，如幽灵般的囚犯是德 · 容。尽管在 1943 年被捕之后坦承自己创建了"彗星路线"，但她设法避免了被处决，因为德国人无法相信这样一个漂亮、娇嫩的年轻女子能够策划出这样复杂的运作。

战争临近结束时，对法国和低地国家的许多人来说，帮助被击落的盟军空军机组人员已经是习以为常的事情。根据军情九处的统计，在那些国家里大约有 12000 人曾经参与了救援行动，而其他的统计数字则要远高于这个数。

另一方面，军情九处向盟军的战斗机飞行员和轰炸机机组人员介绍了在被击落的情况下如何逃避捕捉，并寻找救援人员。他们都得到了一个指南针、将飞越的国家的丝绸地图和其他在寻求救援时赖以生存的应急物品。他们被告知：如果被击落，他们首要的目标是尽快摆脱降落伞并清理着陆地点。

随着战争的进展，这个任务变得越来越容易了。当在比利时、荷兰或法国北部听到飞机的轰鸣声时，许多人会跑到外面观看天上飞过的庞大的机队。如果看到有降落伞降下来，看的人就会跳上自行车，或者跑着奔向降落伞着陆的地方，希望在德国人到达之前赶到那里。

1943 年 2 月，一名美国飞行员在对法国圣纳泽尔港空袭后的归途中被击落，当他跳伞后即将着陆时，看到好几名妇女正向他冲过来。同年 8 月，在布鲁塞尔附近被击落的两名美国飞行员每人都受到数十名比利时人的欢迎，并随后被转送去了逃生路线。

在同一月里，在法国小镇图卢兹附近被击落的另一名美国飞行员在接近地面时看到有将近 30 名法国人向他跑来。他们立即取下了他的降落伞，脱去了他的制服，并让他穿上便装。他说："在四分钟内，我就变得看上去像是周围来救我的任何一个法国人了，我的飞行服和装备也都不见了。"

在比利时，有一名妇女因为协助被击落的盟军飞行员逃生而在德国集中营被关押了三年多。她在 50 多年以后说，她从不后悔和比利时抵抗运动的其他成员为帮助盟军所付出的巨大代价。“来参加聚会的飞行员都觉得他们怎么感谢我们都不够。我们说如果不是因为有了他们，我们现在可能都成了德国人。”

第 18 章

一张巨大的拼图难题

欧洲间谍们开始为“D 日”进攻做准备

当阿勃维尔官员于 1943 年底在法国北部抓获了几名法国抵抗组织的成员时，他们对在俘虏的物件中发现的东西感到震惊：布列塔尼海岸圣纳泽尔港的详细规划。当港口的一位阿勃维尔官员看到这些文件时，他举起了双手。它们是德国人在圣纳泽尔建造的巨型潜艇掩体和水闸的精确图纸。这位军官抱怨说，盟军间谍一直在悄悄地搜集有关建筑的情报。无论他和其他安全官员做什么，都“无法防止类似事件的再次发生”。

当“D 日”到来时，圣纳泽尔并不是法国唯一一处受到进攻的德国军事设施。来自被占领的欧洲的情报人员似乎在这个国家的海岸线上渗透进了最高保密级别的德方基地，窃取了盟军策划人员要求他们收集的“D 日”计划中所需的设防蓝图和其他资料。事实上，这些特工正在收集着一个巨大拼图的碎片，把这些碎片拼在一起，将会给盟军一个发起进攻时所面对的德国防御体系的详细的画面。一位英国历史学家写道：“当情报快速地汇集起来时，随之而来的是获取更多情报的要求。情报来得越多，要求也就越多。”

在荷兰取得了“英格兰游戏”胜利的阿勃维尔军官赫尔曼·吉斯克斯后来被派往法国，他对欧洲间谍活动的成功有着直接的了解。他后来说：“我们对阻止这种非法活动的困难看得很清楚。这些‘水葫芦’长得要比我们割掉它们的速度快得多……显然，我们只是拦截了一小部分敌人所得到的情报。”

他称这种情况是“灾难性的”。1943 年 10 月的《生活》杂志指出：“几乎所有盟军进攻欧洲的战争计划都是根据地下情报系统提供的被占领地区的情报信息制定的。如果没有那些流亡政府，那么绝大多数的情报都不可能到达伦敦。”

尽管来自欧洲各地的特工都在帮助搜集各种情报，但其中大部分源于在法国和波兰活动的特工。尽管近期那里的特工遭受了惨重损失，玛丽-马德琳·富尔卡德的“联盟”网络依然十分活跃。一名在布列塔尼海岸德国潜艇基地洛里昂工作的法国海军工程师提供了关于该基地的大量信息，包括在那里的“U 潜艇”的数量和运行情况。另一位“联盟”特工被聘为工人，在第三帝国工程和建筑机构“托德组织”的办公室内刷油漆。“托德组织”的办公楼位于英吉利海峡附近的城市凯恩，而那里即将成为法国战役的关键战场。在他工作的过程中，那位“漆匠”设法偷出了那个地区德军防御工事的计划。

然而最令人瞩目的情报搜集活动是另一位“联盟”特工的杰作。凯恩的一位画家兼艺术老师骑着自行车漫游了诺曼底的海岸线，沿途画了很多草图和速写。他的努力成果是一幅 55 英尺长的地图，上面标示了海岸线上每一座德军炮台、堡垒和海滩障碍的位置，以及德军部队的细节和他们的运动情况。这张地图在 1944 年 3 月被偷偷送到了伦敦，成了盟军指挥官们指挥进攻的宝贵资料。

尽管失去了他们在法国最重要的情报网“联盟”，波兰人依然提供了额外的关键情报。于 1940 年创立“联盟”情报网的波兰空军军官罗曼·加尔比-切尔尼亚夫斯基在 1941 年 11 月被他的法国女友出卖给了阿勃维尔，整个组织的行动也被破坏了。但它很快就被一个新的波兰人运作的特工组织“F-2”所取代了。“F-2”在 1944 年时有近 3000 名特工，其中大多人是在港口、火车站、军工厂工作，甚至有在德国人的战争生产办公室里工作的法国人。与“联盟”工作人员一样，“F-2”特工也提供了关于德军战斗序列、沿海防御工事和防线的情报，以及火车、轮船和潜艇的位置和运动情况。许多特工是德国人带进圣纳泽尔和洛里昂等地从事建筑和其他下等工作的强迫劳工。

其他非常宝贵的情报来源是那些在第三帝国内部的军工厂、造船厂和主要制造工厂工作的波兰劳工。他们所提供的资料曾多次帮助盟军确定重要的战略轰炸目标。德国军方在 1943 年 7 月的一份报告中悲观地指出："我们可以确信波兰的情报部门是极其高效的，通过雇用的工人在大批受到保护的德国工厂中进行运作。"这对军备物资的生产形成了巨大的威胁。即使知道了波兰抵抗运动支持的波兰人的情报搜集有很高的技能，也很难肃清，这就成倍地增加了这种威胁的程度。

尽管罗曼·加尔比－切尔尼亚夫斯基在 1941 年就被阿勃维尔逮捕了，但他仍然为"D 日"的成功和随后盟军在法国的进攻作出了自己的重要贡献。作为英国人在"D 日"欺骗活动中启用的双重间谍之一，他设法帮助说服了希特勒和德国的高层指挥官相信盟军将从法国北部距离诺曼底 200 多英里之外的加莱海峡地区发起对欧洲的进攻。

加尔比－切尔尼亚夫斯基在被捕之后不久就开始了他的双重间谍角色（他实际上是一个多重间谍）。当时他向德国人提出与他们合作，去英国为他们进行间谍活动。他宣称，他会"为德国做他在法国为反抗他们所做的那些事情"。他承诺搜集有关英国飞机、坦克生产和军队部署，尤其是盟军反攻欧洲大陆计划的情报。

德国人接受了他的请求，阿勃维尔将加尔比－切尔尼亚夫斯基偷运到英国。他到了英国之后就声称自己是从德国人的羁押中逃脱出来的，流亡的波兰政府把他视为一个回归的英雄。不过在几个星期之后，他就把真相告诉了波兰情报部门的负责人。得到瓦迪斯瓦夫·西科尔斯基将军的批准以后，那位负责人就把加尔比－切尔尼亚夫斯基交给了军情五处，而军情五处又把他交给了"双十字委员会"。这个"双十字委员会"的任务就是制定一个计划，误导德国人对即将到来的"D 日"登陆位置的判断。尽管开始的时候曾有人怀疑加尔比－切尔尼亚夫斯基的真实意图，但委员会最终得出的结论是："他完全忠诚于自己的国家"，认为他是"一个忠诚的爱国主义者"。他们给他的代号是"布鲁图斯"。

在德国人派往英国而被“双十字委员会”策反后向第三帝国发送假情报的所有前德国特工中，加尔比－切尔尼亚夫斯基因曾担任过情报网络的负责人，就成为其中最有技巧并最具说服力的双重间谍。他的军情五处联络官报告说：“根据他们对他的了解，德国人会期望他完成不可能的或极为突出的任务。‘布鲁图斯’是一个专业的间谍，是制作最详细的且图文并茂的报告的一个艺术家。”从他和德国之间的无线电通信的流量来判断，他的德国上司对他的情报明显地是完全信任的，并认为他是他们顶尖的双重间谍之一。根据军情五处的说法，他的报告“不仅被（情报）行动部门加以研究，而且被包括希特勒和戈林在内的柏林高层官员加以研究”。

加尔比－切尔尼亚夫斯基的第一次重大欺骗行动是说服希特勒和他的手下相信盟军正在认真考虑入侵挪威，从而使驻扎在那里的 35 万名德国军人不会被部署到法国北部去。然而他最大的胜利是向柏林提交了一系列详细的报告，报告说由乔治·巴顿（George Patton）将军指挥的一支庞大的美国军队，正在英国进行渡过加莱海峡发起攻击的训练。这支军队当然是虚构的，但是德国人毫无疑问地接受了它的存在。即使当盟军于 1944 年 6 月 6 日真的在诺曼底登陆后，希特勒仍然相信“布鲁图斯”，相信主要的攻击地点是在加莱海峡，从而使几万名德国军人没有赶去真正的前线。

保证“D 日”的成功，只是为盟军工作的欧洲情报大军的重大成就之一。另一个重大成就是成功地阻止了希特勒试图摧毁伦敦并阻止“D 日舰队”越过英吉利海峡的最后挣扎。

尽管希特勒从来没有研制出原子弹，但他提出了一个计划，让他的科学家们设计两种新的恐怖武器：远程火箭和装有炸弹的无人驾驶飞机，以对英国进行一系列毁灭性的攻击。自 1936 年以来，德国军方一直在德国波罗的海岸边的世界最大的导弹试验中心——佩内明德，对“V2”火箭和“V1”蜂鸣炸弹进行测试。

到了 1943 年中期，希特勒把两种武器的大规模生产放到了首位。把大量的资金投入其中，并分配了数千名奴工去完成这个任务。他告诉他的高级军事官员，“V2”和“V1”将是“改变战争面貌的新武器”。到1943年底，伦敦将被夷为平地，英国将被迫投降，将不可能有任何进攻欧洲大陆的计划。他宣称，对英国的轰击将于1943年10月20日开始，首先将发射“V2”火箭。

对于德国元首来说，不幸的是他想摧毁世界的愿景仍然是一个梦想，虽然他确实向伦敦发射了“V1”和“V2”并造成了相当大的财产和生命的损失。但是，由于欧洲特工的报告让英国人破坏了武器的发展和生产，它们从来就没能达到能炸平这座城市的水平，更不用说阻止“D日”进攻了。丘吉尔在回忆录中写道，由于那些间谍，“没人能对我们进行出其不意的攻击了”。

1943年4月，英国首相第一次接到情报说德国人在开发“V1”和“V2”方面取得了快速而惊人的进展。告知他的是来自牛津大学的年轻物理学家雷金纳德·琼斯（Reginald Jones）博士，他是空军部的科学情报主任助理，并且非正式地担任了丘吉尔的战争事务首席科学顾问。琼斯通过各种渠道从欧洲特工那里得到了他所需的情报，其中有一些人被强迫在佩内明德做劳工。虽然不允许非德国人进入研究实验室或靠近发射场，但劳工们已经靠得足够近，可观测武器的试验和包括车间、机场和工厂在内的基地布局。

关于佩内明德的第一个详细情报来自卢森堡的两名公民，他们被征召去那里当建筑工人。每份偷送出来的报告都有关于“V2”的生产情况，包括组装地点和发射架的地图。波兰特工提供了更多的情报，其中一名特工曾在为佩内明德研究设施安装电话线的小组工作过。他证实“V1”的试飞也正在进行之中。当英国人要求详细描述整个建筑群和周边地区的情况时，波兰情报机构回答说，这是“一个要求过高的命令”。但几周后，地图被送达伦敦。

在雷金纳德·琼斯收到的关于佩内明德的许多报告中，有一份报告尤其引人注意。那份报告显然不是由工人写的，而是由接近德国高级官员的人撰写的，里面包含了很多关于“V2”火箭的细节：监督试验的军官的身份、火箭试验时发出的声音（“像飞行堡垒一样震耳欲聋”）、武器的缺陷及有关发射架的位置（“发射架的位置可以让他们在冬天有条不紊地摧毁大部分英国的大城市”）。当琼斯问到他认为的“这个非同寻常的报告”的来源时，他当时所得到的答案是：它源于“那代人中最为杰出的一个女孩”。

琼斯后来发现，那份文件的作者是一个可爱的24岁的金发女郎，她名叫珍妮·卢梭（Jeannie Rousseau）。她有着像照相机一样过目不忘的记忆力，她的父亲原是巴黎市政府的一位高级官员。她是巴黎大学的毕业生，也是“联盟”网络的情报特工。《华盛顿邮报》后来写道：她是“第二次世界大战中最有成效的，也是最出乎人们意料的间谍之一”。

卢梭的代号是“埃姆亚尼克斯”，她德语流利，在巴黎为某个工业集团当翻译，集团的老板们经常会见德国军方官员，讨论棘手的商业问题，例如第三帝国对法国企业库存的征用等等。在与德国各个部门的军官打交道的过程中，她听到了有关在德国东部某个地方进行秘密武器试验的谈话。

德国人很快就开始邀请这个漂亮的巴黎人参加晚间的社交聚会，他们在那里吃饭、喝酒、随意谈论自己的工作，内容包括了秘密武器。卢梭扮演着一个风度翩翩但头脑不清的金发女郎的形象，“挑逗他们、嘲笑他们。当他们谈到惊人的远距离飞行的新武器，而且那个武器飞得比飞机还快时，睁大眼睛看着他们，一再说他们一定是疯了”。她一遍又一遍地高声说道：“你告诉我的事情不可能是真的！”最后，其中一名军官对她的嘲笑感到已经受够了，就说道：“让我来向你证实一下。”他从公文包里抽出火箭的文件和图纸，其中包括进入佩内明德试验场地需要的通行证，他甚至解释了每张通行证不同颜色的含义。

卢梭记下了那晚她听到的所有东西，就像后来每次跟她那些健谈的德国“朋友”聚会后所做的一样。在几个星期内，她获得了关于“V1”和“V2”的大量情报，所有这些情报都由“联盟”送往了伦敦。

接到了卢梭和其他许多人送来的警告之后，英国人通过对佩内明德试验场地一系列的飞行侦察，证实了这些秘密武器的存在。1943年8月17日晚上，500多架英国皇家空军轰炸机轰炸了那个基地，严重破坏了它的研究中心和生产设施，并摧毁了“V2”的所有图纸。虽然武器研究和生产工厂的负责人韦恩赫尔·冯·布劳恩（Wernher von Braun）活了下来，但100多名科学家、工程师和其他工作人员都被炸死了。

正如丘吉尔后来所指出的那样，那次空袭“对战争有着深远的影响”。两种武器的生产和试验都被推迟了好几个月，足以防止德国人发起攻击来干扰诺曼底登陆。由于担心会发生更多的轰炸，德军将佩内明德的“V2”试验转移到了波兰南部一个小村庄布列兹纳附近的地区，他们认为那儿已在盟军轰炸机的范围之外了。

这可能是事实，但搬到波兰使他们陷入了所有欧洲间谍组织中最有技能、最为深入的间谍网的包围之中。就在布列兹纳“V2”第一次试验之后的几个星期，伦敦就从波兰情报机构那里收到了详细的报告。波兰人还成立了一个特别行动小组，他们的任务是击退前往火箭坠毁现场的德国巡逻队，保护其他成员在火箭坠毁现场挖掘和分析武器碎片、无线电和其他导航设备的残骸、溢出的燃料和其他任何可能有助于盟军了解火箭性能的东西。

在 1944 年初夏，一枚“V2”坠落在布列兹纳附近的一个河岸上，但没有爆炸。在德国人到达火箭坠落地点之前，波兰人先把它藏了起来，然后把它拆开分散运走了。这个小组的负责人是一位名叫耶日・赫梅莱夫斯基（Jerzy Chmielewski）的工程师，他后来想办法把拆散的火箭运送到了东南方向 200 英里外的一个临时着陆场。英国人从意大利派出了一架飞机，将拆散的火箭和其他试验的火箭碎片一起运回了伦敦。

德国人原来的计划是同时使用“V2”与“V1”，这可能会给英国带来灾难性的后果。然而由于对佩内明德的空袭以及“V2”在生产和测试方面持续出现的困难，德国人不得不推迟使用“V2”。丘吉尔和他的下属在看了珍妮・卢梭的报告以后得知，“V1”将首先被部署发射。

1943 年秋天，伦敦收到了大量的情报，德国人正在法国北部海岸线附近的许多地方建造发射场。它们的形状像滑雪时跳跃飞出的跳台，而所有跳台似乎都直接指向伦敦的方向。一位曾在其中一个地点当过绘图员的法国特工抄录了所有图纸，并将它们送往了英国首都。

从 1943 年 12 月开始，以英国为作战基地的美国空军第八军发起了对“V1”

发射场的大规模轰炸袭击。只要一发现“V1”发射场，不管它在哪里，立即对它实施空袭。德国人最终放弃了发射场的建设，转而使用预制的移动发射架。1944 年 6 月 13 日，在希特勒原定计划的发射日期八个月之后，即盟军诺曼底海滩成功登陆一个星期之后，终于从这些平台上向英国发射了“V1”炸弹。

欧洲盟军部队的最高指挥官德怀特·D. 艾森豪威尔（Dwight D. Eisenhower）将军后来写道：“如果六个月前德国人完善了这些新武器，那么我们进攻欧洲就可能会遇到巨大的困难，而且在某种情况下可能不会发起进攻。我确信，如果经过了六个月的火箭弹轰击，对欧洲发动攻击的计划将会荡然无存”。

有将近三个月的时间，几千枚无人驾驶的火箭弹——因为它在飞行时的噪音而被称为“蜂鸣炸弹”，降落在伦敦及其郊区，造成 5500 名居民死亡，16000 人受伤，摧毁了 23000 所房屋。大多数人感到新的火箭弹轰击比伦敦大轰炸时更糟糕。在他的回忆录中，丘吉尔提到了“V1”在他那些战战兢兢的同胞身上所形成的难以承受的压力：“晚上回家的人从来不知道他会看到什么，而他的妻子或者和孩子在一起，将一整天无法确定他是否能安全回家。”伊夫林·沃（Evelyn Waugh）指出：“V1 就像一场瘟疫，整个城市就像被巨大的有毒昆虫感染了一样。”

然而尽管损失巨大，恐惧和担忧令人难以忍受，但“V1”造成的实际损失远远小于原来可能造成的损失。英国人无法阻止它们的发射，但是在他们了解了这种武器的性能的 15 个月里，制定出了应对措施，大大减少了它的伤害。他们对盟军最快的战斗机进行了改装，使它们能够击落火箭弹，或者在近距离向它们开火，或者用机翼将它们拍落。一位飞行员把这种非常危险的空中拦截行动称为“空中射击”，参加这项行动的飞行员慢慢地都感到习以为常了。在飞往伦敦的 8500 多枚“V1”中，只有不到 30% 打中了目标。到了 8 月份，大约只有 15% 的飞弹打中了伦敦的大都市区，这在很大程度上要归功于战斗机和提高了准确度的英国海岸高射炮部队。1944 年 9 月初，当盟军部队在法国战场上横扫了设有飞弹发射场的地区时，飞弹轰击戛然而止了。

然而，伦敦人只放松了几天。9 月 8 日，德国人又从仍然被占领的荷兰的发射场发射了“V2”火箭，那是现代导弹的先驱。这种火箭将继续折磨英国首都直到战争即将结束的前几个月。对于大多数人来说，那些比声音跑得更快并且完全无声地接近目标的“V2”，比它们的前辈更为可怕。500 多枚“V2”在伦敦及周边地区爆炸，整个城市像遭到了地震那样摇晃，炸死了近 3000 人。

尽管如此，死亡人数和损失规模还是远远小于在德国火箭计划未受打击的情况下可能会造成的死亡人数和损失规模。如果没有对佩内明德的空袭所造成的延误，火箭弹可能会在几个月前就被发射，射程也会更长。当盟军在盛夏时节北上横跨法国北部之后，德国人被迫只能从荷兰的临时平台发射“V2”，到伦敦的距离差不多是原来计划的两倍，而且使准确度变得更低。丘吉尔说：“虽然我们对发射之后的火箭几乎无能为力，但是我们推迟了火箭弹的进攻，并大大减轻了进攻造成的伤害。”

罗曼·加尔比－切尔尼亚夫斯基也在这方面给予了帮助。当被德国人问及火箭弹的准确性时，他告诉了他们错误的信息，即大部分的火箭弹都坠落在离伦敦几公里的地方。德国科学家随后改变了“V2”的轨迹，从而导致其中许多火箭弹都从伦敦上空飞过，在人烟较少的地区爆炸。

战争结束以后，丘吉尔曾无数次赞扬欧洲情报人员的卓越贡献和光荣业绩，他们冒着一切风险以确保“D 日计划”的成功，并帮助拯救了伦敦。然而他们中的大多数人在从事那项危险的工作时却从来不知道它会产生何种效果。许多年以后，珍妮·卢梭曾描述那种“寂寞，令人不寒而栗的恐惧，无尽的等待；不知道冒着危险获得的情报能否被送达，或不知能否被及时地送达而感到的沮丧”。

放在雷金纳德·琼斯的办公桌上的一份来自一位年轻的比利时情报人员对关于德国无线电通信的报告末尾也提到了同样的感受。“我们在黑暗中工作了很长一段时间，所以伦敦对我们工作的任何反应都会受到像我们这样隐蔽的特工的欢迎。我们希望这将不会受到责备。因为不管可能会发生什么，你们都可以信赖我们的全部奉献，包括牺牲我们的生命。”此后不久，那位比利时人就被盖世太保逮捕，后来被处决了。

还有几十名特工也遭受了同样的命运。那个画了 55 英尺长的诺曼底海岸线地图的法国画家，从来也不知道他的作品对夺取胜利的作用。他和另外 15 名抵抗成员被逮捕后于 1944 年 6 月 7 日（诺曼底登陆开始后的第二天）被枪杀。那位负责拆卸在布列兹纳附近坠毁的“V2”火箭的波兰工程师耶日·赫梅莱夫斯基，也被盖世太保抓获，并于 1944 年 8 月在华沙被处决。

最令人遗憾的是，一些向英国人报告佩内明德“V1”和“V2”活动的特工人员在英国皇家空军轰炸时遇难了。雷金纳德·琼斯回忆说：“我们的炸弹中有相当一部分落在了基地的南部，那里是外国劳工的营地，其中有冒着那么大的风险把情报传给我们的人。”

另一次盟军的空袭轰炸了一家为“V2”制导和控制系统制造电子元件的德国工厂，导致了几百名布痕瓦尔德集中营囚犯的死亡。布痕瓦尔德的许多囚犯被迫在毗邻集中营的工厂里工作。

使那次空袭成为可能的人是皮埃尔·朱利特（Pierre Julitte），他曾经是戴高乐在伦敦的一名参谋，现在是布痕瓦尔德的囚犯。厌倦了自由法国运动的内斗，朱利特于 1942 年回到法国担任情报特工，并在一年后被捕。在被送到布痕瓦尔德并被分配到工厂工作之后，他很快就意识到他所装配的导向系统部件是为“无线电遥控、在空中自行定位和导航的”“V2”所使用的。朱利特向戴高乐伦敦总部偷送去了一份报告，在报告里他描述了这个组件，并敦促他们炸掉这个工厂。他知道：如果盟军接受了他的建议，他和他的同事有可能会被炸死。

那次轰炸发生在 1944 年 8 月 24 日，炸弹摧毁了整座工厂，炸死了大约 500 名工人，而朱利特不在其中。虽然他事先没有得到过空袭警告，但在轰炸开始时他设法跑出了工厂，所以只是受了一点轻伤。

与此同时，珍妮·卢梭继续向伦敦发送报告，报告内容包括了她偶尔与她所在的工业集团的成员一起出差去德国时搜集的情报。到了 1944 年春天，她在盟军科技情报方面的工作变得更为重要了，英国官员决定把她带到伦敦作一次更为深入的汇报。她在布列塔尼海岸边上了一艘小船，但那次行动出了问题，她被盖世太保逮捕了。

卢梭在德国的三个集中营里度过了战争的最后几个月，其中，托尔高集中营的囚犯在工厂里制造武器，包括“V2”的零件。当她抵达托尔高时，这位 25 岁的法国姑娘拒绝进入工厂，并说服其他一些新来的囚犯也这样做。她对营地的指挥官说：“我们会去捡土豆，但是我们不会制造你们的炸弹。”她被关押在处罚牢房里几个星期，在那儿每天都受到殴打。

卢梭是在拉文斯布吕克迎接战争结束的。她当时的体重只有 70 磅，已经濒临死亡的边缘。她是被拯救了玛丽·林黛尔和其他几十名拉文斯布吕克囚犯的瑞典红十字会救出来的。她被带到了瑞典，在那儿慢慢恢复了健康。1946 年她回到法国，后来嫁给了法国贵族亨利·德·克拉伦斯（Henri de Clarens）——克拉伦斯是一个由贵族变为抵抗战士，自己也在奥斯威辛集中营待过的法国人。

在将近 30 多年避开公众视野并不去“激起旧时的回忆”之后，现在的克拉伦斯子爵夫人卢梭同意与雷金纳德·琼斯在 1976 年见面。当时，雷金纳德·琼斯详细介绍了她和被占领的欧洲的其他情报人员对盟军最终的胜利所作出的非凡贡献。她与她亲切地称之为“亲爱的雷格”的琼斯的会面，是“一次极好的个人经历，同时也让我对过去有了更好的了解”。她后来在琼斯的战时回忆录的前言中写道：“从他所告诉我们的故事中，我们知道我们的奉献是值得的。”

第19章

一支强大的秘密军队

特别行动处起死回生

在1944年4月1日“愚人节”那天，阿勃维尔的赫尔曼·吉斯克斯向特别行动处发送了一封嘲弄的电报，宣布他的“英格兰游戏”行动正式结束了。那份电报写道：“你们正试图在没有我们帮助的情况下在荷兰进行活动，我们认为鉴于我们长期并成功地充当你们特工所体现的合作精神，你们这样做是不公平的……再见。”

事实上，吉斯克斯自己也知道，“英格兰游戏”在1943年秋天时就已经完蛋了。曾经被他捕获的两名荷兰特工成功地逃出了监狱，并逃到了瑞士。他们在那里向荷兰大使馆汇报说德国人已经控制了特别行动处在荷兰的全部活动。这个消息很快就传递给了流亡在伦敦的荷兰政府，后者又将这个消息传给了白厅。那时，英国皇家空军已经暂时停飞了前往荷兰的所有航班，因为去那里的机组人员有非常高的伤亡率。

军情六处的斯图尔特·孟席斯和克劳德·丹西立即对此提出了动议，英国政府的联合情报委员会再次对特别行动处的活动进行了正式调查，目标是关闭特别行动处并将其职能转移到军情六处。委员会的负责人维克托·卡文迪什-本廷克回忆说，特别行动处的官员“将很乐意把我给杀了”。“我和一位同事一起做了安排，如果我突然死了，他将要求进行尸体解剖”（他并不是在开玩笑。——作者注）。然而，温斯顿·丘吉尔再一次拒绝了委员会的建议并继续支持特别行动处。他认为荷兰的惨败是一个例外，特别行动处在其他国家的活动并没有被渗透——这个说法其实离事实差得很远。

不仅被吉斯克斯狠狠地幽默了一番，随之而来的还有一个可怕的代价：有 50 多名特别行动处和军情六处的特工被逮捕并被处死，还有 50 名英国皇家空军机组人员和几百名荷兰抵抗者失去了生命。然而就在吉斯克斯对“英格兰游戏”的成功“引吭高歌”的时候，他也知道那次行动对德国人来说并没有产生多少价值。事实上，根据吉斯克斯的说法，它未能实现其“最高目标”——揭示即将到来的盟军进攻欧洲大陆的计划细节。

甚至令第三帝国更为不安的是，在经受了荷兰的灾难之后，特别行动处又成功地杀了回来。从 1943 年底开始，它与欧洲流亡政府开始了更加密切的合作。特别行动处最终开始认真对待特工们在敌后所面临的严重威胁，并根据欧洲大陆的实际情况对其运作进行调整。例如，不再要求无线电报务员在每周的同一时间以相同的频率进行通讯联络。每次通讯的时间限制在五分钟以内，这也有助于降低被发现的风险。更重要的是，报务员们能够抛弃体大、笨重的老式发报机，而使用装配电池的新型小型便携式设备，这样就可以避开被德国人监控的当地电网，降低了被探测到的风险。

与此同时，法国和低地国家的抵抗运动也呈现出了新的迹象。吉斯克斯曾说：“尽管遭受了严重的挫折，但他们并没有被摧毁，他们为无法阻止的入侵做好了准备。他们学会了如何调动力量以便在登陆的那一刻起，在德军战线后面形成一支强大的秘密军队，一支无处不在无法消灭的军队。”

在荷兰，抵抗运动在转型后的荷兰分部的帮助下重新注入了活力。对“英格兰游戏”感到愤怒的荷兰流亡政府要求对荷兰的秘密行动有更大的投入，感到亏欠和羞愧的特别行动处无法拒绝这些要求。荷兰分部改进了过去的做法，同意在每次新的行动之前通知荷兰流亡政府。荷兰流亡政府的官员被允许监督特别行动处对荷兰特工的培训，并向特工们提供自己的情报。荷兰流亡政府官员还掌握了荷兰分部和敌后特工之间的所有无线电通信，包括特别行动处对特工下达的指令，并被邀请对特别行动处的运作提出意见和评论。

新的合作产生了直接而显著的效果。从1944年初开始，荷兰分部派送了50多名特工和大量的武器和炸药到荷兰，没有一个人被阿勃维尔或盖世太保发现。特别行动处以前曾如此粗枝大叶地对待特工工作的许多细节，如安全检查密码、身份证件、服装和安全房屋等等，现在都特别小心谨慎了。吉斯克斯说："空投特工在继续进行，发报机正在被替换并且再也抓不到了。很明显，伦敦现在已经从它付出了那么高昂的代价中收获了经验。"

军情六处和荷兰情报官员之间的关系曾经有一段时期是非常敌对的，但后来也有了相当大的改善。和特别行动处一样，军情六处的官员也开始把荷兰的情报官员作为伙伴来对待，再也不是将其视作无用的下属了。正如吉斯克斯所承认的那样，那种合作伙伴关系产生了"一个高效的情报组织，在荷兰和英国之间保持了良好的传递线路和无数的无线电连接。我们再没有能够人为地破坏甚至严重削弱这一行动"。这种合作的价值反映在荷兰情报报告的数量和质量都大大提高了。从1940年到1943年年底，只有68人被派去荷兰。从1943年年底直到战争结束，共有10000多人被派去荷兰。

经过几年的挫折和反抗之后，由于德国强制劳动计划的刺激，荷兰抵抗运动正在进入一个爆炸性增长的时期。就像在法国和被占领欧洲的其他地方一样，成千上万年轻的荷兰公民不是遵从命令在德国的工厂和农场中充当强迫劳工，而是躲藏了起来。

德国安全部队在全荷兰进行了荷兰人称之为"野蛮搜查"的行动，挨家挨户搜查那些被称为"潜伏者"的年轻逃生者。德国人在搜查时破门而入，对着地板，墙壁和衣柜扫射。当德国人发现"潜伏者"以后，通常就把他们和让他们躲避的那些人给杀了。

为了应对这种"野蛮搜查"，一个称为全国援助隐藏人员的组织在荷兰各地迅速地发展了起来。被简称为"LO"的组织很快就成为荷兰最大的抵抗组织。起初，它的主要目标是保护那些"潜伏者"，并为他们找到隐藏的地方。但是它很快就扩展了援助对象的范围，努力保护被纳粹追踪的其他人员，包括犹太人、被击落的盟军空军人员和抵抗组织战士。

“LO”的工作包括将那些由它保护的人从城市搬到人口更稀少、更安全的农村地区，并且收集资金、食物和衣服。他们创建了自己的证件伪造团队，负责制作假身份证和食品配给券，还组织了小型突击队去袭击官方的食品分配中心。有些组织参与了真正的破坏活动，摧毁铁路和军火仓库，切断电报线。

尽管伤亡惨重，但“LO”非常快地发展起来了，其他几个荷兰抵抗组织的情况也是如此。到1944年时，每个有规模的城镇都至少有一个这样的组织。地方官员在给德国高层指挥官的报告中说，他们认为所有的荷兰人在盟军入侵时都会积极支持盟军。历史学家维尔·沃姆布伦（Werner Warmbrunn）指出：“荷兰人民比以往任何时候都更加憎恨德国人，作为交战一方的荷兰人将会和德国人战斗到底。”

在众多的抵抗成员中有一位13岁的芭蕾舞演员，名叫奥黛丽·凯瑟琳·拉斯顿（Audrey Kathleen Ruston），就是后来世界闻名的奥黛丽·赫本（Audrey Hepburn）。她和母亲以及兄弟在度假小镇阿纳姆一起生活。这位未来的电影明星非常了解“潜伏者”的事情。她的哥哥就是一个潜伏者，在逃过了野蛮搜查之后加入了地下逃生的行列。她的弟弟就没有那么幸运了，被纳粹抓住以后被送到柏林的一家军火工厂工作。奥黛丽本人有时也会为抵抗运动当信使。

比利时地下抵抗运动的成员发现自己也陷入了与荷兰同行相似的困境中。像荷兰分部一样，特别行动处比利时分部也是由一些非专业的人在那里当领导，他们对如何进行秘密战争一无所知，那些领导中间包括后来成为伊丽莎白二世女王最喜爱的时装设计师哈迪·埃米斯（Hardy Amies）。这样的情况直到1943年下半年才得到了改善。

和荷兰的情况一样，比利时的阿勃维尔能够利用被它抓到的几名特别行动处特工的无线电台进行“回放”，从而成功地实施了反间谍行动，捕获了十多个伦敦派出的特工和大批武器、炸药。阿勃维尔还渗透进了军情六处控制的几个情报网络，捕获了与那些网络有联系的抵抗运动成员。

英国人在1942年就发现了德国人对比利时的特别行动处和军情六处的渗

透，但直到1943年这两个英国特工机构才对在比利时的行动实施了类似在荷兰那样的重大改革。与此同时，比利时的抵抗运动规模有了爆炸式的发展，而这同样也是受到德国强制征集劳工行动的推动。到了1944年年初，成千上万的劳工逃避者加入了抵抗运动。

赫尔曼·吉斯克斯在他的报告中写道："在比利时的部分地区，'内战'的形势非常严峻。比利时地下组织的伏击次数和使用炸药的数量都在缓慢且稳定地增长着……所有从事反间谍情报工作或与敌人特工作战的德国人，都有可能在任何一个拐角处被一轮机枪扫射。阿勃维尔军官和其他（德国安全）官员遭到枪击的血腥事件越来越多，迫使我们必须采取更多的安全措施。"

然而在法国，情况却更加恶化了。当在法国南方，由特别行动处掌控的抵抗组织蓬勃发展的同时，由于"兴旺"和其他抵抗组织的崩溃，在北方开展抵抗活动变得更加艰难了。与特别行动处的荷兰和比利时分部不同，"F分部"的领导层没有任何改变。尽管收到了很多警告，但莫里斯·巴克马斯特无动于衷，继续盲目地派遣新的特工到德国人运营的"组织"中去。这样的状况一直维持到1944年5月，这时离"D日行动"只有不到一个月的时间了。

在1944年2月，有了新的关于亨利·德里古叛变的指控，巴克马斯特被迫让他回到伦敦接受侦讯。据一位目击者说，当被问到他在巴黎是如何与德国人打交道时，德里古回答说："当然，我必须和德国人合作，给他们一些来自西班牙黑市的橘子，向他们示好。只有那样，我才可以继续为你工作。"

令人匪夷所思的是，尽管停止了他进一步参与特别行动处的运作，但调查人员消除了对德里古的所有怀疑。正如一位旁观者所说的那样，德里古"在伦敦有着强有力的保护者"，其中就包括巴克马斯特和他的副手尼古拉斯·博丁顿。德里古后来转入了自由法国运动，为他们执行侦察任务直到战争结束。弗朗西斯·卡马斯后来说过："他毫无疑问是个叛徒，但他从来没有为他的所作所为受到惩罚。"

德国人的双重间谍蒙蔽行动一直延续到"D日计划"开始的时候，希特勒本人还有过向"F分部"发送电报吹嘘他们成功的想法。由盖世太保签署的电报是这样写的："我们感谢你们的善待，给我们送来了大量的武器和弹药。我们也很感激你们给我们的关于你们的计划和意图的许多提示，我们都已经详细地记录下来了。"电报又补充说道，不幸的是我们"不得不枪杀一些特工"。

尽管有少数特别行动处的特工在北方活了下来并继续活动，但他们和他们所组织的抵抗战士在"D日"登陆和随后的攻势中发挥的作用相对较小。而在南部，抵抗运动已经感动了大部分人，那就是一个完全不同的故事了。

1944年2月，弗朗西斯·卡马斯在英国度过了几个星期之后又回到了法国。他乘坐的英国皇家空军飞机在邻近法国阿尔卑斯山东南部的德龙山谷上空被击落，卡马斯跳伞后降落到了一所农舍附近。几个月前，他可能会不愿接近一座不知道情况的房子，因为害怕会被交给德国人。而现在"我知道十个人中有九个会张开双臂欢迎我，剩下的那个人可能会被吓着，把我送走，只有极个别人会打电话给警察"。他走到农舍敲门，开门的农民惊呼道："哦，你是一个飞行员！"他让卡马斯进门后，对他的妻子喊道："去把酒拿出来！我们要给他煎鸡蛋！"

特别行动处的几个破坏组织，每个都由几百名抵抗战士组成，像巨型的蜘蛛网一样在法国南部纵横交错。在东南部有卡马斯的"骑手"和托尼·布鲁克斯的"皮门托"组织；在西部有前采矿工程师乔治·斯塔尔（George Starr）运作的"车匠"组织；而在波尔多的周边地区有原土地测量员罗杰·兰德斯（Roger Landes）负责的"演员"组织。在1944年初，从其他国家转移到法国的特别行动处特工在法国南方创建了几个新的抵抗组织。

对于所有这些组织来说，配合"D日"的任务都是一样的：摧毁德国人所有的交通运输和通讯系统以阻止他们的援军进入登陆地区。然而，随着抵抗组织的扩大，他们在准备执行任务时面临着巨大的困难——没有一个组织获得了足够的武器和炸药。在1943年底和1944年初，全法国共有150多个接收委员会，他们每个月都在等待空投的军火，但实际上真正执行的只有不到十次的空投行动。虽然军情六处极力鼓动，但英国皇家空军的官员却坚持说他们无法把飞机从轰炸袭击中让出来执行空投任务。

随着“D 日”的到来，抵抗战士及特别行动处组织者的士气大为跌落。没有武器，他们怎么可能对战场结局产生影响呢？ 1944 年 1 月，有两名男子，一名行事果敢的法国抵抗运动领导人和一名叛逆的特别行动处官员，分别决断说他们已经受够了“石墙般”的英国官僚的做派。他们两个人都直接走向可以瞬间改变局面的那个人——温斯顿·丘吉尔本人。

法国南方解放运动的 44 岁的负责人埃玛纽埃尔·达捷斯·德·拉·维热里说：“没有丘吉尔，什么事情也干不成。英国的特工机构想把法国的起义当作是不存在的。大众的斗争对他们来说毫无意义。”

达捷斯是一个极有魅力的浪漫人物，正是丘吉尔喜欢的那种类型。后来丘吉尔曾在罗斯福面前把他描绘为“一个蛇蝎般血腥的人”。达捷斯对丘吉尔也有同样的感受。他后来写道：“像戴高乐一样，丘吉尔是《伊利亚特》中的英雄，是一个孤独并遭受嫉妒的英国战争的掌控者。”

在与英国首相的会晤中，达捷斯描述了他的抵抗运动中成千上万名反纳粹游击队员不顾一切地与德国人战斗，但却没有武器或者弹药。丘吉尔被他的故事给迷住了。他说道：“勇敢并绝望的人可能会给敌人造成最严重的打击，我们应该尽一切力量来扶植并激励对盟军战略如此有价值的队伍。”

等到达捷斯让丘吉尔“上了钩”，特别行动处的特工福里斯特·约-托马斯（Forest Yeo-Thomas）便试图把他“拖入网中”。像法国人一样，在特别行动处“RF分部”工作的约-托马斯也和丘吉尔有许多共同之处：喜怒无常、浮躁、体态勇武、固执、常常不守规矩，而且最重要的是对法国十分热爱。

出生在一个在法国有着广泛商业利益的英国家庭，被称为“汤米”的约-托马斯在法国度过了他一生中的大部分时光。在战前，他曾担任巴黎著名时装公司“磨坊”的总经理。在英国皇家空军短暂逗留之后，他加入了特别行动处。

约-托马斯的好友利奥·马克斯说：“除了丘吉尔以外，汤米最崇拜的人就是戴高乐了。让他的上司感到惊讶的是他可以直接批评自由法国运动的人而不会造成国家纠纷，而且他是戴高乐总部里唯一真正受到欢迎的英国人。”

根据马克斯的说法，约－托马斯拒绝遵守特别行动处禁止与不同国家人员交流信息的规定。“汤米总是准备与特别行动处中的任何人比对有关盖世太保的笔记……不管他们的国籍是哪里”。

在1944年1月初，约－托马斯在与英国各部门官员举行的一系列会议上表达了自己对抵抗战士缺乏武器这一情况的愤怒：“我们目前的小小的努力是获得成功的可能，就像试图用一根钢笔粗细的水管去灌满一个游泳池一样。”他冲进了空军部高层的办公室和他们争论，但结果与在白厅遇到的所有其他人一样，劳而无功。

在达捷斯和丘吉尔会面两天后的2月1日，约－托马斯也设法约见了丘吉尔。首相给了他五分钟的时间，而他却向首相倾诉了一个多小时。丘吉尔又一次被那些冒着酷刑和死亡风险，“穿过巴黎到处都是警察的拥挤的街道传递情报，在法国中部寒风凛冽的原野上等待特工降落”的男女们的故事所吸引住了。约－托马斯在他的情况介绍中反复强调，抵抗组织非常缺少武器，迫切需要几百架次皇家空军的物资供应航班来弥补这一缺口。

当约－托马斯结束了他的介绍之后，丘吉尔微微一笑，说道：“你选择了一种非正统的做事方式，在官方渠道中抄了近道。这可能意味着你会有麻烦，但我会照看一切，确保没有那样的事情会发生。”他命令空军部向特别行动处提供至少100架飞机，每月能够在法国执行250次飞行任务。几乎在一夜之间，武装法国抵抗组织竟成了英国的首要重点任务之一。

在接下来的四个月里，英国皇家空军的轰炸机定期向法国的空投区域出击，为等在下面的抵抗运动战士们空投了3000多吨武器和补给品。那些飞机还带去了几十名特别行动处的无线电报务员和抵抗运动组织者，从而帮助抵抗运动成为更有实力的战斗力量。

与此同时，丘吉尔明确终止了军情六处竭力阻挠特别行动处的行为。他回应了斯图尔特·孟席斯的又一起抱怨——指控向法国抵抗运动空投武器是为了将飞机从他自己的情报部门运作中分流出去。此外，克劳德·丹西也提交了一份备忘录，暗示特别行动处极大地夸大了法国地下组织的实力，只有不到2000名抵抗战士可能对德国占领者采用武力。丘吉尔对所有这些官僚游戏感到不耐烦了，就发表了一个明确支持特别行动处的声明。孟席斯和丹西最终得到了这样的信息：再也不能有废除特别行动处或将特别行动处交给军情六处管理的言论了。

随着武器和弹药的到来，法国抵抗组织加紧了破坏行动。弗朗西斯·卡马斯和托尼·布鲁克斯的组织炸毁了火车、铁路轨道、铁路枢纽转盘和机车库。罗杰·兰德斯和乔治·斯塔尔也行动起来了。特别行动处的组织还摧毁了水力发电厂、切断了电话和电力线，并伏击了德军。格尔德·冯·伦德施泰特元帅后来回忆说："从1944年1月起，法国南部的情况变得如此危险，以至于所有的指挥官都报告说发生了一场大规模的起义。德国军人的生命受到了严重的威胁，德国军队的地位也成了一个令人疑虑的命题。"他还补充说道："在没有武装保护的情况下，派遣国防军的单个成员、救护车、快递员或供应车队已经成为不可能的事了。"

德国人现在认识到游击队员成了一种真正的军事威胁，所以向法国南部派出了强大的援军，包括盖世太保的特别行动分队和好几个团的党卫军——这些党卫军团是第三帝国最可怕的军事单位之一。菲利普·德·沃默古说："到了那个时候，法国已经成了一个烤炉，每个人都知道'D日'即将到来。德国人正在胡乱杀戮，试图消灭抵抗运动。"

在1944年3月向伦敦发送的一份报告中，卡马斯写道："这是非常艰难的日子。德国人正在攻击每个人，即使是那些稍显可疑的人。到处都是恐怖的统治，农场被烧焦，还有枪杀和绞刑。在那些抵抗力量集中的地带，他们正处于被围攻的状态。"卡马斯自己的头上悬有300万法郎的奖金。

德国的恶毒报复加剧了卡马斯和其他特别行动处组织者们所面临的一个新的重大困难：如何控制好他们那些越来越不安分的战士。在等待登陆计划实施的几个月后，游击队员们开始怀疑它是否真的会发生。抵抗组织的领导者们也担心，他们的下属可能会决定把事情掌握到自己手中。

与此同时，伦敦对于抵抗组织在盟军攻击开始后是否会有效配合行动的担忧正在上升。盟军的指挥官们持有最大的怀疑，他们从来不相信这些非常规训练的游击队员会有实际的作用。

菲利普·德·沃默古说：“无论是在伦敦还是在法国，不可能有人知道那里的抵抗组织到底有多少人，他们有多强大，每一支队伍的表现将会如何，他们不是并且永远不可能是一支训练有素、组织良好的正规军。然而我们所知道的和我们要证明的是：无论地下力量是多么地不整齐、不正规，但他们的勇气和决心比任何正规军队都更大。”

第 20 章

可怜的英国小驴

斯大林和罗斯福展示了他们的实力

1944 年 2 月 22 日，在作出了武装法国抵抗运动战士的决定，三个星期之后，温斯顿·丘吉尔在下议院作出了一项重要的宣告。在众多的听众中，挤在游客席上听他讲话的有 29 岁的波兰抵抗运动成员扬·诺瓦克（Jan Nowak）。曾在波兰组织过地下无线电通信网的诺瓦克，几个月前被救国军指挥官派往伦敦，随身携带了记载着德国在波兰暴行的报告，报告内容包括有关德国在纳粹死亡集中营杀害犹太人的详细证据。

和他的大多数同胞一样，诺瓦克对丘吉尔也很崇拜。他后来指出，波兰人“是靠着对盟国，对丘吉尔和罗斯福的信任”才活下来的。对于一个在德国野蛮统治下饱受蹂躏的民族来说，美国和英国是“正义、真理和自由”的象征。然而当诺瓦克听到丘吉尔那天不得不说的话以后，他对盟军的信任和他们所代表的那些象征就都烟消云散了。

六个星期之前，苏军将德国人赶出了苏联，现在正向西追击德军，已经越过了战前波兰东部的边界，重新进入了他们在 1939 年 9 月占领的波兰领土。丘吉尔将在下议院的发言中宣布英国支持斯大林在战争结束后继续占有这块领土的要求。

诺瓦克的第一反应是震惊，随即是“几乎无法控制的愤怒”。他理解英国人无力阻止苏军占领波兰，但丘吉尔的声明是“在苏联人完全占领‘之前’

就公开表示同意让他们兼并接近我们国家几乎一半的领土”。

首相的声明是两年来在这个问题上所进行的幕后交易的一个结果。自从1942年初以来，斯大林就一直敦促丘吉尔接受他对侵占波兰东部领土的要求。起初丘吉尔拒绝了这个要求，但是在英国军事行动不断失败的压力之下，以及对如果不满足斯大林的要求他可能与希特勒单独讲和的担心下，丘吉尔最终屈服了。

对于丘吉尔来说，苏联领导人对波兰领土的要求显然是要“把大量人口强行转移到共产主义制度”下生活。在私底下，他对这个决定感到非常痛苦。他真心关注着波兰的命运，但不会为了波兰而采取任何行动。现实情况是，英国的政治和军事利益与西欧、希腊以及巴尔干地区的未来是息息相关的。但在波兰这样的欧洲东部国家并没有这样的利益牵扯。

最重要的是，英国人不准备为了波兰而破坏与苏联的结盟。丘吉尔和罗斯福都愿意给斯大林任何他想要的东西，以确保苏联继续在东线与德国战斗（在“三巨头”所遭受的战时伤亡数中，苏联占了95%——作者注）。历史学家马克斯·黑斯廷斯指出，两位西方领导人认为，“让斯大林的国民承担摧毁纳粹军队所必需的人类牺牲的规模不仅是易于接受的，可能也是必不可少的。因为英美国家民众对伤亡的敏感使他们无法接受那样的损失”。

事实上，丘吉尔和罗斯福在1943年11月德黑兰的“三巨头”会议上已经在暗中把波兰的东部领土交给了斯大林，那是在丘吉尔公开宣布那一事实的三个月前。在他们的合作初期，罗斯福总统就向首相表明，除了击败德国之外，他不会做任何事情来帮助波兰。对于总统来说，美国和波兰之间没有条约的约束，也不存在因波兰飞行员或军队在存亡之际帮助自己国家而欠下债务。

对于罗斯福来说，对未来盟军的胜利极为重要的波兰人的众多贡献，如破解恩尼格玛密码和波兰间谍在整个欧洲以及世界其他地方搜集情报等都是微不足道的。波兰的破坏活动在减轻苏联军队的压力方面所发挥的至关重要的作用，对罗斯福和对斯大林来说也都是不重要的。其实，德国至苏联的主要供应和通讯线路都经过了波兰，波兰人在战争期间炸毁了数百座桥梁、摧毁了7000多列火车，造成了德国铁路运输大规模的延误和中断。为了应对这些，德国必须对波兰境内的列车运行都加以重兵防护，或者将列车运行路线完全从波兰转移出去，从而造成了更大的延误。

1943年3月，罗斯福告诉英国外交部部长安东尼·伊登，将由美国人、苏联人和英国人来决定波兰的边界，他并不打算“去参加和平会议，与波兰或其他小国讨价还价”。波兰的未来将以某种“维持世界和平的方式”加以安排。罗斯福在德黑兰告诉斯大林，他完全同意把波兰的边界向西移。

丘吉尔曾说过，正是在德黑兰，他第一次意识到英国本身成了一个小国。从那时起，英国在世界事务中将不会有多少话语权。他告诉一位熟人说：“我坐在那里，一边是张牙舞爪的俄罗斯大熊，另一边是美国大野牛。在两个人之间坐着的是可怜的英国小驴。”丘吉尔后来对戴高乐说过同样的话，他说：“我是一个未被打败的国家的领导人。然而每天早上醒来的时候，我的第一个想法是我该如何让罗斯福总统高兴，而我的第二个想法是我该如何和斯大林元帅搞好关系。”

受制于更大更强的盟友，丘吉尔试图做一件不可能的事情：与斯大林讨价还价，调和苏联与波兰之间的分歧。如果波兰被分割的话，作为波兰东部领土的交换条件，他敦促苏联领导人保证支持一个自由的波兰和一个独立的波兰政府。丘吉尔告诉波兰总理西科尔斯基：“只要我还活着，我就不会偏离我始终坚持的个人自由和大小国家独立自主的原则。”虽然丘吉尔设法说服他自己——斯大林会遵守这样一个交换条件，但波兰人心里却更清楚事实。在他们看来，1943年4月发生的事件已为此提供了明确的证据。

1943年4月13日，德国广播电台发表了一条令人震惊的消息：苏联西部的卡廷森林发现了4000多具波兰军官的遗体，当时这个地区仍然是被德军占领的。纳粹提供的大量证据表明：“凶手是苏联人”。大屠杀的消息像重锤一样击中了波兰人。在过去的20个月里，波兰政府一直在搜寻这些军官和其他10000多人的下落，他们都是在1939年苏联入侵波兰东部后失踪的。波兰人曾多次向苏联要求提供有关失踪人员的消息，但斯大林和他的手下一再声称不知道他们的下落。

西科尔斯基于 4 月 15 日正式要求国际红十字会对此进行独立调查。认为苏联毫无疑问与此事脱不了干系的丘吉尔对西科尔斯基的行动感到“失望”，他强烈要求波兰人不要对这一“暴行”提出疑问，并撤回独立调查的要求。丘吉尔劝说，调解是保证“波兰人以至我们的安全的唯一底线”。

被波兰政府中的一些人批评向苏联做出了太多让步的西科尔斯基拒绝了丘吉尔的要求。他说：“权势在苏联人那边，但正义是在我们这一边的。我建议英国不要把赌注下在强权势力的身上，不要在所有国家的面前践踏正义。”1943 年 4 月 26 日，苏联人以西科尔斯基要求红十字会进行独立调查为借口，采取了他们已经计划了好几个月的行动，正式与波兰断绝了外交关系。当英国政府试图修复这一裂痕时，斯大林回答说，只有解散目前的波兰流亡政府才能修补关系。

而波兰人在揭露“卡廷屠杀”三个月之后再一次受到震惊，西科尔斯基在直布罗陀的飞机坠毁事件中丧生。波兰领导人乘坐的英国皇家空军飞机在西班牙英军控制区域内的简易机场起飞后，不到一分钟就栽入了海中。坠机事件发生后，一名亲眼目睹了事件的年轻波兰军官不停地啜泣，他一遍又一遍地说着：“波兰完蛋了。”他的话是有一定的先见之明的。

在这之前的三年里，担任波兰总理兼总司令的西科尔斯基已经成为欧洲最具影响力和最受尊敬的领导人之一。英国历史学家威廉·麦肯齐（William Mackenzie）指出：“他的的确确是流亡政府的‘老前辈’，他的身份并不低于罗斯福、丘吉尔和斯大林。”英国外交部高级官员威廉·斯特朗（William Strang）曾向波兰驻伦敦大使爱德华·拉辛斯基表示，他和他的同事们“把西科尔斯基视为一位伟大的人物——实际上是战争中所有被迫流亡的欧洲政治家中最伟大的人物”。

拉辛斯基在他的日记中写道：西科尔斯基的死亡“对盟军、中立国家和敌方阵营都有着巨大的影响。这向我们表明，他的国际地位之高是他的波兰同胞们所无法意识到的”。哈罗德·尼科尔森呼应了这样的看法，他写道：“将军是唯一一个能控制波兰人对苏联的愤恨，并迫使他们停止内部争斗的人。他是一个人们称之为不可替代的罕见人物。”

尽管英国政府的一项调查认为那次事故是一场意外，但在伦敦的许多波兰人，包括拉辛斯基在内都怀疑那是一次人为的“破坏活动”。“破坏理论”的一些支持者认为，苏联人精心设计了那次事故，并指出苏联间谍金·菲尔比——当时是军情六处伊比利亚半岛的负责人，应该对此负责（1969 年，英国政府下令对战时的调查结果进行复查。负责复查的工作人员报告说：“直布罗陀当时的安全措施是不严格的。在飞机停放的那段时间里，出现过不少可以实施破坏的机会。”他补充说：“无法排除西科尔斯基被不明身份的人谋杀的可能性。”——作者注）。无论事实如何，毫无疑问，斯大林视西科尔斯基为他前进道路上的主要障碍。在“卡廷屠杀”披露之前，西科尔斯基将军曾极力推动波兰和苏联之间的合作。但正如拉辛斯基指出的那样：“苏联不想谈判和妥协。他们想和一个将会为他们接管波兰并为强加给波兰人的政权而辩护的波兰领导人打交道。”

不管苏联是否涉足于西科尔斯基的死亡，他们肯定从中受益。西科尔斯基去世后，波兰流亡政府内部分裂、纷争不断，没有强有力的领导人能团结各个派别，或对英国政府和其他盟国施加将军曾有过的那种影响力。

与此同时，丘吉尔拒绝屈服于日益明显的现实，即斯大林意图控制整个波兰，而不仅仅是东部领土。在作出 2 月 22 日宣告的两个星期前，首相告诉他的内阁：“随着苏联人进军波兰，一个强大的并得到有力支持的波兰应该符合我们的利益。如果由于苏联军队的推进而使波兰变得软弱无力，结果可能会在未来给英语国家的人民带来巨大的危险。”他命令英国皇家空军把向波兰空投武器和补给的飞机的数量增加三倍——达到了每月总共 12 架次的水平。

他的命令除了向波兰人提供虚假的希望之外，并没有任何实质意义。无论敌人是德国，还是苏联，12 架轰炸机难以提供波兰国内军队所需的大量武器和弹药。正如扬·诺瓦克在伦敦逗留期间所了解的那样，波兰在英国和美国的战略规划中没有任何地位。西方盟国决不会派出任何力量来解放波兰，不会像他们正准备为法国和其他低地国家所做的那样。

丘吉尔因为内疚而不愿承认这一点，科林·古宾斯和特别行动处的其他高级官员也是如此。尽管他们从一开始就鼓励波兰救国军配合盟军在西欧的攻势，发动全面的国民起义。根据波兰人的计划，起义需要那些与皇家空军一起飞行的波兰轰炸机和战斗机中队向他们的祖国运送几千名以英国为基地的波兰伞兵。

还在 1941 年时，古宾斯就知道这个计划是不可能的，虽然他和波兰人关系密切，但更重要的是盟军对波兰人的破坏行动和情报的依赖使他无法对他们说出真相。古宾斯的传记作者清楚地指出："特别行动处和波兰（在伦敦的）的政府总部都没有告诉救国军，由于不可能提供足够的空中支援，他们的计划纯粹就是垃圾。"

让情况变得更糟糕的是，按照特别行动处波兰分部的工作人员彼得·威尔金森（Peter Wilkinson）后来的说法，古宾斯要求他"参与和波兰总参谋部进行看似慎重的联合规划，研究全面空中入侵时的后勤安排，而他们和我都知道那是不可能发生的事情。就我而言，这并不是一个吃力的任务，但让我做这种无用功却使我深深地感到沮丧和压抑"。

甚至连一直不愿帮助波兰人起义的英国总参谋部，在这个问题上也作出了比在私下里要坚决得多的公开声明。因为不愿冒犯波兰人从而影响到他们继续提供大量宝贵的军事情报，总参谋部模糊地谈论着"让救国军准备好在波兰采取与盟军军事行动相协调的行动"。总参谋部补充说，应该向波兰人"提供尽可能多的装备，只要能有适合任务的飞机可用"。当然，瓶颈就出现了，没有那么多适合任务的飞机可用。

1943 年底，一位战争部的工作人员宣称："现在是时候了，我们必须坚定并毫不含糊地告诉波兰人，支援救国军计划的命运将会是什么。据我所知，总参谋部已经拒绝了这个计划。如果是这样的话，越早告诉波兰人越好。"

但是他们并没有发出这样的警告，波兰的救国军领导人仍然不知道伦敦的“阴谋”，他们依然相信他们的西方盟友会来援助他们。

同时在伦敦，捷克总统爱德华·贝内什对波兰的事情十分关注。斯大林的扩张意图和西方盟友的默许使捷克领导人决定，他应该尽快就自己国家战后的命运与苏联达成某种协议。

贝内什早已得出结论：英国或美国的支持是靠不住的。于是在 1943 年两次前往莫斯科，与斯大林和在战争期间流亡在苏联首都的捷克共产党领导人进行了谈判。实际上，那些共产党人是位于伦敦的流亡政府驻莫斯科的一个影子内阁。

贝内什在 12 月下旬的第二次访问期间与苏联签署了一项条约，承诺要让共产党人在战后的捷克政府中占有重要的地位。扬·马萨里克后来告诉一位朋友，如果贝内什没有去苏联首都并且同意这个条约，“捷克人会发现自己将面临和波兰人一样的处境”。

在“D 日行动”即将到来的那几个月里，英国与自由法国运动的关系似乎和与波兰人的关系一样充满了纠结。然而戴高乐和他的人显然比波兰流亡者们更有优势。尽管罗斯福和丘吉尔对戴高乐本人仍然避而远之，但是英国的决策者们越来越关注战后的世界格局，他们认为英法之间的良好关系是至关重要的。

1943 年中期，罗斯福曾极力游说丘吉尔放弃英国对戴高乐的所有支持。他声称法国将军“一直在并且现在正在损害我们为战争所做的努力，对我们来说是一个非常危险的威胁”。和以前一样，丘吉尔发现自己处于极其为难的境地。如果他做了罗斯福想要的，他将面临来自英国人民和自己政府内部的许多官员的强烈抵制。虽然从北美大陆相对安全的角度来看，美国很容易就把法国排斥在战后世界的格局之外，但英国认为极其重要的是在战后有一个尽可能强大的欧洲紧邻，这将帮助它制衡一个可能复兴的德国和一个越来越强大的苏联。然而另一方面，在战争还在继续的时候，丘吉尔对美国的需要远远超过了对法国的需要。

受到罗斯福的反戴高乐言论的影响，丘吉尔把法国将军描述为“一个虚荣甚至邪恶的人”，敦促他的内阁考虑“我们现在是否应该把戴高乐作为一种政治力量去除掉”。受到安东尼·伊登极大影响的内阁拒绝了这个想法，认为如果这样做，“我们不但会使戴高乐成为法国的国家英雄，还会发现自己将受到指责——在法国的国际事务中进行不恰当的干涉，以期让法国沦为英美的保护国”。

如果被抵抗组织视为领导人的戴高乐被美国人和英国人赶走了，那么为反攻法国做准备而依赖于法国地下组织提供的情报来源也可能受到威胁。

伊登和英国外交部努力说服丘吉尔承认法国民族解放委员会——这个总部设在阿尔及尔的委员会由戴高乐将军与亨利·吉劳德将军共同主持，是管治北非和其他已解放的法国殖民地的主要政府机构，是自由法国运动的唯一代表。欧洲的流亡政府和加拿大、澳大利亚以及南非政府都已经承认了这个委员会。苏联也准备这样做。议会的大多数成员和大部分英国媒体也倡议承认这个委员会。北非盟军总司令、欧洲同盟国远征军未来的最高统帅德怀特·艾森豪威尔将军也支持承认这个委员会。

虽然罗斯福对此继续抵制，但丘吉尔终于屈服了。他告诉总统他可能不得不在这个问题上和他分手:“为了英国和英法关系,我可能必须走这一步了。”面对着其他盟国在这个问题上团结一致的态度，罗斯福总统终于在 1943 年 8 月底同意美国在严格限制的条件下承认法国民族解放委员会（英国政府在同一天发表了限制不那么严格的承认声明）。

与此同时，美国总统拒绝停止为除去戴高乐而不断作出的努力。为提高吉劳德的地位而邀请他访问美国，并在白宫以国宾的礼仪接待了他。这引起了戴高乐的强烈愤慨和怨恨。但罗斯福的动作没有起作用。1943 年 11 月，吉劳德被迫辞去了委员会联合主席的职务，戴高乐全权在握了。

到了 1944 年年初时，备受争议的法国将军显然已是一个不容小觑的人物了。除了指挥法国抵抗运动之外，他现在已被成百上千万法国的普通男女视为他们的领袖。他的自由法国军队现在已有 40 多万人，其中许多人曾在北非和意大利进行过战斗。像波兰人一样，法国军队在意大利战役中表现突出。1944 年春，他们攻破了德军在意大利中部预设的古斯塔夫防线的西南侧，帮助打开了通向罗马的大门。此外，还有七个新的法国师开始在英国训练，准备投入夺回法国的战斗。戴高乐还领导着一个已大大扩充了的法国“财富帝国”，那些“财富”背离了维希政府以后加入了将军的阵营。它们包括法国的北非殖民地和西非国家塞内加尔，及其在达喀尔的戴高乐和丘吉尔三年前未能得到的重要海军基地。

罗斯福对此全不在乎，他决心不让戴高乐插手法国的解放和治理。他告诉丘吉尔，不能让将军和他的部队知道关于“D 日行动”的情况，包括登陆的确切日期。他还禁止戴高乐及其委员会在法国解放后参与国家的管理。按照罗斯福的想法，应该由美国军队来管理法国，直到它可以举行战后选举。艾森豪威尔和其他美国军方领导人强烈反对这样的决定。艾森豪威尔写道:“与戴高乐之间的一场公开的冲突将使我们受到无法估量的伤害，将导致满怀敌意的反控制行动和战士的损失。”

丘吉尔最终和罗斯福摊了牌，他在 1944 年 5 月告诉总统说，戴高乐不能完全被排斥在“霸主行动”之外，必须邀请他从阿尔及尔到伦敦来，向他告知最新的行动计划，并让他加入关于法国未来管理的讨论。他向罗斯福解释说：“不然的话，这可能会造成对法国的极大侮辱。”罗斯福勉强同意之后，戴高乐在“D 日行动”发起还有不到 48 小时的时候回到了英国。

他在伦敦和丘吉尔的相处并不顺利。安东尼·伊登注意到，“首相因这一关键历史时刻而激动万分”，在见到法国将军时伸出双臂欢迎他的到来。“不幸的是，戴高乐对这样的情绪并没有作出很好的回应”。然而，这显然是对实际情况的轻描淡写。

戴高乐对被排斥在对自己国家的进攻计划之外而愤愤不平！当丘吉尔告诉他，艾森豪威尔将在“D 日”行动当天向法国公众发表广播讲话，并要求他也这样做时，他的愤怒终于爆发了。艾森豪威尔的广播讲话稿已经印好了。他在讲话中要求法国公众服从盟军进攻部队的命令，但完全没有提及戴高乐和他的部队。在戴高乐看来，他的国家与其说是被解放，还不如说是即将被占领。他拒绝跟在艾森豪威尔后面发表自己的广播讲话，与丘吉尔的谈话变成了一场恶语相向的争吵。根据戴高乐的说法，丘吉尔最后对他大喊道："我们将解放欧洲，而我们能那样做是因为美国人和我们在一起。因此，让我告诉你：任何时候如果我们必须在欧洲和公海之间作出选择，我们将永远选择公海；任何时候如果我必须在你和罗斯福之间作出选择，我将永远选择罗斯福！"

伊登和在场的其他英国官员对丘吉尔的爆发感到震惊！伊登后来回忆说："我不喜欢那样的声明，劳工部长欧内斯特·贝文（Ernest Bevin）也不喜欢，他当场就这样大声说了出来。那次会议是失败的。"戴高乐走后，丘吉尔怒气冲冲地宣称将军"在战斗的高峰时期叛乱"有罪，并命令将他送回阿尔及尔，"如果必要的话可以用链条把他锁起来"。

而在戴高乐那一方面，他永远不会原谅或忘记丘吉尔在那一天对他进行的长篇教训。他认为那是首相和罗斯福在整个战争期间轻视他和他的国家的又一次表现。这些棘手的关系的长期后果，必将对戴高乐与英语国家之间的关系产生严重且持久的破坏作用。罗斯福的传记作家简·爱德华·史密斯（Jean Edward Smith）在2008年发表的一篇文章中写道："罗斯福对戴高乐的怒气毒害了美法关系，其影响一直持续到今天。"英法关系状况至今也是如此。

然而在当时，伊登和法国的官员们都费尽心思让那两个人平息下来。由于他们的努力，至少让戴高乐暂时地将自己的愤怒置于一边，同意向法国人民发布广播讲话，丘吉尔也取消了将他驱逐出英国的命令。

那天晚上，几位感到相当高兴的英国官员护送戴高乐到布什大楼录制他的讲话。戴高乐拒绝事先给他们一个书面的讲稿。害怕可能会出现极其糟糕的场面，官员们站在录音室的玻璃墙后面"像死人一样安静"。当将军开始讲话以后，他们都略带惊喜地相互看着。

英国政府宣传部门的负责人罗伯特·布鲁斯·洛克哈特后来回忆说："没有一丝紧张的情绪，他发表了极为精彩的讲话。他首先提到了英格兰，'当几乎所有人都以为失败了的时候，英国独自站立着对抗这个世界上从未见过的最强大的军事机器。’”戴高乐接着说道，“这个旧日的自由堡垒”应该非常适合作为“解放法国和整个欧洲”的跳板。洛克哈特写道，戴高乐对英国的赞颂“每一个字里都带着令人信服的诚意”。洛克哈特的眼里充满了泪水，对自己情绪失控感到不知所措，他看了看他的同事们，发现他们也都热泪盈眶。

他的演讲只有一个问题，戴高乐把自己和他的委员会称为法国政府。洛克哈特手里拿着一份戴高乐的讲稿，赶到外交部给伊登看，并指出这可能会造成某种困难。外交大臣看完之后说道：“我在首相那里会遇到麻烦的，但我们只能这样了。”洛克哈特注意到伊登说话时带着微笑。

第 21 章

决战

欧洲的解放战争开始了

1944 年 6 月 6 日黎明时分，人类历史上最强大的武装力量像一把尖刀，划破英吉利海峡的狂风巨浪向法国刺去。海峡中的几千艘战舰和天空中不见边际的轰炸机、战斗机队列，让人们看到了西方盟军全线出击的宏伟和壮丽场景。

在诺曼底海滩上登陆的进攻部队大部分是英国人、美国人和加拿大人，但被纳粹占领的欧洲国家在这个历史性的日子里也发挥了重要的作用。进攻部队携带着根据欧洲特工提供的情报而描绘的德国海岸防御工事的详细地图。挪威、波兰、比利时和法国提供了运送和保护“D 日行动”部队的船只；荷兰、比利时、捷克、波兰和法国的飞行员及机组人员驾驶着战机在盟军头顶上飞过。

6 月 6 日的场面令人印象深刻，但那只是随即而来的进攻浪潮的第一波。在接下来的三个月里，将近 200 万盟军地面部队和飞行员（其中 20 多万人来自被纳粹占领的欧洲国家）将加入突破诺曼底并横扫法国的战斗。法国第二装甲师将成为流亡政府盟军在欧洲大陆登陆的第一支主力军。波兰的装甲师以及规模较小的比利时、捷克和荷兰的部队不久之后也登上了欧洲大陆。

“欧洲军队”期待加入即将来临的战斗热情是他们的美国、英国和加拿大盟军战友所无法比拟的。对他们来说，参加解放欧洲的战斗将是他们弥补自己国家战败屈辱的一次机会。同时，也能体现出他们对盟军事业的忠诚。

最重要的是，他们渴望解放自己的祖国，并向占领者报仇雪恨。现在，决战的时机终于来临了！

当盟军舰队在6月6日这个多云的早晨接近诺曼底海滩时，英国广播公司（BBC）的欧洲服务频道暂停了正在广播的节目，宣告了“D日行动”开始。欧洲人民从布什大厦发出的广播中得到了盟军进攻法国的第一个消息。从1940年6月开始，BBC帮助他们摆脱了绝望，开始相信解放的可能。四年后，这种可能终于开始变成现实了。

BBC的播音员用法语、英语、荷兰语、佛兰芒语、挪威语和丹麦语播送了艾森豪威尔将军的公告，宣告诺曼底登陆是“西欧战役的开始”。将军的公告广播之后，接着广播了戴高乐将军、哈康国王、威廉明娜女王、比利时首相皮埃洛和卢森堡公爵夏洛特的讲话录音。

前一天晚上，BBC还扮演了另一个重要的战时角色，即在伦敦和欧洲抵抗运动组织之间传递信息。自1941年夏天以来，BBC的欧洲服务广播除了提供新闻和评论之外，还向敌后的抵抗运动成员和特别行动处特工播送特别的密码信息。这个想法是由第一个跳伞到法国去的特别行动处特工乔治·贝格（Georges Bègue）提出来的。由于担心经常使用他的无线电设备会把德国人引到身边来，贝格向伦敦建议：对他的一些指示可以通过BBC播放一些事先约定好的短语或句子发送给他，只有他和F分部知道那些短语或句子的意思。

英国广播公司的信息并没有取代摩尔斯电码传输，但却是伦敦和敌后的又一种重要沟通方式。在法国，让·穆林安排向全国各地的抵抗组织分发了大量的收音机，然后让他们按照指示听取BBC向他们广播的专门信息。正如抵抗运动领导人、未来的法国总理乔治·皮杜尔（Georges Bidault）后来所说的那样：“在荒芜的沼泽中，在不起眼的小镇友好的街道上，从海峡那边传来的声音以奇迹般的方式传播着，由此织成了一张敌人看不见的网络。”

通过BBC传递个人信息的做法迅速扩大到了特别行动处的每个国家分部以及军情六处。在BBC向被占领国家播放晚间新闻节目之后，它会播送一系列简短而又神秘的个人信息。信息中的绝大多数内容对于那些不知道其中含义的人来说是荒谬的。例如："蒲公英不喜欢沙丁鱼""圣诞老人穿着粉红色的衣服""路易斯去看望牧师""牛奶已经煮沸了""让，你必须剃掉你的胡子啦"等等。

从这种看上去似乎是胡言乱语的表述中，特工会发现一句对他或她有意义的句子，而其他任何人都无法破译其中的含义。这条信息可能代表了多种不同的行动或情况：即将进行的空投、某次行动的开始、运送武器或物资、特工或信使安全抵达伦敦或敌后、有人被捕的警告等等。实践证明，这是一种既有效又简单的方法。个人信息变成了特工通信的一个组成部分，这也大大减少了无线电报员的通话时间，从而减少了被发现的机会。

这种传递信息的方法还发挥了一项贝格没有预见到的功能。它可以让在不同国家活动的特工们能够向那些想帮助他们，但又怀疑他们英国特工身份的人们说："你们写一个简短的信息，内容是什么并不重要，我将安排一周后在 BBC 播出。"用特别行动处法国抵抗运动组织者本·考伯恩（Ben Cowburn）的话来说："这是力量的第一次显现，你能够下令让那个不可一世的英国广播公司说你要它说的话……从那以后，你就是一个人物了。"

大多数欧洲人对 BBC 有着巨大的信任和感情，这种方式被证明是对特别行动处特工的又一大帮助。在法国，另一个特别行动处抵抗运动组织者哈里·雷（Harry Rée）说："主动的抵抗者是极少数，但是大多数法国人都听 BBC。""总的来说，你可以肯定的是，如果你在困难的情况下向任何你不认识的人寻求帮助并说你是英国人，他们将会帮助你。他们可能会很害怕，可能不会长时间地帮助你，但他们肯定不会出卖你。"

在通常的夜晚，BBC 法国服务部门的个人信息播放将不会超过 5 分钟。在"D 日行动"的前夜，他们的个人信息节目持续了半个多小时。那些信息一个接着一个地被播放到空中，例如："骰子在桌子上""他用了假声""苏伊士天气很热""拿破仑的帽子在圈子里""约翰喜欢玛丽""箭无法射穿""长颈鹿有一根长脖子"等等。对法国抵抗运动的成员来说，每一条信息都是召唤他们投入战斗的命令。

在法国各地，几千名抵抗战士离开了家园和工作场所，从隐蔽地点拿出了武器和弹药，开始执行密码信息所传递的事先预定好的破坏任务。在诺曼底和其他地方，政府经营的电话和电报公司的雇员们切断了电话线，迫使德国军队只能使用无线电传输作为他们唯一的通讯方式，而用这种传输方式传送的信息会被布莱切利公园轻松地截获并解密。在盟军登陆诺曼底初期，每天截获1.7万多条包括有关德国部队和供应动向的详细信息。一旦确定了德军的确切位置和后勤供应点，盟军便发起空袭。

总体来说，抵抗运动组织在盟军发起进攻后进行的破坏行动比所有人想象的要成功得多。从6月6日起，德国人再也无法控制自己的后方或通讯线路。仅在第一天晚上，特别行动处和其他行动小组就在法国全国范围内实施了中断铁路运输行动计划中的950起。所有通往诺曼底海滩的主要路线都瘫痪了。

在法国北方，特别行动处的"农夫"组织破坏了里尔工业城镇附近铁路线的汇集点，使它一直到月底都无法使用。特别行动处特工珀尔·威灵顿在组织者被盖世太保抓捕之后接管了部分"文具店"的组织，并将其重新命名为"摔跤手"。"摔跤手"拥有3000名抵抗战士，在威灵顿的指挥下，对整个法国中西部安德尔地区的铁路线实施了破坏行动。

同时，南方数十个抵抗组织也使其所在地区的铁路交通实际上处于停顿状态，有效地粉碎了驻扎在那里的几个德国师迅速前往诺曼底以加强德军防御的企图。弗朗西斯·卡马斯的"骑手"和托尼·布鲁克斯的"皮门托"组织，都由几千人组成。而其他的一些组织规模则小得多，其中很多是共产党人的组织。还有一些更小的则完全是由当地的抵抗者组织管理的，与外界根本没有任何联系。

然而，不管他们来自何处，法国抵抗运动的成员使德国人控制的铁路运输和其他交通运输方式完全瘫痪。他们炸毁了铁路线，堵塞了道路，使列车脱轨，机车停驶，摧毁了燃料堆场和桥梁。据一位历史学家说，"整个法国铁路系统遭到的破坏是如此严重，德国人最终不得不放弃使用它"。除了增援部队，德军到达诺曼底的弹药、燃料和粮食等重要物资也大大延缓了。由于德军的增援和补给的不及时，盟军在攻击的最初几小时和几天内，争取到了他们巩固自己的滩头阵地所需要的时间。

一个帝国装甲师从法国南部到诺曼底走走停停的行程就是法国抵抗运动组织卓有成效地阻击和德国人凶残报复的典型案例。根据马克斯·黑斯廷斯的说法，这个令人生畏的第二党卫军装甲师也称帝国装甲师，拥有 19000 名士兵，被认为是“‘二战’中最强大的战斗群之一”。这支部队装备有最新式的重型坦克，经过数月在苏联战线上的激烈战斗之后，于 1944 年撤到法国西南部的图卢兹休整、改装和训练。

这个师在图卢兹停留期间，坦克存放在附近的蒙托邦镇并有重兵守护，但运输坦克的铁路平板车停放在几英里之外的铁路线上没有人看守。当地的抵抗运动成员，其中有一对十几岁的姐妹，利用这个机会从平板车上吸走了所有的车轴油，并用石块磨制成的纤细的碳化硅粉代替了它。

当帝国装甲师的指挥官在 6 月 7 日接到命令立即前往诺曼底战线时，他们先派出了铁路平板车，结果所有平板车的车轴都在前往蒙托邦镇的途中破裂了。坦克被迫开到路上，自行前往诺曼底。这不仅要花费更长的时间，而且严重地磨损了坦克的履带。当这个师到达诺曼底时，至少有 60％的坦克无法使用。一路上，德国部队一直遭到游击队战士的不断袭击。正如艾森豪威尔后来所写的那样：“他们把德国人包围在一种可怕且被仇视的气氛之中，那种气氛吞噬了德军指挥官的信心和士兵的勇气。”

在正常情况下，这个师只要三天就能到达诺曼底。但在 1944 年 6 月的“混乱”之中，这个旅程持续了 17 天。而且帝国装甲师是在“极度混乱和疲惫的状态下”投入战场的，在到达滩头阵地之前还遭到盟军飞机的猛烈轰炸。这个遭受了惨重损失的师直到 7 月 10 日才真正投入战斗，但为时已晚，没有对战局产生任何影响。

然而，帝国装甲师的蜗牛般的迟缓前行不仅仅是抵抗运动成员的破坏和阻挠的结果，还因为它的指挥官收到了来自柏林的命令，要求帝国装甲师在北进的途中要尽可能多地杀死马奎斯游击队员。命令写道："帝国装甲师"的部队"必须立即转入反击，毫不犹豫地以最大的力量和严密的举措实施打击"。希特勒对马奎斯游击队员激烈抵抗的愤怒，使得消灭抵抗组织成了优先于增援诺曼底的任务。马克斯·黑斯廷斯指出，元首对于"守护帝国的每一寸土地的痴迷再次让他遭殃"。"在盟军登陆之后的头几天，德国人因法国抵抗运动所造成的重重困难，尤其是帝国装甲师所面临的困境而导致的行动迟缓，可能对战场的形势产生了巨大的影响。"6 月 16 日，格尔德·冯·伦德施泰特元帅敦促柏林放弃卢瓦尔河以南的所有法国领土，并命令那里的 16 个师赶到诺曼底前线。柏林回复说：这在"政治上是不可取的"。相反，帝国装甲师和其他部队应首先集中兵力清算抵抗组织。黑斯廷斯写道："在进攻之前，甚至连最乐观的盟军计划者都没有料到，德国的高级指挥官会如此愚蠢，竟然让重要的战斗部队去对付马奎斯游击队员。"

已经走向极端的德国人的野蛮行径又进一步升级了。菲利普·德·沃默古书面记录了德国在法国东部的野蛮行动："他们烧、杀、抢夺。""他们把无辜的人和'有罪'的人（属于抵抗运动的人）都杀了。他们枪杀了一名正在修树篱的人；他们把七名在树林里干了一早上活儿之后正在回家路上的砍柴人也杀了。"

帝国装甲师则将它的愤怒倾泻到整个村庄。6 月 10 日，党卫军部队进入了坐落在图卢兹以北约 150 英里处利摩日附近被树林和田野围绕的奥拉杜尔村。在那个美丽的周六下午，在整个战争期间一直是和平绿洲的奥拉杜尔村，人们正忙着出门享受悠闲的午餐或者去完成每周的购物。突然他们正常的周六活动被中断了，村上的召集人敲打着他的鼓，把村里的所有居民都召唤到了不大的村中广场上。

当所有人都聚集起来之后，妇女和儿童被从人群中分离出来，赶进一座教堂里面，党卫军点燃了教堂。当火焰喷向天空时，党卫军向被困在教堂内尖叫的村民开火，士兵在教堂外形成一道警戒线，以确保没有人能活着出来。与此同时，奥拉杜尔的男子被推进附近的车库和谷仓，在那里被机枪扫射枪杀。

那天死了 600 多人，其中包括 190 名儿童和婴儿。

奥拉杜尔大屠杀事件一个月后，又发生了另一场德国人的野蛮屠杀。这次针对的是集结在格勒诺布尔市附近的阿尔卑斯山韦科尔山地高原上的 3000 多名抵抗战士。7 月 3 日，韦科尔的马奎斯游击队员宣告高原为一个“自由共和国”，拥有自己的法律、货币和国旗。弗朗西斯·卡马斯当时已被任命为法国东南部所有盟军破坏行动的总指挥。他认为宣告成立“自由共和国”是一个“愚蠢但很容易理解的行动，因为他们非常希望消除 1940 年的耻辱”。韦科尔的马奎斯游击队员相信盟军会向他们运送物资和武器，并且很快就会派出正规部队来支援他们，所以计划在高原上与德国人对抗。但是他们既没有经过训练，也没有常规军队拥有的枪炮或其他重型武器来作战。他们的任务是骚扰敌人，不断移动，而不是钉在某个地方。在与德国人的阵地战中，他们不可能赢得胜利。

卡马斯预见到了即将发生的灾难，拼命敦促伦敦向韦科尔派遣人员并运送重型武器，并警告说如果他们不这样做，抵抗运动成员将被血洗。特别行动处和戴高乐的阿尔及尔总部向他们空投了几百箱步枪和其他轻型武器，但那些武器是无法抵挡德国人的攻击的。

7 月 20 日，韦科尔上空出现了几十架滑翔机。马奎斯游击队员们高兴极了，以为盟军终于来救他们了。然而，他们看到那些滑翔机却是德国人的。纳粹派出了几千名党卫军来镇压叛乱，并最终达到了他们的目的。在接下来的三天里，650 多名抵抗战士被杀害。德国人还强奸、拷打，杀害了附近村庄的 250 多名居民。

像奥拉杜尔和捷克斯洛伐克的利迪策一样，韦科尔也成为人们无法忘怀的纳粹野蛮行径的历史标志。

如果韦科尔的抵抗战士能够等到 8 月份再发起他们的“自由共和国”，那么他们的自由梦想可能就会变为现实。8 月 15 日，由 10 个师的美国和法国军队组成的盟军部队在法国南部的海滩登陆，展开了一次名为“龙骑兵行动”的进攻。七天之内，盟军部队就冲进了罗讷河谷，并到达了北面 180 英里的格勒诺布尔。正如军事历史学家里克·阿特金森（Rick Atkinson）所说的，法国南部的德国人“从来就没有机会”成功防御。其中一个原因就是当地的抵抗组织向盟军提供了援助。

美国第七军情报长官威廉·奎因（William Quinn）上校说，由于抵抗组织提供的情报，盟军进攻部队事先就知道了“水下的障碍，对海滩的情况和每一处德国工事了如指掌。我们把那些德国人都砸死在那里了”。奎因补充说，法国人“告诉了我们想知道的一切”。

跟随“龙骑兵行动”部队的哥伦比亚广播公司的埃里克·塞瓦雷德说：“盟军以前从未有过如此确切的关于德军防御工事以及德军部队位置、数量和情况的情报。当我们登陆时，所有的指挥官都拿着地图，上面不仅标示着数百平方英里之内每个农家的位置，而且还有住在那里的农民的名字。两天之内，我们所有的进攻部队，包括降落在敌人后方的空降兵连接起来组成了一条稳固的战线。”

在收到英国广播公司关于登陆的密码警报后，几个沿海城镇的抵抗战士在盟军进攻的同时向其德国占领者发起了攻击。塞瓦雷德注意到，在圣-拉斐尔，当盟军的第一批部队攻上海滩时，“‘店主们’在德国人的背后开火”；当盟军部队到达邻近的圣-特罗佩时，他们发现当地的法国人已经俘获或打死了100多名德国人，那里的德国军队已经被包围了；当盟军抵达马赛时，那个城市的大部分地区也都已在城市居民的手中了。根据地中海盟军最高司令亨利·梅特兰·威尔逊（Henry Maitland Wilson）元帅的说法：“当盟军登陆时，抵抗运动已将法国南部德国军队的作战效率降低到了40%的程度。”

随着德军撤退到了罗讷河谷，弗朗西斯·卡马斯的“骑手”组织成员“像愤怒的猎犬一样，踩着狐狸的尾巴紧追不放”，帮助紧随其后的法国和美国步兵扫清道路。当一支美军坦克部队抵达距离格勒诺布尔大约70英里的加普镇时，原本预计将不得不进行一场战斗，但结果却发现德国人已经离开了。美军坦克部队没有进行一场战斗，而是参加了一场胜利游行。

卡马斯在战后宣称：“法国阿尔卑斯山区抵抗运动的作用是非常直接的。

8 月 15 日登陆的盟军部队能在七天内就抵达格勒诺布尔……是因为一路上没有战斗。阿尔卑斯山已经被抵抗运动组织占领了。在我看来，这是一个巨大的成就，成千上万的人因此免于战死。”

事实上，卡马斯差一点就没能活着看到那一天。在“龙骑兵行动”开始前两天，他和另外两名特别行动处特工在德国人的一次路检时被捕了。他们被送到最近的盖世太保总部接受审讯。虽然审讯人员不知道他们抓到的就是大名鼎鼎的“罗杰”，但他们认定卡马斯和他的同事是间谍，并下令将其枪杀。

当卡马斯的特别行动处特工克里斯汀·格兰维尔（Christine Granville）知道了逮捕事件之后，她立即赶往关押三名特工的监狱。26 岁的格兰维尔是波兰人，本名克里斯蒂娜·斯卡贝克（Krystyna Skarbeka），在特别行动处中因其美丽、魅力和非凡的大胆而出名。她直接面对盖世太保的负责官员说：美军的到来是不可避免的，如果卡马斯和其他人被枪杀，他将被捕并接受惩罚。那位德国官员同意释放他们，但要求获得 200 万法郎的赎金。两天之后，从阿尔及尔来的特工把钱带给了她，她把钱交给了那位官员，卡马斯和其他两名特工在处决前两个小时被释放了。

在“D 日行动”之前，盟军指挥官对部队一旦登陆之后，并获得法国地下抵抗组织的有效帮助是高度怀疑的。有些将军认为，抵抗战士与其说是一种帮助，不如说是一种障碍；而另一些人则认为，他们提供的任何支援最多只能维持几天。根据艾森豪威尔总部的一份报告称：“这是可能的，支援行动只有短短的几天，之后供应和热情将开始回落。”

但事实上，正如艾森豪威尔在他的回忆录中所承认的那样，抵抗运动在“法国战役中具有不可估量的价值。如果没有他们的大力协助，法国的解放将会耗费更多的时间，并给我们带来更大的损失”。艾森豪威尔在 1945 年 5 月给特别行动处负责人科林·古宾斯的信中详细阐述了在整个欧洲占领区内，抵抗运动的重要性。他写道：“在这场战争以前的战争中，在所有的战场上，没有一个战区的抵抗运动对主要军事力量作出了如此紧密的配合行动。”“我认为中断敌人的铁路系统、骚扰德国人的公路运输，由有组织的抵抗力量对整个被德国占领的欧洲国家的经济和内部安全的持续施加压力，这在我们取得完全和最后的胜利中发挥了极其重要的作用。”

美国战略情报局局长威廉·多诺万也对法国地下抵抗运动的贡献给予了高度评价，他的情报系统和特工在法国的战斗中也发挥了积极的作用。在给杜鲁门总统的一封信中，多诺万写道，解放法国的战斗“显示出了被压迫的人民在得到物资和组织领导的援助之后，可以在支援盟军解放法国的过程中发挥出前所未有的作用”。

尽管有这些赞扬，对法国和欧洲其他地区的抵抗运动价值的评价依然存在着很大的争议。美国军事历史学家道格拉斯·波奇（Douglas Porch）写道：“有人可能会问，如果在一个有7.5万名法国男人和女人的抵抗事业中，一部分人是抵抗运动战士，一部分人仅为在集中营中遭到了德国人的野蛮报复的无辜群众，其中还有2万人在遭受可怕的折磨之后在法国死亡了，那么这个事业是否真的起到了任何作用？”波奇坚持认为：“盟军最后是通过超过德国的工业生产水平和在战场上以强大的军事力量击败德国军队而取得了胜利。可悲的是，有些人的结论是胜利来自抵抗运动的贡献，那是非常微小的……在战争的战略平衡中，抵抗运动的冲击是微乎其微的。”

波奇并不是唯一认为法国和其他地方的抵抗运动的影响被夸大了的历史学家。这种怀疑论的产生，部分是对战后发表的有关书籍浪潮的一种回应，那些书籍歌颂了特别行动处及其官员和抵抗运动组织整体的冒险行动。在这样的情况下，最大限度地缩小了特别行动处所犯的巨大错误。而且这种质疑甚至更多的是纠正戴高乐将军的观点。将军认为法国的抵抗力量曾经广泛存在，并且担负了法国解放的主要责任。虽然这种说法显然是错误的，但是戴高乐坚持要在战后把它塑造成一个“必要的神话”。他希望由此能够医治国家的分裂，抹去法国向德国投降并与纳粹正式合作的可耻污点。法国一位历史学家认为：“戴高乐必须让法国人相信他们曾经抵抗过了。他们有必要对自己掩盖真相。”

然而，尽管法国主要是由盟军部队解放的，但由一些法国男女组成的抵抗运动也确实在盟军发起进攻前后最需要的时刻发挥了重要的作用。正如朱利安·杰克逊指出的那样："如果没有抵抗运动，法国仍然会被解放。但是如果没有抵抗运动，解放法国会使盟军遭受更大的伤亡。"在杰克逊看来，确实"需要打破一个抵抗运动的神话，但这并不意味着抵抗运动是一个神话"。

对于那些像艾雷·尼夫那样在战时与被占领欧洲国家的抵抗运动实际打过交道的人来说，历史学家把他们的努力看作是在"资产表"上某种数字的想法显然是令人极其反感的。尼夫在战争爆发 20 年后写道："近年来，英国专业历史学家描述与纳粹进行地下战斗的人们的行动和错误的意图产生了一种令人不快的气氛。""学术专家试图贬低抵抗运动对战争的贡献。如果他们自己曾参与过行动的话，他们就不会以那种方式来写。没有一个真正了解特工离开英国前往占领国家情况的人会接受如此的自以为是。"

其他人，如盟军远征军最高指挥部（SHAEF）副总司令亚瑟·泰德（Arthur Tedder）空军上将就曾经争辩说，关于法国抵抗运动军事贡献的争论偏离了一个重要的基本点。泰德写道："虽然抵抗运动的军事成功无疑是值得的，但我认为我们应该在完全不同的基本点上来评判法国的抵抗运动……它的最大胜利就是能在整个黑暗时期保持了法国精神火焰的燃烧。"加入抵抗运动让法国的男男女女能够摆脱孤独和羞愧，获得一种融入社区和自尊的感觉。在收复他们国家的进程中，他们也重新解放了自己。

埃里克·塞瓦雷德是关于法国战时经验最睿智且最具说服力的作家之一。他在那本出色的自传《不那么疯狂的梦想》中指出了这一点："在他的军队和国家被打败之后，那个人就不是一个完整的人了。不管他身体有多么健康，他总是觉得自己有病。"他还进一步分析道："战败后的条约是不算数的。不管他是否曾英勇战斗过，不管他的军队是否曾有机会取胜，也不管他是否曾被叛国的领导人出卖过，他将永远是一个瘸子。别人来帮助重建他的国家是不够的，如果他想重建他的国家，他必须再次行动起来。"

"这就是为什么法国人最终会采取那样的行动，这就是为什么他们从来没有等到盟军士兵保证了他们的生命安全之后再采取行动的原因。他们总是在我们到达之前，有时只在几天之前，在每个村庄和每个城市起义，做一些鲁莽甚至是无用的事情。但它却总是壮丽多彩，留下了不朽的回忆。一名盟军士兵在看到一位法国农民用一枚手榴弹和一把手枪攻击德国人的机枪阵地时会不由自主地摇起头来。他会说，那个家伙疯了。他不明白为什么那位农民必须那样去做，即便他因此而牺牲了自己的生命。”

第 22 章

双城记

华沙和巴黎奋起抗争

在 1944 年仲夏，盟军正迅速地接近两个被占领国家的首都——巴黎和华沙。对巴黎这座城市来说，那个夏天将在解放的喜悦中结束；而对另一座城市——华沙来说，那个夏天将以一场死亡和毁灭的风暴结束。

一位波兰抵抗运动战士曾说，在那年的 7 月下旬，波兰人民愿以他们的所有一切来换取看到正在赶来巴黎的美国和英国军队“站在华沙大门口”的机会。然而事与愿违，他们几百年的“宿敌”——俄罗斯人正在逼近这座城市。

几个星期前，苏军沿着千里长的战线推进，已经把德军扫出了波兰东部。而现在，斯大林已把那片领土收入囊中。然后苏军继续向西推进，进入了所有人都没有争议的波兰国土。在 7 月 22 日，克里姆林宫宣布成立了一个波兰民族解放委员会。委员会的成员是由斯大林亲自挑选的波兰共产党人，并宣布它是苏联从德国人手中夺回的波兰领土上的合法临时政府。该委员会将在波兰第一个摆脱了德国控制的主要城市卢布林开设办事处。斯大林说，它在未来可能会成为波兰新政府的核心。

对波兰救国军的成员来说，这是一个灾难性的消息。在他们看来，他们只有两个选择：要么什么也不做，让斯大林通过他精心挑选的波兰共产党人接管整个波兰；要么主动起来与纳粹抗争，最终设法控制自己的国家。

自 1939 年以来，波兰地下抵抗运动的首要目标就是在适当的时机发动全国性的起义。而在1944年7月下旬，救国军领导人相信这个时刻终于到来了。由于苏军在波兰境内的迅速推进使整个国家的起义变得不可行了，但救国军仍然希望至少能把德国人赶出华沙，并在苏军到达之前控制首都。救国军在华沙大约有35000名军官和士兵，他们都渴望在这个关键时刻为波兰而战。一位地下抵抗运动的高层官员说："出于民族的尊严和自豪，应该让波兰人来解放自己的首都。""如果人在首都而没有参加解放这个城市的战斗，那我们将成为什么样的军队，又是一个什么样的政府呢？"

然而，救国军的计划是基于盟军的空降兵会来增援而制定的。正如一名地下抵抗运动领导人后来所说的那样，他们"活在一个虚幻的世界里"。救国军的领导人相信，一旦起义爆发，英美两国就会马上派遣军队前来支援。而且，他们还相信他们的西方盟友会迫使苏联也这样做。

在7月的最后一个星期，情况变得越来越紧迫了。距离华沙几英里的地方发现了红军的巡逻队，恐慌的德军开始撤出这座城市。7月26日，救国军司令塔德乌什·博尔-科莫罗夫斯基（Tadeusz Bór-Komorowski）将军向伦敦的波兰流亡政府发电报说："我们已准备好，随时可以起义，为华沙而战。我将会报告战斗开始的日期和具体的时刻。"他要求将波兰战斗机和轰炸机中队以及为这一时刻而在英国创建并训练的波兰第一伞兵旅尽快派往华沙。他还要求盟军轰炸华沙附近的德国机场，并立即开始空投武器弹药和其他装备。

到那时为止，英国参谋总部和特别行动处都从未明确告诉过救国军，他们在发动起义时不会得到盟军的援助。英国军方在最后一刻才明确表示，没有丝毫可能去实现波兰救国军的希望，英国指挥官们正把注意力集中于诺曼底登陆后的战场态势。他们告诉波兰流亡政府，救国军的要求是"完全不可能实现的"。英国皇家空军的波兰轰炸机中队目前正在对德国进行空袭，而波兰的战斗机中队正在为诺曼底战场的盟军提供支援，对敌人的地面目标进行攻击，并护卫盟军的轰炸机和舰队。与此同时，波兰的伞兵旅已经在蒙哥马利将军的指挥下即将被部署到西欧战场。

当知道了所有这些情况后，取代已故的瓦迪斯瓦夫·西科尔斯基将军而成为波兰军队总司令的卡齐米尔茨·索恩科夫斯基（Kazimierz Sosnkowski）将军强烈反对举行起义。他认为没有强大的盟军援助，起义“只会导致无意义的大规模流血牺牲”。索恩科夫斯基曾在7月初下令救国军取消其起义的计划。但在7月的最后一个星期，他离开英国去了意大利视察在那儿的波兰军队。波兰内阁其他成员趁他不在的时候发出了一个电报，授权塔德乌什·博尔—科莫罗夫斯基“由你决定在最佳的时机宣布起义”。

索恩科夫斯基并不是唯一对即将到来的灾难向救国军发出过警告的“卡桑德拉”。1944年曾在伦敦待了好几个月，并飞回波兰准备参加起义的年轻的救国军信使扬·诺瓦克告诉博尔—科莫罗夫斯基和他的副手，他们不要期待盟军的援助。根据诺瓦克在7月29日救国军领导人会议上的报告，一些与会者敦促诺瓦克告诉博尔—科莫罗夫斯基推迟起义，但其他人有不同的想法。一位领导人宣称：“我们别无选择。我请你想象一下，一个为了跳过那堵墙而在五年的奔跑中不断加速的人。他跑得越来越快，然后在飞越障碍前一步时命令他停下。由于跑得太快了，他停不住。如果他不跳，他就会撞墙。因此，我们必须作出决定。在一两天内，华沙就将是前线了。”

他的话显示了伦敦与华沙之间在相互理解上所存在的巨大鸿沟。在白厅，办公室里凉爽舒适。而在华沙，只有绝望中挣扎的激情。五年来，波兰人民经受了饥饿、恐怖和死亡。现在起义的机会已经到来，他们不会被英国的逻辑所束缚。在整个城市里，男女老少把从1939年以来隐藏起来的左轮手枪、步枪、手榴弹和其他武器都拿了出来。这些武器被清洗之后悄悄地分发给了救国军的成员。

8月1日下午5点，华沙全市成千上万个门窗被打开了，起义开始了。救国军地下部队的士兵从阳台、窗户和屋顶用步枪和其他小型武器向过往的德国军队开火了。还有波兰人向纳粹总部投掷手榴弹，并向德军的弹药仓库和部队运输中心投掷汽油弹。在几十个社区里，普通公民——家庭主妇、工人、大学教授和店主等把桌子、柜子、沙发拖到街上，建立起阻挡德国坦克和部队前进的路障。从许多公寓大楼的窗口垂下了被长时期隐藏着的波兰国旗。

到夜幕降临时，几乎所有可以看得见的德国占领者的痕迹都消失了。华沙居民拆除了德国人的街头路牌、商店招牌、海报、铭文和旗帜。希特勒和其他著名纳粹分子的肖像被贴在路障上，这样德国军队就不得不向他们自己的领袖图像开火了。

在起义的头三天里，救国军战士夺取了华沙大部分地区的控制权，他们的军队中只有大约 2 500 人是装备充分的。然而，在那个关键的第一阶段，他们没有夺取几个主要的军事目标，包括德军的机场和维斯瓦河上的桥梁。起义部队的战线已经过度扩张，他们迫切需要援助。但西方盟国或苏军没有向他们提供任何援助，尽管有好几个师的苏军就驻扎在华沙的郊外。

与此同时，纳粹派出了增援部队，准备反击。德国空军的精锐部队赫尔曼·戈林的一个师正从意大利匆匆赶来，另外还有两个党卫军师也正在赶来的路上。按照第三帝国高层领导人的说法，他们的目标是要给造反的波兰人一个最后的教训。海因里希·希姆莱宣称："华沙的每一个居民都必须被处死，不允许有俘虏。"一旦他的部队完成了这项任务，他们就要把华沙残存的废墟全部碾平。党卫军总司令告诉希特勒："从历史的角度来看，这次起义是一件幸事。华沙将被毁灭……这个国家挡在我们的前进道路上已经 700 年了……不应该再成为我们或我们下一代的问题了。"

当希姆莱的党卫军和警察部队涌入华沙时，救国军的无线电报务员向伦敦发出了绝望的呼救，要求提供武器和弹药。随着时间的流逝，抵抗力量感到他们越来越被忽略，越来越与世隔绝。当诺曼底战线上传来报道，盟军有了新的进展，越来越多的法国城镇被解放时，这种孤独的感觉也越来越强。

尽管如此，他们的呼吁终于开始有了一些效果。8 月初，温斯顿·丘吉尔和安东尼·伊登向英国总参谋部施加压力，要他们以"最大的努力"向救国军提供援助。英国皇家空军很不情愿地从意大利出动了多次供应航班，但是损失惨重，结果使后来的任务都被取消了。空军副总司令、空军上将道格拉斯·埃维尔（Douglas Evill）爵士说，有效的空中支援"只能由苏联人的战术飞机提供，在短途航程时实施"。当然，没有人见过那些支援的到来。

与此同时，由希姆莱派出的党卫军和警察部队则在华沙挨家挨户地抢劫、强奸和谋杀。在一个又一个社区，居民们被赶到庭院和街道上，然后被机关枪射死。到 8 月 5 日晚间的时候，仅在华沙一个居民区就有 10000 多平民被屠杀。在接下来的几天里，杀戮席卷了整个城市。

德国人扫除了华沙外围地区的救国军之后，就把进攻的矛头指向了救国军在城市中心的据点。起义正在慢慢死亡。只拥有轻武器的救国军部队正在对抗拥有装甲车、坦克、远程火炮、俯冲轰炸机和其他重型武器的纳粹部队。到 8 月中旬，德国人每天 24 小时都在轰炸整个城市。华沙的所有地方都在炮火的射程之内，城市的大部分地区都着了火。砖块像雨点般地落下，燃烧的木梁在空中飞过，尘土和烟雾笼罩了一切。人行道和街道上堆满了尸体，还有更多的尸体被埋在倒塌的建筑物的废墟之中。

波兰人仍在战斗。在市中心北面的华沙老城区里，在狭窄曲折的鹅卵石街道上和完美修复的高高的中世纪房屋旁，展开了最为血腥的战斗。波兰人和纳粹在极近的距离内进行了肉搏战。战斗是如此激烈，以至于让一些德国人回想起了斯大林格勒战役的最后几天。

救国军的无线电报务员从被炸坍的大楼的酒窖里继续向西方盟军发出紧急求援的电报。博尔–科莫罗夫斯基曾发了一封直接给罗斯福和丘吉尔的个人电报："我们对英美两国在战争中所发挥的作用充满信心。总统先生和首相先生，我们完全有权利向你们提出这个急切的呼吁，请立即向受伤的华沙提供援助。"

救国军战士的抵抗热情和德国人的野蛮行径让丘吉尔震撼不已。在他的坚持下，英国皇家空军恢复了供应飞行。在接下来的一周里，有近百架飞机被派往华沙地区。然而德国人的防空炮火是非常密集的，机组人员遭受了惨重的伤亡。救国军控制的城区在迅速地缩小，要准确地空投几乎是不可能的了。尽管如此，许多波兰飞行员仍嚷嚷着要飞到那里去。曾在不列颠之战中英勇战斗而让英国人崇拜不已的 303 中队的飞行员，甚至直接向乔治六世的妻子、伊丽莎白女王的母亲发了电报："1940 年，当大英帝国的命运岌岌可危时，请你相信，陛下，我们波兰飞行员从来没有爱惜过我们的鲜血和我们的生命……在那个时候，在燃烧的伦敦上空，并不缺乏波兰或英国的飞行员。他们现在难道不应该出现在正在燃烧的华沙上空吗？在盼望解放长达五年之后，这个城市是否会在胜利的前夜消亡？”王后从来没有回过电报。实际上，她可能从来没有收到过电报，而303中队也从未被派往华沙。

8月2日，起义发动后的第二天，丘吉尔在议会宣告起义是“波兰充满希望的时刻”。他接着说道：“苏军现在正站在华沙的大门口。他们把波兰的解放掌握在他们手中。他们将为波兰人提供自由、主权和独立。他们想要一个对苏联友好的波兰。”但是苏军一直停留在华沙的大门口。事实上，苏军的先头部队就停留在距离波兰首都的中心不到十几英里的地方。他们在那里等待——什么都不干。

在罗斯福的支持下，丘吉尔要求斯大林允许让携带物资的盟军轰炸机在苏联的机场降落，添加燃料并休整后飞往华沙。丘吉尔认为这是苏联最起码能做到的事情，但是他得到的回应是否定的。克里姆林宫说，起义是一种愚蠢的行为，“苏维埃政府不会伸出援助之手”。美国驻莫斯科大使埃夫里尔·哈里曼（Averell Harriman）向罗斯福报告说，苏联人希望华沙起义被打垮，并不会和西方盟国协调任何行动来支持它。美国驻莫斯科大使馆的代办乔治·凯南宣称，斯大林真正想告诉美国和英国的是这样的信息：“我们打算把波兰锁在仓库和装在桶子里……从现在起，你们将无权决定波兰的事务，现在是你们看清这一点的时候了。”

丘吉尔很快就得出了同样的结论。事实上，据他的医生说，在起义期间，首相的精力因为担心苏联的侵略意图而被消耗殆尽。他仿佛身临其境地参与了在华沙爆发的史诗般的“大卫与歌利亚的战斗”。波兰人充满激情的抵抗赢得了他的尊重，而德国人对波兰平民耸人听闻的暴行使他愤怒至极！50多年后，丘吉尔的孙子说道：“我的祖父为了帮助波兰人而拼命，完全忘了他自己。”

但是罗斯福并没有那种紧迫感。在斯大林否决让盟军飞机在苏联机场停留之后，他拒绝去做更多的事情来帮助波兰人。当英国首相向总统递交了一份在华沙目睹纳粹大规模屠杀的目击者报告时，罗斯福冷冷地回答说："感谢你们提供骇人听闻的关于华沙波兰人的现状和纳粹非人道行为的信息……我认为我们现在无法采取进一步行动来履行我们的承诺。"

在 8 月初的那几天里，当巴黎居民挤在一起收听被禁止的 BBC 广播报道华沙的苦难时，许多人都被同一个想法所困扰：在被德国占领四年之后，他们和他们美丽的城市也会遭受类似的灾难吗？

经过一个漫长并血腥的夏天，跨越诺曼底长满树丛的乡村之后，北方的盟军最终在 7 月下旬突破了德军的防线，切入了法国的中心地带。然而即便美军正在逼近巴黎，艾森豪威尔将军也没有计划立即解放巴黎。事实上，他正计划绕过这个他认为战略重要性不大的城市，尽快向德国挺进。

正如在阿尔及尔隐居的夏尔·戴高乐将军所看到的那样，艾森豪威尔的决定将给巴黎和他自己都带来灾难性的后果。不仅首都有危险，而且戴高乐想控制法国解放后的一切的希望也有危险。他的主要竞争对手法国共产党人在包括巴黎在内的许多地区掌握了抵抗运动领导权，他已经收到他们正在准备起义的情报。戴高乐认为，西方盟军在局势"失去控制"之前抵达巴黎将是至关重要的。

戴高乐决心实现他的目标，并开始采取行动绕过艾森豪威尔，正如先前罗斯福曾试图不让他参与战后法国的治理时他绕过罗斯福那样。在"D 日行动"之前，美国总统曾决定将让美国军队管理解放后的法国直到举行选举为止。为达此目的，几十名军官目前正在弗吉尼亚大学进行为期两个月的公共行政速成课程和法语课程的学习。

但艾森豪威尔和大多数英国官员对此持有相反的观点，他们认为戴高乐和他的法国民族解放委员会应该是法国的临时政府。尽管丘吉尔仍然对戴高乐在"D 日行动"之前的行为感到不满，但他不情愿地同意让戴高乐在进攻发起一周后回到法国进行一次短暂的访问。那是首相应对来自英国媒体和公众的沉重压力，以及艾森豪威尔的强力游说的一个回应。实际上，被罗斯福授权治理法国解放地区的盟军总司令正在华盛顿游说以取得最终的解决方案。

在批准戴高乐访问诺曼底海岸线的贝叶的备忘录中，丘吉尔写道：“我建议他应该慢慢地穿过镇子，在与几个人握手之后回来，不要在那里发表任何声明。”然而和以往一样，戴高乐也有他自己的想法。在那时，大多数法国人只知道他的声音，在整个战争年代他们从BBC广播中听到的那个声音。一位观察家认为：“他对几百万人来说像是一个‘鬼影’，一种理念。现在他必须给自己赋予血肉之躯，让自己成为一个政治现实”。

当戴高乐于6月14日抵达贝叶时，无论他走到哪里，都会被一大群欢呼着、抽泣着的法国市民们包围着。他在贝叶的街道上走了几个小时之后，在城镇广场上向那里的人群发表了讲话。然后，他又去了附近的伊西尼镇，并在那里也发表了讲话。当他在那天晚上回到英国时，在诺曼底留下了一位高级幕僚担任那个地区的行政长官。靠着艾森豪威尔的默认，戴高乐正在瓦解罗斯福欲把盟军军事管理强加给法国的意图。无论华盛顿是否喜欢，法国将军现在担负起了他国家的解放地区的管治工作。

然而，戴高乐的最大挑战是一旦法国的政治、社会和经济中心——巴黎得到解放之后，是否就能掌握城市的控制权。像华沙在起义之前一样，巴黎也是一个“火柴盒”，城市的居民急于与德国人抗争以抹去他们国家投降的屈辱。一位抵抗运动领导人宣称：“我们必须用街垒来抹去1940年的耻辱。”这种情绪在法国共产党的煽动下愈演愈烈，而法国共产党当时控制着巴黎的工会和地下报纸，以及巴黎三大抵抗运动中的两个组织。

8月中旬，巴黎爆发了一系列共产党人组织的罢工事件。铁路工人、警察、邮政和电报工作人员都离开了工作岗位，从而瘫痪了整座城市。共产党人呼吁8月18日发动武装起义。当天上午7时，巴黎各处小批量的抵抗战士向德军巡逻队开了火。其他团体冲入公共建筑，赶走了在那里的德国人并接管了大楼。在几个小时之内，一望无际的法国国旗从窗户里垂落，在屋顶上飘扬。

和在华沙一样，街垒遍布巴黎。在皇宫广场，法国国家剧院的演员们将剧院布景库中的沙发、办公桌和其他家具拖到街上，搭建起了巨大街垒。在眼下被抵抗运动占领的巴黎警察总部，来自法兰西公学院的核物理学家弗雷德里克·约里奥—居里和他的助手们，用他们从实验室带来的硫酸和氯酸钾等各种材料制造了“莫洛托夫燃烧弹”。

尽管起义对德国人来说是一个意外，但他们很快就作出了反应。德军部队和坦克冲进了城市中心和周边地区，打死打伤了好几百人。在那些与德国军队作战的人群中，有几千名戴高乐旗下的抵抗战士。戴高乐曾下令不要举行公开的起义，但一旦起义开始，他们感到别无选择，只有加入。

面对既成的事实，戴高乐从阿尔及尔前往法国的艾森豪威尔总部，向他施加压力要求立即向巴黎发起进攻。戴高乐告诉最高指挥官，如果他拒绝这样做，他将撤回法军第二装甲师，并将其派往巴黎，那个师里都是些参加过北非战斗的老兵。这个有 16000 名士兵的师在菲利普·勒克莱尔（Philippe Leclerc）将军的指挥下，于两周前抵达诺曼底以参加向巴黎的进军。

但戴高乐的呼吁和他的威胁都没能在艾森豪威尔那里取得任何进展。对艾森豪威尔来说，夺取巴黎会有时间的延误和物资消耗——尤其在对汽油的消耗方面，将会让他在德国国防军重组之前到达并对跨越莱茵河的首要目标带来极大的危险。

然而，艾森豪威尔第二天就改变了主意，这得益于一位来自巴黎的年轻的抵抗运动领导人罗杰·加洛斯（Roger Gallois）的恳求。加洛斯向艾森豪威尔和美国在法国的地面部队司令奥马尔·布拉德利（Omar Bradley）将军报告了一个令人震惊的消息。加洛斯告诉美国将军们，巴黎的抵抗战士几乎到了弹尽粮绝的地步。如果盟军不立即前往援助，成千上万的巴黎人将会丧生。此外，巴黎的德国指挥官迪特里希·冯·肖尔蒂茨将军接到了希特勒的命令，在将巴黎交给盟军之前先摧毁这座城市。虽然肖尔蒂茨不喜欢这个命令，但他别无选择，只能执行那个命令。他通过加洛斯向盟军传话，只有盟军的快速到来才能让他停止执行希特勒摧毁巴黎的命令。

艾森豪威尔和布拉德利都被加洛斯的报告打动了。8 月 22 日，艾森豪威尔的盟军远征（SHAEF）司令部下令让法国的第二装甲师在美国第四步兵师的支援下前往巴黎。三天后的 8 月 25 日上午，勒克莱尔的部队开进了他们国家欢呼沸腾的首都。一群群巴黎人拥抱并亲吻着行进中的士兵，向他们递出一杯杯的香槟和葡萄酒。人们爬上行进中的坦克，向士兵们抛掷鲜花和食物，挥舞手帕和旗帜。巴黎圣母院、圣心大教堂、圣礼拜堂等教堂喜悦的钟声震动了整个城市。甚至连德国狙击手的枪声和盟军与德国坦克之间的零星战斗都无法阻挠庆祝活动。

当天下午晚些时候，戴高乐凯旋进入巴黎，挫败了法国共产党在他到达之前在首都建立政府的计划。第二天下午，戴高乐在他部下的精心策划下，向巴黎人民介绍了自己。在法国无名烈士墓重新点燃了永恒之火后，将军和几百名士兵沿着香榭丽舍大街游行到达巴黎圣母院。几十万巴黎人从人行道、屋顶、窗户和阳台上向他欢呼。

那天晚上，哥伦比亚广播公司的战地记者拉里·勒叙厄尔（Larry LeSueur）试图为美国听众抓住这座城市喜气洋洋的气氛。他说："今天晚上，所有的巴黎人都在街上跳舞。"

在 8 月的最后几天里，当巴黎人还在用香槟向自己的解放者敬酒的时候，成千上万波兰抵抗运动的战士和平民滑下了"深渊"，消失在华沙恶臭、黑暗的下水道中。下水道已经成为波兰人从被炸成废墟的老城区里逃脱的唯一途径了。尽管如此，救国军的战士们仍然在那里撑了差不多一个月的时间。现在，弹药、食物和水的供应都被切断了，他们已经濒临死亡的边缘，博尔—科莫罗夫斯基下令撤离。即便如此，在城市的其他地方战斗还在继续。在柏林，海因里希·希姆莱向他的下属们说："我们已经在华沙战斗了五个星期了。这是战争开始以来我们所遭遇到的最惨烈的战斗。"

一位在起义期间飞越华沙的英国皇家空军飞行员后来说，如果但丁看到了这座燃烧的城市，他对他的"地狱"就会有一个更为现实的描绘。然而，西方社会很少有人对华沙的痛苦有真实的了解。除了一些简短的新闻报道和很少几篇社论外，起义的戏剧性的变化、起义所表现出的英雄主义和悲惨的结局在英国和美国都在很大程度上被忽视了。巴黎的解放和盟国向德国的进军主宰着报刊的头条新闻和电台的广播。

但是，也有一个很重要的例外。英国政治和国际事务杂志《经济学人》在一篇名为《双城记》的文章中，对在华沙的生死斗争和巴黎相对容易的解放之间进行了严酷的、令人心碎的比较。《经济学人》指出，大约五年前，法国、英国和波兰三个国家都对德国宣战。从那以后，英国人在盟国的帮助下，显然包括波兰人的帮助在内，设法保住了自己的自由；而法国人在更多的盟军帮助之下，也正在恢复他们的自由；但是现在当波兰人试图赶走德国人时，在这场“更为血腥和更加绝望的战斗”中，他们“几乎完全没有得到盟国的支持，不仅在物质上，甚至连道义上的支持都没有”。

《经济学人》补充说，苏联人拒绝提供军事援助，并拒绝它的盟友使用其空军基地是“无法容忍的”。“华沙的奋起是对盟军事业的荣耀贡献，是不能被拒绝的。现在正在谈论对华沙的援助……为了我们的荣誉，哪怕只是权宜之计，都应该只有一个结果：那就是迅速将盟军的援助送达华沙。然而令人难以置信的是，现在的前景据说是恰恰相反。当我们在为法国的胜利而欢呼时，盟军似乎最终将蒙受背弃波兰救国军的耻辱。”

情绪激动的丘吉尔正在做出迟来的努力以阻止产生这样的结果。他已经在波兰东部领土问题上与斯大林妥协，现在的问题是波兰的自由和独立显然处于危险之中。如果华沙被毁灭、救国军被消灭，斯大林将会更容易地建立起一个他自己创造的“体制”。丘吉尔的结论是，克里姆林宫“并不想让‘波兰的精神’在华沙再度兴起”。

在战争内阁会议上，他与内阁成员讨论了派遣轰炸机帮助华沙，并让他们在未经苏军许可的情况下在苏联机场降落的可能性。但最终英国政府决定不采取单方面的行动。正如丘吉尔在战后写道：“为了达到最终的目的，必须再一次作出可怕甚至谦卑的顺从。”

为了帮助波兰人，丘吉尔再次呼吁罗斯福支持一项向华沙发起大规模救援的计划，并且在需要的情况下，还将“撞门式”地进入苏联机场。美国总统在两个月内将面临选举，他不想在联盟内部爆发任何分歧从而损害他获胜的机会，所以他不愿意与斯大林对立。罗斯福回应丘吉尔的请求时说，他从获悉的情报得知，德国人现在已经完全控制了华沙。因此向波兰人提供救援的问题，由于盟军救援的时间被拖延和德国人的迅速行动已经没有任何意义。现在，似乎已没有什么可以帮助他们的了（罗斯福是错误的，华沙起义还将持续一个月）。

起义爆发六个星期之后，斯大林知道救国军已经奄奄一息，他撤回了原先不让美国轰炸机使用苏联基地的决定。9 月 18 日，100 多架 B-17 轰炸机向华沙投掷了装有冲锋枪、机关枪、手枪、手榴弹、医疗设备和食品的箱子。但援助来得太晚了，大部分箱子都落到了纳粹重新占领的城区。博尔-科莫罗夫斯基后来说道："如果第一天就空投救援物资和武器，当时有 2/3 的城市在我们手中，那些物资和武器可能已经决定了战斗的结局。"斯大林因为宽宏大量的姿态而获得了宣传上的好处，但他拒绝了英美军方重复执行援助任务的要求。

当救国军的指挥官们在 8 月 1 日发动起义时，他们相信只要坚持四五天，援助就会到来，而这恰恰是在巴黎所展现的真实场景。但是在华沙，救国军和城市的民众坚持了 63 天而增援还是没有到来。党卫军把波兰人逼到了越来越小的区域，还是有人希望外部援助能及时抵达，以挽救剩下的人和剩下的华沙城市。但是援助一直没有到来。到了 10 月初，甚至连希望都没有了。食物、水和弹药都没有了，因伤亡人员得不到及时处置，疾病猖獗。在仍然由救国军占领的小片地区，每个地下室和酒窖里都挤满了几十个人，许多人都行将死亡。面对全城民众濒临死亡的残酷现实，救国军的领导们别无选择，只能决定投降。10 月 2 日晚上 8 点，博尔-科莫罗夫斯基在德军总部签署了投降协议。次日，波兰地下电台向伦敦发出了告别广播。播音员的声音很激动，他哽咽着说道："我们自由了两个月。今天，我们又一次被囚禁了。"

20 多万人在起义中丧生，这占了在战争中幸存下来的华沙居民中的大约 1/4。德国人命令所有剩下的人都撤离华沙——这座被毁灭的城市。10 月 5 日上午，幸存者从酒窖和避难所中走了出来，其中绝大多数人很快就被送往德国的战俘集中营和劳改营。走在撤出华沙队伍前面的是博尔-科莫罗夫斯基和他的救国军。党卫队的方阵在几百码远的地方等着他们。当波兰人的队伍开始前行的时候，博尔-科莫罗夫斯基开始唱起了波兰国歌，眼中饱含着泪水。他的战士和身后的民众一并走向等在前面的德国人时，他们激昂奔放地唱着“只要我们还活着，波兰就不会死亡”。希特勒并没有像以前发誓要做的那样，把华沙的幸存者全部杀光，但他尽可能地让他们经受更多的折磨。战争结束之前，有好几千人死于德国人的囚禁。有6000多名华沙居民被送往奥斯威辛，其中大部分是妇女和女孩。这些人中有许多是被华沙的波兰基督徒藏匿起来的犹太人，他们的真实身份一直没有暴露。他们没有被送进毒气室，但在1945年春季苏联军队进入奥斯威辛集中营之前，许多人因为寒冷、饥饿、疾病和虐待而死亡。

来自华沙的另外12000名妇女最终陷入了极度拥挤的拉芬斯布吕克难民营。像在奥斯威辛集中营一样，那儿也几乎没有食物，卫生条件极其恶劣。其中有数百名妇女怀孕，那是在起义期间遭受德国士兵强奸的结果。当婴儿出生时，他们被故意饿死，而他们的母亲有许多也死去了。

与此同时，希特勒仍要完成他摧毁华沙的承诺。纳粹工兵把城市分为几个区，每个区都定下了一个摧毁的日子。逐屋、逐街、逐区，德国人系统并有条不紊地烧毁或炸毁了波兰首都的残余部分。当1945年1月苏联军队最终“解放”这个城市的时候，剩下的只是废墟和没有被埋葬的死人了。

与此相比，当戴高乐在8月下旬获取对法国的控制权时，巴黎显而易见没有遭受到大的毁灭性破坏。那里几乎没有什么哀悼，那场起义夺走了不到2000人的生命，而且整座城市没有让任何炸弹损坏它的美丽。不久，它又再次为商业和娱乐而开放。盟军接管了数百家酒店供自己使用，几天之内就开始了疯狂的聚会。大多数巴黎人和普通法国人很少有吃的东西，但是那些能承受高昂价格的人却能在黑市上买到炽热的食品、烈酒和葡萄酒等。这座城市最好的餐馆几天前曾为德国国防军和盖世太保的成员服务，现在正在欢迎盟军官员和记者。

戴高乐将军却不在那些欢庆的人当中。他当时唯一关注的是巩固他对巴黎和全国其他地方的掌控，并为解放全法国和盟军最后攻打德国挖掘资源。几天之内，他采取有效措施解散了法国的抵抗运动，把抵抗运动的部队置于法国正规军的控制之下，并命令曾与抵抗战士一起工作的特别行动处官员返回英国。

将军在 1944 年秋天的大部分时间里视察了法国主要的省会中心，并会见了他们的居民。在法国东部的繁华城市贝桑松，埃里克·塞瓦雷德在 9 月阴冷的雨中，在“比肩接踵”的人群中站了两个小时，每个人都在耐心地等待着戴高乐。塞瓦雷德战前在法国生活了好几年，他对法国人对大部分政治人物和政客愤世嫉俗的态度非常熟悉。但当他凝视着周围的人群时，他注意到了“一种极为关注、几乎是狂热的敬畏之情，一种我从未梦想过会在这个国家看到的情景”。

塞瓦雷德把他那天看到的自信且镇静的戴高乐和他曾在 1940 年巴士底日见到的在伦敦带领着一支可怜的自由法国军队游行的那个僵硬、不苟言笑的新手做了比较。塞瓦雷德注意到，在这四年里戴高乐“学会了如何故作姿态，如何与人们倾心而谈或窃窃私语。他让贝桑松人和他一起高唱马赛曲，然后慢慢地走到狭窄的街道上，点触几百双伸出的手。就这样，在他访问的每个城市和城镇里，他的声音和‘神话’就变成了高卢人的现实。我记得在那些日子里，法国人会崇敬罗斯福和丘吉尔，但从来都不会崇敬他们自己的人。现在出现了一位伟大的法国人，他们就这样接受了他”。

世界其他地方也是如此。到 1944 年初时，大部分盟国，包括被占领的欧洲国家在内，都承认了戴高乐及其委员会是法国的临时政府。罗斯福尽其可能地对此抵制，但最终发现自己在这个问题上很孤立，所以也就放弃了。10 月 23 日，美国承认了将军的委员会。罗斯福宣布时没有事先通知丘吉尔，尽管丘吉尔的疑虑越来越多，但他仍然继续在有关戴高乐的事务上忠诚地跟随着罗斯福。虽然措手不及，英国政府还是立即发表了声明承认了戴高乐及其委员会是法国合法的临时政府。

三个星期之后，丘吉尔首次访问了解放后的法国。鉴于首相和戴高乐之间的关系非常不稳定，法国和英国的官员都担心会出现最坏的情况。英国外交部的一名官员说：“我们都为此而颤抖。”其实他和其他人都不必担心。正如一位历史学家所指出的那样，戴高乐在逆境中令人难以忍受，但在“胜利时坦荡宽厚”。在 11 月 11 日那个明亮而又寒冷的停战日，巴黎人民和他们的领导人给了温斯顿·丘吉尔一个极其热烈并由衷喜悦的欢迎。英国新任驻法国大使达夫·库珀（Duff Cooper）对此感到非常高兴。他惊叹道：“你得亲眼看见才会相信，这比我所见过的任何欢迎场面都要盛大。”

当戴高乐、丘吉尔和两国政府的高级官员沿着广阔的大道向半英里外的检阅台走去的时候，50 多万法国人在香榭丽舍大街和附近的街道上排起了长长的队伍。当时在官员欢迎队伍中的“帕格”·伊斯梅将军后来回忆说，在庞大数量的人群中“有些人在欢呼，有些人在大笑，也有些人在哭泣……”，所有的人都神魂颠倒。我们只听见“丘吉尔万岁”“戴高乐万岁”“英格兰万岁”“法兰西万岁”的高呼声。首相和将军站在检阅台上，检阅了在台前走过的法国和英国军队。根据戴高乐的命令，法国乐队演奏了一首颇受欢迎的军队进行曲《胜利之父》。戴高乐对兴高采烈的丘吉尔说：“那是为你演奏的。”戴高乐后来在他的回忆录中写道：“那是他应该得到的。”

受到当时情绪的影响，两位领导人至少暂时把他们痛苦的对抗抛在一边。对丘吉尔来说，那是一个神奇的时刻。从他心爱的法国在 1940 年陷落的那一天起，他就坚持对所有持反对意见的人，包括罗斯福以及首相自己政府中的许多人说，就像凤凰一样，总有一天法国会从灰烬中再次升起。那一天现在实现了，他向那个分享了他的信念并且干了那么多实事的“法国人”致以敬意！丘吉尔在对法国抵抗运动领导人的讲话中，称戴高乐为法国“无可争议的领袖”。首相不得不承认：“我曾与他就这场艰难的战争的有关事项进行过热烈的争论，但我绝对相信你们应该团结在你们的领袖周围，尽全力使法国团结一致，不再分裂！”

戴高乐也投桃报李，承认了他和法国对丘吉尔和英国所欠下的巨大债务。

他在欢迎丘吉尔的午餐会上指出："如果我们历史悠久并且英勇无畏的盟友英格兰……没有展现出非凡的决心去赢得胜利，没有展现出气壮山河的勇气去拯救世界的自由，我们将不会有今天……我知道，法国……在一千年以后也不会忘记，正是通过尊敬的温斯顿·丘吉尔所带领的那些高尚的人们的鲜血、汗水和泪水，才取得了这场战争的胜利，才得以登上这个世界上最伟大的荣耀高峰。让我们举杯祝福温斯顿·丘吉尔和我们过去、现在及未来的盟友——英国！"

虽然现在一切都很明朗，但是在以后的艰难岁月里，这种合作和团结的理念将会受到严重的损害。而当英国和法国官员相互敬酒时，一个更加直接的"阴影"使他们的庆祝变得愈发黯淡：在巴黎解放时似乎已经非常接近的盟军胜利，在那一刻突然变得遥不可及。

第 23 章

我本是一个陌生人，但你却把我带进屋里

阿纳姆作战失败了

在巴黎解放之后，盟军的大部队继续在法国横扫德军。在北方，由伯纳德·蒙哥马利将军指挥的第二十一集团军群展开了一条 60 英里宽的前沿战线，四天内推进了 250 英里，解放了一连串的法国城镇。下一个目标该是比利时了。

9 月初，包括英国、加拿大、波兰、比利时、捷克和荷兰军队在内的由蒙哥马利指挥的多国部队开始向比利时的城市进军。9 月 3 日，威尔士卫队解放了布鲁塞尔。一位英国记者在看到兴高采烈的居民向盟军的吉普车和卡车上投掷鲜花和瓶装啤酒后写道："与这个盛会相比，巴黎的欢乐显得有些苍白。"

第二天，安特卫普被解放了。这个胜利有着特别的意义，因为它是欧洲第二大的深水港，战前每个月要装卸 1000 艘船只。在解放安特卫普之前，盟军只有法国北部瑟堡一个港口可用来卸载继续驱赶德军所需的物资。在当时，盟军三个集团军的物资供应都已相当短缺，汽油的供应尤其紧张，这使得安特卫普对盟军的影响比巴黎或任何其他被解放的城市更为重要。

由于比利时抵抗组织的帮助，蒙哥马利的部队得以完整地占领了这个占地数千英亩的庞大港口。在他的多国部队抵达安特卫普之前，比利时的抵抗战士包围了港口的德国驻军，阻止德军士兵引爆他们在整个港口设施中预先安装的炸药。抵抗组织成员还引导英国坦克绕过了安特卫普外围坚固的德国阵地，沿着一条防御较差的路线穿行进入了城市。

通过保护码头、仓库、船闸、闸门和其他机器免遭破坏，抵抗组织为尽快结束战争贡献了自己的力量。现在轮到蒙哥马利的多国部队来完成他们的任务了。尽管这个港口不再受德国人的控制，但除非盟军也控制了40英里外连接安特卫普和北海的斯海尔德河河口，否则安特卫普港口实际上是无法使用的。因为当河岸上仍然部署着德国人的大炮时，盟军的供应船只是无法通过河口的。

蒙哥马利接到过来自皇家海军、比利时抵抗运动领导人和艾森豪威尔本人的多次警告，指出将敌人驱逐出河口入港地区的重要性。英国海军总司令、海军上将安德鲁·坎宁安（Andrew Cunningham）声称："除非清除了德军的堡垒，占领了斯海尔德河河岸。否则，安特卫普将像马里的廷巴克图一样一无用处。"

在当时，清扫河口是相对容易的。德国人正在逃跑，他们的防御非常脆弱。英国记者马克斯·黑斯廷斯曾写道："在那一刻，如果英国人选择继续进攻，他们可以向前推进40英里直至海岸线……没有什么可以阻止他们的。"

但是，1942年在埃尔阿拉曼为英国人赢得了第一次战场胜利的蒙哥马利决定不这样做。他认为没必要这么着急。德国人已接近彻底失败，安特卫普防御的清扫可以在盟军有空闲时再来完成。此外，他疲惫的部队在横扫法国之后需要几天的时间来"改装、加油并休整"。事实证明，他的决定竟然是一次战略性的灾难，是盟军在战争中犯下的最严重的错误之一。

当时，蒙哥马利正专注于他所认为的更为紧迫的问题：如何穿越85英里以外的莱茵河，成为第一个进入德国的盟军指挥官。他在9月7日告诉伦敦，他希望在三周内抵达柏林。他显然没有考虑像这样的攻击所需要的食物、汽油和其他战略物资的供应只能通过安特卫普等主要港口才能完成。后来，蒙哥马利的一位高级幕僚承认，他和他的上司一样，从来没有停下来考虑一下攻占河口的必要性。将军说道："我的解释是我的眼睛完全死盯在莱茵河上了，其他一切似乎都是次要的。"

公平地说，蒙哥马利和他的下属并不是唯一持有那种看法的盟军高层指挥官。沉醉于他们在法国的成功，其他的战地指挥官和远征军最高指挥部的官员们也相信，德国人即将崩溃，无法恢复元气了。胜利已在他们的掌握之中，他们确信胜利也许会在圣诞节到来。9 月 1 日，艾森豪威尔的总参谋长沃尔特·比德尔·史密斯（Walter Bedell Smith）将军对记者说："从军事角度看，战争已经胜利了。"

尽管正在溃退，但德国人并不这样认为。当英国人还在安特卫普欢庆的时候，德国人正在移动。在安特卫普西北方向几英里的地方，曾在诺曼底受到重创的德军第十五集团军八万多人，在损失了他们大部分的交通工具之后，正在离安特卫普河口南岸不远的加来海峡地区休整。那时，他们很容易就会被蒙哥马利的军队困住。意识到盟军进攻的突然停顿，第十五集团军的指挥官们迅速地将他们的人员撤过了安特卫普西北部的水路。一部分被留下来加强河口的防御，大部分逃往了荷兰。

直到安特卫普解放九天之后的 9 月 13 日，蒙哥马利才把清理港口进出通道——一个他认为是"次等优先级别的任务"，交给了他指挥下的加拿大和波兰军队。由于德军防御能力的迅速增强，加拿大人和波兰人没有足够的兵力完成这项任务。因此，这次行动又被推迟了，直到有更多的部队到达后才发起进攻。最后，花了将近三个月的时间才把德国人清理干净。如果这项任务在 9 月初就开始，估计几天就可以"轻松"完成。由于安特卫普港口仍然关闭着，瑟堡仍然是整个盟军远征军唯一的供应港口。汽油和其他物资供应日益稀缺，盟军的进攻势头受到了直接的威胁。

蒙哥马利总是不愿意承认错误，但他在战后却承认犯了一个"极大的错误，我低估了开放安特卫普港口的困难"。"极大的错误"并不是对他处理安特卫普战事上的失败的一个全面的评价。那个错误引发了一系列事件，最终导致盟军无法在 1944 年攻入德国并结束战争。

安特卫普战事失败的直接结果，将有更多的士兵和平民死亡。对于荷兰来说，后果将会特别严重。在比利时和法国的大部分地区被解放之后，荷兰的解放似乎再过几天也将最终到来。9 月初，比利时边界附近的荷兰城镇和村庄的居民们高兴地看着德国军队惊慌失措地走过，他们全都是向东走的。一名目击者回忆说：“这是一群肮脏、疲惫、沉默的稻草人在行走，还有一些在卡车上睡觉。希特勒攻无不克的师团已经变成了一群受到惊吓，正被追赶的人。”

据传言，盟军正在迅速地接近荷兰边界。在布鲁塞尔解放之日的9月3日，荷兰首相彼得·格布兰迪在BBC的广播中正式宣布：“我希望在我们的土地上热烈欢迎我们的盟军……解放的时刻已经来到了。”BBC的橙色无线广播电台报道说，盟军已经夺取了距离边界仅几英里的布雷达镇。而艾森豪威尔虽然小心谨慎，但也确认荷兰人的自由即将到来：“荷兰民众等待已久的解放现在已经为时不远了！”

成千上万的人手捧鲜花，高兴地聚集在阿姆斯特丹、海牙和其他主要城市的郊外，等待着迎接他们的解放者。欢呼的人群挥舞着荷兰国旗、高唱国歌，并高呼“女王万岁！”然而，盟军部队没有到达，人群纷纷抛弃了鲜花和旗帜，散开回家了。BBC对之前的广播节目改了口，称盟军没有进一步有关进军荷兰的官方消息。布雷达镇还在德国人手中，那里的英军可能是一支意外越过比利时和荷兰边界的巡逻队。

荷兰的民众很快就发现，尽管荷兰地下抵抗组织的情报显示，德国人已不再有足够的力量阻挡迅速发动进攻的盟军，但是蒙哥马利却让他的部队在荷兰边界停了下来，并让他们留在了那里。

荷兰抵抗运动军队总司令、威廉明娜女王33岁的女婿伯恩哈德王子，于9月7日，给在布鲁塞尔总部的蒙哥马利打电话，向他通报了上述情报。但蒙哥马利对这位身穿荷兰军队制服、戴着眼镜、留着小胡子的年轻军官的情报却置之不理。伯恩哈德从蒙哥马利助手那里得到的是敷衍了事的回复。实际上，蒙哥马利的回复还包含着一种彻头彻尾的居高临下的态度。但王子自从与朱丽安娜公主结婚以来，早已习惯于被忽视了。他一直在为赢得周围人的尊敬而奋斗着。

正如伯恩哈德本人所承认的那样，有一些重要的因素对他不利。他是德国人，更糟糕的是，他在学生时代曾加入过纳粹党。1937 年，在允许他与朱莉安娜结婚之前，曾对他真正的政治倾向进行过官方的正式调查。最后，在他放弃了德国公民身份并且证明他反对希特勒之后，威廉明娜和荷兰政府才允许他和朱莉安娜举行婚礼。威廉明娜向荷兰民众保证说："这不是荷兰和德国的婚姻，这是我女儿和她所爱的男人的婚姻。"

在荷兰皇室狭隘、沉闷的圈子里，伯恩哈德从一开始就显得与众不同，他因此获得了一个冒失鬼和"花花公子"的名声。他的朋友埃里克·哈泽尔霍夫·罗尔泽马曾说："他有一种采取行动和进行冒险的气质。"他以高速驾驶他的法拉利著称，他差一点在 1938 年的一场车祸中死去。

1940 年，当荷兰女王和政府逃到英国时，朱莉安娜和她的两个小女儿都被送往安全的加拿大，伯恩哈德则和他的岳母一起留在了伦敦。他在伦敦和英国皇家空军一起训练，通过考核成了一名飞行员，并参加了荷兰轰炸机中队对被占领的欧洲国家进行的轰炸行动。他的严肃认真并且目标明确的新形象给威廉明娜女王留下了深刻的印象，最终成了她的主要顾问之一。1943 年，她任命他为荷兰军队和国内复兴抵抗力量的联络官。一年后，他被任命为抵抗运动军队总司令。伯恩哈德后来说过，如果不是因为参加了战争，"我将是又一个站在国家船头喝得醉醺醺的皇室傀儡"。

尽管他的任命曾引起很多人的疑虑，但那些疑虑几乎立即就烟消云散了。正如伦敦《每日电讯报》后来所指出的那样，伯恩哈德"在把荷兰的军队和无形的抵抗运动整合成为统一的武装力量中发挥了至关重要却又不为人知的作用。那支武装力量最终成了盟军向荷兰推进的先锋"。他的参谋长说，抵抗运动成员们"崇拜他并跟随他。能把那些勇敢但又易于嫉妒，理想主义但却颇为自负的人团结到一起，伯恩哈德王子完成的这件事情近乎是一个奇迹"。

伯恩哈德在会面时告诉蒙哥马利，根据荷兰情报人员的报告，在通过荷兰直达德国脆弱的北部边界的路径上，现在相对而言还没有形成坚固的防御能力。如果蒙哥马利的军队立即行动起来的话，他们可以一直推进到德国的工业中心鲁尔地区，从而彻底打垮第三帝国。

几名德国军方领导人后来也同意了这一评估。根据德国陆军元帅格尔德·冯·伦德施泰特的总参谋长京特·布卢门特里特（Günther Blumentritt）的说法，如果盟军“发起进攻并在任何地方取得突破的话”，德国将马上崩溃。布卢门特里特确信，盟军将横跨荷兰并进入鲁尔。伦德施泰特在战后数年曾说，他当时确信战争将在两周之内结束。

在会面时，伯恩哈德告诫蒙哥马利这个进攻的机会很快就会消失。德国军队正在放缓在荷兰的撤退，增援部队正从德国赶来，而在比利时和荷兰边境的德军防御工事正在重建。但蒙哥马利回绝了王子告诉他的每一件事。他说：“我认为你们的抵抗运动对我们没有什么用处。”伯恩哈德后来说，很显然，“蒙哥马利不相信我在荷兰的特工送来的任何情报”。

德国军事情报机构阿勃维尔荷兰分部的头目赫尔曼·吉斯克斯玩弄的“英格兰游戏”，曾使军情六处在荷兰的间谍工作遭到重大挫败。同时，在英国官员心中对荷兰抵抗运动的士气和情报可靠性播下了不信任的种子。蒙哥马利将军的反应也代表了许多英国高层军官对欧洲较小盟友那种狂妄甚至是敌对的态度。在蒙哥马利指挥下的有着成千上万士兵的欧洲多国部队里，对他不了解并轻视盟友的态度尤其反感。有一次，他在访问属下的一个波兰师时，他问部队的指挥官，波兰人之间是说俄语还是说德语？当他知道他们有自己的语言时他惊呆了。谈到关于他指挥的欧洲多国部队时，他曾写道：“我宁愿一个也不要他们。”

伯恩哈德得到的印象是，蒙哥马利和他的工作人员“认为我们是一群敢于质疑他们军事行动的白痴。我心里感到非常难受，因为我知道每过去一天，德国人的军力就会增长一分。但是我的话没有任何作用”。在伯恩哈德离开之前，蒙哥马利告诉了他下一步的行动计划。他说：“我像你一样也想马上解放荷兰，但是我们打算用另一种更好的方式去做……我计划在我的部队进攻之前先进行一次空降行动。”

事实上，蒙哥马利已经向艾森豪威尔请求批准他的进攻计划。这个计划将要求美国、英国和波兰的伞兵部队在荷兰夺取一系列的桥梁和运河，从而为穿越莱茵河进入德国的盟军步兵部队建立桥头堡。“计划”中最后一座将被英国第一空降师夺取的大桥，在荷兰阿纳姆镇横跨了莱茵河。

这个名为“市场花园行动”的计划从一开始就出现了很多困难。首先，由于蒙哥马利未能打开安特卫普港口，盟军在欧洲进攻中需要的汽油实际上已经用尽了。不同部队的战地指挥官们正在为剩下的燃料而争斗，他们都“痴迷于这样一个想法，只要再有几吨物资供应，他们就能冲破敌阵赢得战争”。刚刚被丘吉尔晋升为元帅的蒙哥马利告诉艾森豪威尔，剩下的资源应该都是他的。他坚持认为，在美军的支援下，由英军领头向东北方向大胆地推进，将比任何其他方案有更大的机会攻入德国并结束战争。

艾森豪威尔最初认为这个提议是荒谬的。他说：“蒙哥马利，你疯了。你干不成的！”他命令蒙哥马利把进攻重点放在打开安特卫普港口上。但是蒙哥马利不断地向他施加压力，艾森豪威尔的态度开始软化了。有一股政治暗流也影响到了他们之间的争吵。几个星期之前，美国陆军参谋长乔治·马歇尔（George Marshall）将军命令艾森豪威尔直接指挥在欧洲的所有盟军部队，取代自诺曼底登陆以来一直担任这个职务的蒙哥马利。马歇尔认为，不管丘吉尔、蒙哥马利或其他英国人会如何抗议，现在应该是确立美国在欧洲战场上的主导地位的时候了。

蒙哥马利元帅是英国最受欢迎的军事人物，包括丘吉尔在内的所有英国人都因他的“降级”而愤愤不平。但是没有人比那个多刺且傲慢的元帅自己更为难过的了。他在整个战争期间对艾森豪威尔一直批评不断，从来也没有完全接受马歇尔的这一举动，在战争结束前一再挑战艾森豪威尔这个最高指挥官的权威。

虽然艾森豪威尔不喜欢蒙哥马利，但他觉得尽可能地安抚他是很重要的。但他反对“市场花园行动”态度的软化却是出于另一个更重要的原因。他对那个行动计划想得越多，就越被“市场花园行动”计划的大胆性而吸引。他认为这个计划极可能会像蒙哥马利所预见的那样，可以恢复正在减弱的盟军攻势。像他的批评者和对手一样，艾森豪威尔也被德国军队已经溃败，以至于不能也无法对其本国进行强大防御的想法所吸引。他于 9 月 10 日签署了蒙哥马利的“市场花园行动”计划。

“市场花园行动”是在敌后进行的一次最大的伞兵和滑翔机步兵作战行动，比诺曼底登陆前一天晚上的空降兵行动要大得多，也复杂得多。而计划那次行动曾花费了好几个月的时间，“市场花园行动”却只给了计划者们七天时间去制定“行动蓝图”。要让这个计划有成功的机会，所有的一切行动安排都必须进行得像钟表一样精确。然而，这种可能性几乎是微乎其微的。空降部队巨大的后勤供应困难几乎是无法克服的。同样令人望而生畏的事实是，大批为掩护伞兵而前去支援的坦克和地面部队将被迫只使用一条公路——一条长达 60 多英里，狭窄，穿过沼泽与防波堤相连的乡村道路。在战前，荷兰军队进行过一次演习，使用同一条道路模拟对阿纳姆的进攻，而演习的结论是那将导致一场灾难。但是，英国人在为这次行动做准备时从未咨询过荷兰人。当荷兰的将军们听说英国人计划采用这条路线时，他们试图加以劝阻，但没有用。

与此同时，荷兰情报人员传来了德国人在阿纳姆周边地区加强防御的情报。据说有两个精锐的党卫军装甲师已经被派往伞兵的着陆点附近，而不是计划制订者所期望的只是一些分散、薄弱的部队。这些新增的部队配备了重型坦克，是德军中战斗力最强的部队。而即将与之对抗的英国伞兵部队没有坦克或重型武器，弹药供应也非常有限。情报机构证实了荷兰人的情报时，“市场花园行动”的首席情报官布莱恩·厄克特（Brian Urquhart）少校试图让高层官员们认识到形势的严峻，但他们拒绝相信他。厄克特说：“让他们面对现实是绝对不可能的。他们个人对投入行动的渴望使他们在行动结束之前完全瞎了眼。”当他坚持提出意见之后，他被指责为“歇斯底里和神经紧张”，最终被解除了职务。历史学家拉尔夫·本内特（Ralph Bennett）后来写道，在阿纳姆出现坦克“是一个与愿望不合的事实，所以最好的办法是把它藏到地毯下面去”。

33 岁的英国第四空降旅指挥官约翰·哈克特（John Hackett）准将也对“空降行动计划者们的轻率和缺乏经验”感到失望。第四空降旅的任务是参加夺取阿纳姆大桥的攻击。在澳大利亚出生、长大并在牛津大学接受教育的哈克特被人们称为“大山”。他在第四空降旅组建时就开始率领这支部队，并带领它参加了在北非和意大利的战斗。他以“剑客”的智慧以及“对错误，尤其是上级军官错误的零容忍”而著称。虽然这位年轻的旅长在他的部队里非常受欢迎，但他的上司们却认为他“经常提出不同意见，坚持自己的想法”而与他们不合拍。

在他所坚持的“自己的想法”中，有一个就是“市场花园行动”将是一场即将发生的灾难。哈克特说：“在西欧战胜敌人后，盟军指挥官和工作人员往往以为他们已了解了一切。我们这些曾经有过与德军作战经历的人……知道，不管他们现有的力量看上去是如何的薄弱，当我们对一个至关重要的目标产生真正威胁时，他们将会作出迅速而激烈的反应。”

将在阿纳姆作战的波兰第一空降旅的指挥官斯坦尼斯瓦夫·索萨波夫斯基（Stanisław Sosabowski）将军也同意这样的观点。在一次会议上听取了计划者们的乐观看法后，索萨波夫斯基大声说道：“那么德国人呢？那些德国人！他们会干些什么呢？”

索萨波夫斯基的军队是为了解放波兰的战斗而创建的。当时救国军还在为解放华沙而不息战斗，波兰第一空降旅却被派去执行这样一个草率任务的事实让波兰将军感到特别愤怒！但是他的反对意见却不为英国参谋人员所接受，他们嘲笑他的浓厚的口音，在他发表意见时“嘻嘻哈哈地笑了起来”。正如伯恩哈德王子指出的那样，英国军方“不喜欢让一个外国人来告诉他们错了”。或者像后来所证明的那样，不喜欢任何其他人告诉他们错了。

9 月 17 日是星期天，在阿纳姆是美丽的一天，阳光沐浴着繁华而宁静的度假小镇，并为邻近的莱茵河镀上了一层金色。那天下午许多居民外出散步，希望享受夏季末的温暖日子。阿纳姆以其舒适的旅馆以及保存完好的房舍和花园而为世人所知。有一个居民感到，它看上去从来没有像现在这样可爱。

接下来人们听到了飞机接近的轰鸣声，看到几千名士兵从天而降的惊人场面。对阿纳姆及其居民来说，一切都将改变了。

约翰·哈克特和他的部队也在那些像田园牧歌般的地面徐徐而降的伞兵队伍之中，正如他所担心的那样，那儿很快就会成为一个炼狱。在离开英国之前，哈克特告诉他的参谋和营指挥官，忘掉“市场花园行动”高层指挥官的乐观谈话内容。他说，鉴于“德国人能够迅速并猛烈地应对任何真正的威胁”，他的部队应该准备“投入最艰难的战斗并面对难以想象的最糟糕的伤亡”。在得知由于运输机和滑翔机的短缺，伞兵不是一次集中被派往阿纳姆，而是要在几天内被梯次送到那里这样一个事实后，他的原已很强烈的悲观情绪变得更加具体了。更糟糕的是，他自己的部队将在离他们的主要目标阿纳姆大桥几英里外的地方降落。

哈克特所有的可怕预见，以及索萨波夫斯基和荷兰人的预见都成真了。德国的装甲师的确就在阿纳姆构建了工事，并且很快就作出了回应。尽管伞兵在阿纳姆大桥附近降落时或在接近阿纳姆大桥的路上会遭受很大的损失，但那些损失与他们在那场战斗中的实际伤亡人数相比还是很小的。原定的计划几乎没有任何用处。英国人在降落后 12 小时内，发现他们没有任何机会去夺取那座桥梁。他们现在面对的唯一战斗就是如何生存下去。

与此同时，英美地面部队的推进非常缓慢。正如荷兰人所预计的那样，沉重的坦克和卡车在荷兰湿润的土地上陷入了困境，部队唯一能够通行的道路很快就被抛锚的车辆阻挡住了。盟军的步兵遭到两侧德军的火力袭击，而那些德军中有许多人是两星期前从英军在比利时安特卫普河口留下的空隙中逃出来的德军第十五集团军的士兵。

正如一位英国军官对这次“史无前例、一团糟”的行动的描述那样，另一个重大失误就是在战斗打响之际，英军的无线电通信系统，尤其是第一空降师的通信系统遭到了巨大的损坏。发报机在空投时或是被丢失了，或是损坏不能再工作了。没有人知道其他人在哪里，因此也就没有办法协调组织起系统化的有效攻击。实际上，英国人确实可以有另一种通讯方式——荷兰的电话系统仍在工作，但是他们从来没有利用这个机会。抵抗力量告诉英国指挥官使用荷兰的电话系统，但英国人对荷兰人持有怀疑，所以就拒绝了这个建议。他们还拒绝使用由荷兰抵抗运动提供的向导和有关德军组成及方位的重要情报。一位抵抗战士后来说："我们愿意去做任何事情，甚至在必要时牺牲我们的生命。但结果是英军不需要我们，我们什么也干不成。现在可以看得越来越清楚了，英国人既不信任我们也不打算使用我们。"

关于"市场花园行动"的重磅史书《遥远的桥》的作者科尼利厄斯·瑞恩（Cornelius Ryan）认为，英国人"如果接受了荷兰人的帮助，他们就可以使用那支出色的力量，从而很可能完全改变英国第一空降师所面临的严峻形势"。少数接受了荷兰人帮助的英国人则获得了丰厚的"回报"。例如禁卫装甲师的德里克·库珀（Derek Cooper）少校，接到命令赶去位于奈梅亨大桥的美国第八十二空降师司令部，他在抵抗组织成员的引导下赶到了那里。他后来说，那些抵抗组织成员"绝对是无价之宝"。

在战斗最激烈的阿纳姆地区，几十名荷兰平民冒着枪林弹雨将死亡的英国士兵拖回来，将伤员送到在附近房屋里和酒店里临时搭建起来的救护站。在同一时刻，阿纳姆居民凯特·特尔·霍斯特（Kate ter Horst）——用哈克特的话来说是一位"真正的英雄人物"，她在家中救护了200多名受伤的英国伞兵。而其他阿纳姆的居民也纷纷将英国军官藏在他们的家里，避免被德国人抓捕。

在阿纳姆的战斗是野蛮和血腥的，在德国人的炮击下，这个小镇成了一片废墟。许多建筑物都被烧毁了，到处散落着士兵和平民的尸体。瑞恩写道，"荷兰风景最美的名胜之一阿纳姆"现在成了"微型的斯大林格勒"了。

9月25日，在"市场花园行动"开始八天后，第一空降旅的大部分残余部队在夜色的掩护下撤离了，而许多伤员则向德国人投降了。可能因获得了胜利或其他原因，德国人对待英国战俘的态度出乎意料地好起来。一名英国军官称抓他的德军对他"友善、礼貌，甚至还宽慰他"。但他们并没有对荷兰平民表现出那样的"友好态度"，德国人处决了所有他们发现的曾帮助过英国人的人。一名英国上尉说："这真是令人痛苦的时刻。当德国人给我们食物、水和香烟的时候，在广场的另一边，他们正在打死他们认为帮助过我们的荷兰人。"

盟军在"市场花园行动"中的伤亡总数超过 17000 人。在阿纳姆的 10000 人的部队中，只有不到 3000 人逃脱了死亡、受伤或被俘。据估计，平民的伤亡人数高达 5000 人。在城镇的废墟中，幸存的居民躲在酒窖和其他临时的避难场所，挣扎着活下去，没有汽油、电力或水，食物也很少。英军投降后几天，德国人下令阿纳姆和附近村庄的所有荷兰平民都必须离开。

住在阿纳姆镇三英里外的奥黛丽·赫本满怀惊恐看着撤离的人群。她后来回忆说："每当我回想起那些场景时，我仍然感到像在生病一样。那是人类苦难赤裸裸的显现——在移动的难民人群中，有人扛着他们死去的亲人，有人抱着在路边出生的婴儿，有几百人因饥饿而在路上倒下。"直到 1945 年 4 月盟军最终解放了阿纳姆地区之后，居民们才回到自己的家乡。

在阿纳姆所有的混乱和屠杀中，有几百名受伤的英国伞兵设法躲过了死亡和被俘的命运。他们被抵抗运动成员从医院、救护站和战场上抢运出来，藏在几英里外的村镇里。奥黛丽·赫本的母亲为好几个伤兵提供了食物，而奥黛丽本人也曾充当信使，把抵抗运动的信息传递给了躲藏起来的伤员。

在获救的人中就有哈克特，他和他的部队在阿纳姆参加了残酷的肉搏战斗。当战斗结束时，他是他的 10000 人的空降旅中为数不多的幸存者之一。用他的话来说，之前两年建立的第四空降旅是"我一生的心血"。但在不到一个星期的时间里，它就几乎被消灭了。哈克特被一枚迫击炮弹的弹片击中了腹部和腿部。他的伤是如此严重，以至于一名德国医生检查过他的伤势之后说，什么都不能做了，应该让他平静地死去。然而被俘中的美国第一空降师的一名南非外科医生不以为然。他为将军动了手术并挽救了他的生命。

几个星期之后，德国的高层指挥官下令将英国伤员送到战俘营去。几名抵抗运动成员将哈克特从阿纳姆附近的一家医院里偷偷运了出来。他身体虚弱、脸色苍白、伤口仍然十分疼痛。他被带到了靠近 12 英里外繁华的埃德镇中心的一栋有着人字形瓦片屋顶的白色房屋里。他躺在楼上的一个小房间里，床边挂着花边布帘、床上铺着白色的床罩、墙上挂着一幅睡美人的刺绣。

他的护士和保护人是三位中年姐妹——安(Ann)、美恩(Mien)和高·德·诺伊（Cor de Nooij），她们以前从未参与过抵抗活动。但当地下组织成员请她们隐藏一名受伤的英国军官时，她们立即同意了。其中一个人大声说道："感谢上帝，我现在终于有一些值得去做的事情了！"

当哈克特接受了几天的康复治疗，第一次有机会从一扇窗户向外看去时，他才意识到为了让他躲藏在这里，三姐妹承担了多么巨大的风险。在窗户下面的街道上，几十名德国军官和士兵"在听得见说话的距离内走来走去"。距离莱茵河不到三英里的埃德镇上驻扎着相当可观的德国军队。除了驻扎在那里的一支庞大的特遣部队以外，埃德镇还是前线德军士兵短期休整的休假中心。事实上，诺伊家附近的许多房屋都被德国人征用了，后院毗邻姐妹住所花园的一栋房子里就住满了德国宪兵。

然而，在德国人的鼻子底下隐藏了一位英国将军似乎并没有让姐妹们或者是他们大家庭中的任何一个来看望哈克特的成员感到不安。哈克特和其中一个姐妹的儿子约翰·斯诺克(Johan Snoek)——他也是抵抗运动的积极成员，还有约翰的妹妹玛丽成了好朋友。

随着时间的流逝，这位事必躬亲、脾气暴躁、习惯于下命令、"自行其是"的准将，发现自己非常享受这日常生活的宁静节奏和细致而周到的照顾。他说道："那已成了我的整个世界。"当他身体康复，可以下床走动以后，他就会在晚间来到客厅，与他现在称为"安姨""高姨"和"美恩姨妈"的三姐妹以及其他家庭成员聚集在那里。当"阿姨"们在缝纫或编织的时候，哈克特会和约翰一起下棋，或者朗读安姨找到的英文版本的莎士比亚，或者和玛丽一起学习他每日必修的荷兰语课程。他有自己喝茶的杯子，并因为要往里面加牛奶而受到温和的嘲弄——诺伊称它为"更体贴的你"。在大多数晚上的9点钟，有人会从柜子后面隐藏的地方取出一台收音机，他们会收听BBC的橙色电台广播。在所有人互道晚安之前，一位家庭成员会诵读圣经中的几个章节。哈克特回忆说，那些晚上充满了“平静、勤奋和满足……我从来没有对在环境如此奇异和危险的情况下所发生的一切多想过。这就是我眼下的生活，它已经成了我的每日常规”。

11 月 5 日，哈克特与诺伊的家人们一起庆祝了他的 34 岁生日。玛丽告诉他说：“对任何远离家乡，置身于一群陌生人中的人来说，无所事事度过他的生日将是一件极其糟糕的事情。”生日早晨的 6 点醒来之后，他被告知把他的卧室门打开，以便他能听到楼下正在发生的事情。在下面的客厅里，家人们聚集在一架小风琴周围，用英语唱着“上帝拯救国王”的所有章节。安姨告诉他，他们本想在晚上庆祝，但那时德国人将在街上巡逻，“因为英国的国歌声而引起他们的怀疑将是不明智的”。几小时后，诺伊家的所有人都来到了他的房间，喝着咖啡，分享一个巨大的苹果蛋糕。做蛋糕的面粉还是战前留下来的，是阿姨们为在特殊场合使用而省下来的。在蛋糕上面插着一面小小的手画英国国旗，上面写着“不管是对还是错，这是我的国家”。

当即兴派对结束，家人们离开以后，哈克特禁不住哭了起来。他后来写道：“这些身处逆境的人以极大的谦和与勇气承受了如此多的危险，而对一个陌生人又是如此的慈爱，这是无法用语言来表达的，也是永远不会被遗忘的！”那天晚上，他下楼去和现在已是“我的家人”们一起待了几个小时。

在与德·诺伊姐妹们住在一起的四个月里，哈克特一直对这些平静而温柔的女人对德国人的蔑视惊叹不已！在养伤的早期，他睡眠不好，更因为养在德国宪兵后院的一条成年阿尔萨斯犬的咆哮而变得更糟。当他向安姨提到这个问题后，她走到德国宪兵的房子里，对宪兵的头儿说：“我家就住在邻近的拐角处，我家有人病得很厉害。这个人无法睡觉，因为你的那只狗整晚都在乱叫。请你是否能发发善心在晚上把它关起来？”那个德国人被吓了一跳，不停地点头，狗叫声从此停止了。

作为哈克特康复治疗的一部分，姐妹中的一个会在傍晚时带他出去散步，借此增强他的体力和耐力。他回忆说，那些在“整洁的花园和古朴的小房子”间的漫步是他那一天的亮点。然而，尽管他喜欢看到“陡峭的山墙、地上的积雪、冬天透过柔和薄雾的霞光”，但他总是担心他和那晚陪着他的一位姐妹会被从他身边擦身而过的许多德国人中的一个拦住。

然而那些女士们似乎从来也不为此担心或在乎过。事实上，安姨看上去像是要以自己的方式去挑战危险。有一天傍晚散步的时候，她和哈克特走到了埃德镇的邮局，她要寄信给其他城镇的居民警告他们与德国人合作是危险的。10 多名德国士兵在大楼前闲逛，一边抽烟，一边说着话。安姨的手臂挽在哈克特的胳膊上，拉着他从那堆士兵群中挤了过去，哈克特几乎要晕过去了。她把信件投入邮局外面的邮箱里后，向德国人道歉说“打扰他们了”，然后继续和哈克特去散步。多年之后，哈克特仍然感到难以理解“这位温柔谦和的女士”会如此勇敢地“直接走到敌人的眼皮底下，完全不顾忌她身边的那个人如果被发现是英国军人，将是她的死亡判决——她甚至还让他帮忙拿着那些信件。如果她被发现送出那种信件的话，那也会要了她的命”。

受到姐妹们的鼓舞，哈克特决定加入抵抗运动。他和约翰创办了自己的地下报纸，一张单张纸印刷的周刊，他们取名《为了祖国》。它的发行量达到了 200 多份，主要报告战争的消息和荷兰的状况。哈克特是报纸的军事通讯员，在“西线战争评论”的标题下写了一篇专栏文章。《为了祖国》发行了将近一个月，他们那个地区的盖世太保开始关注它起来，哈克特和约翰不得不停止了它的发行。

尽管哈克特在诺伊一家人的庇护下生活得很舒适，战争的残酷现实还是越来越多地侵蚀进来。在战争初期，这个家庭曾经储备了一些食品来对付供应的短缺，但眼下这些储备都已消耗殆尽。她们不断地向哈克特提供一些小小奢侈品——偶尔的一个鸡蛋、一勺果酱，但她们自己从来不吃。他提出了抗议，但没有用。他说：“当那些女士们决定要这么做的时候，就没有什么可说的了。”

当哈克特问姐妹们，她们是如何搞到配给食品来供养他时，她们向他解释说荷兰抵抗运动为他提供了配给卡，那是他们保护逃亡者活动的一部分。那些配给卡可能是伪造的，也可能是偷来的。但到了 1944 年底时，已经没有足够的食物来供应每月的口粮了。哈克特和荷兰人一样，一直感到饥肠辘辘。尽管食品店实际上也已空徒四壁，但人们还是排着长队想尽可能地多买一点东西。在埃德镇的中心，组织了一个中央厨房每天给每个人供应半公升的炖卷心菜和土豆。哈克特说："我们家的一个人每天都拿着一个罐子在广场上排队。过了一段时间，那也停下来了。"有时即便他们找到了一点吃的，也没有燃料来煮，因为煤炭也消失了。在 1944 年至 1945 年的那个寒冷的冬天，诺伊家唯一的热量是来自客厅里的一个烧木柴的炉子，哈克特每天要劈开几根柴火来塞进炉子。早上洗脸的时候，他先得打破房间里水壶上的一层薄冰。

在阿纳姆的"市场花园行动"之后的几个月里，德国人对荷兰人的压制以其他方式表现出来了。德国警察和士兵更频繁地搜查埃德镇的每家每户，抢走食品、毛织品、家具、瓷器、玻璃器皿、自行车、溜冰鞋和其他任何让他们感兴趣的东西。镇外的农民失去了牲畜，农场失去了机器。然而当德国人来敲德·诺伊姐妹的门时，他们每次都是败兴而去。有一次，高姨假装歇斯底里起来。听到楼下的尖叫声，哈克特向卧室窗外看去，两名德国士兵"几乎是从门口溜走的。他们的头上笼罩着一片失败的阴云"。

但是姐妹们不可能一直这样表演下去。更令人担忧的是，德国人正在加紧搜索这个地区的逃亡者。虽然诺伊家的房子还没有成为德国人搜查的目标，但她们还是在顶楼的楼梯下面建了一个装有暗门的藏身之地。姐妹们和哈克特每天都要进行演习，尽快躲进藏身之地以防万一发生搜查。想到他待在这里将使他所爱的这些人处于致命的危险之中，哈克特就感到非常害怕。如果他被抓获的话，姐妹们和周围的居民将会遭遇到残酷的报复。"搜查、报复、扣押人质，所有可能的惩罚都是那样的可怕，以致想都不敢去想。"

1945 年 1 月时，埃德镇抵抗运动的领导人"比尔"·维尔德布尔（"Bill" Wildeboer）来到姐妹家中告诉哈克特，德国人已经风闻在阿纳姆附近藏有英国伞兵的一位将军。维尔德布尔还提出了逃跑的建议。他提到隐藏在附近村庄和农场的数十名英军在阿纳姆战役的幸存者已经逃跑，回到自由世界。哈克特现在已经几乎完全康复了，他可以像他们那样"出行"。

1944 年 9 月，美军越过了比荷边界，解放了荷兰最南端的三个省份。尽管包括所有主要城市在内的其他地区仍然在德国人手中，但被解放的地区为数百名仍藏在阿纳姆周围的伞兵幸存者提供了一个有组织的营救基地。这个名为“飞马行动”的营救行动是由军情九处组织并实施的。

实际上盟军在阿纳姆战役失败之后不久，就有一些逃生者在抵抗运动成员的帮助下，被一个一个地被带到瓦尔河畔，再被送往南方已经解放的省份。当军情九处发现了这条逃生路线之后，艾雷·尼夫被立即派往荷兰南部，策划组织更大的行动。当时，军情九处在荷兰的被占领地区已经有一个特工在活动了，他将联络隐藏的伞兵并组织他们撤离。他就是迪科拉斯·克拉赫特（Dignus Kragt，外号“迪克”），一个母亲是英国人、父亲是荷兰人的英国人。他于 1943 年跳伞进入了荷兰，为被击落的盟军飞行员设立了逃生路线。他运作的从荷兰小镇阿珀尔多伦到布鲁塞尔的那条线路，在“市场花园行动”之前就被用来救出了 100 多名飞行员。

在荷兰抵抗运动组织、军情九处和英美军方的共同努力下，“飞马行动”的第一阶段于 1944 年 10 月 22 日晚开始了。散布在整个阿纳姆地区总共 138 人的英军伞兵，从他们藏身的农舍、谷仓、鸡舍或其他地方走了出来，悄悄地跟着荷兰向导去了一个集中地点。他们在那里上了卡车，被送到离瓦尔河岸约三英里的一处森林里。当伞兵到达森林的尽头时，他们不得不沿着一条排水沟走过一片旷野。德国人已经加强了对那个地区的巡逻。行走在一片毫无遮拦的旷野上，让人觉得前面的路途似乎是永无尽头。

他们没有碰上任何意外事件就到达了瓦尔河畔，这在很大程度上要归功于他们向导的能干。在河边与对岸交换了手电筒信号之后，伞兵们就上了由美国第一空降师的士兵们准备的橡皮艇，并划向对岸。几分钟后，第一批到达对岸的伞兵受到了艾雷·尼夫的欢迎，他们重回自由了。那天晚上，军情九处通过 BBC 向埃德镇的“比尔”·维尔德布尔发了一条消息：“一切都很好。我们衷心感谢。”

然而，“飞马行动”第一次大规模逃生的成功导致了第二次行动的失败。

伦敦一家报纸的记者在知道了那次行动之后，写了一篇报道。德国人发现了逃生行动，从而加强了对瓦尔河的巡逻。尼夫和他的同事们曾经辩论过是否还应该继续进行第二次“飞马行动”，最终决定继续进行。11 月 18 日晚，又有 150 名阿纳姆幸存者前往河边，但这次他们遭到了德国警察的伏击。这次只有五名伞兵获得了自由。

尽管德国人的伏击使得大规模救援行动被取消了，但英国人和荷兰的抵抗运动仍在继续尝试进行个人的逃生，有时候使用独木舟跨过瓦尔河。在 1945 年最初的几个月里，又有 40 名伞兵被送往自由世界。英国人特别希望能完成帮助哈克特逃生的任务，他因为受伤太重而没能参加前期的逃生队伍。

哈克特预定在 1 月 30 日离开埃德镇。在他和诺伊家人共聚的最后一个晚上，他和她们继续平时的习惯，下棋、阅读、缝纫、听 BBC 等，以此来尽量稳住她们的情绪。在互道晚安之前，他告诉诺伊家人，从 2 月 7 日起每天晚上要仔细聆听 BBC 橙色广播电台。当她们听到“灰鹅已经飞走了”的信息时，就可以知道他是安全并自由的。

夜晚，当他在往包里收拾几件随身携带的东西时，哈克特环顾了那间曾作为他的庇护所的小小的卧室四周——蕾丝的挂帘、摆放着姐妹们为他找来的英文书籍的床头柜、床上的白色床罩、墙上的睡美人刺绣等。当然，他很高兴“回家”，但是这种回家的快乐被一块“悲伤的重石”压抑了。与大多数英国人不一样，他现在亲眼看到了在一个被敌人占领的国家里的人们是怎样生活的，理解并分享着被囚禁在那里的人们的贫困与危险、希望和渴望。尽管短暂，他已经成为这个生活的一部分，他已经和这里的人们结下了一个永远无法松开的纽带。

哈克特的脑海里不断浮现出圣经马太福音的一段经文：“当我饿的时候你给我肉吃，当我渴的时候你给我水喝。我本是一个陌生人，但你却把我带进屋里。”诺伊一家人为他做了所有的一切。而在做的过程中，她们让他见识了“一种罕见的美好，一个充满善良和勇气，坚定且无私奉献的榜样”。他曾经多次看到过战士在战斗中的勇敢；现在，他亲自体会并懂得了“不可征服的温柔的力量”。

第二天早上，哈克特在约翰的陪同下骑着自行车从埃德出发了。他穿着约翰的一套旧西装，拿着一张范·哈伦先生的假证件。他的外套上戴着一个表示他是聋子的徽章，如果万一被德国巡逻队拦住了，他有恰当的理由不回答任何问题。藏在他的小包里的是三份《为了祖国》报纸和诺伊家人给威廉明娜女王的一封信。哈克特后来写道，她们在信中“表达了对她的忠诚、信任和爱戴”。

在他们七天的旅程中，哈克特和约翰从一个安全屋转移到另一个安全屋。在大多数时候，他们是由来自抵抗运动的向导陪同行走的。哈克特说：“这就像再次成为一个小孩，被一群人牵着手在走。我既没有力量来影响事件的进程，也没有好奇心去探究那些人究竟是谁。我很高兴能够这样继续走下去。”

在一处农舍停下来休息的时候，他换上了残破的血迹斑斑的旧军服，上面佩戴着伞兵臂章和战功绶带。在他的口袋里，放置了他的英国军队身份证和他的范·哈伦先生的假身份证。哈克特说：“我还是有两个人的身份，但自己感觉越来越多的是第一个人，而越来越少的是第二个人。”

2 月 5 日晚上，哈克特在埃德下游几十英里的瓦尔河畔等候着。一场大雾正在降落，刺骨的寒风不停地吹着。突然他看到几个黑暗的人形从浓雾中出现。一位女士用英语低声说道：“祝你好运！”一个男人握着哈克特的手，另一个人用荷兰语嘟哝道：“祝你好运，英国人！”第二个女人上来摸到了他的手臂，然后把一个包裹放在他的手中，说道：“瞧，这里有一些为你的旅程准备的饼干。”

一个船夫把他带到一艘独木舟上，两个人沉默而又紧张地沿着瓦尔河划行了一段行程。几个小时后天亮了，他们在已解放的小港口拉赫兹瓦吕沃靠了岸。当哈克特满身寒气从独木舟中爬出来后，他听到了一个高兴的英国口音向他问候：“大山，你好！”那是他的老朋友，第十一轻骑兵团的军官托尼·克兰克肖（Tony Crankshaw）。克兰克肖说道：“我们一直在等你，来一口白兰地吧！”

哈克特被带到了一所满是身穿卡其军服的军人、弥漫着烟草烟雾的房子。他坐在了一把椅子上，“再次被熟悉的英国军队那种舒适而又混乱的气氛包围了起来”。第二天，他被召到蒙哥马利的总部参加晚宴，他在那里享用了牡蛎和葡萄酒，然后乘飞机回了英国。他到家之后做的第一件事情是给伦敦的 BBC 打电话。那天晚上，当诺伊家人在收听橙色电台的节目时，听到了她们急切等待的消息：“灰鹅已经飞走了”。

在阿纳姆战役之后，直接指挥这次行动的“男孩”弗雷德里克·布朗宁（Frederick Browning）将军被授予爵士头衔，这一举动让第八十二空降师司令詹姆斯·加文（James Gavin）中将感到震惊，他也曾参加了“市场花园行动”的战斗。加文说，布朗宁“在一场战斗中失去了 3/4 的部队”，但是“回到家里却成了一个英雄，还受到国王的亲自嘉奖！毫无疑问，在我们美国的军队里，他将会被马上解职并蒙受羞辱”。

如果布朗宁和他的下属不想因这场惨败而遭受指责，他们就必须找到一只替罪羊。他们选择了斯坦尼斯瓦夫·索萨波夫斯基将军，他对那次行动一直是持怀疑态度的。历史学家迈克尔·佩斯克（Michael Peszke）指出：“下属做的最糟糕的事情就是质疑命令，而后又被证明他是正确的。索萨波夫斯基与众不同的独立态度和他战前发出的警告都被证明是正确的这一事实，使他成了一个明显的目标。”他是一个外国人也是因素之一。尽管攻击他的理由似是而非，在阿纳姆失去了他的大部分部队的索萨波夫斯基还是被解除了职务。

在“市场花园行动”的灾难之后，直到 1944 年 10 月，清除安特卫普河口的战斗才终于开始了。本来可以以最短的时间、最少的伤亡获胜的攻击，最终耗时 85 天，盟军付出了死伤 30000 人的代价。与此同时，西线的战事也陷入了僵局。德国人加强了防御，深挖工事，并在山林地区构筑了一条把德国与西欧其他地区隔离开来的防线。奥马尔·布拉德利将军说：“在我们的前线和莱茵河之间，一个个决心坚定的敌人固守着每一寸土地，他们不会退让。天气越来越冷，我们部队的状况越来越糟。我们陷入了一场可怕的消耗战之中。”

解放荷兰的失败也意味着希特勒可以在1944年9月对伦敦肆无忌惮地发起他的“V2”进攻。当德国人失去法国时，他们将“V2”火箭的基地搬到了海牙和荷兰其他城市附近的地点，所有这些城市都离伦敦不到200英里。在整个冬季，“V2”的发射区一直在德国人的手中，伦敦人继续看着他们的房子被新的恐怖武器所摧毁。但他们不是唯一受苦的人，布鲁塞尔和安特卫普也受到了“V2”火箭的严重打击。

安特卫普因为有一个港口，所以成了特别重要的攻击目标。1944年12月15日，一枚“V2”火箭弹穿透了坐落在市中心拥有1200席座位的电影院的屋顶，“砰”地爆炸了……救援人员花了一周时间，使用起重机和推土机清除瓦砾，挖出死伤人员。一名救援人员救出了一名美国士兵，他蹒跚地从瓦砾堆中走出来，怀里抱着两名死去的孩子。他曾坐在他们母亲的旁边，那位女士的头被炸飞了。最终找回了近600人的尸体，其中一半以上是盟军的士兵和水手。

在“V2”攻击期间，共有4000多名比利时人死亡。仅在安特卫普地区，就有超过67000座建筑被摧毁，这占了城市所有住房的2/3。

对于荷兰人来说，他们敢于为了自己国家的解放而站在盟军一边，因而也就遭受了更多的苦难。当9月份荷兰全境都即将解放时，盟军远征部队最高司令部曾通过BBC橙色电台发出命令，要求荷兰铁路官员停止所有的铁路服务，以“阻止敌人的军队集中”。正如一位历史学家指出的那样：“这是要求荷兰人作出对抗纳粹的一次最重要的行动。”

这个命令让所有的荷兰人都感到惊讶，这对于在伦敦的荷兰流亡政府内阁来说也是如此。荷兰内阁事先并不知道盟军部队的行动，首相彼得·格布兰迪是唯一一位看到并批准这一命令的荷兰官员。他并不担心其可能产生的后果，他告诉一位同事：“别担心，到了星期六，我们将在阿姆斯特丹了。”

当然，首相的预言并没有发生，但罢工命令带来的后果是可怕的。在30000人的荷兰铁路员工中有超过90%的人服从了罢工的命令，不仅停止了德国士兵的运输，而且停止了供应到阿姆斯特丹、海牙和荷兰的其他主要城市去的所有食品和煤炭的运输。为了对罢工报复，德国人禁止在荷兰的所有航道上航行民用船只——而那是运送食物和燃料的唯一途径。

当法国人和比利时人相继庆祝自由的时候，曾如此令人心碎地接近了自由的荷兰人，现在将面临饥荒了。

第 24 章

饥饿的冬天

这是荷兰的生命之殇

荷兰城市布雷达与海牙之间的距离只有 40 英里。奈梅亨离阿姆斯特丹仅 55 英里。然而在 1944 年底至 1945 年初，这些城市虽然相距很近，但却像在月球的两边一样。

布雷达和奈梅亨分别位于荷兰两个被解放的南部省份。海牙、阿姆斯特丹和荷兰其他的大型人口中心都位于仍然被德国人占领的西北部。这个地区一直在德国的控制之下，直到欧洲战争正式结束之前的四天，即 1945 年 5 月 4 日才获得解放。“市场花园行动”失败之后，盟军已没有兴趣立即解放荷兰的其他地区，纳粹则可以无拘束地就阿纳姆战役之前的铁路罢工和其他抵抗行动向荷兰人进行报复。

德国人在阿纳姆战胜盟军之后不久，就炸毁了鹿特丹等城市的港口，淹没了数千英亩的农田。铁路罢工的领导人被抓了起来，其中有好几个人被处死。荷兰人的一切抵抗行动，无论大小都会遭到大规模的清算。当抵抗战士伏击并重伤了荷兰党卫军的头目——残酷无情的汉斯·劳特（Hanns Rauter）后，300 多名荷兰公民在德国人的报复行动中丧生。在阿姆斯特丹，29 名荷兰年轻人在城市中心的一个垃圾场遭到处决，几座建筑物被烧毁。

党卫军的屠杀小分队在战争的最后几个月里一直非常忙碌，他们在荷兰主要城市的街角或中心广场上不停地射杀囚犯。一个荷兰人注意到，“你可以看到他们20个人一组躺在地上，德国人把他们留在那里作为一种警告”。另一个人就他看到的那些匍匐在地的尸体写道，“你看着那些死人感到就像喝醉了一样神志恍惚。心都碎了！你心里的感受是无法形容的！”

恐怖也来到了荷兰的乡村。当四名德国士兵在荷兰中部小镇普滕附近与一群抵抗战士发生战斗之后，几百名德国士兵包围了那个村庄。600多名男性村民被抓起来送往德国的集中营，幸存的村民不足50人。妇女和儿童也被送走了，普滕的大部分房屋都被烧毁了。当一位年轻的荷兰人回到村里去寻找他的父母时，他发现的只是“冒烟的废墟和死一般的寂静”。

与他们的恐怖手段一样可怕的是纳粹往往有选择地使用它们。然而，没有人能躲过由于铁路罢工后德国人实施的食品禁运所造成的极度饥饿。在禁运之前，荷兰公民平均每天的摄取量是1300卡路里，这还不到正常饮食的一半。一个月后，平均每人每天摄取量已经降到了900卡路里。

在这个曾经繁荣的国家建立起了许多公共厨房，用能找到的那一点食物养活数百万人。成千上万的城市居民行走在乡村小道上，与农民交易或向他们乞讨。一位观察者写道，苦难的景象令人心碎，“撕裂的脚掌，沾着血迹的鞋子。有的人没有鞋子，只能用破布裹着脚”。

在20世纪最寒冷、最潮湿的一个冬季里，几乎没有煤、燃气和电。为了烹饪和取暖，荷兰人不得不到所有能想得到的地方去找到木头。公园、树林和原是一片绿荫的城市大道两旁的树木都被砍倒了。在短短三个月内，阿姆斯特丹就失去了原有的42000棵树的一半以上。桥梁的栏杆消失了，电车线上的木制栏杆也消失了。被遗弃的房屋里的搁栅、横梁和楼梯也都被拆走了。

到1944年底时，荷兰的主要城市里是一片荒凉的景象——他们的花园里什么都没有了，他们的公园、街道和运河里堆满了垃圾，他们回家的路口竖起了沉重的混凝土墙。一位鹿特丹居民写道，黑暗和死寂弥漫其中，“被一种安静且压抑的冷漠所笼罩着，没有交通、没有工业或商业活动。学校因为没有暖气供应也关闭了。人们都待在家里，聚在一起寻求温暖；大家都避免任何不必要的活动，以便能够保存一点正在迅速失去的能量”。1945年元旦前夕，一位荷兰人质疑1945年是“解放的一年，还是我们去死的一年”。另一位荷兰人在日记中写道：“这是我一生中第一次在午夜前睡觉，很高兴这个黑色的、灾难性的一年结束了。”然而在1945年初，情况比前一年更加惨淡。1月份时，每日口粮配给降到了460卡路里，2月份降到了350卡路里。

在荷兰之外，战争即将结束。2月4日，罗斯福、丘吉尔和斯大林在雅尔塔会面。苏联人离柏林不到50英里了。但对于荷兰人来说，这一切都不重要，他们唯一想要的是找到食物。人们争抢着任何能吃的东西。在鹿特丹的一个中央厨房里，当一个装满的粥桶被人不小心泼洒在地上时，旁边站着的人马上把洒在地上的粥刮起来。甜菜和干的郁金香花苞成了餐饮的主食，虽然它们的味道很糟糕，也没有营养价值，但却能填饱肚子，并在一定程度上减轻饥饿感。一位荷兰画家回忆说：“到了3月份，我们每个人都脸色苍白，仿佛凡·高一样。”

在阿纳姆附近，15岁的奥黛丽·赫本和她的母亲靠吃芜菁、郁金香根球和荨麻活了下来。赫本后来回忆说：“每个人都试着煮草来吃，但我吃不下去。”1945年初时，她已身高5.6英尺，但体重还不到90磅。缺少食物让她变得如此虚弱，以至于她几乎都不能走路了，更不用说跳舞了。和其他的许多荷兰公民一样，她也患有严重营养不良导致的黄疸、贫血、水肿和其他疾病。

但至少她还活着。到3月份时，她的同胞中有成千上万的人死于饥饿。死亡率的上升是如此之快，以至于殡仪馆无法为死者提供足够的棺材，也找不到足够的人手来埋葬尸体。全国各地的医院和教堂里堆满了消瘦的尸体。一位去了鹿特丹一个墓地的访客注意到一排“彼此紧挨躺着的干瘪尸体，大腿或小腿都没有肉了，大部分人的手臂和腿都弯曲着，紧握着双手，好像这些个可怜的家伙还在乞讨要饭吃”。

阿姆斯特丹的一位居民写道：“我那古老、美丽而高尚的城市正在进行一场殊死的斗争。”在荷兰全国的其他地方也是如此。但是除了一些突出的例外，在荷兰的外面似乎没有人关心这种悲惨的状况。

1944年12月底，埃里克·哈泽尔霍夫·罗尔泽马被召唤到伦敦参加威廉明娜女王的会议。两年前，他加入了一个荷兰皇家空军的飞行中队，眼下正在执行轰炸德国的任务，但他仍然和女王走得很近。当他被带到切斯特广场女王家的客厅时，威廉明娜从她坐着的小扶手椅上抬起头来，这位年轻的荷兰人立即知道有什么事情不对劲了，“在我的经验里，这是第一次她没有站起来迎接我。”她情绪激动地说：“你听说了吗？他们死在街上了！”罗尔泽马困惑地看着她，不知道她说的是什么。女王的姿态看上去很不耐烦，她重复地说着：“人们都死在街上了！”她的客人摇了摇头。正如他后来写的那样，“我在英国皇家空军中过着自我满足的生活”，完全没有意识到荷兰已成为“饥饿、恐怖和死亡的地狱”。女王不能接受他对此一无所知的现状，她坚持反复地说道：“你不知道吗？你没有听说过吗？”罗尔泽马为她的“恐惧和悲伤”而感到震惊，“当我们的会面结束时，我真的非常感谢上帝能让我离开了！”

他对自己国家陷入困境的不知情并不奇怪。伦敦的大多数人，更不用说世界其他地方的人，的确都不了解荷兰正在遭受的饥荒。威廉明娜女王和她的首相彼得·格布兰迪决定要把国际的注意力集中到他们国家正在发生的事情上。他们开始发起一场运动，要让盟军立即解放荷兰全境。不然的话，就无法及时援助他们正在挨饿的人民。

一位历史学家曾说，格布兰迪所做的是“第二次世界大战历史上令人印象最深刻的一次公共关系运作。他把荷兰放到世界地图上去了”。1944年10月，格布兰迪在伦敦找了几十位英国和外国记者，告诉他们荷兰人民正在遭受的痛苦。他的努力导致了一系列带着同情的故事的发表，其中包括在《新闻周刊》上发表的一篇。文章开头写着：“‘饥荒、洪水、寒冷和黑暗……饥饿、挨冻和水深火热的人民’。彼得·格布兰迪说过，除非荷兰人在今年秋天获得解放，否则这些就将是荷兰冬天的景象。”

在向世界发出警报之后，这个小国的首相现在面临着更大的挑战——说服盟军指挥官改变战略以拯救他的国家。由于盟军高层指挥官和荷兰人以及被占领的欧洲其他国家的人民之间存在巨大的心理和文化鸿沟，他的挑战变得更加困难了。

在艾森豪威尔将军法国总部工作的盟军官员似乎完全不了解欧洲人民正在忍受的苦难。他们住在凡尔赛五星级的特里亚农宫酒店，那是巴黎附近一个树木繁茂的地区，17 世纪时曾是法国皇室奢华放纵的地方，现在已经成了盟军特权的标志。他们生活在一个豪华舒适的世界里，美国香烟和牛排、苏格兰威士忌和法国香槟的供应似乎没有限制。在特里亚农宫里，戴着黑色领带的服务员在白色亚麻桌布上为他们准备了餐具，桌面上摆放着水晶高脚杯和金边盘子。一位美国将军描述在凡尔赛附近狩猎鹧鸪时说："周围几英里内所有的农民都出来帮忙驱赶鹧鸪。"

格布兰迪在 12 月的时候就这个"可能是欧洲几百年来从未见过的'灾难'……一个实际上是生死攸关的问题"给盟军的最高指挥官写了信，他现在终于能在凡尔赛与艾森豪威尔会面了。艾森豪威尔同情地听完了格布兰迪说的话，但是他拒绝了首相改变盟军计划并尽快解放荷兰全境的要求。他解释说，盟军的战略必须先从"军事角度而不是政治角度"来决定。艾森豪威尔坚持认为，盟军能够提供给荷兰的最好服务就是尽快击败德国。这与对那些在战争早期曾想要帮助波兰或协助拯救欧洲剩余犹太人的人所给出的解释如出一辙。

艾森豪威尔也许是对的。许多军事历史学家也同意他的判断。然而毫不奇怪，犹太族的领导人、荷兰和波兰的官员以及其他一些人对此却持怀疑态度，认为"首先击败德国"的口头禅只是美国和英国的政治和军事领导人为了自己国家的利益而避免采取一定行动的一个便利借口。在目前的情况下，盟军内英语国家的主要目标是安抚苏联。它一直在向西方施加压力，让盟军进攻德国以缓解已经席卷东欧并深入德国领土的苏军的压力。然而，对于荷兰人来说，盟军最高指挥部的理由尤其难以成立，因为阿纳姆失败的惨剧是导致他们国家灾难性局面的直接原因。

在一封偷运给流亡的荷兰政府的信中，一位阿姆斯特丹的居民宣称，他和其他的荷兰公民都感到自己被抛弃并成了自私的牺牲品。他指出："人们赞赏盟军，但人们也把他们看成是冷酷自私的人。”他补充说，一位亲英国的朋友向他大声嚷道：“让一个像我们这样古老而又文明国家的人民死去而无动于衷——我的上帝，他们怎么能这样做？”

威廉明娜女王对丘吉尔和罗斯福也作出了完全相同的个人诉求。罗斯福是荷兰移民的后裔，他曾于 1942 年在白宫和他在纽约州海德公园的私邸欢迎了威廉明娜女王。她在提到她对总统的访问时说：“我觉得我好像正在和一位老朋友谈话，他对荷兰的感情如此亲切。”罗斯福在 1944 年曾向她保证：“我不会忘记我的祖国。”他们交往可能是亲切的……但他也说了，除了敦促艾森豪威尔“在德国储存食物以救济荷兰外”，他什么也做不了。

丘吉尔对于荷兰发生的悲剧感到震惊。但他对女王说，他已经无法再对盟军的最高指挥官施加任何影响了。他补充说道：“我必须让将军来作出决定。”此前，他曾告诉他的一位的朋友，他试图“清理荷兰的混乱局面”，但“现在已经不像以前那么容易让我干点事了”。

1945 年初，生活已经变得如此凄苦的荷兰人又遭受了另一场痛苦和死亡的冲击，而这次是他们的盟友直接造成的。3 月 3 日晚，英国皇家空军根据荷兰抵抗运动组织的情报，向海牙派出了 50 多架飞机，轰炸距离城市不远的一处森林中的“V2”发射场。在第一轮轰炸中，飞机错过了目标，燃烧弹和高爆炸弹投到了一英里以外的几个居民点。飞行员对他们的错误毫不知情，又对同一地点再次发动了两轮攻击。这次袭击造成 500 人死亡、数千人受伤，另有 3000 多所房屋被毁，其中一所是提供了“V2”地点情报的荷兰抵抗运动领导人的家。超过 12000 人流离失所。从荷兰来的一份报告说，由于轰炸失误造成的灾难，“老百姓已经变得对盟军怒气冲天了”。

在伦敦，荷兰的官员对此先是感到惊讶，然后感到愤怒！没有人比威廉明娜女王更为愤怒了，她对英国的军事领导人和丘吉尔本人大发脾气。这次首相没有任何借口，他和女王一样，对所谓的“屠杀荷兰人”感到愤怒！丘吉尔在发给英国皇家空军的备忘录中要求他们对这次拙劣的袭击作出“彻底的解释”。他说：“你们所做的一切不是精确且有规则地攻击那些火箭发射场，而是向那个不幸的城市投掷炸弹。你们的攻击对火箭发射场没有任何影响，但对无辜人们的生命却造成了极大的伤害。并引起了原本友善的人们的极大愤慨！”

英国政府对荷兰人民表示了“深深的遗憾”。据调查，向机组人员通报情况的军官混淆了目标的纵向和横向坐标。英国外交部向荷兰官员保证，那名有罪的官员已经接受了军事法庭的审判，尽管并没有证据表明任何人实际上受到了惩罚。

丘吉尔的这番话，是他长期以来强压在心底的对近两年间英国皇家空军和美国空军在西欧，特别是在法国和低地国家轰炸中造成巨大平民伤亡的愤慨的一次总的爆发。盟军空中轰炸目标主要是针对德国战争物资工厂和“V1”及“V2”发射场。当“D日行动”临近时，空中轰炸破坏了法国的大部分铁路网，以防止德国军队增援诺曼底海滩，这些轰炸的必要性是不言而喻的。就铁路而言，通过对铁路线、修理厂和桥梁的严重破坏，轰炸使法国铁路的运输量减少到了正常水平的30%，极大地阻碍了敌人的行动。显然，这也不可避免地给法国带来了很大的“伤害”。令人难以理解的是盟军空军对限制这种“伤害”采取了显而易见的不在意的态度。通常在城市中心的高空就将炸弹扔了出去，而那些炸弹几乎都没有落在军事目标的附近。随着轰炸愈演愈烈，平民的伤亡也越来越多。1945年3月和4月，对巴黎铁路枢纽进行的四次轰炸造成了1100多名法国人的死亡；5月26日，对10个法国城市铁路设施的轰炸造成了近6000名法国人的伤亡。历史学家朱利安·杰克逊讽刺说到，对许多法国人而言，“英国人和美国人对轰炸法国人似乎比解放法国人干得更在行”。

空袭也常常会集中在没有真正军事价值的目标上。当美国空军轰炸法国南部城镇阿维尼翁的铁路客运站时，弗朗西斯·卡马斯“想大声尖叫——你们要杀死我们多少人才会住手？他们根本不知道一列运载德国坦克的军用列车是永远不会经过或者甚至靠近这个客运站的”。

在比利时，轰炸的目标主要集中在城市中的工厂区，因而对邻近的工人居住的社区带来了相当大的伤害。1943年4月对安特卫普一个工厂区的轰炸造成了209名儿童和727名平民的死亡，这引发了比利时流亡政府和抵抗运动领导人的强烈抗议。

丘吉尔长期以来一直向盟军的指挥官们抱怨，他认为他们对限制平民伤亡缺少关切。他在1944年5月写道："这件事情正在变得更加糟糕！"首相驳斥了盟军最高指挥部官员声称他们已经选择了最好目标的辩解，他警告他们说："你们正在积累起一个可怕的仇视的负担。"他告诉他的战时内阁，他"还没能完全理解我们对空中力量的使用将会采取如此残酷和无情的形式"。但是，他的反对意见却在盟军最高指挥部和罗斯福那里碰了壁。罗斯福给首相写信说，尽管他不愿意造成严重的伤亡，但他并"不准备让负责的指挥官对军事行动施加任何限制"。

当荷兰人在1944年底继续遭罪的时候，盟军尝试攻入德国，但几乎毫无结果。尽管盟军在10月份第一次越过了德国边界，但是这一年里向敌方领土推进超过几英里的每一次努力都以失败告终。12月下旬，德国人企图重拾攻势，通过比利时的阿登森林对美军展开了一次大规模的进攻。在被称为"突出部之战"的战役中，德国全力发起了西线最大、最残酷的战斗。德国人的进攻最终失败了，但在失败之前，它造成了超过十万美国人的伤亡。

尽管盟军付出了昂贵的代价，但"突出部之战"战役标志着第三帝国终结的开始。1945年初，盟军重新开始东进。3月初越过了莱茵河，进入了德国的中心地带，盟军的猛攻再一次变成了万马奔腾。用里克·阿特金森的话来说："通往德国的大门已经敞开，再也不会被关上了。"

然而，随着德国战争机器的瓦解，希特勒的强硬态度也随之变本加厉。他不但拒绝停止在自己国家里的战斗，还威胁要全面毁灭荷兰西部，那是德国人仍然掌控的西欧的最后几个地区之一（其他的地区有挪威、靠近英吉利海峡的几个法国港口和海峡群岛）。

根据希特勒的命令，第三帝国准备在"堡垒荷兰"坚持到最后，德国军队接到命令要"打到最后一个人和最后一颗子弹"。德军指挥部下令准备炸毁所有的发电厂、煤气厂、桥梁、铁路以及对荷兰最致命的海堤。如果堤防被摧毁，荷兰在三周之内就会被水淹没，那将造成难以想象的灾难。

4 月 17 日，德国人炸毁了保护北部大片肥沃农田的堤防，荷兰人见识了他们可能将面临的可怕的未来。超过 50000 英亩田地被淹，几十个农场和众多道路被摧毁，20 多名居民因试图逃避洪水而遭枪杀。

在荷兰西部的其他地方，饥饿死亡的人数继续在上升。与此同时，新的生命像春天盛开的花朵那样出现了。一位阿姆斯特丹居民写道："没有任何吃的东西，苦难已经触底，人已经到了漠视生命的地步。然而，我们仍然买花，把它们放在我们的房间里和窗台上。当它们在水肿患者肿胀的躯体间，在消瘦的孩子们和公园里的垃圾堆中欢乐地成长起来时，我们向它们致敬！"

由于荷兰人民的生存受到威胁，成千上万的人趋于死亡，丘吉尔终于再也无法接受盟军最高指挥部不去荷兰援助的任何借口了。在迫使盟军进行干预的努力中，他得到了一个不太可能的"帮助"——荷兰的纳粹头目阿图尔·赛斯–英夸特（Arthur Seyss–Inquart）意识到纳粹统治的即将结束，并希望能够给自己留一条后路。在 3 月下旬通知盟军，他将允许他们向荷兰提供援助。

即便如此，盟军还得花上四个星期来准备救援行动。罗斯福 4 月 12 日在乔治亚州温泉镇突然死亡之前同意了这一计划。但他坚持要求盟军与德国人进行的任何谈判必须先得到苏联人的批准，然后才能进行紧急食品供应。而随后与苏军进行的谈判及之后与赛斯–英夸特的谈判又用去了好几天的时间。

最后，艾森豪威尔自己也对这种无谓的"拖延"不耐烦了，最高指挥官已经改变主意想马上帮助荷兰人。他敦促联合参谋总部抛弃繁文缛节，立即发起救援行动。他们最终同意了艾森豪威尔的意见，在 4 月 24 日的电报中告诉他，他们已经"决定把这个事情交给你去办"。

4 月 27 日，在欧洲战争正式结束之前 11 天，在两万多荷兰人死于饥饿之后，盟军发动了英国人所称的"曼纳行动"——向荷兰大规模空运食品的行动。最初的空运是由英国皇家空军承担的，他们的飞行员一直在向上级施加压力，要加快这一进程。在一个机场，英国皇家空军的机组人员跑进了他们指挥官的办公室，高呼“荷兰人必须得到这些食物，荷兰人将得到这些食物”。

4月26日晚间，志愿者们冒着冰雹和雨水，将600多吨的面粉、咸牛肉、鸡蛋粉、咖啡、茶和巧克力及其他物品装到了在英国不同机场的263架轰炸机上。参加装运工作的人员包括刚在德国执行了轰炸任务回来的机组人员。有一位飞行员在一个食品包装上贴了一张便条，上面写着：“给荷兰人民。请不要担心与德国的战争，它即将结束了。对我们来说，这次飞行是一个改变，不再进行轰炸。我们将会经常带来新的食品供应，请仰望天空。祝一切顺利！一个英国皇家空军飞行员。”第二天早上，轰炸机启航去完成一项对他们来说是独特的使命——拯救生命而不是结束生命。

由于在荷兰各地张贴了成千上万的布告，荷兰民众已经知道将要空投食物。当轰炸机在城市和乡村低飞掠过的时候，机组人员惊讶地看到在所有地方——红砖屋顶上、田野里、乡间小路上或是城市的街道上，到处都是热烈欢呼、挥动手臂的人群。一名搭乘在一架飞机上的英国记者回忆说：“一位骑在自行车上的老人挥手挥得如此热烈，以至于他差一点就摔倒了。”

在海牙，一名居民说，他和他的邻居“跑到屋外，用帽子、披肩、旗帜、床单或其他任何我们可以挥舞的东西向飞过我们街道上空的飞机挥舞。一瞬间，我们整个宁静的街道上充满了欢呼、哭泣和手舞足蹈的人群，高兴的人们甚至在屋顶上跳起舞来”。一位荷兰官员后来说道：“人们的情绪和热情是如此高涨，以致忘了他们的饥饿。”另一位荷兰官员则宣称：“如果任何事情仍然能让我们平淡的感情激动，那就是我们的朋友在我们最痛苦的时刻送给我们的那些慷慨的礼物。”

空运持续了一个多星期，大约500架英国飞机和300架美国飞机空投了将近8000吨的食物。空投物资由荷兰抵抗战士和前荷兰军队成员负责进行分配。在大多数情况下，德国人遵守了不干涉物资空投和收集的协议。更重要的是，他们停止了在荷兰的所有军事行动。对于荷兰人来说，战争已经非正式结束了。一位阿姆斯特丹居民在日记中写道：“恐惧已经结束，死亡已经消失。”另一位阿姆斯特丹居民说：“我们不再与世隔绝，荷兰‘监狱’的大门被打开了。”

5月4日，在空运开始一个多星期后，荷兰、德国西北部和丹麦的德国指挥官正式在德国汉堡市附近的新前线总部向蒙哥马利将军投降。那天晚上9点前，荷兰抵抗广播电台的一位播音员中断了正常的节目，结结巴巴地宣布荷兰现在已正式解放了。他高声喊道："女王万岁！胜利万岁！"

十天以来的第二次，这个国家又陷入了一片狂欢。鹿特丹一名男子回忆说："我看到有人在街上跳舞，他们在那里蹦上蹦下。那些永远不会失态、永远不会奔跑的显贵市民，现在像男孩们一样奔来跑去，互相拥抱，把他们的帽子扔向空中。"在海牙，一位过去隐藏了两年的教师第一次冒险走到户外，加入他的邻居的庆祝活动。他在日记中写道："看到他们让我感到震惊！有的人太瘦了，以致让我几乎认不出来……那真是可怕。在那些苍白、憔悴的脸上，喜悦在所有人的眼睛里闪耀，所有的人都为我们新生的自由而感到由衷地快乐！"

在海牙的另一个社区，当居民们从附近一个窗口传出的收音机广播中听到荷兰国歌《威廉颂》时，所有人都停止了他们的欢庆活动。这曾是德国人禁止他们演唱的歌曲。有几个人开始唱了起来，他们的声音在颤抖，更多的人加入他们一起唱道："我是奥兰治的威廉，我身上流着荷兰的血，我将忠于我的祖国，直到死亡。"荷兰国歌是在16世纪荷兰人民进行了80年反抗西班牙、争取独立自由的战争期间诞生的。荷兰作家亨利·范·德·泽曾说，这首歌"表达了我们的祖先对自由的渴望"。几分钟后，这个庄严的气氛被打破了，街上的一架留声机开始放出《圣者的行进》乐曲。当时11岁的男孩范·德·泽也参加了庆祝活动。他注意到人们播放美国爵士调子的乐曲，反映出了"荷兰人对盟军的感情。我以前从来没有听到过这首曲子，当我全神贯注地听着乐曲的时候，人们开始跳起舞来"。

在荷兰全国各地，整个春天都在跳舞，舞曲大都是行走在荷兰街头的加拿大和英国军队带来的音乐。街角的扩音器里播放着流行歌曲《月光小夜曲》《查塔努加火车头》《白色的多佛悬崖》《不要让我陷入困境》等。士兵们在教荷兰青少年跳舞，把口香糖和糖果送给那些孩子。一位英国战地记者写道，作为回应，“人们给我们亲吻，向我们哭泣、拥抱、捶打和尖叫，直到我们浑身酸疼、疲惫不堪。荷兰人摘下了他们花园里所有的花，落在盟军车上的花雨是不会停歇的”。

然而，所有这些庆祝活动都无法掩盖荷兰整个国家正处于一个非常糟糕的状况，几千人仍濒临死亡。英国军方救援行动负责人亚历山大·加洛韦（Alexander Galloway）将军在全国巡视中亲眼见证了这一点。他向英国政府报告说：“从表面来看，人民的生活状况很不幸地被证明是非常具有欺骗性的。盟军的士兵们受到雀跃欢呼，在一个面带微笑的国家中行进。但这个景象是有欺骗性的，因为那些躺在床上正在慢慢饿死的男女无法兴高采烈地走到街上挥舞旗帜。”他接着说道：“这是一个空徒四壁的国家，居住在那里的是一群忍饥挨饿——在城镇里到处可见的饿得半死的人民。”

两名刚刚抵达阿姆斯特丹的记者在他们的旅馆里被几十个消瘦的、乞讨食物的人包围了。一位接受采访的医生告诉他们，至少有30000名阿姆斯特丹居民已濒临死亡。在海牙，英国驻荷兰大使在经历了五年战争之后重新回到了原来的岗位。他的妻子向温斯顿·丘吉尔汇报了她访问那里一家医院的情况，“婴儿的状况很悲惨。他们看上去像老人，处于一种半死半活的状态……我们所看到的大部分病例都有胃胀气，但手臂和腿部没有一点脂肪，很多人的脚在流血。”她的丈夫内维尔·布兰德（Nevile Bland）爵士补充道：“毫无疑问，营养不良是普遍现象，饥饿和半饥饿的状况普遍存在。”

尽管情况很糟糕，但最糟糕的情况已经结束了。来自英国、瑞典、瑞士和其他国家的大量医疗援助和食品，使几十万荷兰公民在接下来的几周和几个月内恢复了健康。奥黛丽·赫本就是他们中的一个，但她的身体将终身受到战争后遗症的拖累。她的体重从来没有超过110磅，她一直忍受着“饥饿的冬天”所带来的一些健康问题。

然而，这一切都是未来的问题。眼下，她正沉浸在欣喜之中。她的哥哥亚历山大脱离了逃生者的藏匿点，而另一个被迫到德国当“工奴”的弟弟伊恩则徒步走了325英里，回到了阿纳姆的家中。她后来回忆说：“当我们几乎已经放弃了全部希望的时候，门铃响了起来，伊恩回来了！当然，我们失去了一切——我们的房子、我们的财产、我们的钱。但我们没有哀号，我们都还活着，这是最重要的！”

自从1945年2月初哈克特回到英格兰以后，他一直关注着在荷兰发生的事情。在此期间，他花了很多时间向军队和政府的其他部门介绍在阿纳姆发生的“事件”真相以及荷兰抵抗战士、荷兰公民为挽救他和其他英国士兵的生命所做出的贡献。他的目的主要是寻求盟国对荷兰人的援助。在这样做的过程中，他对于他所看到的“白厅”远离荷兰的那一切，看上去漠不关心的态度，以及他们对荷兰人正在经受的巨大苦难缺乏了解而感到非常难受。

4月下旬，哈克特得到了他一直在等待的消息，埃德和周围的地区已经解放。在他得知自己可搭乘下一架英国皇家空军的货机前往荷兰后，他匆匆赶回家，将他为高·德·诺伊姐妹及其家人收集的一堆东西打包，包括一大包茶（真正的茶）、咖啡、糖罐头、衣服和其他礼物，还有家人写给在荷兰的另一群家人的珍贵信件。

当他第二天在荷兰中部的一个军用机场降落时，一辆英国军车正在等着他。在不到一个小时之后，哈克特就回到了埃德镇。那天的天气与他喜悦的心情也十分相配。他三个月前离开埃德镇的时候，天气寒冷，天空一片灰暗；而现在却阳光普照，树木枝叶初生，鲜花遍野。而且，他还注意到，周围的变化比冬天离去时要深刻得多。“上一次看到这个城镇的时候，一片哀悼的阴影笼罩了整个城镇；而现在，一切都像在乡村婚礼上一样快乐”。荷兰国旗和英国国旗在商店的橱窗里交织摆放在一起。他记得大多数曾经是冷冷清清的街道，现在已经挤满了老老少少的人们。他们好像从来没有见过这个地方一样，高声大笑，互相大喊大叫。一路上，他认出了熟悉的地标：有尖顶的教堂、他和阿姨们散步经过的房子，还有最让他难忘的邮局——他曾经和阿姨挤过德国士兵，寄出那些可能会要了阿姨命的信件。

“就像闭着眼也能找到那条路那样”，他让军车司机开车经过埃德镇的大街，转入了高·德·诺伊姐妹居住的窄街。他提着包裹走出了军车，在那儿站了一会儿，看着周围的一切。在他面前的是白色的篱笆，“我常常打开篱笆墙上的门，以致我的手指仍可以感觉到它的门闩的形状。那是一栋小房子，楼下的客厅有整齐的窗帘”。美恩阿姨站在门口，脸上带着开朗的微笑。“当她走上前来和我拥抱的时候，她的脸上并没有什么惊讶，只有幸福的闪光。当我们拥抱的时候，她的眼中饱含泪水，但又大笑了起来。”然后其他人挤了过来，安姨、高姨、玛丽、约翰等。“每个人都是又笑又哭，并不停地说话”（正如英国救济官员加洛韦将军所指出的那样，乡镇在饥荒方面比在城市里的人受苦要少一些。尽管哈克特离开她们的时候她们的身体已经非常单薄，但德·诺伊姐妹们并没有像其他许多荷兰人那样挨饿。——作者注）。

哈克特在他的包裹里翻找起来，取出了咖啡，美恩阿姨立刻把它拿到厨房去了。不久，他们就都坐在厨房的大桌子旁品尝起咖啡来了。哈克特还是用他几个月前用过的杯子喝着咖啡，分享着他带来的一块不大的蛋糕。

他问她们：“你们听到我的消息了吗？你们听到过‘灰鹅’吗？”

安姨回答说：“听到过三次。我们真是太高兴，太感激上帝了！”紧接着一阵笑声。美恩姨妈说道：“我们每次都围着桌子跳舞。噢，亲爱的！我真希望你能看到我们。”

对于哈克特来说，那天剩下的时间过得非常快乐。他像一个小男孩，仔细探索了整座房子，一切都一如既往，一尘不染。他注意到的唯一区别是收音机的位置。以前它一直被藏在柜子的后面，现在就放在客厅的桌子上。在楼上的楼梯上，他掀开地毯，看到了下面的暗门，然后爬进了这个家庭为了保护他不被德国人抓去而建立的庇护所。在谷仓里，他拿起了他曾用来砍木头的斧子和锯子，再次感觉到了“手上的寒气，闻到了新鲜的松木屑”。

几分钟之内，哈克特回来的消息就传遍了埃德镇，一批批人群赶来看望他，包括带领他们全家做礼拜的牧师、治疗他伤口的荷兰医生、帮助他逃跑的抵抗运动成员。哈克特记得：“我们又一次一起坐下来吃晚餐，然后一起读圣经。一切都像以前一样，但不知怎的我感觉好了一百倍。”

曾经有一次，他注意到美恩阿姨专注地看着他那件漂亮的伞兵制服。他问道："你在想什么？"她回答说："我有这样一个愿望，它真的就这样冒出来了。当然，我不能告诉你。不然的话，它就不会实现了。"

哈克特记得，四个月前在家庭小小的除夕庆祝活动中，美恩阿姨告诉大家，每个人都应该希望"在新的一年得到我们最需要的东西"。她在说这话的时候，眼睛直直地盯着哈克特和他穿的那件黑色外套。哈克特回忆道，就在那一刻，"她抬起头，我们的目光相遇了。她带着歉意微微一笑，似乎做了什么错事被人发现了那样，把目光转向了别处"。

现在，在这个可爱的春夜，他握住了她的手。他说："我想我知道你在那时想要的是什么。那就是要我穿着制服回到你的身边，而那就意味着所有的一切。"

她笑了："是的，当时就是那样想的。而你现在就在这里。"

那天晚上，哈克特安睡在楼上熟悉的小卧室里，与他在那所房子里找到的爱和安全的宝贵标志待在一起：蕾丝挂帘、床上整洁的白色床罩和墙上的"睡美人"。

第 25 章

没有什么比这更让人高兴的了

回家了

1945 年 4 月 26 日，威廉明娜女王在流亡近五年之后重返荷兰。她的回来几乎与她在 1940 年 5 月突然离去时一样毫无声息。当她在荷兰南部的一个英国皇家空军机场降落时，没有乐队，没有欢呼的人群，也没有集结的军队迎接她，只有一小队英国荣誉卫士和她的女婿伯恩哈德王子。

解放荷兰大部分地区还得花上一个多星期的时间。大规模空投食物将在第二天开始。然而，即便她只能待在荷兰三个被解放的省份里，女王还是决定立刻回国，她在外面待得已经太久了！她的小小的随从队伍一共只有四个人——她刚从加拿大回来的女儿朱丽安娜公主和三个助手，他们都是“英格兰逃生者”。他们是埃里克·哈泽尔霍夫·罗尔泽马和彼得·塔泽拉，两个引人注目、特立独行的荷兰年轻人。他们是在 1941 年逃往伦敦后与女王结识的。第三位是年轻的秘书瑞·斯托克维斯（Rie Stokvis）。

威廉明娜随行人员的组成和规模都是她要求的。她后来说过，那是“为了适应时代的变化……我想在自己周围的应该都是参加过抵抗的人，或者曾经是‘英格兰逃生者’——这个词最好的解释就是‘高尚’”。根据罗尔泽马的说法，“瑞、彼得和我都是标志。我们都有……参加战争的记录，我们都很年轻，是同一时代的人。我们身上没有任何东西与女王的过去会有联系。对那种高规格的正式礼仪，那种等级森严的周围环境，她是很讨厌的”。

当威廉明娜的皇家空军飞机在多雨的春天的早晨降落之后，罗尔泽马和塔泽拉跳出了飞机，站在了机场潮湿的草地上。他们帮助地勤人员将一个移动楼梯推到机舱门口，然后立正站在楼梯的两侧，等候女王和朱丽安娜公主下飞机。几分钟后，戴着帽子、穿着褐色粗花呢套装和靴子的女王出现在飞机的门口。她停了一下，深吸了一口气，向四处张望。罗尔泽马回忆道，他伸出手来想帮她走下陡峭的台阶，但“她毫不客气地不接他的手”。流放了五年之后，她第一次回到荷兰的土地时就得靠别人的手？那简直不可思议！

在接下来的三个星期里，威廉明娜和她小小的侍从队伍住在靠近荷兰边界数英里的布雷达的一个不大但却颇有气势的乡村庄园里。这个名为“安妮府”的住所，位于一排山毛榉树的尽头。它有一条弯曲的汽车道、宽阔的草坪、巨大的树荫、盛开的红杜鹃花和一个满是呱呱乱叫的青蛙的池塘。

尽管没有正式宣布威廉明娜女王回国，但消息却迅速地传开了。在她抵达的那天晚上，一名警卫跑进房来告诉她，有几百人正沿着汽车道朝里走来。女王下令点亮了房子里所有的灯，然后和朱莉安娜一起走到了房前的石台上。五年前，她逃离了荷兰，她曾担心她的人民会怎样看待她？现在她得到了她的答案。大门被打开了，一大群人欢呼着，哭泣着，唱着歌，挥舞着荷兰国旗走了过来，他们是来迎接她回家的。

一夜接着一夜，这样的场面不断重演：无数的男女老少，步行或骑自行车前往安妮府，在那里排起长队，有时得几个小时，等着与威廉明娜见面握手。罗尔泽马写道：“起初，彼得和我陶醉在觐见的过程中，我们穿着满是绶带的军服，像模像样地站在女王的身后注视着移动的人群。但我们很快就被所看到的场景触动了，觉得自己的举止太装模作样，太糟糕了！从人群的眼神里，从他们两颊深陷的苍白面孔上，我们为自己那不值钱的虚荣而羞愧！我们把自己排除在人民与女王之间的情感之外了。”一天晚上，考虑到威廉明娜可能过于劳累，罗尔泽马告诉警卫人员让人群尽快移动。女王听到了他下的命令，很生气。她厉声说道：“在我的花园里，没有人可以被随意摆布。你永远不要忘了这一点！”

虽然她保留了女王的风度，但威廉明娜拒绝回到她以前的皇室生活方式。让她的助理们感到不满的是，她坚持要和她的民众一样节俭，包括使用食品配给卡。当地的农民们在安妮府的地窖里装满了水果、蔬菜和其他稀少的食物。但是当第一次把草莓送到女王跟前时，她拒绝碰那些草莓。她说："我不会吃人们无法得到的任何东西。"由于担心这样做可能会损害她的健康，她的助理偶尔会试图绕过她的愿望。有一次，吃晚饭时给她上了牛排。她咬了一口，然后怀疑地看着罗尔泽马。她大声说道："上尉，这是牛排？"他回答道："是的，陛下。"当她反问道："今天荷兰人都有牛排吃了吗？"他不得不说："还没有。"她拒绝再吃下去了，即使他说服她如果拒绝农民的礼物会使农民受到伤害也无济于事。

5 月 4 日，威廉明娜正在小书房里工作，彼得·塔泽拉冲进来告诉她荷兰全境解放了！她跳了起来，大力摇动着塔泽拉的手，而另一只手则不停地拍打着他的肩膀。不久，她就开始了与她的所有人民团聚的漫长而欢乐的行程。

她的第一站是海牙。尽管这座被掠夺过的美丽城市变得如此荒芜，但在那天似乎没有人注意到它的丑陋，人们唯一的关注焦点是他们回国的女王。成千上万的人挥舞着旗帜、举着橙色的横幅淹没了街道，高喊着"女王万岁！"随着威廉明娜女王的帕卡德敞篷车在大街上缓缓前行，巨大的人群屡屡突破了警戒线，冲上前去向她欢呼。有时候，她的车几乎被欢迎人群的海洋给吞没了。

据一位旁观者说，这种非凡的忠诚与情感的倾诉是由于威廉明娜在战争中所具有的神话般的地位。"她成了自由、自豪和荷兰民族传统的象征"。然而，还有比这更为复杂的原因。尽管威廉明娜确实通过对占领者的坚决抵制增强了国家的君主制并捍卫了历史，但她也成功地实现了另一个更加个人的目标：即打破了她讨厌的皇家"笼子"，成为人民中的一员。在伦敦的几年里，他们的牺牲和痛苦已经成了她自己的事情，他们看到了这一点。正如《时代》杂志后来所指出的那样，"战争使威廉明娜女王与她的人民有了一种前所未有过的同志般的感觉。他们以前尊重她，他们现在热爱她了。"

像荷兰一样，被德国军队占领的挪威直到战争的最后几天才获得解放。1945 年 5 月 8 日欧洲胜利日那天，挪威全境的 36.5 万名德国士兵才开始真正放下了武器。

和其他被占领国家一样，挪威的命运最终在很大程度上取决于它的地理位置。就美英苏“三巨头”而言，挪威没有任何政治上或战略上的意义，所以它在整个战争中的作用是不显眼的。虽然盟军不会用武力来解放挪威看上去是一个很大的不利因素，但那也意味着挪威没有变成战场，可以在不受其主要盟国干扰的情况下重新获得独立。

但是，当战争接近尾声时，挪威的领导人并不是这样想的。他们担心德国军事指挥官会遵从希特勒的命令，利用“挪威堡垒”进行最后的血腥抵抗。希特勒也向荷兰和西欧其他仍被第三帝国占领的地区下达了同样的命令。当挪威人问丘吉尔，如果德国人继续抵抗，盟军会做什么？英国首相只能承诺战争将持续到挪威获得自由为止。但他也坚持说，盟军在当时既没有军队也没有船只来实施解放挪威的战争。

然而在 4 月初，艾森豪威尔将军及其盟军总指挥部的下属开始关注在战争结束后的数周内，“在挪威大批德军失控的危险”。艾森豪威尔敦促英国战争办公室考虑把在“市场花园行动”中几乎被消灭的第一空降师的残余部队，作为解除德军武装的部队派遣到挪威去。

英国人同意了，尽管第一空降师最多只招募到几千人，还不到德国驻挪威军队人数的 1/10。它的指挥官是安德鲁·索恩（Andrew Thorne）将军，他是一位受过“伊顿教育”、经历过敦刻尔克战役的老将，当时正驻扎在苏格兰。索恩很清楚，他的小小的武装力量与挪威的占领者数量上是不匹配的，他必须采取某种“手段”来确保德国人的投降。

作为他的计划的一部分，他与挪威的军事抵抗运动组织建立了合作关系。“军事组织”的 40000 名成员为了参加他们国家的最后解放已经接受了一年多的训练。另一部分计划则是由于加强了与特别行动处的关系，“军事组织”的行动比过去更加活跃了。1944 年秋，特别行动处的特工开始陆续抵达挪威以准备最后的解放行动。他们组织并训练“军事组织”的部队在德国投降以后接管挪威的工厂、发电厂和交通运输线。

1945 年 5 月 3 日，驻挪威德军司令弗朗茨·伯梅（Franz Böhme）将军宣布，他的军队将按照第三帝国军事领导人的命令进行最后的抵抗。当柏林在五天之后宣布投降时，伯梅很不情愿地服从了投降的命令。人们曾非常担心，分布在战场上的士兵及其指挥官可能会拒绝服从投降的命令。

由于他的大部分部队仍在前往挪威的途中，索恩将军指派挪威的“军事组织”部队公开出面，占领重要的工厂和军事设施，以及执行其他维持和平的任务。例如，维持挪威人与占领者之间的秩序。由于英军与“军事组织”部队的密切合作，加上德国军队和挪威人民的“纪律性”，在挪威解放的道路上没有发生过严重的暴力冲突事件。这也得益于德国人不知道索恩的兵力是多么的“弱小”。他不用确凿的证明就设法说服了德军：如果他们胆敢抵抗，那么他的“强大”的部队将足以压垮他们。

随着国家的自由得到了保证，在伦敦的挪威人开始回国了。在伦敦参加了欧洲胜利日的庆祝活动之后，奥拉夫王储和许多流亡政府的成员登上了英国的“奥斯陆”驱逐舰。哈康国王在伦敦又待了一个月。他在 6 月 4 日晚离开伦敦前，最后一次访问了 BBC。他在那里录下了广播讲话，向英国人民的热情款待和支持表达了诚挚的谢意！

1945 年 6 月 7 日，在离开挪威整整五年之后的哈康国王乘坐巡洋舰“诺福克号”驶入了奥斯陆峡湾。在“诺福克号”周围还有一大群英国军舰，其中包括“德文郡”号。1940 年，不情愿的国王就是乘坐这艘军舰去英国的。当皇家舰队驶入峡湾时，遇上了另一支即兴而来的“护航船队”：一大批挪威渔船和小艇。

中午时分，身穿蓝色海军上将制服的哈康在奥斯陆市政厅门前的码头上了岸。市政厅大楼的墙面上挂满了红蓝白相间的挪威国旗和巨大的“欢迎回家”的横幅。在街道上、屋顶上，甚至码头边的船舶上都挤满了人。成千上万平日沉默寡言的挪威人欢呼着、高喊着“国王万岁！”那天晚上，约有 13 万人在王宫前面的大道上游行通过，自发地向在黑暗的战争年代激励他们斗志的人致敬！ 一位挪威历史学家说：“可以肯定地说，在这个国家的历史上从来没有过比这更快乐的日子了。”

几个星期之后，哈康给他的侄子乔治六世写信描述了关于王宫在被占领五年后所呈现的糟糕状态：“每样东西都被搞乱了。我自己的房间没有被破坏，但所有的家具和油画都混在一起了。对我来说最糟糕的是，吉斯林把莫德阿姨的房间重新改造了，并且改变了那么多，所以我觉得无法再把它恢复原状，从而能让我回想起她还在的时光。”

即使他为失去那些让他想起已故妻子的珍贵物品感到伤感，但国王本人已经完全不是当年莫德王后还活着时候的那个没有信心、没有价值的统治者了。在整个战争期间，由于他的勇气和决心，这个曾自认为是挪威局外人的国王，在他 36 年的统治中第一次有了不可思议的影响力和权威。他那非凡的人气，反映在被占领国的国家中，挪威是唯一一个国家将其国家元首的缩写“H7”作为抵抗运动的标志，以象征对德国人的蔑视。《纽约时报》后来写道，哈康是“挪威国家历史上最受人喜爱的人物”。

1947 年哈康 75 岁时，挪威人民以实际行动表达了对他的深情厚谊。虽然他从来没有享受过帝王的奢华生活，但这位前海军军官深深地热爱着海洋，他曾经要求挪威政府提供一次额外补贴：一艘帆船。但政府领导人拒绝了他的要求。现在，他的臣民们为了弥补这个吝啬的行为，几百万人捐款为他买了一艘游艇作为生日礼物。他把那艘船命名为“挪威”号。

对比利时的国王来说，没有欢迎的人群，没有乐队，没有舞动的旗帜，也没有人高呼“国王万岁”。与威廉明娜和哈康不同，利奥波德三世并不是他的国家统一和稳定的不可或缺的象征。事实上，情况恰恰相反。这位 43 岁的国王现在被视为战后比利时社会不和谐的标志，特别是在这个国家讲荷兰语的佛兰芒人和讲法语的瓦隆人这两个主要民族之间。1945 年 5 月，利奥波德即将从德国的囚禁中回到比利时的消息在已解放九个月的比利时人中间引发了极大的争议。美国驻比利时大使在向美国国务院的电报中说：“情况完全是爆炸性的。”

在战争进行的前四年里，利奥波德被软禁在布鲁塞尔郊区的拉肯皇宫里。1944 年 6 月，海因里希·希特勒下令将他及其家人带回德国，他被囚禁在萨克森州的一个中世纪城堡中直到 1945 年 3 月。所有皇室成员随后被转移到了奥地利小镇萨尔茨堡附近的一个被一道12英尺高的铁丝网围起来的小木屋里。他们在两个月后被美军解放了。

不管他的初衷是什么，利奥波德在 1940 年战败后仍留在比利时的决定给他造成了非常严重的伤害。他仿效了他所敬爱的父亲阿尔贝特国王，阿尔贝特国王在第一次世界大战期间拒绝离开比利时及其军队。对于阿尔贝特和比利时来说，幸运的是在当时德国人没能征服过整个国家，国王能一直留在比利时的国土上继续指挥战斗。相比之下，阿尔贝特的儿子就没有那么幸运了。他在战争时期没有机会去领导他的人民，因为德国人把他和他的人民隔离开了。

随着战争的推进，比利时国内外都开始批评利奥波德的公开沉默。尤其是对他没能像威廉明娜和哈康在伦敦通过 BBC 所做的那样，公开号召他的同胞们挺身对抗德国人颇有微词。他的批评者们对威廉明娜和哈康比他有更大的自由度来挑战纳粹这一事实似乎熟视无睹。荷兰历史学家詹姆斯·H. 赫伊津哈指出：“如果他公开支持盟军的事业，希特勒就不会再对他做出任何让步了。”

也有人指责利奥波德在 1940 年 11 月在贝希特斯加登与希特勒会面。据说国王去德国要求元首释放所有的比利时战俘，为他的国家提供更多的粮食并保证比利时的“国家完整”。他的所有要求都被置之不理。在那次旅行之后，利奥波德和他周围的任何人都没有公开透露过安排那次旅行的原因，而传言说他正在与德国人合作。

对利奥波德不利的另一件事是他在 1941 年 9 月与一位在伦敦出生的比利时政府高级官员的女儿玛丽·莉莲·贝尔斯（Mary Lilian Baels）的婚姻。贝尔斯不仅不是贵族出身，更糟的是在许多瓦隆人的眼中，她有佛兰芒血统。按照比利时的传统，为了避免冒犯瓦隆人或佛兰芒人，人们期望国王会找一位外国皇室血统的新娘。利奥波德的第一任妻子阿斯特丽德是瑞典的一位公主。她符合了传统的要求，并在去世之前深得比利时公众的喜爱。利奥波德在战争期间为了寻求个人的幸福，尤其是选择了不合适的人做妻子这件事冒犯了许多人。

对此感到最为恼火的是在伦敦的比利时流亡政府成员，特别是首相于贝尔·皮埃洛和外交部部长保罗－亨利·斯帕克，他们于1940年5月比利时宣布投降之后干了很多事情来抹黑利奥波德。在他们因曾敦促比利时与德国的和平谈判而受到攻击之后，皮埃洛和斯帕克不得不表示全心全意地支持英国对抗德国法西斯的努力和对国王的忠诚。在1940年，国王深受比利时人的拥戴，而他们则不受欢迎。

但到1943年，情况就大不相同了。利奥波德的被动姿态，被一些比利时人视为亲德的态度，从而使他和许多同胞疏远了。另外，他和他的顾问没有及时和流亡政府沟通，更加剧了彼此之间本已深刻的不满。1943年11月，皮埃洛和斯帕克写信给利奥波德，要求他罢免伦敦流亡政府认为是反盟军的朝臣，并发表公开声明谴责比利时的德国合作者。他们还坚持要求他公开否认最近的一个传言，说他打算战后在比利时建立一个独裁政权。詹姆斯·赫伊津哈写道，“想象一下国王的感受并不难。这些人三年前曾玷污了他的荣誉，而现在又肆无忌惮地对他进行新的侮辱。”在他看来这是一种不可容忍的冒犯。

利奥波德在回复时只答应尊重和服从比利时宪法。一年之后，国王再次给皮埃洛和斯帕克写信，严厉斥责他们“对比利时主权和国旗的无端攻击”，对国家造成了“无法估量的伤害”。利奥波德继续写道，在他们承认错误并“作出了充分和全面的修复”之前，不得允许这两位官员在解放后的比利时行使任何权力。

比利时国王和流亡政府的最高领导人再次宣战。但是，直到1945年2月比利时解放和举行全国大选之后，这种敌意才成为一个重大问题。虽然斯帕克仍然担任外交部部长，但皮埃洛的首相职位被社会党的领导人取代，而社会党反对将利奥波德作为国王迎回比利时。事实证明，整个国家对利奥波德的态度也是分裂的。这反映了左派和右派之间的传统分裂，社会主义者和瓦隆人反对利奥波德，而天主教主导的基督教民主党和佛兰芒人则支持他。

当利奥波德在 1945 年 5 月获得自由时，社会党执行委员会要求废除他的王位，而天主教的议员则要求他立即回国。布鲁塞尔自由大学校长给国王写了一封信。他在信中写道，如果利奥波德回来的话，他担心说法语的瓦隆人地区会发生暴乱，“问题不在于对你的指控是否正确……而是你已不再是比利时统一的象征”。

当获得自由的利奥波德与比利时官员会面时，他承诺将履行皮埃洛和斯帕克早些时候提出的要求：罢免他的高层助理，严格遵守国家宪法，迅速惩罚德国人的合作者。但这对于社会主义者占了大多数的政府成员来说是远远不够的。在斯帕克的带领下，政府成员威胁说，如果国王回来，他们就辞职。并补充说，如果因国王回国而发生暴力事件，他们将不会采取任何行动去维持法律和秩序。

由于在政治上不可能让利奥波德重新坐上王位，于是政府通过了一项法案，声称除非受到议会邀请，否则他恢复王位将是违宪的。虽然利奥波德拒绝退位，但他接受了一个折中的方案：同意和流亡在瑞士的家人一起生活，任命他的弟弟查尔斯为摄政王。

利奥波德在向他的人民告别的讲话中感叹地指出：“我无法分享你们在这一刻所感受到的获得解放的幸福。在遭受了囚禁和流放痛苦的比利时人中，我是唯一一个不被允许回到我的家园和祖国享受胜利喜悦的人。”

然而，尽管利奥波德面临着许多困难，他和其他的比利时人与西欧其他国家的公民一样，能够在他的余生中自由生活。捷克斯洛伐克和波兰的公民就没有那么幸运了。他们注定要从战时生活在一个残酷的暴政之下转入战后生活在另一个“独裁统治”之下。

第 26 章

年轻人，你为什么哭泣

西方背弃了波兰和捷克斯洛伐克

在关于第二次世界大战的诸多假设中，最令人感到困惑的就是如果在战争即将结束时，乔治·巴顿将军被允许做他非常想做的事情——带领第三军解放布拉格的话，捷克斯洛伐克的局势可能会是什么样的？如果巴顿将军率领部队进入捷克首都，那么美国作家凯莱布·克雷恩（Caleb Crain）所推测的“下半个世纪的铁幕会有一个完全不同的形状”会成真吗？

对于将捷克斯洛伐克置于苏联势力范围之内感到后悔的温斯顿·丘吉尔显然是这样认为的。丘吉尔在 1945 年 4 月 30 日向新任美国总统杜鲁门呼吁道：“在我们看来，如果由美军来解放布拉格和尽可能多的捷克斯洛伐克西部领土，将会根本改变战后捷克斯洛伐克的形势，并可能对邻近国家的状况产生很大的影响。”

美军第三军于 1945 年 4 月底突破了捷克斯洛伐克西部的边界，并将德国军队逐出了包括中世纪城市比尔森在内的三个捷克最西端的城镇。那是战争期间，唯一抵达东欧地区的西方盟军部队。美国人很轻松地战胜了已丧失战斗意志的德国军队，而巴顿也急于继续前进，但他被拦住了。艾森豪威尔下令不准他越过比尔森以避免激怒苏联人。

在那个时刻，苏联红军还没有像在波兰那样深入捷克斯洛伐克的领土。虽然捷克总统爱德华·贝内什于 1943 年与斯大林签署了一项合作条约，但他的国家仍被视为一个主权独立的国家。如果华盛顿同意让巴顿继续前进，布拉格可能就会像成熟的梨子一样落入西方盟国的手中。巴顿的部队离布拉格只有 40 英里路程了，而且通往城市的道路畅通无阻。相比之下，苏军距离捷克首都至少还有 120 英里。

杜鲁门总统的国务卿爱德华·斯退丁纽斯同意丘吉尔的看法，他认为捷克斯洛伐克不应该落入苏联人的手中，并敦促总统授权让巴顿前进。然而，杜鲁门当时入驻白宫只有两个星期，他把决定权交给了乔治·马歇尔。陆军参谋长又把这个球踢给了艾森豪威尔，而艾森豪威尔说："不行。"

尽管所有这些外交和军事的"踢皮球"行动还在进行，但布拉格的居民在听到美军已经到了附近地区的消息后群情沸腾。他们深信巴顿的军队正在解放他们的途中，他们急切地回应了捷克抵抗运动广播电台 5 月 5 日的呼吁：起来反抗他们的占领者，帮助前进中的盟军赶走布拉格的敌人。

就像华沙起义时的情况一样，德国人拼命镇压武装起义的捷克人。德国军队在血腥的街头战斗中击败了抵抗战士，而党卫军部队则将平民赶出家园，用机枪扫射他们。14 世纪建造的布拉格市政厅也像其他几座地标建筑一样，被放火烧掉了。

在布拉格和华沙的起义之间，除了规模之外，还有一个很大的区别：西方盟军与布拉格的距离已经很近了，可以立即向抵抗战士提供援助。巴顿在听到美国情报人员报告关于城里起义的消息后，恳求他的上级奥马尔·布拉德利将军允许他尽快前往布拉格。巴顿大声说道："看在上帝的分上，布拉德利，这些爱国者需要我们的帮助！我们不能再拖延了！"为了确保布拉德利不会越权命令巴顿发起进攻而承担任何责任，巴顿主动提出是自己擅自行动。他是"在第三军实际上已在布拉格市内时，从街头电话亭打电话向布拉德利报告的"。

然而，布拉德利坚持要让艾森豪威尔来做这个决定，而艾森豪威尔再次拒绝了。他说，在任何情况下，都不允许巴顿拿下布拉格。他唯一关切的就是一如既往地尽快结束战争，他不认为夺取捷克首都会在战略上带来任何好处。艾森豪威尔认为，解放布拉格除了会让美国军队遭受更多的伤亡之外，还会让美国人与苏联发生对抗。乔治·马歇尔同意艾森豪威尔的看法，他认为："就个人而言，除了所有的后勤、战术或战略问题以外，我根本不愿为了纯粹的政治目的而伤害美国士兵的生命。"事实上，尽管马歇尔不肯承认，在当时的情况下，不与苏联人发生对抗，正是美国作出不去解放布拉格决定的"政治目的"。

艾森豪威尔没有告诉布拉德利和巴顿的是，他已经就向捷克首都派遣美国军队的可能性咨询了苏联人，而遭到了苏联人断然拒绝。一位捷克共产党官员多年后说："我们共产党人意识到，如果让美军进入布拉格，他们将成为我们的解放者。这将成为有利于资产阶级的一个重要的政治转折。"

5 月 9 日，欧洲战争结束的第二天，布拉格起义四天之后，苏军抵达了城市的郊区。布拉格落到了苏联人的手中，而捷克整个国家很快也是如此。捷克外交官约瑟夫·科贝尔指出："捷克人民都很清楚最后几天军事策略所造成的结果。西方对捷克斯洛伐克的民主不感兴趣，把它的命运留给了共产党人和苏联的军事力量。这种认识对捷克人民的士气和心理产生了巨大的影响。经过六年的痛苦，像做了一场噩梦一样，他们再次看到了像发生在慕尼黑那样的事情。"英国外交部副部长奥姆·萨金特（Orme Sargent）爵士告诉一位朋友说，由于美国人没有向布拉格推进，"苏联人和捷克共产党人将会获得此荣耀……西方现在肯定失去了捷克斯洛伐克"。

当红军最终进入那个城市的时候，他们从一些布拉格市民眼中似乎又看到了"绝望"。红军对待他们所谓盟友的捷克人更像是征服者而不是解放者，因而发生了许多令捷克人极度失望、严重违反军纪的情况……

与此，巴顿的军队仍待在 40 英里之外。

爱德华·贝内什从捷克斯洛伐克东部的科希策镇非常担心地看着正在布拉格发生的一切。没有人比他更加急切地希望看到第三军去解放布拉格。当贝内什听到巴顿进入捷克斯洛伐克的时候，他因为难以抑制的激动，以颤动的声音脱口喊出："感谢上帝，感谢上帝！"他立即发电报给巴顿，祝贺并欢迎美国将军的到来。

和英国政府一样，贝内什对与斯大林保持友好关系产生了严重的疑虑。根据他在 1943 年 12 月与苏联签署的条约，他同意按照斯大林的指令，通过莫斯科返回捷克斯洛伐克。当他和他的政府在 1945 年 3 月这样做时，苏联领导人又要求将在莫斯科度过战争年代的捷克共产党人任命为战后领导捷克斯洛伐克政府主要机构的部长。贝内什虽然有些犹豫，但最后还是答应了。只有司法部和外交部这两个最关键的职位没有给共产党人，仍由扬·马萨里克继续领导。

捷克斯洛伐克情报部门总监弗兰齐谢克·莫拉维克回忆说，贝内什带着对未来的担忧，"毫无热情且疑虑重重地"前往莫斯科。事实上，捷克总统曾试图以患病为由推迟那次旅行，但斯大林坚持要他立即成行。按照莫拉维克的说法，贝内什"由于他曾作出的把自己的信任放在苏联人手中的决定，而现在正在走向他为自己和他的人民准备的必然结局"。

整个战争期间，贝内什都毫不犹豫地服从了斯大林的命令。他对苏联人表现得百依百顺使他周围的人感到非常沮丧。约瑟夫·科贝尔指出："贝内什在与苏联打交道时，不是把苏联作为捷克斯洛伐克必须要考虑的欧洲不可忽视的影响力之一，而是把它当作保全并重建捷克斯洛伐克绝对重要的唯一因素。以至于对方可以用这个国家的核心价值来讨价还价……就像在慕尼黑一样，他没能为国家的独立挺直腰板。"

莫拉维克也有同感。他回忆说，在战争的后期，一名实际上是内务部特工的苏联外交官曾经告诉他，如果他把关于英国情报部门和贝内什战后政治和军事计划的情报交给苏联人，他将在战后的捷克政府中获得一个高级职位。莫拉维克说："我问他怎么胆敢要我去做间谍，监视我的总统和在六年战争期间热情接待了我的英国同事？"当莫拉维克把此事告诉贝内什时，总统似乎也为此感到震惊，但告诉他"不应该以西方的道德标准来评判"苏联人。

不久之后，莫拉维克意识到苏联特工也曾向贝内什提出过一些要求。总统曾经一度向莫拉维克提到"我们的军队中的法西斯分子"的问题。吃惊的莫拉维克答复：“我们的军队没有法西斯分子。但是贝内什重申，必须面对这个问题。法西斯主义者必须被遏制并清除掉。共产党人显然给了他一张他们认为在政治上不可靠的人的名单……即所有不是共产党的人。”

到了4月初，贝内什和他眼下的由共产党人主导的政府跟随苏军最终抵达布拉格。由于曾经反抗过苏联，莫拉维克不再是贝内什政府的一员，他被解除了捷克情报部门总监和国家武装部队副总参谋长的职务。他在回忆录中写道，从此之后“我被共产党人视为第一号敌人”。

然而，尽管共产党人开始巩固自己的政治利益，捷克还是重新获得了战前享有的一些自由。允许在报纸上发表不同的观点，书店中有西方的书籍出售，既有现代的著述也有经典的著作，而这些书籍在纳粹时期都是被禁止的。电影院里也放映美国和英国的电影。大多数捷克人都安于这个看似恢复到战前正常的状态。但是有些人，像莫拉维克那样的人，都知道“达摩克利斯之剑”已经悬挂在他们国家的头上了，而且是挂在最细的那根线上。

对于波兰人来说，那把剑早已掉了下来。他们的未来早在欧洲胜利日之前三个月的1945年2月的雅尔塔会议上就被决定了。在那个时候，由于苏联在军事上的胜利，斯大林在东欧事务上无疑占据着主动地位。当他在1945年2月初同罗斯福和丘吉尔坐下来商讨时，苏军已经把德国人从波兰、匈牙利和南斯拉夫的大部分地区赶了出去，并有效地控制了保加利亚和罗马尼亚。苏联军队已经进入了奥地利，并深入到德国领土，抵达了柏林以东45英里的奥得河畔。

有关波兰的问题是雅尔塔会议的中心议题，占用了更多的时间，也产生了不少的摩擦。尽管如此，讨论是徒劳无益的。丘吉尔试图说服自己不要多做揣测，而斯大林则决心要统治整个波兰。他坚持要让苏联在1944年夏天建立的亲苏政府在战后控制整个国家，他的主张得到了罗斯福的支持。罗斯福说，“在从美国来的路上”，他对波兰问题“有一种鞭长莫及的感觉”。他明确表示，他对波兰问题的兴趣完全局限在这个国家对自己政治前途有多大影响的范围之内。

罗斯福对于苏联将成为欧洲大陆占压倒优势的军事和政治力量明显缺乏关注，也让斯大林从中得益。丘吉尔认为，罗斯福告诉斯大林他计划在两年之后把所有的美国军队，甚至包括在德国的军队都撤出欧洲时，将使情况变得更加糟糕。为了阻止苏联的一统天下，丘吉尔在峰会上“像老虎一样战斗”，以确保法国能在战后的欧洲发挥尽可能大的作用。他认为英法两国至少可以在某种程度上起到与苏联人相制衡的作用。在首相的不断压力之下，罗斯福和斯大林才勉强同意让法国成为盟军的占领国之一。

然而，当讨论转向在波兰建立独立政府的问题时，曾多次允诺在伦敦的波兰人会为他们赢得自由的丘吉尔，却并没有像他在法国问题上那样进行激烈的斗争。诚然，在讨论初期，他的确提出过“波兰必须是自己屋子的主妇，是自己灵魂的主人”的论点。然而，斯大林对这种高调的言论并没有耐心，也不会改变他的主意。面对斯大林的顽固态度，在没有得到罗斯福总统支持的情况下，丘吉尔妥协了。他和罗斯福接受了苏联扶持的波兰政府。根据协议：波兰政府应包括“波兰移民圈”中的几位领导人，并将尽快举行自由选举以建立一个永久性的政府。尽管苏联从来没有在自己的国家里进行过这样的选举，但罗斯福和丘吉尔决定接受斯大林的说辞，波兰的选举将不会有强制性的投票。

当两位西方盟国领导人把波兰的国家治理交给由苏联控制的共产党政权的消息公布之后，给在英国的波兰人带来了沉重的打击。在 2 月 13 日晚登上皇家空军轰炸机之前，一名战争初期曾在苏联的古拉格集中营当过囚犯的年轻的波兰飞行员，绝望地坐下来写了一封信给他的一位朋友。他写道：“想想看吧，我和其他许多人一样，在这个世界中磕磕绊绊，像犯罪分子一样，忍饥挨饿，躲在森林里逃跑——只是为了争取……什么？”他那天晚上将要飞行，“他们说，尽管心中充满了愤怒和绝望，这是我们该做的事情……如果德国人现在打死了我，我甚至不知道我的死是为了什么。为了波兰，为了英国，还是为了苏联？”10 天后，他在执行又一次对德国轰炸的任务时牺牲了。

波兰流亡政府拒绝接受雅尔塔协议，指责它违背了盟军作战的基本原则。

但是，流亡政府指示波兰军队继续战斗，“维护和平、尊严和团结，并与英国、加拿大、美国和法国的士兵保持友好关系”。

在意大利的瓦迪斯瓦夫·安德斯将军和波兰第二军团中的大多数人在战争初期都曾在苏联的古拉格集中营中待过，在听到雅尔塔协议后的最初反应是放下武器不干了。但是在 1944 年 5 月攻占了蒙特卡西诺的波兰第二军团被公认为是英军第八军中最出色的部队之一。它在意大利战役中扮演着非常重要的角色，眼下是不可能从战线上撤下来的。英军最高指挥部拒绝了安德斯撤回他的部队的请求，波兰将军服从了命令，继续指挥他的部队作战。波兰军队继续推进，在战争结束之前几个星期攻下了博洛尼亚。

当他们向北方扫荡前进的时候，第二军团的士兵们解放了一个又一个意大利小镇。他们周围挤满了欢呼雀跃的人群，许多人喊着：“波兰万岁！”妇女向他们扔来花束，男人向他们递来一杯杯红酒，女孩拥抱并亲吻他们。对于波兰人来说，那是一段苦乐参半的时光。一位士兵回忆说：“一方面，我很高兴能够给这些人带来自由。但另一方面，我感到遗憾的是我走过的不是一条波兰的街道，我没能把自由带给我的人民和国家，这并不是在实现我们的梦想。”

雅尔塔协议签署后不到一个月，伦敦就收到报道说苏联人在克拉科夫和其他主要城市逮捕了大批波兰人。成千上万的波兰人已经被送往苏联的古拉格集中营。而另外一些人，其中大多数是原救国军的官兵，正在被内务人民委员会指控为“法西斯主义者”的间谍。根据波兰地下运动组织的一个记载，许多救国军的成员“遭受殴打和酷刑，甚至死亡”。

1945 年 3 月下旬，波兰抵抗运动的 16 位杰出领导人在被邀请与苏联军事指挥官会面后失踪了。在失踪的人中有好几位原本是战后波兰政府高层职位的主要候选人。在接下来的六个星期里，苏联对英国向他们重复提出的查清这些人下落的要求不予理睬。最后，他们透露说那些波兰人已经被捕了。那些领导人后来都被判处长期徒刑，其中有四人在监禁期间死去。

尽管有那么多苏联对波兰人实施“野蛮统治”的报道，英国和美国仍然在追逐着“盟军团结”的“黄粱美梦”，于1945年7月5日取消了对波兰流亡政府的正式承认，转而承认在华沙的共产党人政府。马克斯·黑斯廷斯指出：“波兰人在战争中没有获得任何东西，有的只是在现实权力游戏中付出的牺牲。”

快到7月底时，英国举行了自1935年以来的第一次大选。当选票统计最终得出结果时，在战时如此鼓舞人心的温斯顿·丘吉尔，被疲倦、厌战的选民毫不客气地“赶出了”办公室，他们决定选择工党来管理他们残缺的经济。选民们似乎认为，几乎一生都在处理外交事务的丘吉尔，并不适合应对新的国内问题的挑战。他们的看法似乎有一点道理。年满70的丘吉尔，他的注意力主要还是在国际事务上。他对苏联在东欧和中东欧大部分地区的统治地位越来越担心，波兰的局势尤其让他感到困扰。从他不习惯的议会少数派议员的议席上，敦促英国人不要背弃波兰人，但他没有提及他在确定波兰命运中曾扮演过的重要角色。

新首相克莱门特·艾德礼（Clement Attlee）和他的工党政府对局势有着不同的看法。他们比丘吉尔更渴望与莫斯科建立并保持良好的关系，而且不愿意做任何可能危及实现这一目标的事情。

当时，有20多万波兰军人在英国。那些退伍军人来自几乎是欧洲和中东的所有战线，包括挪威、利比亚、法国和意大利。艾德礼政府把波兰人在英国的存在称为“增加政治困窘局面的根源”，并极力迫使他们回到共产党人控制的波兰。

英国的军队高层，特别是英国皇家空军的高级指挥官们对这种压力感到非常愤怒，尽管他们理解政府那种“冷酷并且冷淡态度”背后的理由。英国皇家空军明确表示，他们不会背弃“最强壮、最忠实、最守信和最持久的欧洲盟友”。1946年1月，空军总部的一份报告宣称：波兰飞行员“是英国皇家空军的重要组成部分，他们在整个战争期间一直与我们并肩作战，他们在不列颠之战中和我们在一起，他们从‘D日行动’发动时和我们在一起，直到彻底打败德国。仔细想一想，在他们的悲惨时刻，无法想象能对他们不施以同情并真诚相待”。

这份报告显示出英国皇家空军对波兰人的态度发生了巨大变化。当六年前波兰飞行员刚到英国时，他们被很多英国同行看不起。但是他们的勇气、韧劲和飞行技巧，尤其是他们在赢得胜利的不列颠之战中发挥的关键作用，已经把英国人对他们的大部分的偏见扫地出门，取而代之的是感恩和友谊。

尽管艾德礼政府拒绝了英国皇家空军对在英国的14000名波兰飞行员和地勤人员给予优惠待遇的请求，但它停止了试图迫使波兰人返回波兰的行动。绝大多数波兰军人已经明确表示不会回到由苏联控制的波兰，尽管大多数人的家庭或亲人还在那里。英国政府为了应对波兰人留在英国的现实，成立了一个名为波兰移民安置队的组织，为他们提供临时工作，直到他们能找到永久性工作为止。

在获得庇护之后，成千上万的波兰人在战后的英国定居下来，并试图重建他们破碎的生活。留下来的有安德斯将军、阿纳姆波兰伞兵旅的司令斯坦尼斯瓦夫·索萨波夫斯基将军和波兰驻英国大使爱德华·拉辛斯基伯爵。拉辛斯基伯爵在他的回忆录中盛赞了英国的仁爱大量。他写道：“纵观我们的历史，没有哪个国家的波兰流亡者得到过更慷慨和更具想象力的帮助。不仅当局态度友好，英国人民也易于相处。”

然而，其他波兰人并不具有拉辛斯基那样的优越地位。他在伦敦生活了很多年，心里知道得很清楚。他有钱、有很高的社会地位，而他的大多数同胞却并没有那些。在惨淡紧缩之下的战后英国，他们必须努力寻找工作和生活的地方。他们还得在严峻的现实中苦苦挣扎，可能会永久流亡一生，再也见不到自己的祖国和亲人。

更令他们感到痛苦的是，艾德礼政府试图掩盖波兰对盟军取得胜利所作出的重大贡献。在1946年6月8日，英国举行了一场精心准备的胜利大游行，邀请了30多个盟国的武装力量来到伦敦，欢聚一堂，共同庆祝他们的胜利。那天，沿着林荫路向白金汉宫行进的队伍中有捷克人、挪威人、中国人、荷兰人、法国人、伊朗人、比利时人、澳大利亚人、加拿大人、南非人、锡克教徒、阿拉伯人，还有许许多多其他国家的人，然而却看不到曾是欧洲盟军军力第四大贡献者的波兰人。英国政府因为害怕得罪苏联，特意禁止他们参加游行。

教堂的钟声响起，人群中爆发出一阵阵欢呼声，波兰的战争老兵们站在人行道上观看游行。一名波兰飞行员看着正在经过的游行队伍，然后转身走开了。一位站在他旁边的老妇人疑惑地看着他，问道："年轻人，你为什么哭泣？"

当那些流亡的波兰人在英国和其他地方为自己创造新的生活时，大约有3万名他们的同胞决定回国（占战争结束时，留在英国的波兰人的15%）。他们对祖国和家庭的渴望比在苏联控制下对未来的恐惧更为强烈。在那些回去的人中间就有年轻的波兰密码学家马里安·雷耶夫斯基，是他首先破解了德国人的恩尼格玛密码。雷耶夫斯基在英国度过了战争的最后两年，但他从未被允许进入布莱切利公园。当战争结束时，在那里工作的人中几乎没有人知道他们对他和波兰的其他密码学家有多大的亏欠。因为有了他们，"超级"解码机才成为可能。

雷耶夫斯基和他的六名波兰同事在普罗旺斯郊区的一座僻静城堡中与古斯塔夫·贝特朗德少校和他的法国团队继续合作破译德国密码，直到1942年11月。维希法国人和德国人受到的威胁越来越大。到11月初时，德国移动测向队开着车顶上装有圆形天线的厢型车和卡车，开始在那个地区到处探测。

11月8日上午，贝特朗德和他的小组知道了盟军进入北非的消息。三天以后，他们被告知德国人将占领维希政府治理下的法国。在听到那个最新的消息之后几个小时，所有的密码破译人员都逃离了城堡，波兰人在法国里维埃拉海岸的戛纳躲藏了起来。按照贝特朗德设计的逃跑计划，他们分成两组通过比利牛斯山脉逃往西班牙，但在行动的过程中遭受了严重的挫折。第一组的向导在他们开始向比利牛斯山进发时就抛弃了由他带领的五个人。波兰人找不到人来帮助或提供建议，只能自己摸索前进。他们最终找到另一个向导，但却把他们出卖给了盖世太保。所有五个人都被送往了德国的集中营，其中有两人在战争结束前死亡。英国政府的战争科学首席顾问雷金纳德·琼斯博士指出：“那些人中的任何一个都可以用告诉他们的抓捕者恩尼格玛已经被破译的消息来交换自己的自由，但没有一个人那样去做。他们对盟军的忠诚就像他们在密码学方面的辉煌成果一样无与伦比！”

第二组由雷耶夫斯基和亨里克·佐加尔斯基（Henryk Zygalski）组成。佐加尔斯基是首先破解了恩尼格玛密码的三位年轻密码专家中的一位，他们也陷入了可怕的困境。当他们在1943年1月底越过了比利牛斯山脉时，他们的向导拔出了一把枪指向他们，要他们把身上带的所有钱物都交出来。他们自行走到了西班牙，但立即被西班牙警方拘留并关进了监狱。他们在西班牙的多个监狱里辗转，直到5月初在波兰红十字会的努力下获得释放，终于在8月份坐船到了英国。

当仍然留在法国的贝特朗德得知雷耶夫斯基和佐加尔斯基抵达英国海岸时，他禁不住大声说道：“英国人得到了一个多么大的意外收获啊！”在他看来，布莱切利公园的上层管理人员将张开双臂来欢迎波兰人的到来，这似乎是合乎逻辑的结局。然而相反，显然是由于“安全因素”的缘故，波兰人被禁止进入布莱切利公园。他们被分配到了位于伦敦附近一个小镇博克斯莫的一个小型破译单位工作。他们在那里的工作就是破译党卫军在被占领的欧洲国家使用的低级密码。在布莱切利公园日本密码部门工作的艾伦·斯特里普（Alan Stripp）后来曾说：“让他们在那种密码上工作就像使用赛马来拉货车一样。”

在斯特里普看来，将雷耶夫斯基和佐加尔斯基安排到布莱切利公园工作不仅是对他们为“超级”解码机所做出的贡献的认可，而且还将为那些仍在为破解复杂的恩尼格玛海军密码而苦斗的英国密码破译者带来极大的好处。斯特里普说：“我们不能否认这样一个事实，波兰人对德国密码机器以及德国密码人员习惯的深度了解即便不是破译恩尼格玛海军密码的决定性因素，但也会非常有帮助。英国情报部门把我们可以得到的、具有非凡专业知识的专家抛在了一边。”

受到英国人冷遇的雷耶夫斯基在1944年末起草了一份给波兰流亡政府的报告，建议敦促英国人“像一贯忠诚地与他们合作的波兰人一样，与波兰人（密码学家）诚挚合作”。波兰流亡政府确实要求军情六处对雷耶夫斯基和佐加尔斯基给予帮助，但是没有得到回应。很显然，英国的安全和情报官员认为波兰人在维希法国逗留了两年，并被关在西班牙监狱里五个月，他们已经被污染了。尽管事实上这两位密码学家从未落入德国人或维希法国人的手中，但英国人却拒绝重新考虑。

波兰人的遭遇没能得到缓解还有另一个原因，即在战争初期曾与他们密切合作的布莱切利公园官员迪伦·诺克斯和阿拉斯泰尔·丹尼斯顿已无法出面为他们说话了。布莱切利公园负责人丹尼斯顿在1942年底被撤换了；对波兰人最为推崇的诺克斯已在雷耶夫斯基和佐加尔斯基来到英国之前三个月，死于癌症。

由于那两个人都不在了，在布莱切利公园里似乎没有一个人还记得1939年和1940年曾发生过的重大事件：在英国人和法国人对华沙访问期间，波兰人送给他们的“礼物”——仿制的两台恩尼格玛机器和他们用来破译早期密码的技巧，以及英国和波兰－法国破译中心之间的密切合作。现在恩尼格玛的破译已经为英国人所垄断，波兰的密码学家和他们的重要贡献都被推到了“阴影”之中。艾伦·斯特里普指出：“很明显，在为破解恩尼格玛而工作的许多人中，很少有人知道波兰人的贡献。像在许多其他事项上一样，‘有需要才知道’的原则也延伸到了那里。”

事实上，布莱切利公园的一些新人也知道一些波兰人参与的“不太清晰版本”的信息。雷金纳德·琼斯曾在布莱切利公园待过一段时间，布莱切利公园的副首席长官告诉他，波兰人想办法偷到了一台恩尼格玛机器，并把它送给了英国人。琼斯说：“这样的偷盗当然会是一项包含着各种隐秘工作的行动，但它本身对密码学家来说并不是一件邪恶的事情。”后来成为布莱切利公园负责恩尼格玛工作的领导人——戈登·韦尔奇曼在刚被录用时，也听到过同样的故事。

琼斯在1978年出版的他的战争回忆录中，重复了波兰人偷盗德国密码机的故事。韦尔奇曼在1982年写的关于他在布莱切利公园工作的书中也是这样说的。当两个人后来得知波兰人真正做了什么之后，都感到非常懊恼。琼斯说："我给他们的荣誉是完全不够的。"他试图在后来的另一本回忆录中对此加以修正。韦尔奇曼在1985年去世前不久写了一篇长篇论文，题目是"从波兰的'邦巴'到英国的'邦贝'：超级的诞生"。文章的开头写道："就在第二次世界大战爆发之前不久，由杰出的马里安·雷耶夫斯基带领的三位数学家组成的波兰密码破解团队，已经愉快地破译了德国军方的恩尼格玛机器的密码好几年了。"韦尔奇曼在文章后面写道，如果没有波兰人前面的工作，"超级"解码机将永远无法获得成功。尽管韦尔奇曼的谢词是真诚的，但却无法改变英国人破解了恩尼格玛密码的传统观念。而无论怎样的"公正"评价，对改善马里安·雷耶夫斯基战后的处境来说，都显得太晚了些。

当战争结束时，雷耶夫斯基深感忧郁，身体也不好，正经受着他在西班牙被监禁时患上的风湿性关节炎的折磨。他打消了留在英国的念头，没有什么东西可以让他留在英国。他非常渴望与分别已有六年之久的妻子和两个孩子团聚。雷耶夫斯基和家人一起在他的家乡，波兰北部的一个城市——比得哥什住了下来。就像战争期间在英国居住过的其他波兰人一样，他在返回祖国的那天起就一直受到秘密警察的监视。在波兰共产党人的政府看来，以往曾与西方有任何的接触都等同于与"法西斯主义"有联系。几千名曾以不同方式与德国人作战的波兰人，无论是作为抵抗战士还是作为退伍的波兰军队成员，多已被逮捕并遭到监禁。有些人甚至遭受酷刑并被杀害。在回家以后的许多年里，雷耶夫斯基的信件仍被打开检查，他的电话仍被窃听。他的朋友和熟人经常被盘问有关他的问题，特别是关于他在战争年代做过的事情。然而，安全官员们从来没有发现他与破解恩尼格玛的关系，他一直是自由的。

雷耶夫斯基尽其所能避免引起当局的注意。他从未涉足任何政治或社会活动，也没有去从事过高水平的数学工作。相反，他一直在一些低级职位上工作，包括担任办公室的文员。一位波兰历史学家称雷耶夫斯基的战后生活"完全是令人压抑的"。他的女儿说，直到1980年去世，他一直生活在"一片荒芜"之中。

直到21世纪，英国政府才终于正式承认波兰人确实在破译恩尼格玛密码方面发挥了作用。2001年7月12日，在布莱切利公园的场地上竖起了纪念他们贡献的纪念碑。即便如此，这对他们开创性的工作仍然是不公平的。纪念碑的题词说：波兰人的努力只是“极大地帮助了布莱切利公园的密码破译者，并为‘二战’中盟军的胜利作出了贡献”。

在2014年，英国信号情报机构政府通信总部（GCHQ）的负责人伊恩·洛班（Iain Lobban）将恩尼格玛密码的破解视为一场接力赛，波兰人将接力棒交给了英国人，最终由整个团队“赢得了奖牌”。这听上去很客观——但事实是直到今天，那支接力队的第一棒选手们仍被剥夺了他们在比赛胜利结束时分享全部信任和荣誉的权利。

第 27 章

这是一个集体的错误

与德国人合作的阴影对战后欧洲政府格局产生深远影响

当欧洲战争即将结束之时，有一个荷兰小男孩幻想着和平时期的生活将会是怎么样的。他说：“一定会有食物、煤气、电灯和水；会有报纸、电影和舞蹈；火车和有轨电车将会开动；被抓去德国强迫劳动的人将会回来，我们的战俘和学生也将回家，我将可以随时出门；当一辆汽车开到我家旁的街道上，当我家的门铃在晚上响起时，我不会害怕；街上会有汽车，失散的家人将会团聚。”

但正如这个男孩很快就会发现的那样，战后在荷兰以及残破不堪、一贫如洗的欧洲其他地方的残酷生活现实与他自我安慰的白日梦想毫无相似之处。到处看到的都是被炸毁的建筑物。仅在法国，就有 150 多万座建筑被摧毁，其数量几乎是第一次世界大战的两倍。在整个欧洲大陆，铁路、桥梁、堤坝、码头和港口都成了废墟。曾经的肥沃农田被淹，城市是一片荒凉的景观，邮政、电话和其他重要的城市基础服务设施都不存在了。到处都缺粮，煤和其他燃料也是如此。在 1945 年和 1946 年这两个欧洲历史记录上最寒冷的严冬期间，大多数家庭、办公室和学校都没有供暖。用美国记者西奥多·怀特（Theodore White）的话来说，欧洲国家的现代文明“已经到了穷途潦倒无以复加的地步”。

当欧洲国家为了生存而苦苦挣扎，并逐步开始大规模重建的时候，各国都不得不面临一个重要而复杂的问题——如何对待和处置“合作者”。在德国人占领时期，虽然许多公民曾经抵制过德国人，但还有不少人曾与德国人合作过。像许多与战争有关的问题一样，“合作的问题”涉及多重的复杂层面，包括如何定义所谓的“合作”。对于包括英国作家和前军情六处特工马尔科姆·马格里奇在内的一些人来说，这个定义是显而易见的：“在德国的占领下，每个没有潜伏参加地下抵抗运动组织或逃到国外的人都是某种程度上的‘合作者’，而且完全应该被认定为‘合作者’。”居住在英美等未被占领国家的人往往会持有这种黑白分明的看法。结果他们就完全不能理解在德国人占领下生活的两重性。英国小说家保罗·沃特金斯（Paul Watkins）说：在英国和美国，“我们认为自己是好人。我们不必去考虑以‘合作者’的身份生活会是什么样子。任何合作的人都很软弱，他们应该和坏蛋一起去死”。

那些以简单的方式来思考“合作者”的人，不能理解在社会规范崩溃的不文明、不稳定的环境中求生存的现实。沃特金斯说：“如果你想吃东西、上学和工作，你就必须选择与德国人合作。唯一的别样选择是‘消失在山上’（参加抵抗运动组织），否则就有被送到集中营的危险。如果你希望像以前那样生活，你唯一的选择就是按照占领当局命令你的那样去做。”

著名的英籍俄裔哲学家和历史学家以赛亚·伯林（Isaiah Berlin）爵士在评论“合作”时更倾向于对人性的理解：为了能在战争中活下去，一个人可能会被迫与德国人打交道，但是“你不必让他们感到舒适”。经历过德国占领法国的历史学家斯坦利·霍夫曼对“合作”有另一个更为复杂的定义。霍夫曼把“合作”分为两类：一类是人们为了生存而不情愿地接受不得不做的“合作”；另一类是为了自己的利益而积极帮助敌人的自愿“合作”。

然而，不管“合作”是如何被定义的，那些被认为有罪的人在战争结束后都遭到了来自民间自发的“暴力”报复。一位历史学家指出，在每一个被占领的国家，抵抗组织成员和其他公民都满腔怒火地行动起来，惩治那些曾经的告密者和“合作者”。“他们完全无视了个人的公民权利，就像在战争期间那些‘合作者’对抵抗运动组织成员所干的一样”。在法国，这种复仇尤其凶猛，它在那里被称为“野蛮净化”。

在战争刚结束后的几天至几周里，数千名法国公民就被自己的同胞杀害了，其中许多是被共产党人和其他抵抗团体的成员杀害的。对这些即时被处决的人数估计差别很大，从6000人到40000人不等。马尔科姆·马格里奇把这个时期称为“法国历史上更为肮脏的时期之一”。他指出，一些据称是以正义名义实施的杀戮事件，后来被揭露全是出于“个人恩怨和嫉妒”。

在被占领的国家中，被指控进行“水平合作”即与德国人发生性关系的女性，也遭受了公众的广泛攻击。她们的头被剃光，在无数城镇的街道上像牛一样被牵着游行，她们经常被剥光衣服，有时甚至会被殴打或被人在身上涂上柏油、粘上羽毛。旁观的人群则会嘲笑并辱骂她们。

目睹了战后这场“暴力痉挛”的英国和美国士兵以及战地记者们，对原本认为是文明的欧洲人的这种“不容忍”行为感到震惊。他们中的大多数人对于被占领欧洲所遭受的，特别是最后一年里占领者的残暴行径，或者是对曾经珍视个人权利和政治权利的欧洲大陆至少有五年毫无法治的战时环境几乎一无所知。一位波兰抵抗运动组织成员在战后写道：“没有在德国统治下生活过的人们……会很难理解，每一种道德戒律、传统习惯或对冲动的限制都完全消失了。除了掉入陷阱的动物的绝望外，什么都没有了。我们用一切可以想得到的手段，为生存而进行着赤裸裸的搏斗，反抗一个决意要摧毁我们的敌人。”

令人震惊的欧洲“复仇运动”几个月后就平息下来了，个人的复仇行为最终让位于由政府机构对“合作者”进行的官方审判。作为战后欧洲历史研究权威的英国历史学家托尼·朱特（Tony Judt）指出：“在1945年的情况下，完全重建法治是一件了不起的事情。毕竟在此之前，整个欧洲大陆从未像现在这样在这么大的范围内定义一套新的罪行，并让罪犯受到正义的惩罚。”

在审判“合作者”时，法国面临着一个特别困难的窘境。它自己的政府和工商界、文化界以及社会精英中的大多数人都犯了“合作罪”。面对如此大量的与敌合作案件，法院在确定起诉和惩罚方面都有一定的选择性。到1945年底时，只有约90000人受到调查或遭到逮捕。其中一半多的人被判定犯有战时罪行，18000 人被判处徒刑，其余则受到包括罚款在内的其他制裁。与此同时，少数几个著名的法国人因战争罪而被处决，其中包括维希政府总理皮埃尔·赖伐尔。贝当元帅也被判处死刑，但因他年事已高，身体虚弱，最终改判无期徒刑。

在欧洲其他国家，追捕“合作者”的网络则张得更开。在挪威，尤其如此。战后的挪威政府逮捕并审判了占全国人口总数 2% 的“合作者”。维德孔·吉斯林的亲纳粹组织——国家统一党的所有 55000 名成员都遭到审判。其中，17000 人被判处徒刑。

在荷兰，有近 10 万人——稍高于全国人口总数的 1%，因战争罪被判刑入狱。其中超过一半的人是荷兰纳粹党的成员，他们中的许多人曾在荷兰的党卫军中为德国人而战。在比利时，有 56000 名——约超过比利时全国人口总数 0.5% 的“合作者”被送入监狱。

在捷克斯洛伐克和波兰，有多少公民与德国人合作的问题实际上是无法回答的。尽管在这两个国家中必定会有与德国人合作的人，但是捷克共产党政府和波兰共产党政府更多的时候是利用与法西斯合作的指控来打压他们的政治对手，其中包括许多曾经参加了抵抗运动或在战争期间与西方盟军并肩战斗的捷克人和波兰人。

在审判那些帮助过敌人的人时，被占领国家几乎没有追查曾协助纳粹大规模屠杀欧洲犹太人的合作者。在战争中估计有 700 万波兰、法国、荷兰、比利时、卢森堡、挪威和捷克斯洛伐克的平民死亡（波兰平民的死亡人数为 560 万人，占七国死亡人数的 80%）。其中近 1/3 是犹太人，他们大多数是在纳粹集中营和灭绝营中被谋杀的。

当德国在 1941 年底开始实施对犹太人的最终解决方案时，它相当依赖被占领国家傀儡政府的合作。在法国，维希政府不仅遵奉纳粹的指令，而且所做的事情远远超过了德国人的要求。实际上，法国在 1940 年投降的两个月之后，维希政府就在其管辖的国土上实行了反犹政策，那时还没有收到柏林的命令。在被法国下了驱逐令的 7600 名犹太人中，超过 90% 的人随后被法国维希政府的警察逮捕。

在其他被占领的国家中，当地政府与德国人的合作还不算太过分。其他国家都没有像维希政府那样的本国傀儡政府，他们都是由德国军方或民政人员管理的。不过，正如荷兰历史学家所指出的那样，德国人“需要并得到了当地行政机构的帮助……将犹太人在社会中孤立起来，并将他们最终送到灭绝营去。”在所有这些国家，纳粹在早些时候已将他们认为不是亲德的公务员和警察赶出了政府。然后他们就依靠余下来的人为纳粹办事，而那些人中的大多数都是非常认真地去完成任务的。当地警察和“民兵”的职责之一就是参与纳粹集结并运送犹太人去集中营的工作。

“合作者”人数远远超出了当地的官僚机构和警察部队的人数，许多普通公民也参与了“合作”，向德国人举报或以其他方式背叛的对象常常是他们的邻居、朋友或熟人中的犹太人。在这样的情况下，当地人实际上参与了谋杀犹太人的事件。最臭名昭著的案例也许是1941年7月，在波兰耶德瓦布内村发生的大屠杀。那个地区的一些波兰人在德国军队的敦促下杀死了300多名犹太人。

尽管战争结束已经有70多年了，哪些国家和个人应对“大屠杀”负责依然是一个十分严峻的问题。对于那些有少数公民帮助纳粹执行对犹太人最终解决方案的曾被德国人占领的国家来说，他们应该承担多少责任呢？或者，更进一步地追问，他们国家中的绝大多数人对帮助犹太人避免被大屠杀做得很少或什么也没有做，又该承担多少责任呢？

对这种普遍的冷漠有很多解释。在战争之前和战争期间，整个欧洲大陆的反犹偏见是很强烈的，即便在英国和美国这样的国家也是如此。即使犹太人在西欧比在东欧国家更好地融入了社会，他们往往还是被认为是外人。朱利安·杰克逊说：“在法国被德国人占领的前两年里，人们对犹太人的态度可以从漠不关心直到内心敌视。人们的头脑中有着更为紧迫的问题需要考虑。”

其他被占领国家的民众的情况也是如此。作家艾尔莎·范·德·拉肯（Elsa van der Laaken）在战争期间还是海牙的一个孩子。她说，在荷兰“恐惧和对自己人（荷兰人）的担心也让人们驻足不前。人们害怕失去工作或被监禁……人们都以自我为中心。你自己的家庭总是放在第一位的，然后你可能会看看你能为别人做点什么，但前提是不能危及自己和家人”。

战后，欧洲大部分国家的政府和人民选择遗忘他们曾经对犹太人命运的漠不关心。这种有意的遗忘在法国尤为明显。战争结束20多年后，修正主义历史学家和电影制作者终于开始揭示这个国家战时经历的事实。《悲伤与怜悯》是1969年由马塞尔·奥菲尔斯（Marcel Ophuls）拍摄的一部纪录片。他通过一系列不同视角的拍摄，仔细审视了由于纳粹对法国的占领，打破了一个国家团结抵抗的传统观念，并突出了维希政府与纳粹的合作，特别是在对犹太人的驱逐方面的画面。这部纪录片在法国引起了极大争议，被法国电视台和大多数电影院禁演。最后只在巴黎塞纳河左岸的一家电影院里上演了。

又过了24年之后，法国才正式承认战时维希傀儡政府曾与德国人共谋，迫害和驱逐在法国的犹太人。法国总统希拉克于1995年7月宣布：“占领者的疯狂行为得到了法国人民和法国的支持。这是不可否认的，这是一个集体的错误。”

希拉克的决定当然是对的。然而，重要的是不能忘记时代的复杂性和法国人以及其他被占领国家的欧洲人不得不作出的令人痛苦的道德选择——这是马塞尔·奥菲尔斯的一个观点。奥菲尔斯在2000年曾表示，他制作《悲伤与怜悯》的目的不是要谴责法国人，或者对他们的行为“传达某种信息”。他接着说：“对一个已经打了败仗，并在纳粹统治下生活了四年的国家进行公开评判将是自大、愚蠢并且应该遭到谴责的行为。我并没有想通过这部电影指出法国曾是德国人的‘合作者’。在面临危机的时刻，我们需要做出生死的决定。这时要求人们成为英雄是很过分的，你不应该期望自己或别人去当英雄。”

尽管如此，在拯救犹太人方面，成千上万的欧洲人实际上都是英雄。他们可能只占了国家人口的极少数，但是由于他们的奉献，近50万犹太人得以在战争中幸存下来。

一个典型的例子就是法国。尽管维希政府与德国人积极合作，参与迫害法国犹太人的行动。但仍有大约 3/4 的犹太人——约 22.5 万人在战争结束时还活着。正如历史学家朱利安·杰克逊所指出的那样，拯救法国犹太人的努力能取得成功，“需要法国人民被动或主动、正式或非正式团结一致的态度”。杰克逊补充说：“在战前的几十年间，法国的犹太人曾经要求政府在公民社会突然爆发的反犹太人行动时保护他们；但是在被占领期间，是公民社会保护了犹太人不受政府的残害。”

为了拯救犹太人，没有哪个国家比波兰经受了更为严峻的挑战。在战争期间，波兰 300 多万犹太人中的绝大多数人都被关押在隔离区里，要把任何人送出密封的隔离区是非常困难的。此外，波兰是在被占领欧洲各国中唯一的一个当发现它的公民试图帮助犹太人，那个公民及其家人将被立即处决的国家。

然而，波兰也是唯一一个在它的抵抗运动中建立了正式的组织来营救犹太人的国家。这个被称为“伊格塔”的组织设法在隔离区外找到成千上万犹太人的藏身之处，向他们提供了钱款、伪造的身份证件、食物和医疗药品。战争期间在伦敦度过了大部分时间的来自波兰的一位犹太社会主义领袖卢茨扬·布莱特（Lucjan Blit）说，有 5 万波兰犹太人逃避了大屠杀，“所有这些人中的每一个人之所以能活下来，都是因为波兰人民冒着生命危险在拯救他们”。美籍英裔历史学家沃尔特·拉克尔（Walter Laqueur）的犹太父母也是在“大屠杀”中死去的。他分享了布莱特对波兰人的看法，写道：“这并不奇怪，那时只有那么少的帮助，而那时又有那么多的人来帮助。”在其余的被占领的欧洲国家里的情况也同样如此。

第 28 章

世界不可能再回到以前那样了

筹划未来是战后关注的焦点

到了 40 年代末，大多数欧洲国家都不愿意再提及那场战争及战争罪责了。正如托尼·朱特所指出的那样：“对欧洲最近历史的沉默是建立欧洲未来的必要条件。”但是，由于在伦敦参加战争的那些人的经验和前瞻看法与那些被困在家中的人们的想法存在着巨大的差异，从而使各国对欧洲未来的规划变得复杂起来。在这两个群体之间，双方都无法理解对方曾经有过的经历。

埃里克·哈泽尔霍夫·罗尔泽马曾就他自己和他的“英国逃亡者”同伴们在战后的幻想破灭，这样写道：“在整个战争期间，我们一直有一个梦想——每一天都在想：我们回到了家里，那个仍然记忆犹新的荷兰。我们确实回家了，但记忆中的景象却被现实完全粉碎了，梦想被炸飞了。我们无法辨认这个摆在我们面前的国家，憔悴得就像一个集中营的余生者一样。我们无法面对，我们就像看到一个麻风病人那样转过身去，感到病态，感到很不舒服。与我们那些身上带有被占领标记的老朋友相比，我们与那些曾为自由而并肩战斗的盟军伙伴们在一起时会感到更加自在。”当他第一次回到家乡海牙郊区的一个曾经很富裕的社区看望他的父母时，罗尔泽马回忆道，他觉得自己像是“来自另一个国度的人”。几个小时后他离开了，“我们像陌生人一样说了声再见”。

对于那些留下来的欧洲人，尤其是那些冒着生命危险进行抵抗的人来说，他们对来自伦敦的同胞们极为不满。因为他们认为那些人生活在舒适和安全的环境中，没有经受过占领下的每日的紧张、恐惧和困苦。

同胞之间的这种深度的裂痕，由于对各自国家战后前途的尖锐的意见分歧而加剧了。例如，许多参加过抵抗运动的欧洲人决心参照他们在战争中的经历，重新塑造社区意识以超越传统的社会和经济地位带来的分裂。在大战初期加入了荷兰地下组织的罗尔泽马写道："对危险的恐惧使人们不再去注意任何社会背景、阶层和宗教的细微差别了。我们并肩战斗，共同感受，生死与共，完全是经典意义上的兄弟姐妹情感。"如果战争没有让社会产生根本性的变化，没有让世界变得更加公正和平等，那么这场战争还有什么意义？

但是罗尔泽马的绝大多数同胞和其他大多数欧洲人都不同意他的这个观点。在经受了占领后的混乱和创伤之后，他们只想重建战前世界的正常状态。只要有和平、秩序和头顶上有一片屋顶，有足够的食物以及其他必要的日常生活用品就行了。大部分流亡政府成员回国后仍然保留了他们的权位，他们对民众中的那种恢复战前常态的情绪是持鼓励态度的。托尼·朱特指出，那些年长的政治家代表着连续性，是"抱着怀疑态度玩弄政治的实用主义者。他们反映的是他们选民的情绪"。

毫不奇怪，对回到现状最感到失望的人或许是威廉明娜女王。在她长期流亡伦敦的时候，她渴望重返的荷兰能像她一样在战争中有所转变。她在战时从"英国流亡者"那里得到的报告说，荷兰人对战前政治制度的阴谋和分裂感到失望。他们希望社会和经济能发生巨大的变化，并希望女王能够从中发挥重要的作用，这增强了她的希望。

然而，当威廉明娜回到荷兰时，她发现她的臣民中只有少数人和她一样，认为应该抛弃旧的政治体制和政府机构。1946 年 5 月举行全国选举时，除荷兰纳粹分子之外的所有战前政党都大致以他们以前的席位数返回了议会。而这种情况，也同样在整个西欧各国出现。

尽管女王勉强停止了她的"变革运动"，但她无视了政府和宫廷官员迫使她回到战前与国人分开的王室"笼子"里去的努力，当她再次回到海牙那个富丽堂皇的努儿登堡宫居住时，她就是这样做的。用罗尔泽马的话来说，那座皇宫“体现的都是她所讨厌的从前的生活方式”。她曾经以带着苦涩的调侃语调向罗尔泽马说：“你和你的皇家空军经常错过你们的轰炸目标。为什么你们没能在这个老掉牙的地方误扔一颗小小的炸弹呢？”

一旦在皇宫里重新安顿下来，她坚持要保持她在伦敦和安妮府采用的非正式的风格，尽可能地打破皇宫的礼仪和传统的规定，并敦促她的工作人员也要这样做。罗尔泽马在战后的几个月里继续担任了威廉明娜的军事助理。他说：“她定下了基调，我们都照着办了。我骑着摩托车在努儿登堡宫无穷无尽的走廊里呼啸而过，窜来窜去，吓坏了所有的仆从，有几次还差一点撞上了站岗的卫兵。”

女王极力加强与她的人民之间的联系。在战后物资贫乏的年代里，当大多数荷兰人还没有得到电、热供应时，她拒绝接受向皇宫供热或供电。她还骑着自行车到受到重创的周围农村去，和失去了家园、土地的农民及其他人见面，鼓励他们投入重建。

尽管威廉明娜再也不想要那种贵族阶层和等级的限制，但她的臣民却未能做到和她一样，这使她非常苦恼。罗尔泽马说道：“对于每个荷兰人，威廉明娜都以平等的姿态伸出手去，但是荷兰人继续向她鞠躬。在位半个世纪以后，她变得对他们更加民主了。她从来没有放弃她的做法，但她无法打破那层障碍。”

尽管她在晚年时期有些让人失望，但威廉明娜女王可以为她所完成的一切感到骄傲。在战争期间，她实际上实现了她童年时期最大的“野心”——进行一项伟大的事业，就像她的祖先“沉默者威廉”和威廉姆斯所做的那样。尽管她并非在战场上获胜，而是在伦敦流亡期间完成了她的“伟业”。在一个不可能再来的时刻，荷兰的现代君主被赋予了真正的领导机会，威廉明娜充分利用了这一机会。与温斯顿·丘吉尔和英国人一样，第二次世界大战是她的“最好的时期”。路易斯·德·容写道，她阻止了失败主义政府的投降，让荷兰继续抗争；她激励并团结了她的人民，从而获得了“一场胜利，确立了她在荷兰历史上无可替代的地位”。她的行动极大地加强了奥兰治皇室的基座。《时代》杂志于1946年5月写道，多亏了女王，荷兰君主制已经不仅仅是国内的“稳定要素”，而且“成了全体人民的代言人”。

1948年9月，威廉明娜以健康方面的原因和年事已高为由退位。她在位58年以后，让位给她的女儿朱莉安娜。她退到了海牙郊区的一所小房子里，大部分时间在那里绘画或为她的三个外孙女当保姆。在1962年去世之前，她十分满意地看到自己的国家终于实现了一些她10多年前所倡导的戏剧性的社会变革，其中包括在荷兰人生活中的去阶层化——去除那种僵化的、存在已有几个世纪的社会阶层的分裂，包括天主教徒与新教徒之间的旧日歧见。

在西欧的大部分地区，战后相对平稳的时代也开始崩溃，让位于经济和社会的深刻变化。荷兰作家伊恩·布鲁玛（Ian Buruma）说：“以为世界可以简单地恢复到战前的想法肯定是一种幻觉，那是政府和个人都有的一种幻觉……，然而世界不可能再回到以前的样子。发生了太多的事情，产生了太多的变化。”

实际上，最早的变革预兆甚至在战争结束之前就已经在相对保守的法国发生了。1944年3月23日，戴高乐的临时政府给予妇女投票权，这一决定反映了妇女在法国抵抗运动中曾发挥的巨大作用。事实上，批准这项措施的临时议会中有12位议员是妇女，那是法国议会历史上的第一次。1946年，在妇女的投票权被写进了法国宪法之后不久，法国妇女第一次在全国大选中投下了自己的选票。

在欧洲其他国家，前抵抗运动成员也开始对他们国家的政治生活产生影响。尽管在很多情况下，花了比他们原来所希望的更长的时间，但很多人最终在地方和国家政府中担任了主要或有实权的职务。他们在职期间，帮助实施本国重要的社会和经济改革。那些改革在短短的几年之后成就了现代福利国家，并改变了西欧的面貌。

如果没有美国慷慨的经济援助，实现这个非同寻常的转变是不可能的。美国的总统曾经想在战争结束之后，不再与欧洲打交道了。在1945年初的雅尔塔会议上，富兰克林·罗斯福明确表示，他对与美国的西方盟国进一步密切合作或者建立伙伴关系兴趣不大，西方盟国的帝国势力和全球影响力正在迅速瓦解。他对自己国家的力量充满信心，他认为苏联是美国处理战后国际问题的主要盟友。

然而，“冷战”的开始终结了美国与苏联结盟的念想，也结束了罗斯福迅速撤离欧洲事务的计划。美国政府在战争中的大部分时间里试图平息苏联人的怨言，而现在由罗斯福的继任者哈里·杜鲁门（Harry Truman）领导的美国政府则发动了一场遏制苏联人的运动。为此，华盛顿意识到它不仅需要维持，而且需要增加相比战时更多的对欧洲事务的参与。具体来说，杜鲁门政府意识到如果要防止经济的全面崩溃和共产主义的迅速蔓延，美国就必须采取紧急措施来协助欧洲国家。美国副国务卿威廉·克莱顿（William Clayton）于 1947 年春天在横跨欧洲大陆进行实地调查之后说：“现在显然可以看到我们严重低估了战争对欧洲经济的破坏。数以百万计的城市居民正在挨饿。”

1947 年 6 月，出任杜鲁门政府国务卿的乔治·马歇尔阐述了被称为“马歇尔计划”的计划，那是一项对于启动欧洲经济复苏和重建有着深远意义的计划。对于西欧国家来说，“马歇尔计划”提供了各国从灾难中复活的机会，但对于他们的战时东方盟友捷克斯洛伐克和波兰来说，则是一场“灾难”。

1947 年 7 月 12 日，美国官员在巴黎召开会议，讨论并解释“马歇尔计划”的运作情况。欧洲的每一个国家都受到了邀请，几乎都同意出席。在接受邀请的国家中，有当下处在苏联控制下的波兰和虽然有强大的共产党政府存在，但依然保留着一些民主痕迹的捷克斯洛伐克。正如苏联高级官员、斯大林最亲密的盟友安德烈亚斯·日丹诺夫（Andrei Zhdanov）所说的那样：“除了捷克斯洛伐克的权力争夺尚未定局之外，苏联在所有东欧国家都取得了工人阶级对资产阶级的彻底胜利。”

事实上，在 1947 年夏天，捷克的“钟摆”似乎摆脱了苏联的影响。自战争结束以来，捷克人对共产党政府越来越没有兴趣。国家警察的强硬手段已经让很多公民感到与政府的疏远，农民们也起来反对集体化运动。与此同时，工人也反对共产党人提高产量但不提高工资的要求。随着 1948 年 5 月举行全国选举日期的临近，越来越明显的迹象表明：共产党人可能无法实现在议会中占有多数席位的目标。

斯大林无法接受这样的结果，他对这种民主的局面已经受够了。他以美国邀请捷克加入“马歇尔计划”为契机，向捷克人显示了谁才是捷克真正“主子”的现实。捷克外长扬·马萨里克和波兰外长被召到莫斯科，斯大林命令他们拒绝接受美国提供的经济援助，两个人都照办了。

对马萨里克来说，民主在他的国家显然已经接近尾声。他回到布拉格时说：“我作为一个主权国家的外交部部长去了莫斯科，当我回来时已经成了苏联的‘傀儡’。”当一个朋友问他斯大林是如何对待他的时候，他回答说：“噢，他非常有礼貌。当然，他想杀了我，如果他能那样干的话。然而，他还是很亲切的。”

对马萨里克来说这是一个痛苦的时刻。他的英国和美国朋友责怪他不与斯大林“抗衡”。他的批评者们说，如果他和他的非共产党人同事坚持接受“马歇尔计划”的援助，他们将赢得捷克同胞压倒一切的支持。这样，苏联很难实施对捷克的打击。

在马萨里克看来，除非捷克得到美英两国的大力支持，否则这种“抗衡”几乎不会产生任何效果。几个月前，他前往华盛顿敦促美国总统和他的政府提供这种支持，但杜鲁门和他的国务卿迪安·艾奇逊（Dean Acheson）都不见他。情况很清楚：美国已经放弃了捷克斯洛伐克。他的好朋友、美国小说家玛西娅·达文波特（Marcia Davenport）说：“华盛顿发生的事情让扬伤透了心。”马萨里克身处漩涡之中，在极度的绝望与疯狂的欢乐之间不断交替。达文波特说：“他为保持一个与他的内心向往背道而驰的立场疲惫不堪。”

与此同时，捷克斯洛伐克的共产党人与他们的对手——亲英美的官员之间的冲突愈演愈烈。1948 年 2 月，内政部长兼国家安全警察部长瓦茨拉夫·诺塞克（Václav Nosek，共产党人）非法撤销了所有非共产党人的高级警官的职务。爱德华·贝内什内阁中的非共产党人的部长们在诺塞克拒绝恢复他清除的那些人的职务之后，集体辞职以示抗议。

非共产党人部长们认为，贝内什会拒绝接受他们的辞呈，并把他们留在看守政府中，从而迫使议会解散，立即举行全国大选。约瑟夫·科贝尔写道："面对一个无法安抚的'敌人'，'民主'的领导人仍然相信所谓宪法程序。这些'正派的人'在这种情况下，仍坚持正义的程序。但这样一个过程的悲剧性弱点在于，他们的对手往往并不被这样的正义程序所约束。"

尽管贝内什在一个月前曾坚定地对科贝尔说过，他决不会让共产党接管政府，但贝内什并没有干任何事情来帮助部长们。贝内什当时以肯定的口气对科贝尔说："他们知道我在这个国家里有相当的权威……他们已经意识到，他们不能反对我。我不会离开我的位置，我将为捍卫我们的'民主'斗争到我的最后一口气。他们知道这一点，所以不会有'政变'。"但是就像当年在慕尼黑时一样，当到了对方开始行动的时候，他的勇敢的话语就毫无意义了。他宣布自己打算待在政治斗争的舞台之上，拒绝与将利用政府领导职务真空夺权的共产党人抗衡。

1948 年 2 月 25 日，捷克的"民主舞会"终于结束了，共产党人全面夺取了对政府的控制权。贝内什再次向苏联屈服，乖乖地签署了新的部长名单。他仍然是名义上的总统，而马萨里克则担任名义上的外交部部长。

两个星期后，穿着蓝色丝绸睡衣的马萨里克的尸体，在日出时被发现躺在他的公寓正下方的外交部的院子里。捷克共产党人坚持说他是"自杀"。将近半个世纪后，布拉格警方才判定马萨里克是被谋杀的。一位历史学家写道："和他一起死去的是他的国家的自由。"

马萨里克和捷克"民主"令人震惊的相继死亡加剧了西方对共产主义即将蔓延欧洲的恐惧，并激起了西欧国家迅速采取应对行动。法国和意大利的政府采取了严厉的措施以确保共产党无法执政。在华盛顿，一直在为批准"马歇尔计划"进行立法辩论的国会立即批准了这个计划。在马萨里克遇害不到一个月之后，杜鲁门签署了这一法案使之成为法律，并立即向英国、法国、荷兰、比利时、挪威和卢森堡等16个欧洲国家提供50亿美元的贷款和相应的技术援助。在“马歇尔计划”生效的四年期间，美国又向西欧国家追加了80亿美元的贷款。当“马歇尔计划”在1952年结束时，每个参与国的经济水平都已轻松地超越了它们战前的水平。

“马歇尔计划”明确地标示出了欧洲大陆两个部分之间的分道扬镳。在西欧各国实现了几十年来前所未有的经济增长和繁荣的同时，捷克斯洛伐克、波兰以及东欧其他国家和地区则陷入了进一步的贫困和压抑之中。

因捷克的“政变”和对苏联进一步渗透的担忧，在1949年引发了另一起历史事件的发生，即美国、英国和加拿大与西欧各国一起建立了一个北大西洋公约军事组织（北约）。它承诺所有成员国在任何一个成员国遭到武装攻击的情况下将进行集体防御。

推动建立“北约”组织的动力来自上一年马萨里克死后的几天，英国有史以来第一次对和平时期的欧洲防务联盟作出了承诺。它的合作伙伴有法国、比利时、荷兰和卢森堡。在欧洲条约宣布的那一天，杜鲁门总统在向国会发表的讲话中对此表示了强烈的支持。他说：“欧洲自由国家保护自己的决心将得到我们的支持，我们将以同样坚定的决心帮助他们那样去做。”

美国自建国以来的外交政策核心一直是远离对欧洲的军事承诺，杜鲁门的这个声明标志着美国出现了一个非同寻常的180° 大转弯。事实上，在雅尔塔会议上，罗斯福曾宣布将在两年内撤出在欧洲的所有美军，包括被占领的德国。但是由于美苏“冷战”的开始，结束了美国这种对欧洲的冷漠态度，随着签字笔在布鲁塞尔“一上一下”，美国成了维持欧洲和平的领导力量。

发生了同样急剧变化的是欧洲国家的态度。在“二战”爆发之前，大多数欧洲国家都热衷于保持中立，挪威是最显著的例子。它可以说是德国人入侵的所有国家中对战争准备最少的国家，它在两次世界大战之间的和平时期几乎没有花任何钱来增强它的防御设施，它希望能够远离未来的冲突。然而，战争的失败和灾难的冲击，改变了它那种“鸵鸟般”的态度。

曾经参加过战争的一名挪威人说，1940年的创伤“使我们的国家真正长大了。在此之前，我们没有任何准备。我们吸取了教训，必须自己准备好，我们不能靠别人来为我们战斗。我们决心不再在没有准备的情况下受到攻击”。自从“北约”成立以来，挪威一直是其最坚定的成员国之一。

第 29 章

我对欧洲的建议……团结起来!

战后的欧洲团结在一起

1942 年春天一个雨日的早晨，比利时、荷兰和卢森堡流亡政府的代表聚集在伦敦市中心举行了一次会议。那时，盟军的前景似乎和伦敦的天气一样阴郁：苏联似乎已接近失败的边缘，而美国和英国仍处于日本在太平洋地区发动进攻后的恢复阶段。但是比利时人、荷兰人和卢森堡人坐在一起开会并不是为了哀叹眼下的艰难，他们确信盟军最终会取得胜利，他们在那里是为了规划战后的未来。

这三个小国有很多共同之处。它们在西欧的边缘聚成一块，它们摇摇摆摆地位于两个欧洲大国——法国和德国之间。和挪威一样，他们在战前诚挚地坚守中立；但也和挪威一样，德国入侵他们国家使之对中立的信守感到彻底的失望。

他们相信只有在政治上和经济上紧密联合起来，才能让他们的国家重新掌握自己的命运。如果所有西欧国家形成紧密的联系，也许可以再次建立起一个有影响力且安全可靠的防御“堡垒”。为了实现这一目标，三个流亡政府决定带头发起一个新的联盟。

1944 年 9 月，在经过多次谈判之后，他们签署了《比荷卢经济联盟条约》（以下简称《条约》）。《条约》将取消所有在他们国家之间进行的货物交换的关税，并建立一个从其他国家进口的共同关税。该《条约》还为最终的人工、资本和服务的自由流动奠定了基础。由于这个于1948年生效的开创性的《条约》，比利时、荷兰和卢森堡帮助改变了欧洲的面貌和它的未来。这是对“欧盟运动”的第一次激励。不久之后，《比荷卢经济联盟条约》就成了西欧随之而来的更加革命性步伐的催化剂。

比利时外交部部长保罗—亨利·斯帕克是推动这一运动的领导人物之一。斯帕克被称为“欧洲先生”，他与法国的让·莫内特和罗伯特·舒曼（Robert Schuman）等先驱者一样，是建立“欧盟运动”的创始人。由于斯帕克的密切参与，他的家乡布鲁塞尔成为北约和包括“欧盟”在内的其他多个跨国组织的总部所在地。

对于一个在战争开始时犯下重大错误的人来说，这是一个不简单的转变。斯帕克在战争初期所犯下的错误很多：他曾经虚妄地指责利奥波德国王叛国；他曾敦促比利时在1940年底向德国投降；他最初拒绝去英国继续他的国家的战时抵抗。但当战争结束时，斯帕克成功地带领比利时民众阻止了利奥波德国王重返王位，他再次成为国家的一根“避雷针”。当1950年国王获得全国公民投票批准恢复统治之后，斯帕克和其他左翼领导人策划了一场新的运动来阻止，这引发了一次全面的政治危机。发动的总罢工很快就转变成为暴力行动，布鲁塞尔和其他城市爆发的骚乱导致了多人死亡。面对比利时濒临内战爆发，利奥波德国王终于屈服于压力，被迫让位于他的儿子博杜安亲王。

纵观他的政治生涯，斯帕克就像是“杰基尔博士和海德先生”（Dr. Jekyll and Mr. Hyde）的现代版。在他自己的国家里，他是对抗和分裂的象征；但他却在战后为抚平欧洲各国之间的分歧并把他们汇集在一起发挥了重要作用。他能从政治煽动者转变为国际政治家，主要是因为他在伦敦待了三年。由于他在那里建立了许多新的关系，他以前对世界的狭隘看法也变得更加国际化了。他甚至试着学说英语，在抵达英国之前，他是坚决拒绝那样做的。但他从来没有真正掌握英语。他的传记作者写道，他“很像马克思兄弟（Marx brothers）中的一个，假装在用外语说话”。斯帕克自己也曾经说过：“人们经常告诉我，我外表看上去像温斯顿·丘吉尔，但一开口说英语就像查尔斯·博耶（Charles Boyer）。我希望事情要能反过来。”

战时的伦敦恰好成了欧洲合作的完美温床。斯帕克与来自欧洲各国的官员以一种在没有战争的情况下是完全不可能的方式工作并交往着。由于他们在英国首都长期居留，使他们过去那种仅限于本国的狭隘关注点有了很大变化，并让他们形成了紧密的个人和官方联系。当战争结束后，就从中结出了丰盛的果实。历史学家罗伯特·W. 艾伦（Robert W. Allen）写道：“如果把欧洲共同体与建一所房子相提并论，那么战时流亡政府在伦敦合作的那几年就是在打基础。”

对于斯帕克来说，他已痴迷于欧洲的融合。1944 年，他注意到了一名比利时抵抗运动成员在被盖世太保处决前，在她牢房墙上潦草地写下的最后遗言：“我为你们打开了一扇门，任何人都不应把它关上。”斯帕克宣称：“当我们赢得这场战争之后，我们必须把欧洲团结起来。我们不能让我们的国家之间再发生战争。不然的话，我们将会毁灭我们的文明。”

然而，即便他们在为建立欧洲联盟而奔波，斯帕克和“联盟运动”的其他领导人也渴望与英国保持密切的联系。尽管战时他们在英国遇到过极大的困难，但各国流亡政府都清楚地知道：在他们最需要的时候，是英国给他们提供了避难之地。他们的国家对英国的亏欠是难以言表的。事实上，正如一位荷兰官员所说的，许多欧洲人都希望“我们最亲密的战时盟友和朋友——英国不仅能参与欧洲的合作，而且能够发起这场运动”。然而，只有当英国同意放弃历史上的孤立主义，或用斯帕克的话来说，“接受自己同属于欧洲的看法”时，这种合作才有可能。

欧洲人期待着温斯顿·丘吉尔，那个在 1940 年迎接他们来到英国的人能带领他的国家与欧洲大陆站在一起。起初，情况看上去似乎很乐观。丘吉尔长期以来一直在倡导他所说的“欧洲合众国”，并在整个战争期间与他的政府成员多次讨论过围绕这个想法的各种可能性。对安东尼·伊登来说，他设想了一个由“国际警察”部队守卫的新欧洲，“国与国之间的障碍将大大减少，旅行也将不受任何的限制”。

在失去了1945年的大选之后，丘吉尔把大部分的时间和精力投入到了欧洲统一的运动中。在一篇“让许多欧洲人感到有希望并热情高涨”的演说中，他说道：“当纳粹力量被打败的时候我曾问过自己，我能给我们备受蹂躏、疲惫不堪的欧洲大陆同胞们提供的最好的建议是什么？我对欧洲的建议可以用一个词来表达：团结！”

1949年，丘吉尔帮助建立起了一个名为欧洲委员会的多边组织，那个组织的总部位于法国的斯特拉斯堡市。组织的十个成员中有英国和五个在战争中受其庇护的国家：法国、比荷卢三国和挪威。然而从一开始，委员会存在的理由就是不清晰的。它在大部分时间里就是一个辩论的场所，没有权势也没有权威来采取行动。

斯帕克成了这个委员会的第一任主席，他开始对主持批准“没有机会实施的欧洲一体化宏伟计划”那“装腔作势的庄严”的投票表决感到厌倦。1950年初，他曾大声呼吁：“我很佩服那些面对欧洲现状仍能保持冷静的人……他们过去五年来一直生活在对苏联人的‘恐惧’和对美国人‘慈悲’的依赖之中。面对所有这一切，我们依然能保持冷静，好像历史就停滞在那里，好像我们还有几十年的时间去耗费……抛弃自私的民族主义观点吧！”

斯帕克和“联盟运动”的其他积极分子很快就清楚地意识到，丘吉尔虽然说得很好，但他并不愿意做任何具体的事情来使欧洲联盟成为现实，而且他和英国人也没有兴趣成为欧洲的一个组成部分。事实上，丘吉尔战前在《星期六晚报》上撰写的文章中曾明确表达了自己的感受：“我们和欧洲在一起，但并不属于它；我们是联系在一起的，但并不是它的一部分；我们对欧洲感兴趣并有关联，但它并不是我们唯一的关注。”

正如丘吉尔所看到的那样，英国的战后命运取决于它与美国的紧密联盟。他在1944年向戴高乐发出的强硬声明中强调了这一点：“每当我们必须在欧洲和公海之间作出选择时，我们总是会选择公海；每当我必须在你和罗斯福之间作出选择时，我总是会选择罗斯福。”

当然，他对欧洲事务的冷漠也是有原因的，几个世纪以来英国就一直不愿介入欧洲大陆的纠葛。同时，这也与他和他的国家拒绝接受这样一个事实有很大的关系——英国作为世界强权的时代已经结束了。它已经在战争中破产了，帝国即将坠落。然而，当英国人的脑海中还记着它是盟军三大强国之一的时候，是不会接受任何放弃国家主权的提议的。用未来的德国总理维利·勃兰特的话来说，英国无法满足欧洲要英国“放弃过去的伟大的孤立”的要求并加入欧洲大陆联盟。

此外，对英国僵硬态度的又一种解释是它对战争的态度。对于欧洲人来说，“二战”是一场永远不能再次发生的灾难。对于既没有受到侵略也没有被占领的英国人来说，这是他们国家历史上最引以为自豪的时期之一——“一个全国和解并共同奋斗的时刻，而不是撕裂政府和国家的整体结构”。马克思·黑斯廷斯曾对此评论说，英国人把这场战争视为“他们对自己伟业的最后一次欢呼，是纠正过去多次战后失误和失望的一次历史性成就”。

不管英国持保留态度的原因是什么，欧洲各国的领导们觉得已经受够了。意识到英国永远不会在“统一联盟运动”中发挥带头作用，他们就在1950年自己主动采取了行动。站在最前列的是具有创造性远见卓识的法国政治经济学家让·莫内特。他在美国华盛顿度过了战争的大部分时间，曾担任罗斯福总统的经济顾问，也是促成极为成功的美国战时工业移民计划的关键人物之一。

1940年时，莫内特认为戴高乐是一个“学徒辈的独裁者”，他不想与戴高乐发生任何关系。三年以后，他改变了主意，在将军的位于阿尔及尔的法国民族解放委员会里担任武器部部长。战后，莫内特作为法国国家计划委员会主席，是戴高乐重建法国经济的首席顾问。

1950年春，莫内特与法国外长、前法国抵抗运动成员罗伯特·舒曼联手，为欧洲引入了一个革命性的经济计划。莫内特和舒曼的提议要求将法国和德国的两个重点行业——煤炭和钢铁，在一个共同指定的中央机构之下加以整合。根据“舒曼计划”，两国将放弃对这些产业进行保护和补贴的权利，这将使两个国家都无法为武器生产那样纯粹的国家利益而使用这些材料。

到那时为止，法国人从未表现出有兴趣与以前的敌人和占领者和解。相反，它拒绝了任何以平等态度对待德国的想法。相比之下，莫内特和舒曼则打算把两国紧密地联系在一起。按舒曼的说法是："两者拥抱得如此紧密，以至于谁都无法后退去挥拳打倒另一个。"舒曼还说，新的煤炭和钢铁联合体将会对其他欧洲国家开放，"这代表着向欧洲联盟迈出的第一个坚实的步伐，这对维护和平是至关重要的"。由第一位战后总理康拉德·阿登纳（Konrad Adenauer）领导的西德政府同意参加谈判。德国有史以来第一次与西欧邻国平起平坐了。

法国政府在公布这个计划时，有意怠慢了美国人和英国人，以报复他们在战争期间对戴高乐和自由法国运动的不敬。它在正式宣布前一天才通知了美国政府，并完全没有提前通知英国政府。

法国人要求有兴趣加入"联合体"的国家必须在 1950 年 6 月 2 日之前给予答复，否则就不能加入。英国的领导人们几乎都反对这个主意，所以就拒绝了邀请。他们的拒绝将会使英国在政治和经济两方面都付出沉重的代价。正如历史学家安东尼·比弗（Antony Beevor）和阿泰米斯·库珀（Artemis Cooper）所说的那样："英国人对欧洲大陆领导地位的任何企求在那一刻就都完蛋了。"

1951 年 4 月 18 日，西欧六国——法国、西德、意大利、比利时、荷兰和卢森堡签署了建立欧洲煤钢共同体的条约。随着法德之间历史性的和解，欧洲向离开持续了几百年的毁灭性的"民族主义"迈出了一大步。

1958 年，保罗-亨利·斯帕克成了欧洲联盟下一个伟大里程碑事件背后的关键人物——创立欧洲经济共同体（共同市场）。在斯帕克的诸多贡献中，他主持起草的欧洲经济共同体条约要求欧洲煤钢共同体的六个国家逐步废除经济壁垒。之后不久，当欧洲经济共同体开始接受新成员的时候，英国再次拒绝了加入欧洲经济共同体的邀请。

然而就在两年后，英国人开始改变主意了。他们的帝国正在解体，他们的经济也很虚弱。与其他大多数西欧国家不同的是，英国仍然处在战时紧缩状态的恢复过程之中，它的基本食物配给一直持续到1954年。此外，英国与美国的“特殊关系”也不是它们在战时和战后寻求的那种紧密结合的平等伙伴关系。从一开始，美国就明确表示它在合作中的主导地位。1956年的苏伊士运河危机就是一个例子，当时艾森豪威尔总统利用经济压力迫使英国停止发动英法和以色列联合对埃及进行不明智的军事入侵行动。

1961年，英国人被欧洲经济共同体自由贸易政策的成功所吸引，申请加入该组织。英国内阁委员会在一年前曾发出过警告：“如果我们试图继续保持冷漠，请记住与我们海外资产萎缩同时发生的是：我们将面临失去政治影响力的风险，并将无法真正行使一个世界强国的任何权力。”

然而，当英国人虽然不情愿，但准备好了要加入欧洲经济共同体的时候，他们却遭到了他们曾经的盟友、战时最大的“包袱”——戴高乐的阻挠。战争结束后，戴高乐曾领导过法国的临时政府，由于他与其他政治领袖存在着尖锐的分歧而于1946年初辞职。1958年，他重新当选为法国总统，仍然没有忘记曾在丘吉尔和罗斯福那里遭受过的屈辱。当英国申请加入欧洲经济共同体时，戴高乐重提了丘吉尔当年说过的英国人总是选择美国而不是欧洲的老话，非常得意地否决了英国的申请。

在戴高乐治理法国的11年里，英国加入欧洲经济共同体的大门始终被关闭着。当它最终在1973年成为成员时，欧洲经济共同体在农业和其他多个重大领域中的有关规定都被英国人视为是损害其利益的规定。英国广播公司（BBC）播音员杰瑞米·帕克斯曼（Jeremy Paxman）写道：“英国过度依赖美国的代价就是使这个国家加深了与欧洲共同体的隔阂。从那以后，它就一直没能赶上。到了90年代……它还是在风中被吹来吹去。”1992年的《马斯特里赫特条约》给了欧洲经济共同体一个新的名字——欧洲联盟，欧洲联盟那时有12名成员。虽然英国仍然是扩大了的俱乐部的一员，但是许多英国公民仍像他们的前辈一样对“欧盟”持有怀疑的态度。

当1939年第二次世界大战爆发时，英国外交大臣哈利法克斯勋爵曾说过他的国家正“处在这个疯狂的大陆的边缘”。2016年6月，大多数英国人显然还完全同意这一评估，投票离开了“欧盟”。

当然“欧盟”本身也为英国和其他地区的批评者的“敌意”提供了理由。“欧盟”的权力和规则在不断地增强，欧元和其他经济事务发生了多次危机，在应对大规模的移民时其措施相形见绌，成员国之间激烈争吵，这些都引起了人们的极大关注。

但是，对“欧盟”的抵触并不能否认这样一个事实：欧洲一体化运动的成就曾经是、至今仍然是非同寻常的，这在战后的前40年中尤为突出。正如英国记者兼历史学家尼尔·阿舍森（Neal Ascherson）所指出的，在那段时间里，西欧的“繁荣、安全、保障和社会平等都增加了”。《国际先驱论坛报》指出：“以消除关税壁垒和自由商业交流为开端的欧洲‘一体化运动’，最终消除了欧洲国家之间爆发战争的可能，并使欧洲大陆取得了难以想象的繁荣。”

欧洲的“一体化运动”最终也迎来了“二战”后加入苏联“阵营”的两个战时盟友——波兰和捷克两国随着“苏联解体”而回到了西方的“怀抱”。1997年7月9日，在共产党人“丢失”政权八年后，波兰和捷克共和国（1993年1月1日，捷克斯洛伐克被划分为两个独立的国家：捷克和斯洛伐克。——作者注）加入了“北约”组织。2004年，斯洛伐克也成为“北约”成员。同年，这三个国家都加入了“欧盟”。

就在波兰进入“北约”后的第二天，克林顿总统在华沙的斯塔尔城市中心对成千上万欢天喜地的波兰人说：“你们的命运再也不会由别人决定了。你们生来就有的自由的权利再也不会被剥夺了。”在对克林顿的讲话欢呼的人群中，就有波兰外长布罗尼斯瓦夫·盖雷梅克（Bronsław Geremek）。他的犹太父亲是在奥斯威辛集中营中死去的。盖雷梅克后来回忆说，那个时刻“对于这个国家来说是令人难忘的一刻。在那一天，曾经被历史的风暴多次席卷而去的国家的独立终于获得了一个强大联盟的安全保障。波兰在那一天再次与它的传统盟友站到了一起”。

抛开战后英国和欧洲大陆之间跌宕起伏的关系不说，对英国与被占领欧洲各国战时关系的回忆仍然在继续发光。对于曾在伦敦一起工作过的英国人和欧洲人来说，那段时间留下来的遗产是深刻而且持久的。荷兰前国防部长弗里茨·博克斯坦（Frits Bolkestein）表示："在第二次世界大战期间，英荷之间的友谊纽带拉得那样紧，它对战后的关系产生了持久的影响。我们荷兰人永远不应忘记在那个艰难的日子里英国对我们意味着什么。"

尽管戴高乐和英国政府冷冰冰的官方关系从来没有解冻过，但他也有着同样的感受。当 1945 年温斯顿·丘吉尔大选失败后，戴高乐曾写道："一个基本并且不可否认的事实是：如果没有他，我的事业从一开始就将是徒劳无功的。"当丘吉尔于 1965 年去世时，戴高乐在伦敦国家葬礼的哀悼人群中非常显眼。和法国总统在一起的还有来自整个欧洲的几百名前抵抗战士。

能与欧洲人对丘吉尔的赞赏相媲美的只有他们对英国广播公司（BBC）的热爱。正如汤姆·希克曼所说的那样，那是"完全的崇拜"。当战后的欧洲恢复了邮政业务以后，一波感谢信件的浪潮就涌向了布什大厦，仅仅在第一个月就收到了 4000 多封来自法国的信件。很久以后，艾伦·布洛克还记得："去欧洲似乎有些难为情，因为人们还在那里谈论 BBC。"

在战后，欧洲的许多国营广播电台都采用了 BBC 的模式，其中也包括法国的法兰西广播电台。在 1944 年 10 月的首次广播中，法兰西广播电台宣称："在漫长且黑暗的四年里，英国广播公司是黑暗中的火炬，是解放诺言的体现。当世界正在承受痛苦之时，BBC 却送来了生命的音乐。当世界被淹没在谎言之中时，BBC 却宣告了事实真相。我们将在这里继续这种坚持真理和荣誉的传统。"

在个人层面上，前欧洲流亡者们通过他们在战时伦敦的经历和在那里结交的朋友，扩展了自己的视野，更深切地感受到了自己是一个更大的世界的一部分。执行了 1943 年挪威水电厂爆炸任务的挪威突击队队长约阿希姆·朗内伯格（Joachim Rønneberg）在战后多年说道："英国让我觉得自己好像有两个家园。当我在英国驻扎的时候，我们谈到了回国执行任务。但是在挪威时，我们又会谈到回英国后放松一下或是去执行一项新的任务。"

而许多英国人则努力保持他们与欧洲人之间在战时建立起来的紧密关系，

因为那些欧洲人曾经是他们战时生活中不可分割的一部分。这些英国人中包括特别行动处的弗朗西斯·卡马斯，他与那些在“D 日行动”之前或之后的危险时期曾经庇护过他，并且照顾他的法国公民们保持着密切的联系。他说，他和他们分享着一种“既不是体肤直接的，也不是纯粹精神的爱。那是永恒的，没有任何力量可以把它拿走”。

卡马斯晚年和他的妻子住在法国东南部杜萝米山谷的一个小村庄里，当年他曾在那里花了很多时间组织对德国人的抵抗运动。他可以从他的屋子里看到远处的韦科尔高原，他的许多马奎斯游击队员在 1944 年反抗德国人的起义中，在那里英勇献身了。

为了纪念他们与曾经共同战斗过的欧洲人之间的战时“纽带”，一些英国的军事和社会团体组织了年度聚会，有一些聚会一直持续到今天。其中有由英国空军部组织并资助的英国皇家空军逃亡协会，他们要向成千上万帮助营救被击落的盟军飞行员的欧洲人表示敬意。协会向被德国人杀害的逃生路线成员的家属提供财务援助，向需要医护治疗的逃生路线成员提供财务援助，也为皇家空军飞行员与当年曾救助过他们的人之间的团聚提供赞助。

在年复一年的团聚活动中，出席人数最多的一次是庆祝安德烈·德·容“彗星路线”工作的聚会。德·容被她和她的路线所拯救的几百名英国人和美国人视为瑰宝。她在战后获得了英美两国最高荣誉的平民奖章——美国的自由勋章和英国的乔治勋章。她余生中的大部分时间都是在非洲的麻风病医院当护士。

战后不久，英国皇家空军以独特的方式表达了对德·容的感谢。当他们得知德·容的母亲即将在比利时去世，空军部的官员下令让一架从非洲飞往英国的皇家空军训练飞机在埃塞俄比亚首都亚的斯亚贝巴作一次临时停留，因为那里是德·容当时居住的地方。等她上了飞机之后，又在飞到布鲁塞尔时做了另一次临时停留。在她母亲的葬礼之后，另一架皇家空军飞机将她带回了埃塞俄比亚。

在荷兰，经历过阿纳姆溃败的英国退伍军人也与帮助他们渡过难关的荷兰平民形成了相似的长期关系。这背后的驱动力量是约翰·哈克特将军，他永远不会忘记拯救自己生命的荷兰公民们所表现出来的“勇气和同情心”。

哈克特杰出的军人生涯在战后又持续了20多年。他被任命为大英帝国的副总参谋长，后来成为驻德国英军的总司令。他还曾担任过北约组织的北方集团军的指挥官，他的部队中包括荷兰第一师团。退伍后，哈克特被任命为伦敦国王学院院长。在60年代后期，他曾戴着一顶礼帽、撑着一把雨伞和学生一起示威游行，要求政府增加学生的助学金。后来，他成了著名的电视评论员和畅销书作家。

然而在哈克特漫长而忙碌的一生中，他在阿纳姆的“精神体验”一直在他头脑中不时重现。他写道：“那是一场战斗，但它作为人性表现的意义已超越了军事。”他和他的妻子经常前往荷兰访问德·诺伊姐妹和她们的大家庭。诺伊家族的成员也经常住在英国的哈克特家中。哈克特还和他在康复期间在埃德认识的其他几位居民成了终生的朋友。其中，包括在阿纳姆把他从医院里偷运出来，后来又带着他走向自由世界的前抵抗运动成员。

1994年9月，在发动“市场花园行动”半个世纪之后，哈克特和其他的英国战斗幸存者在阿纳姆附近为一块石碑揭幕。那块石碑是献给“海尔德兰人民”的，荷兰的海尔德兰省是当年发生战斗的地方。哈克特为石碑写了题词：

50年前，英国和波兰的伞降士兵在这里拼死战斗，试图打开一条前往德国的通路，使战争早日结束。然而事与愿违，我们带来的是死亡和毁灭，而你们从未为此责怪过我们……你们把我们带到家中，我们既是逃犯也是你们的朋友，我们将把你们永远记在心中。即使有一天我们都死了，这个坚韧的纽带仍然会一直持续下去。

“大山”哈克特于1997年去世了。到2015年时，还活着的阿纳姆幸存者已经屈指可数。但是，在那块石碑上铭刻的预言被证明是正确的：阿纳姆人民与曾在那里作战的人们之间的依恋之情仍然“活着”。

1945年，阿纳姆的小学生自愿去照看1700多名死亡盟军战士的坟墓。他们中的大部分是英国人和波兰人，他们被埋在阿纳姆郊外的奥斯特贝克的军队墓地里，大部分的战斗曾在那里进行。每个孩子被分配照看一个坟墓。除了在坟上摆放鲜花，保持坟墓整洁之外，孩子们还给埋葬在那里的士兵的家属们写信。有一些学生与战士家庭建立起了密切的关系。当那些孩子们离开学校时，他们把自己的责任交给了下一批新学生。“阿纳姆花童”的传统至今依然生生不息。

每年9月份，来自世界各地的数千人会齐聚阿纳姆，纪念1944年9月在这儿进行的那场惨烈的战斗。在一个简洁但又激动人心的纪念仪式中，阿纳姆的孩子们会排着队在整个公墓内绕圈行走，庄严地在上千个白色十字架和大卫之星的墓基上放上鲜花。

据年度纪念活动的荷兰组织者赫里特·皮珀斯（Gerrit Pijpers）说，多年来，那场战斗的许多幸存者一直在问，在他们死后是否可以将自己的骨灰“埋在这里，紧挨着他们的同志”。

拜尔伯斯对他们说：“这里是你们的家。”

后 记

在组织这本书的时候，我决定把重点放在六个于 1940 年春夏两季逃到伦敦的被占领欧洲国家政府与戴高乐将军和他的自由法国运动身上。1941 年春天，又有两个欧洲国家——希腊和南斯拉夫被德国侵占。希腊政府逃往开罗，在那里建立了战时基地。以彼得二世国王为首的南斯拉夫政府于 1941 年 6 月抵达伦敦。尽管英国人对南斯拉夫的游击队员提供了实质性的援助，但那位国王和他的政府对英国以及在他们自己的国家里的影响都很小。出于这个原因和其他的一些因素（包括把另一个国家加到已经相当复杂的叙述中去，将使这本书更加臃肿），我决定不把南斯拉夫包括在这本书中。

最后，我想对几十位在我的研究中曾如此慷慨地帮助过我的图书管理员和档案工作者们表示深切的感谢。其中的一些人是在我视为特殊珍宝的机构中工作的，这包括了英国的基尤国家档案馆，剑桥大学的丘吉尔档案馆，华盛顿特区的国会图书馆和纽约海德公园的富兰克林 · 罗斯福图书馆。乔治城大学的劳因格图书馆是另一颗“珠宝”，在过去的 20 年间，这家图书馆一直是我的家外之家。凭借其在国际事务各个方面的非凡藏书和你可能会想到的其他资料，它让我的研究工作变得更为轻松了。

同样也要感谢许多历史学家，我在写作《最后的希望之岛》时从他们的著作中了解了许多，也引用了许多。我要特别感谢克里斯托弗 · 安德鲁、阿萨·布里格斯、马克思·哈斯丁、弗朗索瓦·凯尔索迪、大卫·斯塔福德（David Stafford）和罗伯特及伊莎贝尔·托姆斯（Robert and Isabelle Tombs）。

感谢兰登书屋的每一个人，特别是我杰出的编辑苏珊娜·波特（Susanna Porter）和她极有才华的同事普里扬卡·克里希南（Priyanka Krishnan）。对亨利·罗森布鲁姆（Henry Rosenbloom）、菲利普·格温·琼斯（Philip Gwyn Jones）、莫莉·斯莱特（Molly Slight）以及正在英国和澳大利亚出版《最后的希望之岛》的斯克里奇出版社的其他人，我要真诚地说一声：“谢谢！”感谢我的老朋友盖尔·罗斯（Gail Ross），感谢她为我和其他有幸由她来当经纪人的作家所做的一切！

当然，还要感谢我的丈夫斯坦·克劳德和我的女儿卡莉。无法用言语来表达我对你们两人的亏欠，你们是我的一切。